Wahrheit und Wahrhaftigkeit in der Rechtsphilosophie

Wahrheit und Wahrhaftigkeit in der Rechtsphilosophie

herausgegeben von
Karl-Heinz Schöneburg

Akademie-Verlag Berlin
1987

Redaktion:
Karl-Heinz Schöneburg/Ernst Weihrauch

ISBN 3-05-000219-0

Erschienen im Akademie-Verlag Berlin, Leipziger Str. 3–4, DDR-1086 Berlin

Lizenznummer: 202 · 100/24/86
Printed in the German Democratic Republic
Gesamtherstellung: IV/2/14 VEB Druckerei „G. W. Leibniz“,
4450 Gräfenhainichen · 6642
Umschlaggestaltung: Peter Werzlau
LSV 0405
Bestellnummer: 754 566 5 (6949)

02200

Inhalt

Anlaß und Anliegen

Der 60. Geburtstag Hermann Klenners ist nicht Gegenstand dieses Bandes, wohl aber dessen Anlaß. Dies entspricht auch ganz dem Verständnis Hermann Klenners von derartigen Jubiläen.

Marxistisch-leninistische Rechtsphilosophie wird aus vielen Quellen gespeist: aus Einsichten in die Dialektik des Geschichtsverlaufs, in das historische Wirken von Produktivkräften, Produktionsverhältnissen, Klassen und Individuen; aus philosophischer Erkenntnis der Welt und ihrer Bewegungsgesetze; aus dem Wissen um die Geschichte des rechtsphilosophischen Denkens der Menschheit; aus dem Genuß künstlerischer Ausdrucks- und Aneignungsformen politischer und rechtlicher Realitäten; aus der wissenschaftlichen Auseinandersetzung mit rechtsphilosophischen Antagonisten als unentbehrlichem Teil eigener Standortbestimmung; aus soziologischen Analysen der Wirklichkeit des Rechts in Geschichte und Gegenwart.

Diese Vielfalt von Quellen, Arbeitsfeldern und Themen macht die Kultur rechtsphilosophischen Denkens aus, das der Arbeiterklasse verpflichtet ist. Darin spiegelt sich der welthistorische Anspruch der Arbeiterklasse auf allseitige Wissenschaftlichkeit in der Rechtsphilosophie.

Es ist das Anliegen der Autoren dieses Bandes – ihrer Profession nach Historiker, Philosophen, Literaturwissenschaftler, Rechtsphilosophen und Rechtswissenschaftler –, das zu demonstrieren. Der 60. Geburtstag Hermann Klenners ist ihnen dafür nicht zufälliger Anlaß, hat er doch jene Vielfalt in beispielgebender Weise seit dem Jahre 1952, da seine erste wissenschaftliche Publikation erschien, zum Credo seines rechtsphilosophischen Bemühens gemacht.

Hermann Klenners wissenschaftliche Arbeiten sind produktiv, weil ihm weder der Weg zur Wahrheit noch die Wahrheit selbst eindimensional sind; weil auch rechtsphilosophische Erkenntnisse niemals absolut und endgültig sind, vielmehr ständige Korrekturen, Einschränkungen, Erweiterungen erfordern; weil er – um ein treffendes Wort von ihm selbst zu benutzen – den langen Atem des intellektuellen Revolutionärs hat, der um so wichtiger ist, je länger und komplizierter der Kampf um Sozialismus und Frieden in der Welt wird.

Schöpferische Produktivität ist in der Rechtsphilosophie, wie in allen anderen Wissenschaften, nur in wissenschaftlicher Streitgenossenschaft der intellektuellen Akteure möglich, – einer Streitgemeinschaft, die sich als Einheit und Kampf von

Gegensätzen begreift. In diesem Sinne fühlen sich die Autoren dieses Bandes Hermann Klenner verbunden: im gemeinsamen Bemühen, durch nützliche Arbeitsergebnisse dem Frieden und dem Fortschritt weiterzuhelfen, wozu der wissenschaftliche Disput untereinander unerläßliche Bedingung ist.

Karl-Heinz Schöneburg

Werner Bahner (Berlin)

Machiavelli und Machiavellismus im 16. Jahrhundert

Die Forschungen über Niccolò Machiavelli (1469–1527) haben inzwischen auf breiter internationaler Ebene beträchtliche Dimensionen angenommen. Dennoch ist die Deutung der Werke und Ideen dieses bedeutenden florentinischen Denkers weiterhin recht vielfältig und widersprüchlich geblieben, trotz neuer archivalischer Funde, weitergetriebener philologischer Studien und neugewonnener Einsichten in die historisch-gesellschaftlichen Verhältnisse von Florenz und Italien während des 15. und 16. Jahrhunderts. Wie bei der Erschließung, Rezeption und historischen Würdigung des Werkes anderer herausragender Gestalten zeigt sich auch in diesem Fall, wie sehr dabei die grundlegenden gesellschaftlichen Auseinandersetzungen in unserer Zeit von maßgeblicher Relevanz sind. Historisch-kulturelles Erbe wird ja von den jeweiligen Zeitgenossen stets im Hinblick auf die eigenen Bedürfnisse und Interessen rezipiert und damit gegenüber vorangehenden Deutungen in neue Zusammenhänge gerückt. Und da die Zeitgenossen eines historischen Entwicklungsabschnittes nicht eine homogene Einheit bilden, vielmehr durch die jeweiligen Klassenkämpfe bedingt gegensätzliche Positionen beziehen und diese u. a. auf ideologischer Ebene ausfechten, wird auch die Erfassung und Wertung der ins Blickfeld gelangten geistigen Überlieferung davon betroffen.

Bei der Beurteilung von Machiavellis Werk erwies sich seit dem 16. Jahrhundert immer wieder das Phänomen des Machiavellismus[1] als ein bemerkenswerter Faktor. Unter Machiavellismus wird nach landläufiger Ansicht eine von Heimtücke gekennzeichnete willkürliche Machtpolitik verstanden. Wo ein politisches Handeln nach reiner Zweckdienlichkeit, ohne jede moralische Skrupel vermutet wurde oder offenkundig vorlag, wo eine mit rücksichtsloser Härte und raffinierter Boshaftigkeit betriebene Gewaltpolitik die Szene zu beherrschen schien oder deutlich ihre Spuren hinterließ, brandmarkten dies die Gegner in der Regel als Machiavellismus. Bei genauerem Studium indessen haben sich die damit ver-

[1] Vgl. C. Bénoist, Le machiavélisme, 3 Bde., Paris 1907–1936; K. Heyer, Der Machiavellismus, Berlin 1918; F. Meinecke, Die Idee der Staatsräson in der neueren Geschichte, München – Berlin 1924; A. Panella, Gli antimachiavellici, Firenze 1943; G. Procacci, Studi sulla fortuna del Machiavelli, Roma 1965; C. Lefort, Le travail de l'oeuvre Machiavel, Paris 1972.

bundenen Auseinandersetzungen als sehr vielschichtig erwiesen. Zugleich ist deutlich geworden, daß der ebenso schillernde wie pejorativ aufgeladene Begriff des Machiavellismus auf einer weitreichenden Kette von Mißdeutungen der politischen Ideen Machiavellis beruht. Das hielt allerdings bis heute verschiedene Wissenschaftler nicht davon ab, Machiavelli fälschlicherweise mit Machiavellismus gleichzusetzen; so der in den USA wirkende Politologe Leo Strauss, der Machiavelli zum „teacher of evil" stempelte,[2] oder der bekannte englische Philosoph Bertrand Russel, der Machiavellis Werk *Il Principe* als Handbuch für Gangster bezeichnete.

Machiavellis Schriften, insbesondere *Il Principe*, enthielten in der Tat einige Überlegungen, die Anknüpfungsmöglichkeiten für machiavellistische Deutungen boten,[3] vor allem wenn vom dazugehörigen Gesamtzusammenhang abgesehen wurde. Hier setzten Machiavellis Gegner an, um anklagend und schmähend aus einigen seiner Grundsätze und Überlegungen den Machiavellismus als ruchlose Lehre tyrannischer Gewaltpolitik zu entwickeln und zu denunzieren.

Bei *Il Principe* handelte es sich nicht um einen staatstheoretischen Traktat. Formen, Institutionen und Prinzipien der einzelnen Staatsgebilde standen nicht primär im Blickpunkt. Vielmehr wurde darin der Frage nachgegangen, was zur Errichtung und Bewahrung der einzelnen Herrschaftsformen beitrage, welches Verhalten für den Herrscher zur Festigung seiner Position und damit des Staatsgebildes erforderlich sei. Intensiv beschäftigte sich Machiavelli mit dem Problem, durch welche Maßnahmen eine staatserhaltende Politik zu erreichen sei. Zahlreiche Kapitel seines *Principe* zielen deshalb im wesentlichen nur auf das, was zu den Grunderfordernissen einer Technik des Regierens gezählt worden ist.[4]

Mit voller Absicht distanzierte sich Machiavelli von der bestehenden Tradition des Fürstenspiegels, in der ideale, seinsollende Eigenschaften und Verhaltensweisen der Herrscher herausgestellt wurden. Er brachte hierzu eine Art Gegenentwurf, indem er das vorbildliche Verhalten eines Herrschers allein in unmittelbarer Konfrontation mit der jeweiligen politischen Realität zu erkunden suchte. Die Bewährung in der konkreten politischen Praxis bildet für ihn den entscheidenden Maßstab. Immer wieder beteuerte er, wie sehr es ihm darum gehe, der „verità effettuale della cosa", d. h. der wirklichen Beschaffenheit der Sache, auf die Spur zu kommen, statt die darüber bestehende Vorstellung zu teilen. Zwischen

[2] L. Strauss, Thoughts on Machiavelli, Glencoe 1958, S. 9.

[3] Besonders das 18. Kapitel von *Il Principe*: „Quomodo fides a principibus sit servanda" mit seinen provokativen Zuspitzungen bildete in dieser Hinsicht einen häufigen Bezugspunkt (Il Principe [„Der Fürst"] erschien 1532, fünf Jahre nach dem Tod Machiavellis).

[4] Vgl. A. Gramsci, Note sul Machiavelli, sulla politica e sullo stato moderno, Milano 1949; F. Chabod, Scritti su Machiavelli, Torino 1964; G. Sasso, Niccolò Machiavelli. Geschichte seines politischen Denkens, Stuttgart 1965; F. Gilbert, Machiavelli and Guicciardini, Princeton 1965; V. Masiello, Classi e stato in Machiavelli, Bari 1971; J. Pocock, The Machiavellian Moment, Princeton 1975.

dem Leben, wie es ist, und dem Leben, wie es sein sollte, bemerkte Machiavelli lakonisch und zugleich provokativ, „besteht ein so großer Unterschied, daß derjenige, der nicht beachtet, was geschieht. sondern nur das, was geschehen sollte, viel eher für seinen Ruin als für seine Erhaltung sorgt".[5] Die faktischen Gegebenheiten allein hatten seines Erachtens als Ausgangspunkt politischer Überlegungen und Aktionen zu dienen. Entscheidend war für Machiavelli immer die Zielstellung. Mit ihr verknüpfte er unmittelbar das Problem, durch welche Mittel und auf welchen Wegen sie realisiert wurde, und insbesondere, ob diese zweckmäßig waren. Untersucht man näher die von Machiavelli anvisierten Zielstellungen, dann zeigt sich, wie sehr er eine auf bürgerliche Interessen ausgerichtete Politik antifeudalen Charakters empfahl. Von rein machtpolitischen Bestrebungen, von bloßer Befriedigung politischen Ehrgeizes konnte dabei keine Rede sein. Maßgeblich war für ihn stets, inwieweit das betreffende Staatswesen, gleich ob Republik oder Einzelherrschaft, die Wohlfahrt aller Bürger fördert, durch innenpolitische Maßnahmen die Voraussetzungen für die Entfaltung der wirtschaftlichen und kulturellen Potenzen schafft und außenpolitisch für die nötige Sicherheit sorgt, nicht zuletzt dadurch, daß die Bürger gewillt und in der Lage sind, ihr Staatswesen mit der Waffe zu veteidigen.[6]

In den letzten drei Kapiteln seines *Principe* erörterte er eingehender diejenigen Probleme, die ihn zutiefst bewegten, als er von Juli bis Dezember 1513 dieses Werk niederschrieb. Sie bezogen sich auf die sich seit dem Ende des 15. Jahrhunderts immer mehr verschärfende italienische Krisensituation, für die Machiavelli folgende Diagnose stellte: Die italienischen Fürsten haben ihr Land der Fremdherrschaft ausgeliefert, weil sie nicht die eigenen Kräfte zum Selbstschutz systematisch zu organisieren verstanden. Sie fügten sich den Launen der Fortuna, denen durchaus Einhalt hätte geboten werden können. Angesichts der eingetretenen prekären Lage versprach sich Machiavelli nur noch etwas von einer in außergewöhnlichen Maßnahmen bestehenden Therapie, für die allerdings ein starker und entschlossener Fürst erforderlich wäre. Deshalb erhob er im letzten Kapitel des *Principe* den Ruf nach einem Befreier Italiens, nach einer neuen Staatsgründung, sobald sich eine günstige Gelegenheit hierzu bieten würde.

Machiavellis Hauptwerke politischer Reflexion waren zweifellos seine *Discorsi sopra la prima decade di Tito Livio*, die zwischen 1513 und 1519 entstanden waren und gegenüber dem *Principe* eine klare republikanische Gesinnung er-

[5] Il Principe, Kap. XV: „perché egli è tanto discosto da come si vive a come si doverrebbe vivere, che colui che lascia quello che si fa per quello che si doverrebbe fare impara piuttosto la ruina che la perservazione sua." (In: Niccolò Machiavelli, Tutte le opere, a cura di M. Martelli, Firenze 1971, S. 280).

[6] Ebenda, S. 96: „Abbiamo, adunque, con la Chiesa e con i preti noi Italiani questo primo obligo, di essere diventati sanza religione e cattivi: ma ne abbiamo ancora uno maggiore, il quale è la seconda cagione della rovina nostra. Questo è che la Chiesa ha tenuto e tiene questa provincia divisa."

kennen ließen. In den *Discorsi* kam er ebenfalls auf eine Art staatlichen Notstand zu sprechen, den er ja im *Principe* hauptsächlich im Blickpunkt hatte: Traten in einem republikanischen Staatswesen ausgesprochene Verfallstendenzen auf, dann erblickte er in einer zeitlich begrenzten, durch die Verfassung legitimierten diktatorischen Phase eines einzelnen klugen wie energischen Staatsmannes oder eines entsprechenden kleinen Gremiums die einzige Möglichkeit zur erforderlichen grundlegenden Reformierung dieses Staatswesens.

Bis zu seinem Tode im Jahre 1527 war Machiavelli intensiv mit dem Gedanken einer umfassenden politisch-moralischen Erneuerung der italienischen Stadtrepubliken beschäftigt. In seinen letzten Werken allerdings, vor allem in seiner Geschichte von Florenz, den *Istorie fiorentine*, bezeugte er eine tiefe Resignation, was die realen Möglichkeiten einer solchen Neugestaltung anging. Angesichts der Zeitereignisse gewann Machiavelli in zunehmendem Maße den Eindruck, daß für die italienischen Staaten die Zeit zum Handeln vorüber war, die „fortuna" sich mächtiger als die „virtù" erwies und für Italien eine neue, wenig verheißungsvolle Epoche angebrochen war.

Machiavellis politische Reflexionen und Maximen wurden erst in der zweiten Hälfte des 16. Jahrhunderts von jenen ideologischen Kräften zur bevorzugten Zielscheibe ausersehen, die sich als Interessenvertreter feudaler Streugewalten oder der katholischen Gegenreformation engagierten. Die *Discorsi* und der *Principe* waren erstmals postum in Rom 1531 bzw. 1532 erschienen, hergestellt in den Druckereien des Vatikans und genehmigt vom Papst Clemens VII. Der *Principe*, von dem schon zu Lebzeiten Machiavellis Abschriften kursierten, stieß zwar auf gewisses, wenn auch zwiespältiges Interesse, wurde aber noch nicht als besonders provokativ empfunden. Dies änderte sich um die Mitte des 16. Jahrhunderts, als sich das Papsttum mit der Ausbreitung des Protestantismus und der Herausbildung der zentralen Monarchien in Frankreich, Spanien und England einer wachsenden Front von Gegenkräften gegenüber sah und sich zur Gegenreformation rüstete. Die antikurialen Kräfte in Italien mußten sich durch Machiavelli angesprochen fühlen, der in seinen *Discorsi* (I, 12) folgendes Fazit zog: „Wir Italiener verdanken also der Kirche und den Priestern erstens, daß wir ohne Religion und bösartig sind; wir verdanken der Kirche aber noch etwas Einschneidendes, was der zweite Grund unseres Verfalls ist. Es handelt sich darum, daß sie unser Land in Spaltung erhalten hat und noch hält."

Daß Machiavellis Argumentationen Zündstoff gegen die päpstliche Macht lieferten, war unübersehbar. So überraschte es auch nicht, daß Machiavellis Werke bereits auf dem ersten, 1559 von der römischen Kurie aufgestellten Index der verbotenen Bücher aufgeführt waren und das Konzil von Trient dies 1563 bestätigte. Schon einige Jahre früher (1545–1547) war von einem führenden Vertreter der Kurie, dem viele Jahre in Italien tätigen englischen Kardinal Reginald Pole geäußert worden, daß Machiavellis Werke mit dem Finger des Teufels geschrieben seien. Dieser Prälat hatte in dem Konflikt zwischen dem Papst und dem englischen König Heinrich VIII. Partei für das katholische Oberhaupt ergriffen. Die Bezichtigung, daß Machiavelli ein gottloser Schurke gewesen sei, sollte fortan zu den Gemeinplätzen jener gegenreformatorischen Eiferer gehören, die ex officio Häresie bei ihren Gegnern witterten. Während es in Italien angesichts der erfolgten generellen Verurteilung durch die katholische Kirche zunächst unterlassen wurde, sich mit Machiavelli auseinanderzusetzen und man es im allgemeinen für opportun hielt, diesen Namen überhaupt nicht zu erwähnen, setzten in Frankreich zu Beginn der zweiten Hälfte des 16. Jahrhunderts recht massive Diskussionen über Machiavelli ein, die systematisch auf eine Verunglimpfung und Verurteilung hinausliefen. Trotz päpstlichen Verbotes waren damals in Frankreich, ganz im Gegensatz zu Italien und Spanien, zahlreiche Ausgaben von Werken Machiavellis erschienen. Die Übersetzung des *Principe* in eine andere Sprache überhaupt erfolgte nicht zufällig zuerst ins Französische; sie erschien 1553 in Poitiers und in Paris.

Mit den in der zweiten Hälfte des 16. Jahrhunderts verschärften sozialen Spannungen in Frankreich, die zum Religions- und Bürgerkrieg führten, war der weitere Formierungsprozeß der zentralisierten nationalen Monarchie in eine Krise geraten. Die Repräsentanten der feudalen Streugewalten versuchten, alte Machtpositionen zurückzugewinnen. Der Kalvinismus fand sowohl unter Angehörigen des Dritten Standes als auch des Adels immer mehr Anhänger. Katharina von Medici, die Mutter König Karls IX., nahm mächtigen Einfluß auf die Politik des französischen Königtums. Zunächst suchte sie, einen Kompromiß zwischen der katholischen und der protestantischen Partei zu erreichen, paktierte dann aber mit dem vom Herzog Heinrich von Guise angeführten militanten katholischen Flügel und half mit, die blutige Bartholomäusnacht vom 23. zum 24. August 1572 zu inszenieren. Die Auseinandersetzungen zwischen den kämpfenden Parteien wurden nach diesem Massaker noch erbitterter geführt. Es entstand eine bemerkenswerte politische Publizistik, in der nicht nur ein häufiger Bezug in negativem Sinne auf Machiavelli erfolgte, sondern sich geradezu ein politischer Mythos um diesen Namen rankte.

Den Generalangriff auf Machiavelli leitete unter diesen Auspizien der französiche Protestant Innocent Gentillet mit einer umfangreichen polemischen Gegenschrift ein : *Discours sur les moyens de bien gouverner et maintenir en bonne paix un Royaume ou autre Principauté. Contre Nicolas Machiavel Florentin*,[7] die unter dem Kurztitel *Anti-Machiavel* bekannt geworden ist. Sie erschien 1576 anonym in Paris, hatte in den folgenden Jahren viele Auflagen und wurde verhältnismäßig rasch auch in lateinischer, englischer, deutscher[8] und niederländischer Sprache

[7] Vgl. die kritische Ausgabe: Discours contre Machiavel. A New Edition of the Original French Text with Selected Variant Readings, Introduction and Notes by A. D'Andrea and P. D. Stewart, Firenze 1974.

[8] Die erste deutsche Übersetzung dieser Schrift erschien anonym 1580 in Frankfurt a. M.

publiziert. Aus dem *Principe* und den *Discorsi* Machiavellis wählte Gentillet fünfzig sentenzartige Leitsätze aus, gab dann ausführlicher den seines Erachtens dazugehörigen Text auf einer halben bis ganzen Seite indirekt wieder und schloß daran seinen eigenen ausführlichen Kommentar mit dem Ziel an, die betreffenden Maximen Machiavellis zu widerlegen und die eigenen politischen Grundsätze zu entwickeln. Hierbei riß Gentillet vieles aus dem Zusammenhang heraus, setzte völlig andere Akzente und half zuweilen bei den Zitaten oder der Wiedergabe von Ideen Machiavellis etwas nach, um die gewünschte Wirkung im negativen Sinne zu erreichen. Für die in Frankreich ausgebrochenen politischen und religiösen Wirren machte er einflußreiche Hofleute italienischer Herkunft oder Geistesprägung verantwortlich, die begierig das Gift der Lehre Machiavellis in sich eingesogen hätten und im *Principe* geradezu ihren Koran erblickten. Seit dem Tode des Königs Heinrich II. im Jahre 1559 seien diese Elemente am Werk, Frankreich „à la Florentine" zu regieren, indem sie die „guten und alten Gesetze des Königtums" außer Kraft setzten und den Weg zur Tyrannei beschritten. Deutlicher brauchte Katharina von Medici mit ihrem Anhang nicht apostrophiert zu werden!

In Gentillets Ausführungen trat unverkennbar hervor, daß er sich auf die Seite der feudalen Streugewalten schlug. Konsequent machte er Front gegen alle Maßnahmen der Krone, die eine Einschränkung des politischen Einflußfeldes der Feudalkräfte mit sich gebracht hatten. So war ihm beispielsweise die einflußreiche Rolle der Parlamente ebenso ein Dorn im Auge wie die Ämterkäuflichkeit, der sich Angehörige des reichen Bürgertums zum Zwecke sozialen Aufstiegs geschickt zu bedienen wußten.[9] Gentillet warf Machiavelli vor, nichts von Politik verstanden und nur ungenügende staatsmännische Erfahrungen besessen zu haben. In seinen Schriften zeige er sich als wahrer Atheist und Verächter jeder Frömmigkeit. Schließlich fällte Gentillet folgendes Urteil über Machiavelli: „Wenn sein Leben so war wie seine Lehre, was zu vermuten ist, dann gab es bisher keinen Menschen, der mit mehr Lastern und Bösartigkeiten befleckt war als er."[10]

Dieses Machiavelli-Bild, das die Inkarnation einer perfiden, skrupellosen Politik der Tyrannei bedeutete, fand bei den gesellschaftlichen Kräften, die aus verschiedensten Gründen der Machtzunahme der zentralisierten nationalen Monarchie mit Haß begegneten, eine rasche Aufnahme. Als die Anhänger der von Spanien protegierten katholischen Liga in Frankreich einige Jahre später zum Angriff auf König Heinrich III. ausholten, der zwischen den beiden konfessionellen Flügeln erneut zu vermitteln schien, griffen sie in ihrer recht umfangreichen Publizistik auf das von den ideologischen Streitern der Hugenotten, ins-

9 Vgl. S. Mastellone, Venalità e machiavellismo in Francia (1572–1610), Firenze 1972.

10 Vgl. Préface, S. 11/12: „si sa vie a esté telle que sa doctrine (comme il est à présumer), il ne fut jamais homme au monde plus souillé et contaminé de tous vices et meschancetez que luy."

besondere von Gentillet entwickelte Machiavelli-Bild zurück.[11] Mit jenen neugeprägten Schmähworten „machiavéliste“ und „machiavélisme“ meinten sie allerdings nicht mehr die einst einflußreichen italienischen Kreise am französischen Hof,[12] sondern jene Kräfte, vorwiegend aus dem Amtsadel und dem Bürgertum, die unbedingt durch gleichberechtigte Behandlung der beiden Konfessionen eine Befriedung im Lande erzielen wollten, die eine strenge Trennung zwischen staatlichen und religiösen Angelegenheiten für erforderlich erachteten und von den Zeitgenossen als „Politiques“ bezeichnet wurden. Die streitbaren Publizisten der Liga warfen diesen „Politiques“ vor allem vor, gleich Machiavelli in der Religion nur ein Mittel der Politik zu erblicken, aus rein politischen Motiven der religiösen Heuchelei das Wort zu reden. Die Verketzerung Machiavellis wurde in Frankreich Ende des 16. Jahrhunderts, vornehmlich von den ideologischen Verfechtern der Gegenreformation, mit solcher Intensität und auf derart breiter Ebene betrieben, daß ein positiver Bezug auf Machiavelli in der öffentlichen Diskussion nicht mehr möglich war. Auch die ideologischen Wortführer der zentralisierten nationalen Monarchie mußten diesem Tatbestand Tribut zahlen. Zugleich kamen hierbei natürlich auch andere politisch-ideologische Prämissen mit ins Spiel – wie das Beispiel Bodins zeigte –, welche die auch aus taktischen Gründen erforderliche Distanzierung von Machiavelli erleichtern halfen.[13] Die Pamphletisten der katholischen Liga ließen sich jedoch trotz aller Bemühungen der „Politiques“, ausdrücklich ihre Ablehnung der Lehre Machiavellis kundzu-

11 Vgl. V. De Caprariis, Propaganda e pensiero politico in Francia durante le guerre di religione, Napoli 1959.

12 In der Ausgabe des „Discours contre Machiavel“ von 1585, die eine beträchtliche Erweiterung des Textes brachte und in der sich Gentillet erstmals als Verfasser öffentlich zu erkennen gab, erfuhren die heftigen antiitalienischen Ausfälle eine Milderung. Die geschichtlichen Ereignisse hatten inzwischen gezeigt, daß für die französischen Protestanten nicht die italienischen Kreise um die französische Königin, sondern die katholische Liga, mit den Guisen und dem spanischen König an der Spitze, den Hauptfeind bildete, der die Krönung Heinrichs von Navarra zum französischen König zu verhindern suchte. Dadurch wurde allerdings das haßverzerrte Machiavelli-Bild überhaupt nicht berührt. Im Gegenteil. Es wurden von Gentillet in dieser Ausgabe weitere 23 Maximen Machiavellis aufs Korn genommen, die meistens aus „Arte della guerra“ und „Istorie fiorentine“ entnommen worden waren.

13 In seinem erstmals 1576 erschienenen Hauptwerk „Six livres de la République“ trug J. Bodin mit seinem Souveränitätsbegriff zur ideologischen Festigung und rechtlichen Stärkung der französischen Monarchie bei. Den „despotisme arbitraire“, den er, der allgemeinen Meinung folgend, mit Machiavellis Lehre gleichsetzte, lehnte er kategorisch ab und plädierte für einen den Gesetzen verpflichteten Absolutismus. In der Einführung zu seinem Werk (4. Auflage, Paris 1579) folgte Bodin der antimachiavellistischen Linie und folgerte: „Macchiavel: le quel a mis pour deux fondements des républiques l'impieté et l'injustice“ (S. IV). Den Monarchomachen hingegen warf er vor, eine „licencieuse anarchie“ auslösen zu wollen, die schlimmer noch als größte Tyrannei sei (S. V).

tun, nicht davon abhalten, eine geistige und politische Affinität zwischen diesen Kräften und dem florentinischen Denker zu konstatieren, speziell zwischen Bodin und Machiavelli.

Alle diejenigen, die sich damals in Frankreich für religiöse Gewissensfreiheit und Toleranz aussprachen, wurden von den Ideologen der Gegenreformation als Machiavellisten verketzert. Die in den Pamphleten der Liga erhobenen Vorwürfe, daß in Frankreich von Männern der „Politiques" und des Protestantismus die Religion, Machiavellis Lehre folgend, nur als reines Herrschaftsinstrument betrachtet würde, mußten notwendigerweise die römische Kurie auf den Plan rufen. Mit Machiavellis Namen unmittelbar verknüpft war nunmehr eine für die katholische Kirche gefährliche Problematik aufgetaucht, gegen die prominente geistige Wortführer der Gegenreformation in Italien und Spanien aufgeboten wurden: 1592 erschien von Pater Possevino *Iudicium*, und ein Jahr danach folgten die polemischen Schriften *De Imperio virtutis adversus Machiavellum* und *De robore bellico adversus Machiavellum* des Oratorianers Bozius von Gubbio. 1595 ließ Rivadeneira in Madrid seinen offensichtlich auch im Auftrag der katholischen Kirche verfaßten Traktat gleicher Stoßrichtung herausbringen, der den bezeichnenden Untertitel trug: „Contro lo que Nicolas Machiavello y los polîticos deste tiempo enseñan."[14]

In diesen Büchern wurde das negative Machiavelli-Bild weiter ausgemalt und der Florentiner zu einem „sceleratum Satanae organum" gestempelt. Insbesondere bekämpften die gegenreformatorischen Autoren den Machiavelli unterschobenen Grundsatz mit viel Aufwand an Gelehrsamkeit, daß ein Fürst christlichen Glauben und Tugend nur vorzuspiegeln, nicht aber zu besitzen brauche. Bozius bemühte sich darüber hinaus besonders darum, gegen Machiavellis These zu polemisieren, wonach das Papsttum für die Zersplitterung und damit für Italiens Unglück die Schuld trage. Und Rivadeneira forderte die Fürsten auf, ihren Beitrag zur Ketzervertilgung zu leisten.

Auch in England war im 16. Jahrhundert eine recht umfangreiche Machiavelli-Rezeption zu verzeichnen, obgleich die ersten englischen Übersetzungen der *Discorsi* und des *Principe* erst 1636 bzw. 1640 gedruckt erschienen. Es zirkulierten indessen im 16. Jahrhundert Manuskripte von englischen Übersetzungen dieser Schriften. Auch gab es mehrere illegale Nachdrucke der italienischen Originalwerke des Autors. Überdies war Gentillets polemischer *Anti-Machiavel* ins Englische übersetzt und mehrfach aufgelegt worden.

Das Theater der Elisabethanischen Zeit bot Machiavelli in einem negativen Licht, so in mehreren Stücken Marlowes, Shakespeares und anderer dramatischer Autoren.[15] Innerhalb der europäischen Machiavelli-Rezeption zeigten sich indessen

[14] Vgl. hierzu S. Mastellone, Antimachiavellismo, Machiavellismo, Tacitismo, in: Cultura e scuola, 33–36 (1970), S. 132–136.

[15] Vgl. M. Praz, Machiavelli and the Elizabethans, London 1928.

zuerst in England am ausgeprägtesten zwei für die moderne Interpretation bezeichnende Tendenzen: 1. Machiavelli als kritischer, unvoreingenommener Beobachter gesellschaftlicher Wirklichkeit, der im sozialen Bereich erstmals konsequent zur empirischen Welterkenntnis überging; 2. Machiavelli als Repräsentant einer republikanischen freiheitlichen Gesinnung.

Die Ansicht, daß sich Machiavelli darum bemühte, durch genaue Beobachtung allein das zu erfassen, was real im politischen Leben vor sich ging, unabhängig von bestehenden Moralvorstellungen, wurde von einigen protestantischen Gelehrten schon im 16. Jahrhundert angedeutet. Dabei zogen sie vor allem eine Parallele zwischen dem Wissen vom staatlichen Geschehen und der Medizin, die sowohl von Gesundheit wie von Krankheit handele. Der Baseler Professor Stupanus, der Machiavellis *Discorsi* ins Lateinische übersetzt hatte, verkündete z. B., daß die Lektüre Machiavellis nützlicher sei als die der Bücher Platos oder Aristoteles', weil dadurch sowohl die Denkweise des Guten als auch diejenige des Bösen kennengelernt werde und man so gewappnet sei, die bösen Ratschläge zu durchschauen und nicht in die Falle zu laufen.[16] Der bekannte englische Philosoph Francis Bacon (1561–1626) begrüßte die von Machiavelli in das staatspolitische Denken eingeführte Methode in seiner Schrift *The Advancement of Learning* (1605) mit den Worten: „We are much beholden to Machiavel and others, that write what men do, and not what they ought to do."[17] Er erblickte in Machiavelli einen Mitstreiter, insofern der Florentiner empirisch vorzugehen schien, kühl das Tatsächliche konstatierte und eine rein weltimmanente Betrachtungsweise anwandte.

Die Vorstellung vom freiheitlich gesinnten Republikaner Machiavelli nahm in der englischen Literatur um die Mitte des 17. Jahrhunderts im Zuge der revolutionären innenpolitischen Ereignisse sehr konkrete Formen an. Anzumerken wäre hier, daß während des 16. Jahrhunderts vereinzelt in Italien ähnliche Auffassungen kursierten. Der bereits erwähnte englische Kardinal Pole sprach sich beispielsweise gegen die in Italien gehörte Ansicht aus, daß Machiavelli mit seinem *Principe* nur die Absicht verfolgt habe, die Medici noch mehr zur Tyrannei anzustacheln und damit deren sicheren Untergang heraufzubeschwören. Diese Theorie verbreiteten wenige Jahrzehnte später vor allem Giovan Matteo Toscano in seiner 1578 in Paris erschienenen Abhandlung *Peplus Italiae* und der in Oxford lehrende italienische Professor der Rechte Alberico Gentili in seinem 1585 in London veröffentlichten Buch *De legationibus*. Machiavelli, betonte Gentili, habe die Demokratie gerühmt und verteidigt. Unter dem Anschein, die Fürsten zu belehren, wollte er in Wirklichkeit das Volk in die fürstlichen Geheimnisse einweihen und so das erforderliche Gegengift reichen. Der *Principe* stelle letztlich eine Satire auf die fürstliche Gewaltpolitik dar.[18]

[16] Vgl. W. Kaegi, Historische Meditationen, Zürich 1942, S. 91ff.

[17] F. Bacon, The Advancement of Learning (1605), hg. von G. Kitchen, London 1973, S. 165.

[18] Vgl. hierzu G. Procacci, Studi sulla fortuna del Machiavelli, a. a. O., S. 250ff.

Im 17. und 18. Jahrhundert wurden die Auseinandersetzungen über Machiavelli in unverminderter Schärfe fortgesetzt, wobei die bereits im 16. Jahrhundert vorgebrachten Argumente wiederholt oder weiter ausgebaut wurden. Weitaus häufiger wurde nun unter Bezug auf die *Discorsi* das Bild des Republikaners Machiavelli in den Vordergrund gerückt. Ebenso häuften sich die Stimmen, die sich gegen die Verzerrungen des Machiavelli-Bildes durch die gegenreformatorischen und zentrifugalen Kräfte im 16. Jahrhundert wandten und so Machiavelli vom Machiavellismus scharf getrennt wissen wollten. Es war bezeichnend, daß sich in England, Frankreich, Holland und Deutschland vor allem progressive Denker für eine Revision des haßverzerrten Machiavelli-Bildes einsetzten, so die deistischen Freidenker John Toland, Matthew Tindal und Antony Collins sowie Spinoza, Bayle, Jean-Jacques Rousseau oder Johann Gottfried Herder. Auch in Deutschland faßte diese Richtung Fuß, erstmals recht ausgeprägt in der 1731 veröffentlichten Abhandlung von Johann Friedrich Christ: *De Nicolao Machiavello.* Dieser der Frühaufklärung nahestehende Leipziger Universitätsprofessor, Winckelmanns Lehrer, gab darin eine Beschreibung des Lebens und der literarischen Werke Machiavellis und wandte sich ausführlich gegen die Darlegungen von Gentillet, Possevino und anderen Machiavelli-Gegnern aus den Lagern der katholischen Gegenreformation, der protestantischen Orthodoxie oder den Monarchomachen feudaler Observanz. Geschickt wies er nach, daß diese polemischen Kritiker Machiavelli falsch verstanden hatten oder von vornherein auf Verleumdung des Florentiners aus waren. Nach Christ gehörte Machiavelli weder zur Richtung der Monarchomachen noch zu den unbedingten Anhängern der Fürstenherrschaft. Vielmehr habe er Anschauungen verfochten, wie sie für die Republikaner des klassischen Altertums charakteristisch waren. Christs Abhandlung über Machiavelli nimmt in der Machiavelli-Rezeption einen sehr wichtigen Platz ein. Sie stellte nämlich die erste wahrhaft kritische Untersuchung über Leben und Werk Machiavellis dar.[19] Die bis dahin von der gelehrten Welt des 17. Jahrhunderts zutage geförderten Nachrichten und Dokumente über Machiavelli unterzog Christ in diesem im 18. Jahrhundert über Deutschland hinaus vielbeachteten Werk einer gründlichen Prüfung.

Für Friedrich II. von Preußen war es charakteristisch, daß er in seinem noch als Kronprinz verfaßten und 1740 erschienenen *Anti-Machiavel*[20] nicht an die

[19] Vgl. Ebenda, S. 301 ff.; H. Conring, Professor an der Universität Helmstedt, hatte 1660 eine neue lateinische Übersetzung des „Principe" veröffentlicht und ein Jahr darauf einen Kommentar hierzu. Obwohl er sich gegen die Verdrehungen und Verfälschungen Machiavellis durch Possevino wandte, sah er Machiavelli zu sehr in der scholastisch-aristotelischen Tradition und erkannte ungenügend die neuen Züge in Machiavellis staatspolitischem Denken, folgerte Christ.

[20] Vgl. die von Th. Fleischauer besorgte Ausgabe (Studies on Voltaire and the Eighteenth Century, vol. V), Geneve 1958.

Tradition anschloß, die Christ wenige Jahre vorher ausführlich dargelegt hatte sondern an die der Schmähliteratur wider Machiavelli.

Der Machiavellismus als ideologisches Phänomen war von vornherein eine auf Verketzerung angelegte Machiavelli-Rezeption. In der zweiten Hälfte des 16. Jahrhunderts zum generellen Schmähbegriff für tyrannische Gewaltpolitik schlechthin geworden, wurde er in den nachfolgenden Jahrhunderten mit weiteren negativen Zügen ausgestattet. Von unterschiedlichen Interessen her wurde darauf verwiesen und vielfach eine Identifizierung von Machiavelli und jenem negativ aufgeladenen Begriff des Machiavellismus vorgenommen. In Auseinandersetzung mit den Mächten der geistlichen und weltlichen Reaktion ihrer Zeit entwickelten fortschrittliche Denker im 17. und 18. Jahrhundert sowohl das Bild des freiheitsliebenden Republikaners Machiavelli als auch das des neuzeitlichen Begründers einer Wissenschaft von der realen Politik. Was als machiavellistisch verschrien wurde, beobachteten sie in der politischen Realität ihrer Zeit[21] und lobten Machiavelli, daß er den Blick hierfür geöffnet hatte. Der schweizerische Historiker Werner Kaegi folgerte mit Recht: „Machiavelli ist sowenig der Vater des praktischen Machiavellismus, als Robert Koch der Schöpfer der Choleraepidemien ist. Machiavellis Verhältnis zum Machiavellismus ist das des Forschers zu einem Naturphänomen, nicht dasjenige des Schöpfers zu seinem Werk. Machiavelli ist ein Entdecker, nicht ein Erfinder ... Sein persönliches Bildnis hat in den Augen der Welt Züge angenommen, die seiner Entdeckung angehören. Machiavellis Bild formte sich aus Zügen des Machiavellismus."[22]

Mit seiner realistischen Sicht der staatspolitischen Gegebenheiten eröffnete Machiavelli die Reihe jener Denker in der Übergangsepoche vom Feudalismus zum Kapitalismus, welche nach Karl Marx und Friedrich Engels die Macht als Grundlage des Rechts darstellten, damit die theoretische Anschauung der Politik von der Moral emanzipierten und so die selbständige Behandlung der Politik ermöglichten.[23] Die Beschäftigung mit Machiavelli hat nicht zuletzt dadurch immer wieder Auftrieb und Impulse erhalten, weil sie mit einem Problemkomplex von beträchtlicher Brisanz zusammenhängt, nämlich den Beziehungen zwischen Politik, Macht, Recht und Gewalt. Hierbei dürfte für die Bewertung von maßgeblichem Gewicht sein, ob sie den Durchbruch des gesellschaftlichen Fortschritts instrumentieren und so realisieren helfen.

21 Vgl. R. De Mattei, Dal premachiavellismo all'antimachiavellismo, Firenze 1969.

22 W. Kaegi, Historische Meditationen, a. a. O., S. 93/94.

23 Vgl. K. Marx/F. Engels, Die deutsche Ideologie, in: K. Marx/F. Engels, Werke, Berlin 1956–1983, (im folgenden: MEW), Bd. 3, S. 304.

Norman Paech (Hamburg)

Hugo Grotius: Epoche und Werk

Zur Bedeutung der niederländischen Revolution für die Rechtstheorie des Hugo Grotius+

> „So wie die Niederlande, Marx nannte sie die kapitalistische Musternation des 17. Jahrhunderts, ein Vorposten des Kapitalismus innerhalb eines feudal beherrschten Europas waren, so stellt die Gesellschaftstheorie des Grotius eine antifeudale Vorpostenideologie dar, die von seinen Nachfolgern ausgebaut, korrigiert und demokratisiert, zum wissenschaftlichen Unterbau der kommenden bürgerlichen Revolution in England, Nordamerika, Frankreich und, abgebrochen, in Deutschland gehört. Infolge der ungleichmäßigen Entwicklung des Kapitalismus in Europa – zwei Jahre vor Grotius' Geburt hatten die Niederlande ihre bürgerliche Unabhängigkeit von Spaniens Feudalmonarchie erklärt, während im benachbarten Frankreich erst zweihundert Jahre später die Bourgeoisie ihre Revolution einleitete – bot Huig de Groot also nicht nur herrschende Ideologie, sondern zugleich auch unterminierende Ideologie."

Mit diesen Sätzen weist Hermann Klenner in seinem Aufsatz „Grotius' Rechtsphilosophie im Streit der Meinungen von damals und von heute"[1] auf den für das Verständnis des grotianischen Werkes zentralen Zusammenhang zwischen dessen literarischem Schaffen und den sozialen und politischen Kämpfen seiner Zeit hin – wie er in der modernen bürgerlichen Grotius-Forschung auseinandergefallen zu sein scheint, allerdings in bezeichnender Umkehrung doch wieder zu einem einheitlichen Bild von Epoche und Werk sich verknüpft.

1. Im Streit der Meinungen: Grotius in seiner Zeit

So wenig die Geschichtsforschung bereit ist, die niederländische Revolution als bürgerlich anzuerkennen, ja nicht einmal als Revolution, so sehr hat die Auseinandersetzung mit dem grotianischen Werk in der ersten Hälfte des 20. Jahrhunderts bis heute vor allem die Einordnung in die Kontinuität spätscholastischen Denkens sowie die Betonung seiner religiösen Grundhaltung und der Bedeutung

+Dieser Beitrag basiert auf der jüngst erschienen Broschüre: N. Paech, Hugo Grotius, Berlin (West) 1985. Ich habe daher hier auf einen umfangreicheren Quellennachweis verzichtet.

1 Staat und Recht, 6/1983, S. 419ff.

seiner christlichen Glaubenstradition für seine Rechtskonzeption betrieben. Also: die Niederlande weder „antifeudaler Vorposten des Kapitalismus“ noch Grotius der Rechtstheoretiker mit „unterminierender Ideologie“.

Die traditionalistische Grotius-Interpretation hängt eng mit der Auflösung eines einheitlichen juristischen Weltbildes seit dem Beginn des 20. Jahrhunderts und den zunehmend konservativer werdenden Tendenzen der Rechts- und Staatslehre zusammen. Der Rechtspositivismus, einst der Ausdruck der siegreichen Bourgeoisie von der Rationalität und Kraft ihrer gesellschaftlichen Ordnung, verlor mit der aufkommenden Unsicherheit des Bürgertums und den verstärkten Kämpfen um die bürgerliche Gesellschafts- und Rechtsordnung seine dominierende Stellung. Rechtsphilosophie und naturrechtliche Strömungen tauchten wieder auf, vor allem aber verschiedene Formen soziologischer Herangehensweisen an das Recht (E. Ehrlichs Theorie des „lebenden Rechts“, M. Rümelins und F. Hecks Interessenjurisprudenz), die jene sozialen Zusammenhänge und Wirkungsweisen des Rechts in den Blick nehmen, die vom Positivismus bisher außer acht gelassen wurden. Es ging vor allem auch um eine neue, den gesellschaftlichen Herausforderungen antwortende Erweiterung des Rechts sowohl in Richtung auf die Erforschung der Dynamik und der sozial-psychologischen Motivationen als auch in Richtung der „freien Rechtsfindung“ durch den Richter, des sogenannten Richterrechts.

Diese Strömungen, die fortan neben dem Positivismus liefen, ergriffen natürlich auch die Völkerrechtslehre, die sich in der Auseinandersetzung mit Grotius um seine Einordnung in den Entwicklungsrahmen der geistesgeschichtlichen Kontinuität und nicht etwa der sozialökonomischen und politischen Kämpfe jener Zeit bemühten. Der Ansatz blieb idealistisch und undialektisch, das Ergebnis betonte die Kontinuität spätscholastischen und grotianischen Denkens und dessen konservativen Grundzug. Derart eher in die Vergangenheit als in die Zukunft gerückt, konnte es weder mit seiner „Vaterschaft“ des Naturrechts noch mit dessen Säkularisierung weit her sein – wenn überhaupt, konnte sie nur scholastisch sein. Er sei schließlich weder neu noch als Vorläufer der Aufklärung zu sehen, womit das Bild der Spanier und insbesondere Vitorias um so heller erstrahlen sollte.

Vor allem James Brown Scott von der Jesuiten-Universität Georgetown forcierte die von dem belgischen Völkerrechtler Ernest Nys und dem deutschen Josef Kohler betriebene Renaissance der spanischen Spätscholastiker und stellte Grotius in den Schatten seiner Vorläufer. Selbst in der Säkularisierung seien sie ihm ebenso voraus, wie er von ihr entfernt gewesen sei. E. Lewalter, der diese Meinung pointiert vertrat, sah in Grotius den Vertreter der Neuscholastik, zwischen Absolutismus und Reformation in tiefer Religiosität verhaftet und vor allem von der Einheit der Christenheit und dem „geistigen Licht“ als dem Göttlichen im Menschen erfüllt.

Gewiß nahm die Beschäftigung Grotius' mit theologischen Studien und den

Fragen der kirchlichen Einheit nach seinem vergeblichen Versuch, 1631 in seine Heimat zurückzukehren und erneuten Reisen und Exil, zu – während seines Hamburger Aufenthalts 1632 arbeitete er an einer biblischen Tragödie „Sophompaneas", und während seiner Botschafterzeit in Paris von 1635 an verfaßte er umfangreiche Kommentarien zum Alten und Neuen Testament und verfocht das Ziel einer Union aller Christen in seiner Schrift „Via ad pacem ecclesiasticam" –, und sie diente den meisten Autoren dieser Zeit dazu, das Hauptwerk des Grotius wieder in das klerikale Erbe des Mittelalters zurückzuordnen.

So haftet der Berufung auf den „Traditionalisten" Grotius, den konservativen Wahrer der scholastischen Kontinuität und den dem christlichen Denken verpflichteten Vertreter einer „kurialen Staatslehre", nichts Neues und Revolutionäres mehr an in einer Zeit, in der die Revolution gerade noch erfolgreich zurückgeschlagen worden war und die der größten Ruhe und Besinnung auf Kontinuität bedurfte. Es scheint, daß nur wenige das grundsätzlich Neue im Denken Grotius', den „Reformator und Bahnbrecher", den „Wegbereiter der Aufklärung" gelten lassen wollten wie J. Hashagen und E. Wolf. Sie sahen zumindest die Widersprüchlichkeit jener Zeit und ihren Reflex im grotianischen Denken als „Ausdruck eines neuen Lebensgefühls, das ein verändertes Empfinden der Sozialwirklichkeit voraussetzte und in einem neuen Wissenschaftsbegriff zu verstehen suchte" [2].

So man jedoch die Betrachtung der Epoche immer noch auf die geistigen Strömungen und Ideen konzentriert und den sozialökonomischen Gegensätzen nur illustrierende Bedeutung einräumt, wird der frühbürgerliche Fortschrittsprozeß weder in seiner revolutionären Umwälzung der sozialen Grundlagen noch des Rechts- und Gesellschaftsbewußtseins erkannt. Die Gegenwartsanforderung an das Erkenntnisinteresse angesichts des Zusammenbruchs der bürgerlich-imperialistischen Völkerrechtsordnung schlägt auf die Bewertung einer Epoche durch. Die Suche nach neuen Werten und Ordnungen, die Umwertung zerschlissener Legitimationen und der Umbau rechtsideologischer Traditionen führt zwangsweise zur Umplacierung jener alten Denker.

Dieser Weg wird nach dem 2. Weltkrieg ohne Bruch der Kontinuität weiterverfolgt, wobei Carl Schmitt alsbaldige Starthilfe leistet. Sein Interesse gilt – ungeachtet des Scheiterns der faschistischen Eroberungen – nach 1950 immer noch der „Landnahme als konstituierende(m) Vorgang des Völkerrechts". Unter diesem Blickpunkt ist in der Tat weniger „Raumordnendes" bei Grotius zu finden als bei Vitoria, der die spanischen Kolonialeroberungen mit allen ihren Greueln gebilligt hat. Ihm, nicht Grotius, der schon 1601 in seinen „Staatsparallelen" die „Raubmördermethoden" der Spanier attackierte und später Missionskriege und Kolonialeroberungen verurteilte, widmet Schmitt eine ausladende Huldigung wie keinem

[2] E. Wolf, Hugo Grotius. Große Rechtsdenker der deutschen Geistesgeschichte, Tübingen 1963, S. 263.

anderen Autor vor und nach ihm.[3] So erscheint Grotius als Epigone der spanischen Juristen, der sich seiner „eigenen geschichtlichen Voraussetzungen nicht mehr bewußt"[4] bleibt. Immerhin ein erträgliches wissenschaftliches Schicksal bei einem Autor wie Carl Schmitt. Unerträglich wird aber die Vereinnahmung des „Traditionalisten" Grotius als eines völkerrechtlichen Schutzheiligen ausschließlich für die kapitalistischen Industriestaaten: „Etwa dreißig nach grotianischen Grundsätzen lebenden Nationen stehen an die einhundertzwanzig gegenüber, die europäisches Völkerrecht allenfalls der Form nach, jedenfalls aber nicht in bezug auf die ideologischen Grundlagen des Abendlandes einschließlich der fides übernommen haben. Gesandte sind heute so wenig sicher davor, ‚in Gruben und Löcher geworfen zu werden', wie dies de Groot von den treulosen Athenern berichtet. Nur unter diesen Ländern, nicht aber mehr unter den ‚hundertzwanzig von hundertfünfzig Nationen', kann Treu und Glauben als inhaltlich angebbares, vorschreibbares Wertungsergebnis in der Tat geltend gemacht werden ... Das Problem des neuen Völkerrechts besteht also in der Beschränkung der fides als eines in der Person des einzelnen verankerten materialen Rechtsprinzips auf einen Teilbereich der Völkerrechtssubjekte."[5] Der vernunftrechtliche Denker an der Schwelle des bürgerlichen Zeitalters wird auf den Frontideologen spätkapitalistischer Herrschaftsverteidigung reduziert.

Nicht immer bemächtigt das Ideologiebedürfnis der Gegenwart sich so ungehemmt der Theoretiker der Vergangenheit. Aber der Grundzug der Grotius-Interpretation mit Beginn des 20. Jahrhunderts: Grotius als Testamentsvollstrecker der spanischen Juristen und Moraltheologen, bleibt der gemeinsame Nenner der Grotius-Rezeption nach dem 2. Weltkrieg. Zentrales Element dieser Interpretation ist das Bemühen, Grotius' Werk von jeder säkularisierenden Tendenz zu befreien; Grotius als Säkularisator des Natur- und Völkerrechts sei durch die „neuere Forschung überholt" worden bzw. er greife damit nur eine jahrhundertalte Tradition auf. – Ganz in diesem Sinne habe es sich auch bei den Kämpfen in den Niederlanden „nicht um die Durchsetzung bürgerlicher Ziele" gehandelt, und das Bürgertum habe „nie allein als Motor der revolutionären Bewegung" fungiert, die Ziele seien vielmehr „mittelalterlich" und „grundkonservativ" gewesen. „In ihrem gesellschaftlichen Kern stellte die niederländische Revolution eine Auseinandersetzung innerhalb der aus Adel, Großbürgertum – in geringem Maße auch Großbauerntum – zusammengesetzten politischen Elite dar",[6] also ein „Elitekonflikt", ein „Aufstand" und „bürgerkriegähnlich den

[3] Vgl. C. Schmitt, Nomos der Erde im Völkerrecht des Ius Publicum Europaeum, Köln 1950, S. 69–96.

[4] Ebenda, S. 105.

[5] W. Fikentscher, De fide et perfidia – Der Treuegedanke in den „Staatsparallelen" des Hugo Grotius aus heutiger Sicht, München 1979, S. 82, 80 (Sitzungsberichte der Bayerischen Akademie der Wissenschaften, H. 1).

[6] H. Schilling, Der Aufstand der Niederlande: Bürgerliche Revolution oder Eliten-

französischen Religionskriegen des 16. Jahrhunderts", schließlich eine Stände revolte mit konservativem Gehalt.[7]

Es ist einleuchtend, daß es sich hier nicht lediglich um einen definitorischen Streit, sondern um entscheidende geschichtstheoretische Differenzen handelt. Entscheidend in unserem Zusammenhang ist, die historische Situation genau zu charakterisieren, in der Hugo Grotius wirkte – entweder als einer der letzten Gelehrten der europäischen Scholastik, zu dessen Verständnis „der Schlüssel in seiner Theologie liegt", oder als frühbürgerlicher Gesellschaftstheoretiker, der nach den Worten des jungen Marx wie Machiavelli, Hobbes, Rousseau, Fichte und Hegel begann, „den Staat aus menschlichen Augen zu betrachten und seine Naturgesetze aus der Vernunft und der Erfahrung zu entwickeln, nicht aus der Theologie".[8] Grotius als letzter Renaissancegelehrter oder als in den politischen Kämpfen seiner Zeit wirkender und strauchelnder Staatsmann, Begründer der bürgerlichen Staats- und Rechtslehre – diese Entscheidung fällt nicht ohne Kenntnis der sozialökonomischen Auseinandersetzung, die auf sein politisches wie literarisches Wirken gleichermaßen Einfluß gehabt hat. Wir folgen also nicht Johann Huizinga, der in seiner Gedenkrede 1930, „Hugo Grotius in der Geschichte des menschlichen Geistes", den Rat gab: „Will man de Groots Stelle unter den Denkern des 17. Jahrhunderts genau bestimmen, so muß man absehen von den brennenden Gegensätzen politischer und religiöser Richtungen, welche den Zeitgenossen bewegten und beherrschten, man muß den Blick auf weitere Perspektiven einstellen." Wir wenden den Blick auf die Niederlande der Wende vom 16. zum 17. Jahrhundert, auf die politischen Kämpfe zunächst und danach auf die sozialökonomische Entwicklung und Klassenstruktur.

2. Der Aufstand der Niederlande: Befreiungskampf und Revolution

Sieht man die Epoche als regionales Ereignis, so erscheint sie in erster Linie als nationaler Befreiungskampf der Niederländer gegen den spanischen Absolutismus, an dessen Ausgang allerdings nicht nur die Befreiung vom spanischen Joch und die Auflösung der ursprünglichen rechtlichen Einheit in die späteren Nationalstaaten Niederlande und Belgien, sondern auch die Geburt des ersten bürgerlichen Staates der Welt in Gestalt der Republik der vereinigten Provinzen steht. Sieht man diese Epoche als europäisches Ereignis, so vollendet sie die etappenweise Ablösung des Feudalismus in seiner ersten Phase des frühbürgerlichen

konflikt?, in: H.-H. Wohler (Hrsg.), 200 Jahre amerikanische Revolution. Geschichte und Gesellschaft, Sonderheft 2, Göttingen 1976, S. 177 ff., S. 203.

7 Quellennachweise bei N. Paech, Hugo Grotius, a. a. O., S. 18, 19.

8 K. Marx/F. Engels, Gesamtausgabe (im folgenden: MEGA), Bd. I/1, Berlin 1975, S. 189.

Revolutionszyklus, der mit den Hussitenkriegen in Böhmen begonnen und sich im Reformations- und Bauernkrieg in Deutschland fortgesetzt hatte, ohne dort schon den politischen Erfolg zu haben, der erst in den Niederlanden gelang.

Die 17 Provinzen waren als Teil des Herzogtums Burgund bereits seit langem vom Reich Karls V. abhängig, aber erst im Jahre 1519 wurden sie endgültig in den mächtigen Herrschaftsbereich, „in dem die Sonne nicht untergeht", einverleibt. Für Karl V. hatten sie eine zentrale Bedeutung, insbesondere in der Außenpolitik gegenüber Frankreich, weswegen er sie durch Gebietserweiterungen und rechtliche Verselbständigung zu einem einheitlichen Staatswesen bilden wollte. Die Statthalter waren die Repräsentanten der Zentralgewalt, denen jeweils ein Staatsrat mit den Vertretern der Aristokratie, ein Finanzrat und der Geheime Rat aus Vertretern des niederen Adels, des städtischen Bürgertums und der königlichen Juristen zur Seite stand. Daneben waren die Ständevertretungen, die General- und Provinzialstaaten zur Festsetzung der Steuern berechtigt, und die Städte und Dörfer wurden durch das Bürgertum und Patriziat in Selbstverwaltungsorganen beherrscht.

Nicht nur, daß der Hof Kaiser Karls enorme finanzielle Mittel aus den reichen Provinzen sog und diese für ihn ein strategisches Aufmarschgebiet gegen Frankreich bildeten, die Niederlande selbst profitierten nicht schlecht vom Handel mit den spanischen Kolonien, den sie ebenso monopolisierten, wie zu einem guten Teil die Finanzgeschäfte und den Außenhandel des Reiches. Dennoch waren die Lasten für die Bevölkerung erdrückend, um die Feudalkriege des habsburgischen Hauses zu finanzieren. Bereits Anfang des 16. Jahrhunderts brachen verschiedene Aufstände der armen Stadt- und Dorfbewohner aus, und die antikatholischen Lehren Luthers, Calvins und vor allem der Täufer begannen sich auszubreiten. 1523 wurden die ersten Ketzer verbrannt. Doch fehlte diesen hier und dort aufbrechenden Unruhen vorerst noch der nationale Bewegungscharakter, solange die Handels- und Gewerbebourgeoisie ihre Interessen durch die Krone respektiert sah.

Dies änderte sich erst mit der Teilung des Reichs Karls V. und der Thronbesteigung Philipps II. im Jahre 1556, dem die Niederlande zugeteilt worden waren. Sein Regime, von Anbeginn auf die fianzielle Ausbeutung und religiöse Unterwerfung der Provinzen gerichtet, sollte den Gegensatz zwichen spanischem Absolutismus und niederländischem Bürgertum zur revolutionären Konfrontation zuspitzen. Zunächst verstärkte Philipp die spanischen Truppen und konzentrierte die Macht der Exekutive bei dem ihm ergebenen Staatsrat (Consulta). Dann ging er an die Reorganisation der katholischen Kirchenbürokratie, schaffte 14 neue Bistümer und eine Vielzahl von Inquisitionsbehörden, von denen er die strengste Anwendung der Gesetze gegen die Ketzer, der sogenannten Plakate verlangte. Diese Maßnahmen beseitigten gleichzeitig die ständischen Privilegien der Bischofswahl, was sowohl Adel als auch Klerus den reformatorischen Vorstellungen näher brachte.

Mit dem spanischen Staatsbankrott 1557, erstes sichtbares Zeichen des Verfalls der spanischen Feudalherrschaft, mußten viele niederländische Bankiers hohe Verluste hinnehmen, und die Besteuerung des spanischen Wollexports traf insbesondere die Manufakturen in südlichen Provinzen, von denen zahlreiche ihre Produktion einstellen mußten. Schließlich sahen sich auch die Handelsunternehmen in ihren Interessen bedroht, da Spanien den Kolonialhandel zu seinem Monopol erklärte. Innerhalb kurzer Zeit verstand es der feudal-klerikale Absolutismus Philipps II., in Widerspruch zu fast allen Klassen der niederländischen Gesellschaft zu treten. Der Klerus und die Aristokratie wurden vieler ihrer Privilegien beraubt, ausländische Beamte kamen mit der Statthalterin Margarete von Parma und dem Berater Granvella ins Land; die aufkommende Manufakturbourgeoisie wurde in ihren Geschäften derart behindert, daß es Ende der 60er Jahre zu einer regelrechten Kapitalflucht aus den Süd- in die Nordprovinzen kam, die leerstehende Betriebe und große Arbeitslosigkeit hinterließ. Hinzu kam, daß die Stadt- und Landbevölkerung die schlecht und unregelmäßig besoldeten Truppen der Spanier zu ertragen hatte und von steigenden Steuerlasten getroffen wurde. Und allen drohte die Inquisition.

Nicht nur, daß es in den 60er Jahren zu Unruhen und Massenbewegungen unter der verarmten Land- und Stadtbevölkerung kam, auch der Adel begann sich gegen Philipp zu organisieren. Ein Adelsbund aus mehreren hundert Adligen und angesehenen Bürgern, „Kompromiß" genannt, übergab am 5. Juni 1566 der Generalstatthalterin Margarete von Parma eine Petition, in der die Wiederherstellung der alten Privilegien und eine Milderung der Inquisition und Ketzerverfolgung verlangt wurde. Angespornt vom Druck des Volkes, galt es jedoch gleichzeitig, ihn zu zügeln, man fürchtete eine allgemeine Erhebung und Rebellion. Auch die calvinistischen Konsistorien forderten vom Adel, nicht auf der Schwelle stehen zu bleiben, sondern weiterzugehen, da sie sonst nicht mehr Herr der Bewegung der Volksmassen bleiben könnten – ein gemeinsamer Rat der bürgerlichen Konsistorien und des Adelsbundes wurde gegründet. Auch ein Kaufmannsbund entstand zur Sammlung der bürgerlichen Opposition. Doch blieb er ohne größere Bedeutung neben den Konsistorien, den lokalen Führungsgremien der calvinistischen Gemeinden, in denen sich die antifeudale Opposition der reichen Handels- und Manufakturbourgeoisie vor allem sammelte. Der Einfluß der calvinistischen Konsistorien auf die Bewegung zeigte die Verbreitung des Calvinismus bei Adel und Bourgeoisie – das ideologische Ferment zwischen den Klassen und Schichten angesichts des breiten Angriffs des spanischen Absolutismus auf ständische Privilegien, Handel, Manufaktur und religiöse Erneuerung.

Als sich die Unruhen im August 1566 explosionsartig im sogenannten Bildersturm entluden – in 12 der 17 Provinzen wurden in kurzer Zeit 5500 Kirchen und Klöster zerstört –, wurde deutlich, daß dieser Aufstand Massencharakter hatte, an dem allerdings Bauern nur in geringem Maße beteiligt waren. Städtische

Handwerker und Manufakturarbeiter bildeten den Kern, von den Konsistorien und Predigern gegen die katholische Kirche als die Hauptstütze der spanischen Fremdherrschaft gerichtet, aber noch ohne einheitliches Programm. Die Gewalt des Aufstandes bewegte nicht nur die Regierung zu Zugeständnissen, sondern ließ auch Adel und Bürgertum um die eigenen Privilegien und ihr Eigentum fürchten, da den Konsistorien vielerorts die Führung entglitt. Während sich der Adel mit der Amnestie für seine Mitglieder und Zugeständnissen bei der Religionsausübung zufrieden gab – die katholische Hocharistokratie hatte sich schon vorher zurückgezogen und Truppen zur Niederwerfung der Aufstände gesammelt –, verhandelten die Konsistorien mit der Regierung, und ihre Prediger riefen das Volk auf, „von der Rebellion abzulassen". – Bis Frühjahr 1567 gelang es Adel und Bürgertum im Verein mit der Regierung, den ersten Ansturm des revolutionären Aufstandes zu stoppen – doch wirkten die ungelösten Widersprüche weiter und verschärften die Situation.

Mit der Ablösung der Generalstatthalterin durch Herzog Alba griff die Gegenreformation zum Terror. Mehr als 8000 Menschen wurden von 1567 bis 1569 hingerichtet, unter ihnen die Führer der Adelsopposition, die Grafen Egmont und Hoorn, um sowohl die Herde der Unruhen zu beseitigen wie auch ihren Besitz zu konfiszieren für die leeren Kassen der Spanier. Viele Adlige verließen das Land, unter ihnen ein weiterer Exponent der Opposition, Wilhelm von Oranien. Die Massenarbeitslosigkeit vor allem im Süden nährte die unterdrückte Unzufriedenheit der Bevölkerung, die auch dann wieder die wohlhabende Bourgeoisie ergriff, als Alba 1569 das spanische Steuersystem – die Alcabala, eine 5 %ige Steuer auf den Immobilienhandel und eine 10 %ige Verkaufs- und Exportabgabe – in den Niederlanden einführen wollte. Dies war ein entscheidender Eingriff in die gesamte Wirtschaftsstruktur, der sowohl die Warenproduktion, ob Manufaktur oder Handwerk, als auch den Handel, ob Groß- oder Kleinhandel, entscheidend beeinträchtigte. Das Bürgertum konnte ebensowenig in Ruhe seinen Geschäften nachgehen, wie der Adel vor dem „Rat der Unruhe" sicher war. Alba trieb förmlich durch seine gnadenlosen Feldzüge gegen die Städte, deren Einwohner er exekutieren ließ, gegen die aus den Wäldern und von See aus operierenden Geusen, die verschiedenen politischen Fraktionen, Klassen und Schichten zu erneutem gemeinsamen antispanischen Widerstand zusammen.

Der Widerstand wurde zunächst siegreich im Norden, wo die Wassergeusen mit der Einnahme von Brielle 1572 das Signal setzten. Obwohl viele Adlige sich den Geusen angeschlossen und die militärische Führung übernommen hatten, vermochte Wilhelm von Oranien, dem von den Ständen der Nordprovinzen die Exekutivgewalt wie der Oberbefehl über die Truppen und die Flotte übertragen worden war, zunächst nicht, ihre Bedeutung richtig einzuschätzen. Er „zeigte keinerlei Freude, als er von dieser Volksbewegung erfuhr. Er beklagte sich, daß diese kleinen Erfolge den allgemeinen Angriffsplan gefährden könnten, den er vorbereitet habe", schrieb Hugo Grotius dreißig Jahre später in seiner Chronik. Erst als sein im Süden vorbereiteter Feldzug scheiterte, die aus dem Norden abziehenden Truppen ohne Sold meuternd und plündernd in den Süden zogen und 1576 in Antwerpen ein furchtbares Blutbad anrichteten, änderte er seine Haltung.

Das Land war nunmehr geteilt in die faktisch abgefallenen Nordprovinzen Holland und Seeland, in denen die Handelsbourgeoisie den antispanischen Kampf führte, und die Südprovinzen, in denen nach wie vor konservativer Adel und reiches Bürgertum gemeinsam mit dem katholischen Klerus an der Verbindung zur spanischen Krone festhielten, obwohl auch hier die Volksmassen die spanische Herrschaft praktisch beseitigt hatten. Während die Zeichen des spanischen Verfalls sich häuften: Auflösung der militärischen Herrschaft, erneuter Staatsbankrott 1575, war die politische und Klassensituation auf der Seite der Niederlande noch unausgereift.

Dies zeigte sich bei den Bemühungen der Generalstaaten, die jetzt überall die Regierungsgewalt von den Spaniern übernommen hatten, in Gent die Einheit des Landes durch einen Religionsfrieden wieder herzustellen. Dadurch sollte einerseits weiteren revolutionären Ausschreitungen der Volksmassen vorgebeugt, andererseits ein modus vivendi mit Spanien herbeigeführt werden, worunter die radikalen Vertreter der Nordprovinzen jedoch anderes verstanden als die konservativen Stände aus dem Süden. Die Genter Pazifikation von 1576 brachte zwar formal einen Friedensschluß und gewährte den Nordprovinzen das Recht, den Protestantismus beizubehalten, während der Katholizismus in den Südprovinzen die offizielle Religion sein sollte. Aber weder kam es zu einer endgültigen Trennung von der spanischen Herrschaft, noch wurde der Vorschlag angenommen, die Ländereien der Kirche zu säkularisieren, oder gar die Eigentumsfrage des feudalen Grundbesitzes gestellt. Adel, Klerus, Patriziat und reiches Bürgertum waren sich offensichtlich eher einig darüber, was Revolution und Befreiungskampf nicht bewirken sollten, denn über die weiteren Ziele.

Ein letztes Mal wurde der Kompromiß mit der spanischen Krone gesucht, indem die „Pazifikation" dem neuen Statthalter Philipps II., Juan d'Austria, als Bedingung für die Anerkennung vorgelegt wurde. Dieser akzeptierte zunächst, brach bald darauf aber sein Versprechen und sammelte Truppen, um die durch seine Vorgänger verlorene Herrschaft wiederzuerlangen. Dies löste erneut eine Welle von Aufständen im ganzen Land aus. In den Städten Flanderns und Brabants wurden demokratische „Komitees der 18" zur Verteidigung der Städte gegen die spanische Reaktion geblildet. Diese von Handwerkern, Händlern, Kaufleuten und Advokaten gebildeten Ausschüsse griffen über ihre militärischen Aufgaben bald hinaus und kontrollierten die Stadträte, beseitigten ihn gar in Gent und führten in Brüssel Sondersteuern für die Reichen ein. Sie bemächtigten sich des katholischen Kirchengutes und verteidigten vor allem das reformatorische Element der revolutionären Bewegung. So wie sie aber ihrer alten Zunft- und

Gildeorganisation verhaftet blieben, so vermochten sie keine Brücke zum Großbürgertum und Adel zu schlagen. Sie waren in ihren städtischen Zentren isoliert und wurden schließlich niedergeworfen. Ähnlich erging es den flandrischen Bauern, die weder Land erhalten noch von ihren feudalen Pflichten befreit worden waren und nun Schlösser und Klöster angriffen. Sie wurden von den Truppen Oraniens und der Generalstaaten ebenso grausam niedergeworfen wie die Bauern der Nordprovinzen, die in großen Aufständen ihre Unzufriedenheit über ihre sozialökonomische Situation ausdrückten.

Sichtbares Resultat dieser Verschärfung der Klassengegensätze war ihre regionale Differenzierung und Konzentration in unterschiedlichen Machtbündnissen. Während die klerikale Reaktion und der konservative Adel in den Städten der Südprovinzen dominierten und hier mit der Union von Arras 1579 ein Bündnis der Provinzen Artois und Hennegau zustande brachten, antworteten die bürgerlich-revolutionären Stände der nörlichen Provinzen mit der Union von Utrecht. Ihr Ziel war die endgültige Beseitigung der spanischen Fremdherrschaft und damit des Drucks der Gegenreformation. Ihr nächster Schritt war 1581 die förmliche Absetzung Philipps II. als Herrscher der Niederlande. Klerus und Adel der Südprovinzen zielten auf einen Ausgleich mit Spanien, was nicht nur das ungehemmte gegenreformatorische Wirken der Jesuiten gewährleistete, sondern auch die Absicherung der feudalen Grundherrenposition des Adels sowie des Zunft- und Gildewesens der städtischen Handwerker.

Die Spaltung der Niederlande in die beiden Unionen, Ausgangspunkt der späteren Staaten Niederlande und Belgien, forcierte die nun einmal fixierten Entwicklungen. Während die spanische Suprematie im Süden die weitere wirtschaftliche Entwicklung durch die alten Zoll- und Handelsrestriktionen schwer behinderte, trug mittelbar die Flucht des Kapitals und qualifizierter Arbeitskräfte in den Norden zur Konsolidierung und beschleunigten Fortentwicklung der Manufakturproduktion bei. Die Städte im Süden verloren einen Teil ihrer Bewohner, die Zünfte festigten ihr Monopol, und das konservative Bürgertum übernahm in den Stadträten die Regierungsgewalt. Provinzen mit Ansätzen industrieller Entwicklung verkamen zu Agrargebieten, und die Truppen des spanischen Statthalters Farnese brachen den erbitterten Widerstand der letzten Städte Brügge, Gent, Brüssel und Antwerpen. 1598 waren Freiheitskampf und Revolution endgültig verloren, die Südprovinzen fest unter die Herrschaft Spaniens gezwungen. Der Norden, unter der politischen Führung der Handelsoligarchie der Provinzen Holland und Seeland und der militärischen Führung der Oranier, konnte nicht nur die spanischen Übergriffe zurückschlagen, sondern auch einige Gebiete zurückerobern und größere Teile Nordbrabants und Flanderns sich angliedern. Die Amsterdamer sperrten die Scheldemündung, um sich ihres Handelskonkurrenten Antwerpen zu entledigen, ja sie belieferten sogar die spanischen Belagerer mit Waren – das einstige europäische Handelszentrum verfiel in Bedeutungslosigkeit, Amsterdam trat an seine Stelle. Nach dem Waffenstillstand von 1609 mußte Spanien endgültig die Selbständigkeit der nördlichen Provinzen, der Generalstaaten, anerkennen.

Das Bündnis zwischen Bourgeoisie und Adel war hier von anderer Qualität als im Süden. Es ging einerseits eindeutig um die Zähmung des radikalen Kleinbürgertums und der calvinistischen Konsistorien, um die Kontrolle der Geusen durch ihre Integration in ein stehendes Heer. Zum anderen aber wurde einer Refeudalisierung der Verhältnisse kein Vorschub geleistet. Der Handels- und Manufakturbourgeoisie ging es trotz zunehmender Differenzierung gemeinsam um raschen ökonomischen Fortschritt, sie überließ die politischen Geschäfte und die Staatsbürokratie der Aristokratie, was die Oranier nutzen konnten, sich schließlich ihres bürgerlichen Widersachers, des mächtigen Ratspensionärs Jan van Oldenbarneveldt, durch den Henker zu entledigen.

Diese Auseinandersetzung, in deren Folge auch Grotius als Parteigänger Oldenbarneveldts aus dem politischen Leben gezogen und in die Festung geworfen wurde, spiegelt sich in der Literatur vornehmlich als ideologisch-konfessioneller Streit um die Prädestinationslehre Calvins zwischen den Schulen der Leydener Professoren Arminius und Gomarus wider. Der Religionsstreit, der 1619 auf der Synode von Dordrecht zugunsten der orthodoxcalvinistischen Gomaristen entschieden wurde, ist jedoch nur die öffentliche Plattform, die Bühne, ja die Chiffre, hinter der die Fraktionen der Bourgeoisie und des Adels um die Hegemonie in der ersten bürgerlichen Republik kämpften.

Die mächtige Handelsbourgeoisie, das Patriziat, wollte den Calvinismus unter staatliche Kontrolle bringen und verwehrte den Konsistorien eine Beteiligung an den staatlichen Aufgaben. In der Tradition des Humanismus eines Erasmus, der die politischen Angelegenheiten der Gesellschaft unabhängig von der Religion sehen wollte, lehnten sie die Prädestinationslehre ab und setzten ihren Toleranzstandpunkt entgegen, der in Arminius seinen ideologischen Vertreter hatte. Die strenggläubigen und unversöhnlichen Gomaristen waren mehr kleinbürgerlich, in der Intelligenz- und Manufakturbourgeoisie vertreten und stellten sich erbittert gegen den Hegemonieanspruch des Patriziats. Ihnen gelang es, eine breite Anhängerschaft unter den plebejischen Massen zu gewinnen, die in dem revolutionären Kampf gegen die spanische Herrschaft und die katholische Kirche vor allem ihren Glauben immer noch als Kern der Gegnerschaft erblickten. Oldenbarneveldt und Grotius, beide aus dem Patriziat stammend und Anhänger des Arminius, traten gleichzeitig den starken Zentralisierungsbestrebungen Moritz von Oraniens entgegen, der die Wiederaufnahme des Krieges forderte, von dem insbesondere der Adel lebte. Oldenbarneveldt betonte die traditionelle Autonomie der Provinzen, in der auch die Handelsoligarchie die Bedingungen für ihren hemmungslosen Akkumulationsdrang sah. Es war nicht die religiöse Überzeugung, die die Oranier an die Seite der Gomaristen stellte, sie bedienten sich vielmehr der kleinbürgerlichen und plebejischen Massen, um ihre Interessen gegen die Provinzialisten durchzusetzen. Als dies mit der Hinrichtung Oldenbarneveldts gelungen war und die Synode die Lehren der Arminianer feierlich verworfen hatte, waren auch die Gomaristen nicht mehr von Nutzen. Der Nachfolger von Moritz, Friedrich Heinrich, distanzierte sich von ihnen und wehrte ihren Einfluß auf die staatlichen Geschäfte ab.

Dies war kein Sieg des Adels über das Bürgertum, der bürgerliche Charakter der von der spanischen Herrschaft befreiten Generalstaaten blieb erhalten. Die Partei der Oranier und damit der Adel wirkte eher als Katalysator der Interessenkonflikte, die sich in der herrschenden bürgerlichen Klasse selbst abspielten. Die nicht mehr zurückdrehbare Durchsetzung des Kapitalismus in den Niederlanden markierte damit auch den Schlußpunkt unter die erste Phase der frühbürgerlichen Revolutionen.

3. Die sozialökonomische Entwicklung und Klassenstruktur

An diesem Befund konnte so mancher Autor, der in den Kämpfen eher einen Elitekonflikt erblickte, nicht vorbeikommen und mußte einräumen, daß „aus der Revolution, die vom Adel begonnen und von einer Koalition zwischen Adel und Großbürgertum gewonnen war, eine wesentlich bürgerliche Welt hervorgegangen"[9] ist, „etwas sehr ‚lebenskräftig Neues', ein libertärer Staat, der trotz seiner bürgerlich-oligarchischen Verfassung ein für die damalige Zeit erreichbares Maximum von Handelsexpansion und Religionsfreiheit ermöglichte".[10] Bereits Anfang des 20. Jahrhunderts war Henri Pirenne in dieser Frage zu dem Ergebnis gekommen, daß es sich bei dem Freiheitskampf um die Auseinandersetzung des Bürgertums in einer sich rasch entwickelnden kapitalistischen Gesellschaft gegen den spanischen Absolutismus handelte, der die wirtschaftlichen Aktivitäten zu ersticken drohte.

In den Niederlanden hatte sich schon früher als in England und Frankreich eine kapitalistische Produktion auf der Basis der Lohnarbeit und des Heimhandwerks durchgesetzt. Ungleichmäßig in den einzelnen der 17 Provinzen, aber schon im 13. Jahrhundert hatten sich in einigen Städten Flanderns und Brabants neben dem entwickelten Zunfthandwerk Kaufmannsfabriken gebildet, die in Gilden und Kooperationen den Großhandel monopolisierten: Handwerker, die vom Außenmarkt abhängig waren, zwangen sie, die Materialien zu kaufen. „Sie allein waren in der Lage, die kostbaren englischen Schafsfelle zu kaufen, deren hohe Qualität den Ruf des flandrischen Tuchs begründete, und als Eigentümer der Rohstoffe, bei denen sie Monopolrechte hatten, beherrschten sie unvermeidlich die

[9] H. Schilling, Der Aufstand der Niederlande: Bürgerliche Revolution oder Elitenkonflikt?, a. a. O., S. 230.

[10] R. van Dülmen, Die Entstehung des frühneuzeitlichen Europa 1550–1648, Frankfurt a. M. 1982, S. 376 (Fischer, Weltgeschichte, Bd. 24).

Welt der industriellen Arbeit."[11] Durch den Aufbau von Manufakturen, in denen Woll-, Seiden-, Leinen- und Baumwollstoffe, Teppiche, Gobelins, Segeltuche, Spitzen sowie Glas- Leder- und Metallwaren und Schiffsausrüstungen hergestellt wurden, traten sie in Konkurrenz zu den Zünften. Trotz erbitterter Gegenwehr verloren diese um die Mitte des 16. Jahrhunderts (vor allem in den Nordprovinzen) ihren Einfluß, Meister und Gesellen oft auch ihre unabhängige Existenz, sie verarmten und wurden auf den Stand rechtloser, abhängiger Lohnarbeiter herabgedrückt.

Basis des Reichtums war jedoch der Groß- und Außenhandel, der aufgrund der günstigen geographischen Lage die Niederlande zum Umschlagplatz Nordeuropas machte. Antwerpen mit seinem groß ausgebauten Scheldehafen wurde Handels- und Finanzzentrum, in dem nicht nur Schiffe aus den protugiesischen und spanischen Kolonien ihre Waren absetzten, sondern Kaufleute aus ganz Europa die Börse besuchten. „Die Spanier, deren Lebensunterhalt zur Gänze von Frankreich abhängig ist, und die durch unerbittliche Umstände gezwungen sind, Getreide, Leinen, Tuch, Waid, Papier, Bücher, sogar Zimmerarbeit – kurz gesagt, alle gewerblichen Erzeugnisse von uns zu beziehen, segeln bis ans Ende der Welt, um für uns Gold, Silber und Gewürze zu besorgen", schrieb Jean Bodin 1568,[12] und davon profitierten auch die Niederlande. Es blieb jedoch nicht nur bei dem ökonomischen Reichtum dieser neuen Kaufmannsklasse, sie bemächtigte sich auch der politischen Führung in den Städten und bildete bald eine durch Privilegien und Vereinbarungen geschützte Oligarchie – das Patriziat.

Anders war die Situation in den südlichen Provinzen Luxemburg, Artois und Hennegau, in denen die Landwirtschaft dominierte. „Ein Großteil der Macht verblieb jedoch in den Händen der Feudalherren, so daß hier die Entstehung sowohl eines Bürgerpatriziats als auch eine kapitalistische Produktion wenn auch nicht gänzlich verhindert, so doch verzögert wurde. In diesen und auch in den Städten mit einem stärkeren kommerziellen Charakter bestand ein gewisses soziales und politisches Bündnis zwischen dem alteingessenenen feudalen Landadel und den reichen Bürgern."[13] Dies sollte für die spätere Spaltung der Provinzen 1579 und den Sieg der Gegenreformation und der spanischen Reaktion in den Provinzen der Union von Arras von ausschlaggebender Bedeutung sein.

Unterschiede in der ökonomischen Entwicklung gab es aber auch zwischen den Zentralprovinzen der gewerblichen Kernregion Flandern und Brabant und den Nordprovinzen Holland und Seeland. Zunächst war die Vorherrschaft des Han-

[11] H. Pirenne, Belgian Democracy, S. 98f., zit. nach: M. Dobb, Entwicklung des Kapitalismus. Vom Spätfeudalismus bis zur Gegenwart, Köln – Berlin (West) 1970, S. 158.
[12] Zit. nach: E. Sella, Die gewerbliche Produktion in Europa 1500–1570, in: Europäische Wirtschaftsgeschichte, hg. von K. Borchardt, Bd. 2, Stuttgart 1978, S. 228.
[13] M. Dobb, Entwicklung des Kapitalismus. Vom Spätfeudalismus bis zur Gegenwart, a. a. O., S. 159.

delskapitals gemeinsames Charakteristikum der ökonomischen Entwicklung, welches sich jedoch über den Handel hinaus in der Produktion als Unternehmer, Verleger und Händler betätigte und mit seinen Manufakturbetrieben das Zunfthandwerk ruinierte. Einigen Zunftmeistern gelang es, selbst in die Manufakturproduktion aufzusteigen und Zugang zur bürgerlichen Oberschicht zu bekommen. Die Tuchmanufakturen Flanderns und Brabants waren abhängig von den spanischen Wollimporten, sie orientierten sich demzufolge vor allem an den von Spanien beherrschten Märkten. Sie waren deshalb besonders anfällig gegenüber den von Karl V. 1520 verfügten Zoll- und Handelsrestriktionen. Antwerpen, bis Mitte des 16. Jahrhunderts unangefochtenes Handelszentrum, besaß keine eigenen Schiffe, es lebte vom Zwischenhandel, getrennt von der Produktion. Es beharrte auf seinen mittelalterlichen Reglementierungen wie dem Stapelrecht und pflegte vor allem den Gewürzhandel, vertrieb Luxusgüter für eine relativ begrenzte Käuferschicht. Demgegenüber hatte sich die nördliche Konkurrentin, Amsterdam, den Massengütern Getreide, Salz und Hering geöffnet, die Restriktionen abgestreift und den Handel mit eigenen Schiffen auf England, die Hanse und die Staaten des Baltikums ausgerichtet. Der Binnenmarkt der Nordprovinzen war wesentlich aufnahmefähiger und bot der Herausbildung kapitalistischer Produktionsformen günstige Voraussetzungen, ob im Schiffsbau, seinen zahlreichen Nebengewerben oder in der Tuchindustrie. Alle diese Faktoren sollten langfristig den Nordprovinzen eine ökonomisch und politisch unabhängigere Stellung garantieren.

Unterschiedlich verlief auch die Entwicklung der landwirtschaftlichen Struktur. Während der Adel im Norden über verhältnismäßig geringen Grundbesitz verfügte, die Bauern relativ frei von feudalen Pflichten und Eigentümer ihrer Äcker und Weiden waren, nahm das Ausmaß feudaler Bindung nach Süden hin zu. Dies beeinträchtigte zwar nicht den Fortschritt der industriellen Produktivkräfte, da auch die Großgrundbesitzer die Wandlung der Bauern- in Gewerbedörfer förderten, hinderte aber doch die Eingliederung der Landwirtschaft in den kapitalistischen Markt und damit die bürgerliche Entwicklung des Agrarsektors. Mit dem hohen Stand der wassertechnischen Anlagen, dem Deichbau, der Neulandgewinnung und Trockenlegung von Sümpfen in Küstenprovinzen und der Überwindung der traditionellen Dreifelder-Wirtschaft durch Fruchtfolge in Flandern standen die nördlichen Niederlande im 16. Jahrhundert an der Spitze des landwirtschaftlichen Fortschritts. Die überwiegend persönlich freie Bauernschaft, Pächter auf der Basis der Parzellenwirtschaft, differenzierte sich jedoch unter der Last der Zinsen und Pachtabgaben im Laufe des 16. Jahrhunderts sozial sehr stark in eine große Masse enteigneter, besitz- und arbeitsloser Tagelöhner und Landstreicher sowie eine Schicht wohlhabender Großbauern bürgerlichen Charakters. Diese war auch in den Provinzialstaaten vertreten und vor allem im Norden an allen politischen und administrativen Aufgaben der Region beteiligt. Der Differenzierungsprozeß war dadurch verstärkt, daß der Grundbesitz des Adels in den Nordprovinzen durch Verarmung und Verschuldung in das Eigentum von Wucherern und städtischen Schichten überging. In der Darstellung des niederländischen Freiheitskampfes wird immer wieder auf die geringe Beteiligung der Bauern hingewiesen und darin ein entscheidender Unterschied zu den revolutionären Kämpfen der Bauernkriege in Deutschland gesehen. Dies trifft zu, wenn auch seit dem Bildersturm 1566/67 Bauern vor allem im Norden an den Erhebungen beteiligt waren. Die sogenannten Waldgeusen rekrutierten sich zu einem guten Teil aus Bauern der südlichen Provinzen, die sich gegen die Diktatur Albas wehrten. Auch nach dem Aufstand von 1572 bildeten Bauern der Nordprovinzen Volksschutzheere gegen die spanischen Truppen, und noch in den Jahren 1578/79 kam es dort wie in Flandern zu richtigen Bauernkriegen. Dennoch kam es jedoch auch dort, wo die Zunftherrschaft noch ungebrochen war, dazu, daß sich die Bauern mit den Spaniern verbündeten.

Die Säkularisierung des Grundeigentums der Kirchen und Klöster und die Enteignung feudalen Grundbesitzes im Laufe der Revolution führten zwar im Norden zu fast völliger Beseitigung der Feudalabhängigkeiten, und Grund und Boden zogen in die Ware-Geld-Beziehungen des Marktes ein, die bürgerliche Grundherrschaft hatte aber auch nach dem Sieg über die Spanier kaum Interesse an der Verbesserung der sozialen Lage des Teils der ländlichen Bevölkerung, der nicht durch die profitablen Beziehungen des erweiterten Marktes zu Boden und Wohlstand kam.

Ein wesentliches Element in der Argumentation der bürgerlichen Geschichtsschreibung, die dem Freiheitskampf der Niederländer die Qualität einer *sozialen* Revolution *bürgerlichen* Charakters vorenthalten möchte, ist die Rolle des Adels als treibende, dem Bürgertum in den Kämpfen zumindest ebenbürtige Kraft. Nicht zu übersehen ist, daß vor allem in der Anfangsphase der antispanischen Opposition der Adel mit Adelsbund (1565) und Geusenpetition (1566) eine führende Rolle einnahm. Das politische Ziel seiner Aktivitäten richtete sich gegen die Bedrohung der eigenen Privilegien, die Überfremdung der Verwaltung mit Ausländern und die Verschärfung der Inquisition. Der Erfolg dieser Bewegung war nur begrenzt und vor allem in der Frage der Religionsfreiheit unbefriedigend. So radikalisierte sich die Opposition – die Adelsliga beschloß im Juli 1566, härter gegen die katholische Kirche vorzugehen, die Ermordung von Priestern und die Zerstörung von Kirchengut eingeschlossen – und konnte die Unzufriedenheit der Massen, die auch aus ihrer miserablen sozialen und ökonomischen Situation des Hungerjahres 1566 resultierte, von sich ab- und gegen die Kirche wenden. Die Grenzen der Opposition wurden jedoch umgehend deutlich, als sich die Kräfte des Volkes im Bildersturm zu verselbständigen und der Führung der Stände- und Adelsopposition zu entgleiten drohten. Gemeinsam mit den Regierungstruppen wurde der Aufstand niedergeschlagen, und nur ein Teil der niederen Adligen schloß sich dem Kampf der Busch- und Wassergeusen an. Dort übernahmen sie die Führung und lösten mit der Einnahme von Brielle die zweite

Phase des Volksaufstandes aus, dem sich die Bürgeroligarchie in den Städten des Nordens anschloß. Damit war die für den Fortgang des Befreiungskampfes im Norden bestimmende Koalition zwischen Adel und Großbürgertum gesichert, in der jedoch aufgrund der aktiven Teilnahme der calvinistischen Konsistorien, der Schützengilden und der städtischen Intelligenz das bürgerliche Element eindeutig dominierte.

Der Zugriff Philipps auf Handel und Produktion hatte das Bürgertum in Bewegung gebracht, es übernahm mit seinen finanziellen und organisatorischen Mitteln die Führung und konnte nach dem erneuten spanischen Staatsbankrott 1575 und dem militärischen Zusammenbruch im Norden 1576 die Oberhand dauernd gewinnen. Der Kampf verlagerte sich in den Süden (1576 Plünderung Antwerpens), wo die Stände mit der Genter Pazifikation einen letzten Versuch der Vermittlung mit Spanien unternahmen, um gleichzeitig einer weiteren Revolutionierung der Volksmassen vorzubeugen. Der Versuch scheiterte an der Politik des neuen spanischen Statthalters, Juan d'Austria, der die militärische Herrschaft wiederzuerlangen suchte. Dies trieb Adel und Bürgertum endgültig zusammen. Das Bündnis richtete sich aber nicht nur gegen den spanischen Absolutismus, sondern auch gegen das radikale Kleinbürgertum, welches vornehmlich in Gent (Aufstand der Radikalen 1577) und anderen Städten (Komitees der 18) sein Mißtrauen gegen die Klasseninteressen der Oligarchie, die nach einem nichtspanischen Souverän Ausschau hielt, in demokratische Aktionen umsetzte. Diese verstärkten die calvinistischen Kräfte, die einerseits den Kampf gegen die katholische Kirche intensivierten, andererseits aber sozial an das überkommene Zunft- und Gildewesen gebunden blieben. Adel und Großbürgertum fürchteten einen neuen Bildersturm und damit die Gefährdung ihrer Interessen. Sie ließen die Bewegung allein, die schließlich 1578 durch Wilhelm von Oranien wie seinerzeit 1566 niedergeworfen wurde.

In der Haltung des Adels, bis etwa 1570 noch an der Spitze der Auseinandersetzungen mit der spanischen Regierung, wird deutlich, daß der antispanische Freiheitskampf sich zu einer sozialrevolutionären Bewegung ausgeweitet hatte. Die Opposition zum spanischen Absolutismus war in letzter Konsequenz für den Adel von nicht so entscheidender Bedeutung wie die Gegensätze zur bürgerlich-calvinistischen Volksbewegung. Wo der Adel nicht so stark war wie in den Nordprovinzen Holland und Seeland, wurde der Gegensatz nicht so sichtbar, trat der antifeudale Charakter nicht derart in den Vordergrund wie zu der Zeit, als die Revolution auf den Süden übergriff, wo der Adel über eine wesentlich stärkere politische und soziale Stellung verfügte. Viele der revolutionären bürgerlichen Kräfte, der Kaufleute und Manufakturbesitzer, emigrierten in den Norden. In der Union von Utrecht überwog trotz der politisch führenden Rolle, die Wilhelm von Oranien und seine Partei in ihr spielte, das bürgerliche Element. Es wurde noch verstärkt durch die Ausdehnung auf die wichtigsten Städte Flanderns und Brabants wie Antwerpen, Brügge, Brüssel, Gent und Ypern – was die revolutio-

näre Basis gegenüber 1572 erheblich erweiterte bis zu dem folgerichtigen Schritt am 26. Juli 1581, mit dem die Generalstaaten das führende Organ der Union, Philipp II., als Landesherrn absetzten:
„Nicht das Volk ist für den Herrscher geschaffen, sondern der Herrscher für das Volk, da es ohne Volk auch keinen Herrscher geben würde. Der Herrscher hat die Aufgabe, seine Untertanen nach Gesetz und Gerechtigkeit zu regieren ... Wenn er sie aber nicht so behandelt, sondern wie Sklaven, so hört er dadurch auf, Herrscher zu sein und wird Tyrann und die Untertanen haben nach dem gesetzlichen Beschluß ihrer Vertreter in den Generalstaaten das Recht, ihn zu verlassen."

Das Bündnis von Handelsoligarchie und Adel hatte eine doppelte Stoßrichtung: zum einen gegen die sowohl die Akkumulationsinteressen des Bürgertums wie die Privilegien des Adels gefährdende Fremdherrschaft des spanischen Absolutismus wie auch gegen die nach weiteren Reformen drängenden Kräfte des radikalisierten Kleinbürgertums, der calvinistischen Konsistorien und der plebejischen Handwerker- und Landbevölkerung. In dieser noch unreifen Klassendifferenzierung, in der der Antagonismus zwischen Bürgertum und Adel noch nicht voll ausgeprägt war, das Bürgertum – vor allem die konservative Handelsoligarchie – dem feudalen Adel viele Zugeständnisse machte, liegt die große Widersprüchlichkeit der Aktivitäten und Koalitionen begründet. Weder gab es im Adel eine einheitliche Haltung – lediglich der überregionale Hochadel hielt sich bis auf wenige Ausnahmen wie Graf Egmont und Wilhelm von Oranien abseits – noch vermochten die verschiedenen Fraktionen des Bürgertums, ihre konkurrierenden Wirtschaftsinteressen immer im gemeinsamen Interesse des antispanischen Kampfes zu überwinden. Dies sollte sich auch nicht nach der erreichten Unabhängigkeit ändern; das beginnende 17. Jahrhundert war für die junge bürgerliche Republik von harten Auseinandersetzungen der herrschenden Klassen untereinander sowie von Bauernunruhen und verschiedenen Aufständen der plebejischen Stadtbewohner geprägt, in die Hugo Grotius schon frühzeitig hineingezogen und deren Opfer er dann 1618 mit seiner Verurteilung wurde.

4. *Ein zeitgenössisches Fazit*

Es liegt schon mehr als ein geheimes Einverständnis vor, wenn die gegenwärtige bürgerliche Geschichtsforschung den Befreiungskämpfen der Niederlande ihren sozialrevolutionären Befreiungscharakter von einer überholten Gesellschaftsform bestreitet, sie auf die Dimension der politischen Befreiung von einer Besatzungsmacht und auf die Schrecken des Krieges beschränkt, und die bürgerliche Rechtswissenschaft vor allem die konservativen Züge im Denken jener alten, von den Niederländern zum ersten Mal erfolgreich überwundenen Gesellschaftsordnung hervorhebt. Die politischen und geistigen Auseinandersetzungen der damaligen Zeit untersuchend und darstellend, spiegelt sich darin die Verteidigung unterschiedlicher und gegensätzlicher Interessen in der heutigen Zeit. Wird den Kämpfen der Massen jener Zeit ebenso wie dem Denken ihrer Protagonisten der Fortschrittsprozeß bestritten oder auf ein unvermeidbares Minimum beschränkt, so vermag ihr Studium auch nur geringe fortschrittsweisende Erfahrungen in die Gegenwart zu übersetzen.

Uns Zeitgenossen einer spätbürgerlichen Zeit muß die Interpretation einer Epoche wichtig sein, in der durch jahrzehntelange Kämpfe des Volkes zumindest in einem Teil Europas der feudalklerikalen Herrschaft ebenso ein Ende gemacht worden ist, wie ihre historische und politische Theorie, ihre Malerei und Literatur durch bürgerlich-rationale Kultur abgelöst wurde. Es bleibt nicht ohne Rückwirkung auf aktuelle Theorieentwicklungen und Praxisempfehlungen, wenn der Entstehung, dem Prozeß und den Wirkungen jener Ereignisse das Odium des Konservativen, des Traditionellen und das kriegerisch Abschreckende angeheftet wird. Es ist nicht gleichgültig, wenn der Denker, der sich gegen Missionskriege und Kolonialeroberungen ausgesprochen hat, in eine Front mit Sepùlveda, „dem extremsten Vertreter der imperialen Kolonialideologie", gestellt wird, und es sich gleichzeitig um einen „so vielschichtigen und in vielen Facetten schillernden, häufig auch widerspruchsvollen und zwiespältigen Denker" handeln soll, „daß wir uns noch auf viele weitere neue Interpretationen gefaßt machen müssen".[14] Übrig bleibt der erste große Systematiker des Völkerrechts, der unbeirrt an die Regelung der menschlichen Ordnung durch das Recht glaubte, der Patriot und Kämpfer für eine sittliche Weltordnung, der um die Verhütung und die Regeln des Krieges sowie die Wiederherstellung des Friedens bemüht war, – allgemeine klassenunspezifische Eigenschaften, die losgelöst von den gesellschaftlichen Auseinandersetzungen und losgelöst von jeder eventuell mahnenden Identifikation mit einstigem bürgerlichem revolutionärem Aufbruch sind: Grotius, ein frühbürgerlicher Denker – Opfer der Kämpfe seiner Zeit und Objekt des Meinungsstreites in spätbürgerlicher Zeit.

[14] W. Grewe, Grotius – Vater des Völkerrechts?, in: Der Staat, Berlin (West), 2/1984, S. 161ff., S. 176.

Johann J. Hagen (Salzburg)

Das „Gravitationsgesetz des Staates“ Aktualität oder Antiquiertheit des Leviathan-Modells?

1. Die inneren sozialen Zusammenhänge, deren Aufklärung Hobbes im Verein mit anderen frühen Aufklärern zu verdanken ist, bezeichnet Marx in einer seiner Frühschriften als das „Gravitationsgesetz des Staates“[1]. Dieser Ausdruck, wonach man die „Schwere des Staates“ „ in ihm selbst“ zu suchen hat, ist sicherlich nur eine allegorische Wendung, die keineswegs eine direkte Analogie zwischen der gegenseitige Anziehung von Massepunkten auf der einen Seite und den Beziehungen zwischen Gesellschaft und Staat andererseits im Auge hat. Es erübrigen sich deshalb auch philologische Spekulationen in der Richtung, daß Marx hier von ähnlich lautenden Formeln inspiriert sein könnte, wie sie in der schottischen Moralphilolosophie anzutreffen sind, so etwa bei Francis Hutcheson.[2] Fast könnte man meinen, Marx habe hier jene Sentenz vor Augen, wo Hobbes selbst diesen bildhaften Vergleich zieht: „Denn jeder verlangt das, was gut, und flieht das, was übel für ihn ist, vor allem flieht er das größte der natürlichen Übel, den Tod; und zwar infolge einer natürlichen Notwendigkeit, nicht geringer als die, durch welche ein Stein zur Erde fällt.“[3] Als allegorische Formel, die der Entschlüsselung bedarf, besitzt dieser Ausdruck allerdings einen unübersehbaren Tiefsinn: sie stellt zum einen eine Gleichrangigkeit zwischen den Einsichten, die wir dem Autor des Leviathan verdanken, und den das Weltbild revolutionierenden Erkenntnissen eines Kopernikus, Galilei oder Newton her. Wie diese den Beginn der modernen Naturwissenschaften markieren, so bedeutet die Hobbessche Konstruktion des Leviathan die endgültige Durchsetzung des modernen Denkens in der Sozialphilosophie.[4] So betrachtet, ist der verbreitete Topos, dessen sich auch der frühe Marx bedient, genau genommen sogar mehr als nur eine Allegorie; er kennzeichnet die Einheit der sich allmählich durchsetzenden „Neuen

[1] MEGA, Bd. I/1, Berlin 1975, S. 188; vgl. dazu Hermann Klenners Essay „Leviathan und Behemoth oder Vernunft und Aufruhr“ in der von ihm besorgten Ausgabe: Th. Hobbes, Leviathan, Leipzig 1978, S. 349.

[2] Vgl. F. Hutcheson, Essay on the Nature and Conduct of the Passions and Affections, London 1728; vgl. dazu: H. Naniwada, Sozialwissenschaft und Wirklichkeit, Waseda UP, o. O., 1984, S. 18f.

[3] The Hobbes, Grundzüge der Philosophie, Bd. 2, Leipzig 1915, S. 81.

[4] Vgl. F. Tönnies, Thomas Hobbes. Leben und Lehre, Stuttgart 1925; Neudruck: Stuttgart – Bad Cannstatt 1971, S. 264f.

Wissenschaft".[5] Im Zuge dieser Modernisierung des Denkens im Rahmen der „Fundamentalidee von der materiellen Einheit der Welt"[6] wird auch der Staat aus dem Himmel der Illusionen auf den Boden der Wirklichkeit heruntergeholt. Das Gravitationsgesetz fungiert als Prototyp jener Naturgesetze, denen nun im Zuge des Übergangs vom feudalen zum bürgerlichen Weltbild[7] auch die gesellschaftliche Wirklichkeit unterworfen ist. In der Tat läßt sich zeigen, daß Hobbes sich am methodischen Verfahren eines Galileo Galilei (Resolution und Komposition)[8] orientiert hat, dessen Anwendung auf gesellschaftliche Tatsachen ihn bei aller deterministischen und mechanistischen Einseitigkeit zum Entdecker eben dieses „Gravitationsgesetzes des Staates" gemacht hat. Gemeint ist die Zerlegung komplexer Zusammenhänge in elementare Einheiten und deren einfachste Verhaltensformen sowie die nachträgliche gedankliche Synthese derselben.[9] Diese Rückführung auf elementare Tatsachen erlaubt es, auch das soziale Leben als von Naturgesetzen beherrscht zu erklären, und das elementarste dieser Naturgesetze, also die *lex naturalis* schlechthin,[10] ist das der Selbsterhaltung, also die Annahme, daß das Verhalten der wirklichen Individuen zuallererst vom Gebot der Selbsterhaltung bestimmt ist.[11] Der Ausgangspunkt der wirklichen, d. h. ihre Interessen wahrnehmenden Individuen bedeutet in der Tat eine kopernikanische Wendung im sozialen Denken. Diese Neuorientierung stellt bei allen Äquivokationen (Naturgesetz – Naturrecht)[12] einen kompletten Bruch mit der naturrechtlichen Tradition dar.[13] Aber wie häufig das Neue im Gewande des Alten auftritt, so ist

[5] Vgl. K.-H. Ilting, Einleitung, in: F. Tönnies, Thomas Hobbes. Leben und Lehre, Stuttgart – Bad Cannstatt 1971, S. 91ff.

[6] H. Klenner, Leviathan und Behemoth oder Vernunft und Aufruhr, a. a. O., S. 348.

[7] Vgl. F. Borkenau, Der Übergang vom feudalen zum bürgerlichen Weltbild, Paris 1934, S. 23ff.

[8] Vgl. C. B. Macpherson, The Political Theory of Possessive Individualism. Hobbes to Locke, Oxford 1962, deutsch: Die politische Theorie des Besitzindividualismus. Von Hobbes bis Locke, Frankfurt a. M. 1967, S. 44f.

[9] Vgl. J. W. N. Watkins, Philosophy and Politics in Hobbes, in: Philosophical Quarterly (Oxford), Jg. 5, 19/1955, S. 125ff.

[10] Vgl. S. Breuer, Sozialgeschichte des Naturrechts, Opladen 1983, S. 311.

[11] W. Sellnow (Gesellschaft – Staat – Recht. Zur Kritik der bürgerlichen Ideologien über die Entstehung von Gesellschaft, Staat und Recht, Bd. 1, Berlin [West] 1963, S. 35) nennt diese Einsicht „die höchste Weisheit aller bürgerlichen Staats- und Rechtstheorien", die später ergänzt, modifiziert oder abgewandelt worden sein mag, aber niemals aufgehoben wurde.

[12] Vgl. J. Habermas, Theorie und Praxis. Sozialphilosophische Studien, Neuwied – Berlin (West) 1963, S. 37; W. Schröder, Naturrecht, in: G. Klaus/M. Buhr (Hrsg.), Marxistisch-leninistisches Wörterbuch der Philosophie, Reinbek 1972, S. 761ff., insbes. S. 765.

[13] Ebenso: O. v. Gierke, Johannes Althusius und die Entwicklung der naturrechtlichen Staatstheorien, Aalen 1958, S. 300.

auch Hobbes gezwungen, seine Lehre zumindest teilweise in überkommenen Begriffen zu entwickeln. Dazu kommt noch, daß das Hobbessche Lehrgebäude sich in mehreren gedanklichen Schritten verwirklicht hat, die jeweils unterschiedliche Stadien der Entwicklung dieses im Vergleich zu seinen Vorläufern konsequenten Materialismus[14] darstellen, so daß in seinem Gesamtwerk verschiedene, ja widersprüchliche Standpunkte anzutreffen sind. Aber es mutet auf jeden Fall seltsam an, wenn man diesen lebensgeschichtlichen Reifungsprozeß, der eine unaufhaltsame „Emanzipation des Wissens vom Glauben"[15] beinhaltet und dessen Etappen sich in den Werktiteln metaphorisch widerspiegeln (De Corpore, De Homine, De Cive, Leviathan), quasi nach rückwärts ablaufen läßt und dieser naturrechtlichen Rudimente wegen von einem Naturrecht spricht, das „in einer unreifen Phase steckengeblieben"[16] ist.

2. Worin besteht nun dieses „Gravitationsgesetz des Staates"? Dazu scheint es erforderlich, noch einmal den Ausgangspunkt bzw. die Problemstellung sich zu vergegenwärtigen, von der Klenner zu Recht behauptet, daß sie bis zum heutigen Tage gültig geblieben sei.[17] Diese Fragestellung betrifft die Entstehung und das Funktionieren der Staaten („making and maintaining commonwealths". [18]) Eine solche Frage ist nicht nur auf technisches Verfügungswissen aus, also wie bei Machiavelli auf eine „Technik der Erhaltung und Eroberung der Macht",[19] sie zielt tiefer, nämlich auf die spezifische Eigenart menschlicher Vergesellschaftung

[14] Vgl. H. Klenner, Leviathan und Behemoth oder Vernunft und Aufruhr, a. a. O., S. 345.

[15] Ebenda, S. 342.

[16] So F. Tönnies, Thomas Hobbes. Leben und Lehre, a. a. O., S. 217; kritisch dazu auch K. H. Ilting, in: Ebenda, S. 31.

[17] Vgl. H. Klenner, Leviathan und Behemoth oder Vernunft und Aufruhr, a. a. O., S. 349; das ist im übrigen auch der Standpunkt von T. Parsons, für dessen Soziologie sozialer Systeme das „Hobbessche Problem der Ordnung" so etwas wie ein Leitmotiv darstellt; vgl. dazu insbes.: Ders., The Structure of Social Action, New York – London 1949, S. 93: „But Hobbes saw the problem with a clarity which has never been surpassed, and his statement of it remains valid today." Ähnlich W.-D. Narr, Physische Gewaltsamkeit, ihre Eigentümlichkeit und das Monopol des Staates, in: Leviathan. Zeitschrift für Sozialwissenschaft (Düsseldorf), 8/1980, S. 552.

[18] Leviathan, hg. von M. Oakeshott, Oxford 1946, S. 136.

[19] Vgl. J. Habermas, Theorie und Praxis. Sozialphilosophische Studien, a. a. O., S. 21ff., insbes. S. 46. Der unterschiedliche Charakter der beiden Begründer des modernen politischen Denkens mag im übrigen erklären, warum Machiavelli im allgemeinen von den faschistischen Staatstheoretikern der Vorzug gegeben wurde. Vgl. F. Neumann, Behemoth. Struktur und Praxis des Nationalsozialismus 1933–1944, Köln – Frankfurt a. M. 1977, S. 513ff.; neuerdings W. van Treeck, Machiavelli und die Soziologie im Faschismus, in: Das Argument (Karlsruhe), 149/1985, S. 61ff.

überhaupt. Hobbes' Einsichten laufen in ihrer Summe darauf hinaus, diese Gesellschaft als eine künstliche Ordnung[20] aufzufassen, die mittels positiver Maßnahmen rational gestaltungsfähig ist. Dieses Artefakt, das zugleich erster gesellschaftlicher Akt *und* Vorbedingung jeder Vergesellschaftung ist, ist der Staat, den Hobbes als eine künstliche Person mit Beamten etc. als künstlichen Organen und Gesetzen als ebenso künstlichen Verstand und künstlichen Willen beschreibt.[21] Nun sind weder Sichtweisen noch Fragestellungen dieser Art absolut neu, aber was Hobbes' Darstellung in ihrer Tiefe und Radikalität auszeichnet, ist der Umstand, daß sie sich zentral mit dem Problem der physischen Gewalt auseinandersetzt. Die Lösung des Problems der physischen Gewalt und ihrer „sozialen Absolutheit"[22] liegt für Hobbes im Gewaltmonopol des Leviathan.[23] Hobbes leitet diese Notwendigkeit nicht aus einer historischen Beweisführung, sondern deduktiv her, nämlich aus der Notwendigkeit der Vermeidung des ansonsten ausbrechenden *bellum omnium contra omnes*.[24] Dieser vielzitierte Naturzustand ist also keine historische Kategorie,[25] sondern lediglich hypothetischer Natur[26] oder, um mit Parsons zu sprechen, eine Art reductio ad absurdum.[27] In dieser zugespitzen Form erscheint der Staat folgerichtig als Zwangsordnung und vor jeder Formbestimmung, also unabhängig von der jeweiligen Staatsform, als Diktatur.[28] Der Staat als Gewaltmonopolist ist das logische Prius gegenüber

[20] Vgl. S. Breuer, Sozialgeschichte des Naturrechts, a. a. O., S. 314f.

[21] Vgl. Th. Hobbes, Leviathan, hg. von H. Klenner, Einleitung, a. a. O., S. 7; dazu auch: F. Tönnies, Thomas Hobbes, Leben und Lehre, a. a. O., S. 237ff.

[22] W.-D. Narr, Physische Gewaltsamkeit, ihre Eigentümlichkeit und das Monopol des Staates, a. a. O., S. 551.

[23] Vgl. J. Habermas, Theorie und Praxis. Sozialphilosophische Studien, a. a. O., S. 39.

[24] Vgl. W. Sellnow, Gesellschaft-Staat-Recht, a. a. O., S. 37 f.

[25] Vgl. F. Tönnies, Thomas Hobbes. Leben und Lehre, a. a. O., S. 200, der hier epikureische Einflüsse annimmt. Wichtig ist in diesem Zusammenhang, daß Hobbes bei der Explikation des Naturzustands häufig auf den Zustand der internationalen Staatenwelt verweist: Staaten befinden sich „in unaufhörlichen Rivalitäten und stehen einander in Stellung und Haltung von Gladiatoren gegenüber; die Waffen aufeinander zielend, die Augen aufeinander gespannt; d. h. in Festungen, Garnisonen und Kanonen auf die Grenzen ihrer Reiche; und fortwährende Spionage gegen die Nachbarn – Verhaltensweisen des Krieges" (ebenda, S. 201).

[26] So C. B. Macpherson, The Political Theory of Possessive Individualism. Hobbes to Locke, a. a. O., S. 28.

[27] Vgl. T. Parsons, The Social System, New York – London 1951, S. 43; möglicherweise hatte er dabei Leviathan, Kap. 21, Abs. 6 (hg. von M. Oakeshott, a. a. O., S. 138) im Auge. In: The Structure of Social Action, New York 1949, S. 377, identifiziert Parsons diesen Naturzustand mit Durkheims „Anomie".

[28] Vgl. H. Klenner, Leviathan und Behemoth oder Vernunft und Aufruhr, a. a. O., S. 364.

allen politischen Organisationsprinzipien.[29] Auch diese fundamentale Einsicht rechtfertigt die Formel vom „Gravitationsgesetz des Staates".

3. Die im vorstehenden kurz charakterisierte Theorie des Leviathan tritt bei Hobbes mit dem Anspruch auf Allgemeingültigkeit auf. Damit sind allerdings wissenschaftlich gesicherte Einsichten, die die Sozialordnung primitiver oder akephaler Gesellschaftstypen betreffen, unvereinbar, wie sie von Archäologen, Historikern und Ethnologen erforscht worden sind. Diese bestätigen den von Marx und Engels angenommenen historischen Charakter des Staates zumindest in der einen Richtung, insofern nämlich, als die Lebensfähigkeit nichtstaatlich und nichtpolitisch organisierter Sozietäten auf einer unteren Stufe der gesellschaftlichen Entwicklung als gesichert angenommen werden muß.[30] Dazu kommt die Fülle historischer Forschungsergebnisse, die uns erlauben, die Staatsgenese nicht als einen räumlich und zeitlich abgeschlossenen Akt, sondern als einen säkularen Prozeß zu begreifen, der im modernen Staat kulminiert. Es scheint deshalb geboten, die Hobbessche Konstruktion auf ihre Tragfähigkeit hin abzuklopfen und die tragfähigen Elemente aus ihrer zeitbedingten Phraseologie herauszulösen. Erforderlich ist mit einem Wort eine ideologiekritische Rekonstruktion, die nicht der Destruktion oder der Verfälschung dient,[31] sondern die die ideologischen Befangenheiten einerseits sowie lantente Voraussetzungen andererseits herausarbeitet und damit den rationalen Kern des Leviathan-Modells freilegt.[32] Eine solche Behandlung scheint einem Autor angemessen, dessen Bedeutung seinen Zeithorizont übersteigt. Diese Aufgabe sprengt natürlich den hier gesetzten Rahmen, weshalb die Darstellung notwendig kursorisch bleiben

[29] Ebenso W.-D. Narr, Physische Gewaltsamkeit, ihre Eigentümlichkeit und das Monopol des Staates, a. a. O., S. 558f.

[30] Vgl. dazu J. J. Hagen, Zur Entstehung einer staatlich organisierten Gesellschaft, in: Fortschrittliche Wissenschaft (Wien), 1–2/1978, S. 54ff.; vgl. weiter: H. Klenner, Rechtswissenschaft, in: Handbuch Wirtschaftsgeschichte, Berlin 1981, S. 192ff.

[31] Solche Beispiele, die auf eine „Reinigung" des Hobbesschen Denkens von materialistisch-deterministischen Elementen hinauslaufen, liefern z. B. L. Strauss: The Political Philosophy of Hobbes. Its Basis and Genesis, Oxford 1936, deutsch: Hobbes' politische Wissenschaft, Neuwied 1965, oder A. E. Taylor: The ethical doctrine of Hobbes, in: K. Brown (ed.), Hobbes Studies, Oxford 1965, S. 37ff., oder H. Warrender: The Political Philosophy of Hobbes, Oxford 1957. Vgl. dazu insgesamt: C. B. Macpherson, The Political Theroy of Possessive Individualism. Hobbes to Locke, a. a. O., S. 21ff.

[32] Diese Zielsetzung dürfte mit der Aufgabe einer „ideologiekritischen" und „philosophiehistorischen Kleinarbeit" im großen und ganzen übereinstimmen, wie sie sich Klenner stellt, um damit der „kapitalistischen Taktik der gestohlenen Losungen" entgegenzutreten (vgl. H. Klenner: Zur Menschenrechtsphilosophie des Marxismus-Leninismus, in: Staat und Recht, 12/1984, S. 948).

muß. Im übrigen sei auf die umfangreiche Darstellung bei C. B. Macpherson verwiesen.[33]

Eine Relativierung der Hobbesschen Staatslehre ergibt sich bereits aus ihrem Zusammenhang mit der erreichten Entwicklungsetappe der Genese des modernen Staates, die zu Hobbes' Zeiten noch keineswegs abgeschlossen war.[34] Wie neuartig die uns heute vertraute Kategorie des Staates als gesellschaftliches und historisches Abstraktum im Bewußtsein der Zeit gewesen sein muß, zeigt bereits der schwankende Sprachgebrauch. Soweit ersichtlich, verwendet Hobbes lediglich in der Einleitung des „Leviathan" den Begriff Staat („State"), ansonsten dagegen durchgehend den Cromwellschen Terminus *Commonwealth* oder den lateinischen Namen *Civitas*.[35] In dieser historischen Situation erscheint der Staat als Gegengewicht gegen die stattfindenden Dissoziationen, als Kompensation für die Auflösung tradierter sozialer Beziehungen. Die Konstruktion des Staates als Leviathan versteht sich auch, wie insbesondere Tönnies gezeigt hat, als Ergebnis fortgeschrittener Polarisierungsprozesse, in dem außer Individuen und Staat keine selbständigen Rechtssubjekte gedacht werden können: „Diese Prozesse bestehen in der *Konzentrierung* des öffentlichen Rechts, das aus den mannigfachen gemeinschaftlichen Sphären gleichsam aufgesogen wird: der Staat absorbiert es, indem er alle korporativen Bildungen, die nicht einen ausgesprochen privatrechtlichen Charakter haben, zerstört, unterdrückt."[36] Für Hobbes ist der Staat Geburtshelfer einer neuen Gesellschaftsordnung,[37] weshalb es ihm nicht so sehr um die Beschreibung des Istzustandes, sondern um die Formulierung von staatstheoretischen Notwendigkeiten geht.[38] Dazu kommen Eigenheiten des englischen Entwicklungsweges der bürgerlichen Revolution, die auch bei Hobbes zutage treten und insbesondere seine Einstellung zu Staat und Recht beeinflußt haben dürften. Gemeint ist die ungewöhnliche Einheit von Revolution und Legalität, ausgedrückt in der Kontinuität des Parlaments, hinter der sich stattfindende Diskontinuitäten verstecken konnten.[39] Trotzdem läßt Hobbes in seiner Darstellung der Rolle der Gewalt bei der Staatsentstehung jenen charakteristischen Bruch zwischen revolutionärer Aktion und demokratischer Kontrolle

[33] C. B. Macpherson, The Political Theory of Possessive Individualism. Hobbes to Locke, a. a. O.

[34] Vgl. dazu S. Breuer, Sozialgeschichte des Naturrechts, a. a. O., S. 324f.

[35] Zur Ethymologie des Staatsbegriffs vgl.: W. Suerbaum, Vom antiken zum frühmittelalterlichen Staatsbegriff, Münster 1977, S. 300f.

[36] F. Tönnies, Thomas Hobbes. Leben und Lehre, a. a. O., S. 267; vgl. dazu auch K.-H. Ilting, Einleitung, ebenda, S. 40.

[37] Vgl. dazu Ph. Corrigan/D. Sayers, How the Law Rules: Variations on Some Themes in Karl Marx, in: B. Fryer et al. (Hrsg.), Law, State and Society, London 1981, S. 22ff.

[38] Vgl. dazu W. Sellnow, Gesellschaft – Staat – Recht, a. a. O., S. 21.

[39] Vgl. K.-H. Röder u. a.: Das politische System Großbritanniens. Von der englischen bürgerlichen Revolution bis zur Gegenwart, Berlin 1982, S. 35.

erkennen, das Auseinanderklaffen von Legitimationsgrund und Legitimationskontrolle, von Befehl und Wahrheit, das in dem bekannten Satz „autoritas non veritas facit legem" seinen pointierten Ausdruck gefunden hat[40]. Das „Absolutistische" an der Hobbesschen Konstruktion besteht darin, daß der durch demokratische Delegation (Gesellschaftsvertrag)[41] geschaffene Leviathan sich von diesen Delegationsakten freimacht und seine Legitimation schließlich aus der monopolisierten Macht bezieht.[42] Aber die Erklärung dafür, daß „jede Staatsgewalt im Bürgerinteresse absolut sein muß",[43] liegt in den sozialen Prämissen.

Die wichtigste soziale Prämisse der Hobbesschen Theorie des Leviathan ist natürlich die bürgerliche Gesellschaft oder, wie sie Macpherson in Abhängigkeit von ihrem Entwicklungsstand charakterisiert, die „Eigentumsmarktgesellschaft".[44] Trotz ihrer allgemeinen Fassung sind demnach die Hobbesschen Annahmen nur mit einem bestimmten Gesellschaftsmodell kompatibel, und zwar dem einer Gesellschaft, in der Geld- und Marktbeziehungen grundsätzlich alle gesellschaftlichen Verhältnisse einschließlich der vergesellschafteten Arbeit durchdringen.[45] Hobbes bezieht sich damit auf eine Gesellschaft, in der bereits mehr als die Hälfte aller Menschen in Lohnabhängigkeit lebt, in der die Kommerzialisierung der Landwirtschaft nahezu alle paternalistischen Beziehungen beseitigt hat[46] und wo schließlich, wie er lapidar verkündet, der Wert eines Menschen wie der aller anderen Dinge sein Preis ist.[47] Hobbes hatte im übrigen auch schon mehr als nur eine Ahnung von jener anderen Gravitationswirkung, durch die der Arbeitslohn auf die Stufe des Existenzminimums gedrückt wird.[48] Hier läßt sich bereits die eindeutige Dominanz des Konkurrenzprinzips feststellen, das alle Konkurrenten zur erweiterten Reproduktion zwingt und das marginale Gruppen

[40] Vgl. H. Klenner, Leviathan und Behemoth oder Vernunft und Aufruhr, a. a. O., S. 356 f.; ders., Vom Recht der Natur zur Natur des Rechts, Berlin 1984, S. 184 f.

[41] Vgl. J. W. Gough: The Social Contract, Oxford 1957, S. 109 ff.

[42] So W.-D. Narr, Physische Gewaltsamkeit, ihre Eigentümlichkeit und das Monopol des Staates, a. a. O., S. 554.

[43] So H. Klenner, Soziale Voraussetzungen der Rechtsphilosophie, in: Rechtswissenschaft als Gesellschaftswissenschaft, Beiträge zum XI. Weltkongreß der Internationalen Vereinigung für Rechts- und Sozialphilosophie, Berlin 1983, S. 92 (Konferenzmaterial).

[44] C. B. Macpherson, The Political Theory of Possessive Individualism. Hobbes to Locke, a. a. O., S. 68 ff.

[45] Ebenso H. Klenner, Leviathan und Behemoth oder Vernunft und Aufruhr, a. a. O., S. 359.

[46] Vgl. B. Moore, Soziale Ursprünge von Diktatur und Demokratie. Die Rolle der Grundbesitzer und Bauern bei der Entstehung der modernen Welt, Frankfurt a. M. 1974, S. 40 ff.

[47] Vgl. Th. Hobbes, Leviathan, hg. von H. Klenner, a. a. O., S. 74.

[48] Vgl. Behemot or the Long Parliament, ed. F. Tönnies, London 1889, S. 126; vgl. dazu: F. Tönnies, Thomas Hobbes, Leben und Lehre, a. a. O., S. 268.

ständig mit Verdrängung bedroht. Diese Interpretation des Leviathan als einer Theorie der bürgerlichen Gesellschaft läßt sich nicht nur durch zahllose Textstellen belegen, so z. B. die Behauptung, daß „die menschliche Arbeit wie jedes andere Ding eine Ware ist, die mit Gewinn ausgetauscht werden kann",[49] sondern bewährt sich auch in der Behandlung spezieller Probleme des Staates und des Rechts. So stellt sich in dieser Präzisierung der Staat als notwendige Form der bürgerlichen Herrschaft dar, die wegen des dominierenden Konkurrenzprinzips einer atomisierten Gesellschaft auf eine institutionell getrennte Sphäre angewiesen ist, die also ihrer inneren Struktur wegen nur zu einer „abstrakten Vergesellschaftung"[50] fähig ist. Von Hegel ausgehend haben bekanntlich Marx und Engels frühzeitig diese „Besonderung" des Staates analysiert und in der Folge schrittweise den verborgenen Herrschaftsmechanismus entschlüsselt.[51] Die sozialwissenschaftliche Umformulierung der Hobbesschen Philosophie ergibt darüber hinaus Ansätze für eine spezifisch rechtssoziologische Theorie. Diese Einsichten betreffen einmal den untrennbaren Zusammenhang von Staat und Recht und damit von Macht und Recht, sodann Herkunft und Funktion der Rechtsprinzipien Gleichheit und Allgemeinheit. Die durch die Ausbreitung des Kapitalismus bewirkte Verflüssigung der gesellschaftlichen Verhältnisse, insbesondere im Wege einer „Befreiung" der Arbeit, erfordert ein „auf Zwang beruhendes Stützwerk von Gesetzen".[52] Diese Gesetze verbürgen zufolge ihrer allgemeinen Geltung formale Gleichheit und Vorausberechenbarkeit der Verhaltenserwartungen nach allgemeinen Regeln, die den bürgerlichen Verkehr erst ermöglichen.[53] Im übrigen ändert diese staatlich gewährleistete Rechtsgleichheit, die als „Zwangsjacke bürgerlicher Emanzipation"[54] dient, nichts an der faktischen Ungleichheit, insbesondere nichts an den faits accomplis der gewalttätigen ursprünglichen Akkumulation, im Gegenteil: „Das Gewaltmonopol und seine gesellschaftliche Verkettung mit sozioökonomischer Ungleichheit garantieren den Bestand dieser Ungleichheit und machen letztere nahezu unveränderlich."[55]

[49] Th. Hobbes, Leviathan, hg. von H. Klenner, a. a. O., S. 211; vgl. weiter: F. Tönnies, Thomas Hobbes. Leben und Lehre, a. a. O., S. 176: „ein wahres Bild der freien Konkurrenz".

[50] B. Tuschling: Die „offene" und die „abstrakte" Gesellschaft, in: Argument – Sonderbände (AS) (Berlin [West]), 25–26/1978, S. 355ff.

[51] Vgl. Ph. Corrigan/D. Sayers, How the Law Rules, in: B. Fryer et al. (Hrsg.), Law, State and Society, a. a. O., S. 28f.

[52] C. B. Macpherson, The Political Theory of Possessive Individualism. Hobbes to Locke, a. a. O., S. 73.

[53] Vgl. J. Habermas, Theorie und Praxis. Sozialphilosophische Studien, a. a. O., S. 38.

[54] So D. Claussen, List der Gewalt. Soziale Revolutionen und ihre Theorien, Frankfurt a. M. – New York 1982, S. 38ff.

[55] W.-D. Narr, Physische Gewaltsamkeit, ihre Eigentümlichkeit und das Monopol des Staates, a. a. O., S. 555.

4. Die Erneuerung der Hobbesschen Erkenntnisse im Lichte späterer sozialwissenschaftlicher Einsichten erlaubt natürlich auch die Aufdeckung ihrer Schwächen und Grenzen. Im Leviathan-Modell erscheint das Problem der sozialen Synthesis zugespitzt auf die Ordnungsleistung des Staates, während andere herrschaftsstabilisierende Faktoren ausgeblendet werden. So gibt es trotz uferlos wuchernder Ausbreitung der Warenverhältnisse, die den staatlich-rechtlichen Kompensationsmechanismus in Gang setzt, weiterwirkende Formen von „Gemeinschaft" im Sinne von Ferdinand Tönnies, in denen Latenzprobleme der Gesellschaft abgearbeitet[56] und Fluchtwege offengehalten werden.[57] Zudem erscheint der Staat im Leviathan-Modell einseitig durch seine repressiven Funktionen bestimmt, so daß die ideologischen und ökonomischen Funktionen in den Hintergrund treten.[58] Zwar sind Hobbes' Staatsvorstellungen nicht die des „Nachtwächterstaates" und der laissez-faire-Politik, sondern besitzen einen merkantilistischen Grundtenor, aber diese ordnungspolitischen Leistungen sollen vor allem der Durchsetzung der neuen Produktionsweise dienen.[59] Auch die Loyalität der Massen des gemeinen Volkes, dieses *puer robustus, sed malitiosus*, ist nicht wirklich problematisch, weil sie sich in Hobbes' Augen infolge des Mangels an Alternativen durch bloße Einsicht in die Notwendigkeit herbeiführen läßt. In der Tat ist aber eine dauerhafte Institutionalisierung politischer Herrschaft in dieser einseitigen Weise unwahrscheinlich, dazu bedarf es einer – möglicherweise auch nur illusorischen – Gegenseitigkeit im Sinne von korrespondierenden Berechtigungen und Verpflichtungen. In diesem Punkt erweist sich Locke – bei aller Flachheit seiner politischen Philosophie[60] – als der realistischere Denker. Im Gegensatz zur Hobbesschen Version, wo der Staat monolithisch und absolut gesetzt wird, erscheint er hier in einer „aufgelockerten" Form, wodurch er Einflüssen der herrschenden Gruppen gegenüber offengehalten wird und gleichzeitig größere Elastizität erlangt, die im Hinblick auf die später zutage tretenden Integrationsprobleme auch unbedingt erforderlich ist. Vor allem ist es die von Locke, wiederum im Gegensatz zu Hobbes, propagierte Gewaltenteilung, die sich

[56] Vgl. F. Jonas, Geschichte der Soziologie, Bd. 4, Reinbek 1969, S. 164.

[57] Vgl. dazu K.-H. Ilting, Einleitung, in: F. Tönnies, Thomas Hobbes. Leben und Lehre, a. a. O., S. 39f.

[58] Andererseits neigt heute eine Richtung, die sich auf Gramsci beruft, dazu, diesen Gewaltcharakter zu bagatellisieren oder überhaupt zu leugnen; vgl. dazu P. Anderson: The Antinomies of Antonio Gramsci, in: New left review (London), Nov. 1976/Jan. 1977.

[59] Vgl. C. B. Macpherson, The Political Theory of Possessive Individualism. Hobbes to Locke, a. a. O., S. 73f. Vgl. weiter: B. E. Supple, Commercial Crisis and Change in England 1600–1642, Cambridge 1959.

[60] Vgl. dazu H. Klenners Essay „Mister Locke beginnt zu publizieren oder das Ende der Revolution" in der von ihm gemeinsam mit K. U. Szudra besorgten Werkauswahl: John Locke, Bürgerliche Gesellschaft und Staatsgewalt. Sozialphilosophische Schriften, Leipzig 1980, S. 295ff.

als effektives politisches Mittel erwiesen hat, „Prozesse politischer Machtausübung von Individuen und Gruppen der bürgerlichen Gesellschaft so zu organisieren, daß die Bindung der Staatsgewalt an die Zwecke der Vergesellschaftung und die Vermittlung der Resultate der politischen Auseinandersetzungen mit und zu den Handlungen des Staates langfristig und im Durchschnitt effektiv ohne permanenten Bürgerkrieg realisiert werden konnten“.[61] Darüber hinaus kommt es auch bei den Staats- und Verfassungsstrukturen auf ihre ideologische Wirkung an: Gewaltenteilung, Rechtsstaatlichkeit, Förderalismus, Repräsentationsprinzip etc. immunisieren die politische Herrschaft gegen den Verdacht einer Allianz von Staatsapparat und Kapital.[62]

Der Hauptmangel der Hobbesschen Konstruktion indes, der letztlich auch ihre historische Gültigkeit begrenzt, besteht in der Vernachlässigung der gesellschaftlichen „cleavage structure“. Nun ist dieser Umstand nicht der Lebensfremdheit unseres geschätzten Autors zuzuschreiben, sondern der Tatsache, daß er den Staat nach seinen elementarsten Funktionen bestimmt, die eben nicht – wie bei Locke[63] – *preservation of property*, sondern Daseinserhaltung sind. Für Hobbes ist es die Furcht vor dem Tod, die tatsächlich alle gleich macht, unabhängig davon, ob sie besitzend oder nichtbesitzend, reich oder arm, mächtig oder ohnmächtig, gebildet oder ungebildet etc. sind.[64] Durch diese allgemeinste Funktionsbestimmung des Staates wird allerdings sein spezifisch gesellschaftlicher Charakter nicht greifbar, der sich im Spannungsverhältnis der sozialen Kräfte ergibt. Aber die falsche Allgemeinheit liegt eben darin, daß jene destruktiven Verhaltenseigenschaften (homo homini lupus) keine natürlichen Merkmale der Individuen sind, sondern daß sie ihnen durch die sozialen Bedingungen oktroyiert werden, die sie in der Konkurrenzgesellschaft der Selbsterhaltung wegen zwingen, permanent andere in ihrer Existenz zu bedrohen. Letzten Endes geht es um die Reichweite und die historische Geltung des Konkurrenzprinzips als eines sozialen Verhaltenstypus bzw. um die Möglichkeit solidarischen Verhaltens in der Gesellschaft. Macpherson[65] wirft Hobbes in diesem Sinne vor, die solidarisierende Wirkung des Privateigentums und damit das Solidaritätspotential der Eigentümerklassen unterschätzt zu haben. Dieser Einwand ist in einem zentralen Punkt nicht stichhaltig: auch unter Zugrundelegung mittlerweile eingetretener Strukturwandlungen infolge wirtschaftlicher Konzentration und Monopolbildung ist die Vergesellschaftung des Kapitals stets negativ, d. h. an die

[61] B. Tuschling, Die „offene“ und die „abstrakte“ Gesellschaft, a. a. O., S. 239.

[62] Vgl. H. Haferkamp, Soziologie der Herrschaft. Analyse von Struktur, Entwicklung und Zustand von Herrschaftszusammenhängen, Opladen 1983, S. 47.

[63] Vgl. H. Klenner, Mister Locke beginnt zu publizieren oder das Ende der Revolution, a. a. O., S. 302 f.

[64] Vgl. L. Strauss, Naturrecht und Geschichte, Frankfurt a. M. 1971, S. 209.

[65] Vgl. C. B. Macpherson, The Political Theory of Possessive Individualism. Hobbes to Locke, a. a. O., S. 110 f.

Dualität von Gesellschaft und Staat gebunden. Insofern ist also das Leviathan-Modell keineswegs überholt.[66] Die Ausdehnung des Staatssektors und die Zunahme der Staatsfunktionen insbesondere durch die Übernahme sozialpolitischer und ökonomischer Aufgaben ändern prinzipiell nichts an der dualen Struktur einer Gesellschaft, in der die Produktion auch in ihrer konzentriertesten Gestalt auf der Grundlage des Privateigentums organisiert wird und deshalb auf staatlich veranstaltete Formen der Vergesellschaftung angewiesen bleibt.[67] Diese Entwicklungen stellen damit nicht grundsätzlich das Weiterbestehen jener eigentümlichen „Gravitation" in Frage, wodurch Staat und Gesellschaft aufeinander einwirken und gleichzeitig auf Distanz gehalten werden: „Der Staat ist weder ... Instrument zur Abschaffung oder Überwindung des kapitalistischen Systems, dessen Formalsubjekt er ist, noch ist er willenloses Werkzeug der Kapitalistenclique, wie manche vulgärmarxistische Interpretation besagt."[68]

5. Gegen eine solche korrigierende und relativierende Rekonstruktion könnte eingewendet werden, daß die von Hobbes beobachtete Gesetzmäßigkeit auf einer strukturellen Ebene angesiedelt ist und daß sie formelle und inhaltliche Spezifikationen des Staates überhaupt nicht betrifft.[69] So betrachtet, wäre Hobbes' Annahme nicht Abstraktion im schlechten Sinn des Wortes, also unzulässige Verallgemeinerung, auch nicht naturrechtliches Relikt in seinem ansonsten modernen Denken, sondern sie entspräche dem Allgemeinheitsgrad des von ihm beschriebenen Zusammenhangs. Die allgemeine und uneingeschränkte Gültigkeit des „Gravitationsgesetzes" bezieht sich in dieser Interpretation auf die bürgerliche Gesellschaft schlechthin, in allen ihren Erscheinungsformen und Entwicklungsstufen, und bringt den Grundsatz zum Ausdruck, daß unter den gleichbleibenden Konstitutionsbedingungen der kapitalistischen Warenproduktion immer nur das strukturelle Ordnungsmuster der „abstrakten Vergesellschaftung" in Frage kommt, also der prinzipiellen Trennung von Gesellschaft und Staat. Diese Version des Hobbesverständnisses hat manches für sich. Sie könnte z. B. die irritierende Indifferenz unseres Autors gegenüber Fragen der Staatsform erklären,

[66] Ebenso M. Villey, La formation de la pensée juridique moderne, Paris 1975, S. 704; B. Willms, Die Antwort des Leviathan, Neuwied – Berlin (West) 1970, S. 141 f.; abweichend dagegen: S. Breuer, Die Antiquiertheit des Leviathan, in: Leviathan (Ztschr. für Sozialwissenschaft) (Düsseldorf), 7/1979, S. 265 ff. Breuer vertritt, gestützt auf die von Marcuse her bekannte Theorie der Eindimensionalität, die Auffassung, daß eine voll entfaltete kapitalistische Gesellschaft für den Staat als kategorial eigenständige Instanz keinen Platz mehr läßt.

[67] Vgl. dazu K. Mellos, Developments in Advanced Capitalist Ideology, in: G. P. Grayson (Hrsg.), Class, State, Ideology in Change, New York 1980, S. 9 ff.

[68] B. Tuschling, Rechtsform und Produktionsverhältnisse. Zur materialistischen Theorie des Rechtsstaates, Köln – Frankfurt a. M. 1976, S. 114.

[69] B. Tuschling, Die „offene" und die „abstrakte" Gesellschaft, a. a. O., S. 222 ff.

diesen Anschein von Unentschiedenheit angesichts der die Zeit beherrschenden Frage Monarchie oder Republik, Krone oder Parlament.[70] Tatsächlich handelt es sich hier bei ihm um eine Frage von zweitrangiger Bedeutung, denn im Grunde genommen können beide, ihre Funktionstüchtigkeit vorausgesetzt, die für das Florieren der Geschäfte erforderlichen allgemeinen Bedingungen garantieren. Solche Überlegungen sind allerdings geeignet, wiederum auf dem falschen Abstraktionsniveau des Kategorienspiels einer „Staatsableitung" zu landen; insofern nämlich, als sie den Begriff eines „Staates an sich" suggerieren. Allgemeingültigkeit besitzt diese metaphorisch „Gravitationsgesetz" genannte Bestimmung des Staates deswegen, weil sie in einem weiten historischen Rahmen gilt und weil sie eben in diesem Rahmen verschiedene soziale Verhältnisse zu strukturieren vermag. Alle gesellschaftlichen Regulierungen müssen durch dieses Strukturmuster hindurch, wenn sie Verbindlichkeit erlangen sollen. Aber ihr Inhalt wird damit nicht bestimmt: „... so müssen auch alle Bedürfnisse der bürgerlichen Gesellschaft ... durch den Staatswillen hindurchgehen, um allgemeine Geltung in Form von Gesetzen zu erhalten. Das ist die *formelle* Seite der Sache, die sich von selbst versteht; es fragt sich nur, *welchen Inhalt* dieser nur formelle Wille – des einzelnen wie des Staates – hat und woher dieser Inhalt kommt, warum gerade dies und nichts anderes gewollt wird."[71] Philosophisch-abstrahierende und soziologisch-konkretisierende Betrachtungsweise[72] schließen sich folglich auch bei der Auswertung des Hobbesschen Erbes nicht aus, sondern bedingen sich gegenseitig. Lediglich ihr kombinierter Einsatz erlaubt eine Einschätzung des Bleibenden und des Überholten an Hobbes' Lehre vom Leviathan.

[70] Vgl. dazu H. Klenner, Leviathan und Behemoth oder Vernunft und Aufruhr, a. a. O., S. 340, 352, 355.

[71] F. Engels, Ludwig Feuerbach und der Ausgang der klassischen deutschen Philosophie, in: MEW, Bd. 21, S. 300.

[72] Vgl. G. Antalffy: Basic problems of state and society, Budapest 1974, S. 26.

MANFRED BUHR (Berlin)

Zum Problem der Geschichte in Schellings Naturphilosophie

Die Natur ist für Schelling – und aus dieser Auffassung resultiert das produktiv Dialektische seiner Philosophie – nichts Totes, Starres, sondern Lebendiges, Bewegtes. In Schellings Natur steckt Leben, Unruhe – und zwar nicht von außen auf irgendeine Weise in sie hineingetragen, sondern ihr selber immanent. Zur Illustration seines Naturbegriffs zieht Schelling oft das Bild des Organismus heran. Der Organismus ist das „Bild des Universums, Ausdruck des Absoluten".[1] In der Natur ist „keine reine Leiblichkeit", sondern „Seele in Leib symbolisch umgewandelt".[2] Deshalb erreicht die Natur auch ihr „höchstes Ziel, sich selbst ganz Objekt zu werden . . ., erst durch die höchste und letzte Reflexion, welche nichts anderes als der Mensch, oder, allgemeiner, das ist, was wir Vernunft nennen, durch welche zuerst die Natur vollständig in sich selbst zurückkehrt, und wodurch offenbar wird, daß die Natur ursprünglich identisch ist mit dem, was in uns als Intelligentes und Bewußtes erkannt wird."[3]

Wegen dieser Naturauffassung kann Schelling aber keineswegs unter die romantische Naturphilosophie subsumiert werden. Die beiderseitigen Vorbehalte sind zu groß. D. von Engelhardt hat mit Recht auf das theoretisch Trennende zwischen Schelling und der romantischen Naturphilosophie verwiesen: „Die Möglichkeiten der menschlichen Vernunft sind ihnen (den Romantikern – M. B.) hier (bei Schelling – M. B.) überschätzt, die Bedeutung anderer psychischer Vermögen wie Ahnung, Begeisterung, Glaube dagegen zu wenig beachtet worden."[4]

Hinsichtlich seiner Naturphilosophie ist Schelling aber auch von derjenigen Hegels unterschieden und sicher auch überlegen, wenn auch Hegels Beitrag zu einer Theorie der Dialektik wesentlich umfassender und wirksamer war als Schellings Ansätze zu einer Dialektik der Natur. Schelling hatte nicht nur viele naturphilosophische Grundsätze, die in eine materialistische Dialektik der Natur

[1] F. W. J. Schelling, Sämtliche Werke, hg. von K. F. A. Schelling, Stuttgart – Augsburg 1856ff., Bd. 5, S. 340.

[2] Ebenda, S. 325.

[3] F. W. J. Schelling, Sämtliche Werke, a. a. O., Bd. 3, S. 341.

[4] D. v. Engelhardt, Romantik – im Spannungsfeld von Naturgefühl, Naturwissenschaft und Naturphilosophie. Einführendes Referat, in: Romantik in Deutschland, hg. von R. Brinkmann, Stuttgart 1979, S. 169.

übergehen und in ihr aufgehoben werden konnten, vor Hegel und in einer von Hegel nicht mehr zu korrigierenden Form ausgesprochen. Seine ganze Philosophie gab der Natur einen anderen – positiven – Platz im Gefüge der objektiven Wirklichkeit als das Hegelsche System.

Der Natur-Begriff Schellings ist entsprechend einer identitätsphilosophischen Dimension entworfen. Natur und Ich sind keine Momente des Absoluten, sondern *das* Absolute – real oder ideal – selbst, allenfalls auf verschiedenen historischen bzw. genetischen Etappen. Und das Wesen des Absoluten ist reine Identität als ewige Produktivität.

Die Natur ist die reale Seite dieser ewigen Produktivität. Zum entscheidenden Problem und – in seiner Folge – wesentlichen geschichtsphilosophischen Implikat gerinnt die Bedingung der Möglichkeit der Verendlichung dieser unendlichen Produktivität. „Das *Hauptproblem* der Naturphilosophie ist nicht, das *Tätige* in der Natur (denn das ist ihr sehr begreiflich, weil es ihre erste Voraussetzung ist), sondern das *Ruhende, Permanente* zu erklären."[5] Also nicht die Produktivität, sondern das Produkt transzendental zu erklären, erscheint bei Schelling als Angelpunkt aller Naturphilosophie, die ja in Wahrheit eigentlich Identitätsphilosophie ist. In dieser Forderung ist die Schematismus-Problematik der ersten Vernunft-Kritik Kants erkennbar. Sie erweist damit ihre für die systematische Überwindung der Kantschen Transzendentalphilosophie entscheidende Bedeutung, daß ein grundlegender dialektischer Subjekt-Objekt-Mechanismus als Träger der Schematismus-Funktion produziert wird.

Ein entscheidender Punkt des Schellingschen Natur-Begriffs – und das ist von Kants „Kritik der Urteilskraft" übernommen – ist die Idee der Zweckmäßigkeit. Jener Gedanke der Zweckmäßigkeit begleitet konstitutiv auch alle tragenden Kategorien der Schellingschen Identitätsphilosophie: das Absolute und ihr „zweites" oder Spiegel-Bild – die Kunst oder die „höhere Natur". Dadurch erfolgt hinsichtlich des für sie wesentlichen Moments, der Produktivität, eine strenge Restringierung auf den Menschen. Daß dabei der Mensch vergöttlicht wird, ist keine gedankenlose überschwengliche Metapher, wenn wir uns der transsubjektiven Natur des Subjekts, seiner Transzendentalität, bewußt sind, wenn wir erkennen, daß jene Prädikate des tätigen Menschen die Prädikate der Gesellschaft bedeuten.

Zweckmäßigkeit ist für Schelling der Gattungsbegriff für Phänomene wie „Leben", „System", „Organisation", kurz: aller endlich strukturierten Erscheinungen. „Der ganze Zauber, der das Problem vom Ursprung organisierter Körper umgibt, rührt daher, daß in diesen Dingen Notwendigkeit und Zufälligkeit innigst vereinigt sind. *Notwendigkeit*, weil ihr *Dasein* schon, nicht nur ... ihre Form, *zweckmäßig* ist; *Zufälligkeit*, weil diese Zweckmäßigkeit doch nur für ein anschauendes und reflektierendes Wesen wirklich ist. Dadurch wurde der mensch-

[5] F. W. J. Schelling, Sämtliche Werke, a. a. O., Bd. 3, S. 18.

liche Geist frühzeitig . . . genötigt, den Grund dieser Dinge einerseits in der Natur selbst, andererseits in einem über die Natur erhabenen Prinzip zu suchen; daher geriet er sehr frühzeitig darauf, Geist und Natur als Eines zu denken. . . . Hier zuerst überfiel den Menschen eine Ahndung seiner eigenen Natur, in welcher Anschauung und Begriff, Form und Gegenstand, Ideales und Reales ursprünglich eines und dasselbe ist.“ [6]

Dieses Ursprüngliche und im Kunstwerk spiegelbildlich produzierte Ganze wird beherrscht von der Idee der Zweckmäßigkeit. „Was ist denn nun jenes geheime Band, das unsern Geist mit der Natur verknüpft, oder jenes verborgene Organ, durch welches die Natur zu unserm Geiste oder unser Geist zur Natur spricht?“ „Wir schenken euch zum voraus“, sagt Schelling weiter, „alle eure Erklärungen, wie eine solche zweckmäßige Natur *außer uns* wirklich geworden. Denn diese Zweckmäßigkeit daraus erklären, daß ein göttlicher Verstand ihr Urheber sei, heißt nicht philosophieren, sondern fromme Betrachtungen anstellen. . . . wir verlangen zu wissen, nicht, wie eine solche Natur außer uns entstanden, sondern, wie auch nur die *Idee* einer solchen Natur *in uns* gekommen sei; nicht etwa nur, wie wir sie willkürlich erzeugt haben, sondern wie und warum sie ursprünglich und *notwendig* allem, was unser Geschlecht über Natur von jeher gedacht hat, zu Grunde liegt. . . . Die Natur soll der sichtbare Geist, der Geist die unsichtbare Natur sein. *Hier* also, in der absoluten Identität des Geistes *in* uns und der Natur *außer* uns, muß sich das Problem, wie eine Natur außer uns möglich sei, auflösen. Das letzte Ziel unserer weiteren Nachforschung ist daher diese Idee der Natur . . .“ [7]

Der eigenständige philosophische Einsatz Schellings erfolgt hier zunächst im Hinblick auf einen Mangel der Philosophie Fichtes. In Fichtes weitgehend ethischer, das heißt vornehmlich auf Fragen des gesellschaftlich-historischen Prozesses der Zeit orientierten Weltanschauung war für die Natur kein Platz gewesen. Bei Fichte tritt die Natur nur als Nicht-Ich in Erscheinung, das bloß Material der Fichteschen Pflicht-Ethik ist. Die Natur ist bei Fichte Negation des Ich. An diesem Punkt setzt Schelling ein, für dessen Leistung Heinrich Heine die folgenden Sätze findet: „Herr Schelling setzte die Natur wieder ein in ihre legitimen Rechte, er strebte nach einer Versöhnung von Geist und Natur, er wollte beide wieder vereinigen in der ewigen Weltseele. Er restaurierte jene große Naturphilosophie, die wir bei den altgriechischen Philosophen finden, die erst durch Sokrates mehr ins menschliche Gemüt selbst hineingeleitet wird und die nachher ins Ideelle verfließt. Er restaurierte jene große Naturphilosophie, die, aus der alten, pantheistischen Religion der Deutschen heimlich emporkeimend, zur Zeit des Paracelsus die schönsten Blüten verkündete, aber durch den eingeführten Cartesianismus erdrückt wurde.“ [8]

[6] F. W. J. Schelling, Sämtliche Werke, a. a. O., Bd. 2, S. 47. [7] Ebenda, S. 55 f.
[8] H. Heine, Zur Geschichte der Religion und Philosophie in Deutschland, hg. von H. Friedt, Leipzig 1961, S. 215.

Gegen diese Naturphilosophie opponierte Fichte, wobei dann zugleich die prinzipielle Differenz zu Schelling aufreißt. Diese Differenz wird endgültig beiden Briefpartnern deutlich, als Fichte am 15. November 1800 im Brief an Schelling auf den ihm (Fichte) nicht verständlichen *Gegensatz* von Transzendentalphilosophie und Naturphilosophie aufmerksam macht. Schelling erkennt die sich aus der Akzeptanz oder Nichtakzeptanz seiner Meinung notwendig ergebenden gravierenden Unterschiede für die philosophische Systematik; und so schreibt er an Fichte: „Was mir sehr am Herzen liegt, ehe wir uns zu etwas Gemeinschaftlichem vereinigen können, ins Reine zu bringen, ist unser Einverständnis über Punkte, die ... für den Idealismus, so wie ich ihn wenigstens nehme, und immer genommen habe, von höchster Wichtigkeit sind. ... Der Gegensatz zwischen Transzendentalphilosophie und Naturphilosophie ist der Hauptpunkt."[9]

Im weiteren legt Schelling kurz den Entwicklungsgang seiner philosophischen Gedanken hinsichtlich dieses „Hauptpunktes" dar. Die Wissenschaftslehre, so wie Fichte sie meint, ist für Schelling noch nicht die Philosophie selbst. Mit diesen Gedanken konnte sich Fichte niemals abfinden (vgl. auch den Brief an Schelling vom 31. Mai 1801, wo er wieder „den alten Irrtum" bei Schelling anzeigt). „Nicht undeutlich sind Sie der Meinung", schreibt Schelling an Fichte, „durch Ihr System die Natur annihiliert zu haben, ... *und hier ist ein Hauptpunkt unserer Differenz.*"[10]

Die sachliche Differenz zwischen Fichte und Schelling mußte als solche konstatiert werden. Fichte bringt die Situation auf eine adäquate Formel, wenn er bemerkt, daß die Schellingschen Philosopheme „nicht aus den bisherigen Prinzipien des Transzendentalismus folgen, sondern ihnen vielmehr entgegen sind, daß sie nur durch eine noch *weitere Ausdehnung* der Transzendentalphilosophie, *selbst in ihren Prinzipien*, begründet werden können, zu welcher ohnedies das Zeitbedürfnis uns dringendst auffordert".[11] Fichte zeigt in diesem Zusammenhang einen bemerkenswerten Blick für philosophische Entwicklungstendenzen und deren Abhängigkeit von Sachverhalten, die nicht nur in der philosophischen Problematik selbst stecken.

Schelling meinte, daß vor der näheren Charakterisierung des Naturbegriffs selber die Bestimmung des Verhältnisses der Natur zum Absoluten eine unabdingbare Aufgabe sei. „Das Absolute ist ... notwendig *reine Identität*; es ist nur Absolutheit und nichts anderes, und Absolutheit ist durch sich nur sich selbst gleich; aber es gehört eben auch zur Idee derselben, daß diese reine, von Subjektivität und Objektivität unabhängige, Identität *als diese*, und ohne daß sie in dem einen oder in dem andern aufhöre, es zu sein, sich selbst Stoff und Form, Subjekt und Objekt sei ... Das Absolute ist ... ein Produzieren, in welchem es auf ewige

9 Schelling an Fichte vom 19. 11. 1800.
10 Schelling an Fichte vom 3. 10. 1801.
11 Fichte an Schelling vom 27. 12. 1800.

Weise sich selbst in seiner Ganzheit als Idee, als lautere Identität ... wird ... Es ist hier kein Vor und kein Nach, kein Herausgehn des Absoluten aus sich selbst oder Übergehen zum Handeln, *es selbst* ist dieses ewige Handeln ...“[12]

An diesem Zirkel des Absoluten scheint eine Problematik unübersteigbar, undurchbrechbar.

Der einzige „Weg“ ins Bedingte steht unter folgender „Gesetzlichkeit“: „Das Absolute expandiert sich in dem ewigen Erkenntnisakt in das Besondre nur, um in der absoluten Einbildung seiner Unendlichkeit in das Endliche selbst dieses in sich zurückzunehmen, und beides ist in ihm Ein Akt. ... Wir sehen ... unmittelbar ... drei Einheiten aus ihm als besondre hervortreten.

Die erste, welche als Einbildung des Unendlichen in das Endliche in der Absolutheit sich unmittelbar wieder in die andre, sowie diese sich in sie, verwandelt, ist, als diese unterschieden, die *Natur*, wie die andre die *ideale Welt*, und die dritte wird als solche da unterschieden, wo in jenen beiden die besondre Einheit einer jeden, indem sie für sich absolut wird, sich zugleich in die andre auflöst und verwandelt.“[13] – Das Absolute und seine Derivate sind also *ontologisch* gar nicht verschieden; Schelling begreift dies, wie er es auch in Briefen an Fichte (z. B. am 25. 1. 1802) mitteilt, als quantitatives Problem.

Natur bestimmt sich danach als der *reale* Aspekt des Offenbarwedens jenes ewigen Handelns, so wie Geschichte als die *ideale* Seite desselben ewigen Handelns zu begreifen ist. „Die erscheinende Natur ... ist die als solche oder in der Besonderheit erscheinende Einbildung des Wesens in die Form, also die ewige Natur, sofern sie sich selbst zum Leib nimmt und so sich selbst durch sich selbst als besondre Form darstellt. Die Natur, sofern sie als *Natur*, d. h. als diese *besondre* Einheit erscheint, ist demnach als solche schon *außer* dem Absoluten, nicht die Natur als der absolute Erkenntnisakt selbst (natura naturans), sondern die Natur als der bloße Leib oder Symbol desselben (natura naturata).“[14]

Schelling konzipiert hier eine besonders ausgezeichnete Weise einer universellen Widerspiegelungsidee. Das Absolute oder ewige Handeln schafft aus sich selbst heraus besondere Entitäten (natura naturata), in denen sich das Absolute einbildet, widerspiegelt. Diese Form des Widerspiegelungsgedankens hat alle platten Abbildrelikte abgestreift. Das Ein-bilden ist eine Angelegenheit von Handlung und von permanenter Tätigkeit. Indem jedoch diese Abbilder als Symbole zu begreifen sind, ist die Gefahr ständig anwesend, daß so die Wirklichkeit verdoppelt und – transzendental – eine utopische Dimension konstruiert wird.

Nach der Ansicht der Schellingschen Naturphilosophie, „da die Natur nur der sichtbare Organismus unseres Verstandes ist, *kann* die Natur nichts anderes als das Regel- und Zweckmäßige produzieren, und die Natur ist *gezwungen* es zu

[12] F. W. J. Schelling, Sämtliche Werke, a. a. O., Bd. 2, S. 62 f.
[13] Ebenda, S. 65f. (Hervorhebungen – M. B.).
[14] Ebenda, S. 67.

produzieren. Aber *kann* die Natur nichts als das Regelmäßige produzieren, und produziert sie es mit Notwendigkeit, so folgt, daß sich auch in der als selbständig und reell gedachten Natur ... wiederum der Ursprung solcher regel- und zweckmäßigen Produkte ... muß nachweisen lassen, *daß also das Ideelle auch hinwiederum aus dem Reellen entspringen und aus ihm erklärt werden muß*. – Wenn es nun Aufgabe der Transzendentalphilosophie ist, das Reelle dem Ideellen unterzuordnen, so ist es dagegen Aufgabe der Naturphilosophie, das Ideelle aus dem Reellen zu erklären: beide Wissenschaften sind also Eine, nur durch die entgegengesetzten Richtungen ihrer Aufgaben sich unterscheidende Wissenschaft ...“[15]

Eine entscheidende Bestimmung des Natur-Begriffs bei Schelling ist seine Differenzierung als natura naturata und natura naturans, wobei die endlichen Naturdinge (natura naturata) nur die jeweiligen Ausprägungen der universellen natura naturans darstellen. Dabei geht es Schelling nicht so sehr um die Natur als Produkt – denn er versteht sich als Philosoph und nicht als Naturforscher –, sondern vielmehr um die Natur als Produktivität. Schellings Natur-Begriff impliziert die Einsicht in eine umfassende Real-Dialektik: weil nun aber Natur der materiale Repräsentant einer universalen Produktivität ist, wird es hier auch zugleich erstmals möglich, Dialektik als Real-Prinzip einsichtig zu machen. Zugleich wird auch, da Natur in diesem Zusammenhang als geschichtlicher Prozeß eo ipso zu begreifen ist, erstmals die Idee einer dialektischen Struktur der Geschichte konstruiert. (Schelling gebührt im Umkreis der klassischen bürgerlichen Philosophie mit seiner Analyse naturdialektischer Prozesse fortan ein zentraler Platz in der dialektischen Bewältigung des Problems der Geschichte überhaupt.)

Die Naturphilosophie Schellings hat nur als integrale Erscheinung innerhalb identitätsphilosophischer Überlegungen einen Sinn (ein naturwissenschaftlicher Eigenwert seiner naturphilosophischen Überlegungen kann aus heutiger Perspektive wohl als irrelevant beiseite gelassen werden); sie würde als positivistisch-phänomenales Denken jede Problematik verlieren, und weil sie im übrigen im engeren einzelwissenschaftlichen Verständnis des 19. Jahrhunderts *nur* diesen, von ihr überhaupt nicht intendierten Anspruch untergelegt bekam, wurde sie dort folgerichtig auch als unsinnig und spekulativ verlacht.

„Das Ganze, aus welchem Naturphilosophie hervorgeht, ist *absoluter* Idealismus. Die Naturphilosophie geht dem Idealismus nicht voran, noch ist sie ihm auf irgend eine Weise entgegengesetzt, sofern er absoluter, wohl aber sofern er relativer Idealismus ist, demnach selbst nur die eine Seite des absoluten Erkenntnisaktes begreift, die ohne die andre undenkbar ist.“[16] Nur insofern, weil Natur nicht als apartes Wesen in der Trennung vom anderen, vom Menschen, vom absoluten Ich betrachtet wird, kann ihre Analyse für Schelling überhaupt sinnvoll und interessant sein, denn so allein nur bedeuten entsprechende Einsichten über

[15] F. W. J. Schelling, Sämtliche Werke, a. a. O., Bd. 3, S. 272.
[16] F. W. J. Schelling, Sämtliche Werke, a. a. O., Bd. 2, S. 68.

Natur überhaupt auch etwas „außerhalb“ ihrer selbst. Auf Grund der identitätsphilosophischen Verklammerung werden diese Einsichten universal signifikant. Dieser paradigmatische Effekt vermag so, hinsichtlich der *Natur*-Dialektik zugleich auch Dialektik überhaupt als umgreifendes Strukturprinzip alles Seienden, realen wie idealen, einsichtig zu machen. Denn: „Dieselben Prinzipien sind notwendig die der gesamten Natur und so zuletzt die des All selbst, und diesem nach mögen wir gleichsam sinnbildlich an der Materie das ganze innere Triebwerk des Universum und die höchsten Grundsätze der Philosophie selbst entwickeln.“[17] – Spinozistische Einsichten von der Identität der Ordnung und Verknüpfung der Dinge mit derjenigen der Gedanken werden durch Schelling auf dialektische Weise mobilisiert.

Der Identitätsgedanke Schellings weist – und das sei energisch gegen eingeschliffene Vorurteile verteidigt – an konstitutiver Stelle eine grundlegende dialektische Spannung auf. „Ich hasse nichts mehr als jenes geistlose Bestreben, die Mannigfaltigkeit der Naturursachen durch erdichtete Identitäten zu vertilgen.“[18] Der Zwang zur Problematisierung dialektischer Prinzipien ergibt sich allein schon durch die seit der Schematismus-Problematik geforderte Erklärung bzw. Bewältigung des *Vermittlungs*-Problems.

Identitätsphilosophische Lösungen nach der Kantschen Transzendentalphilosophie können, wenn sie ernsthaft in deren systematischer Nachfolge stehen wollen, bei rationalistischen oder spinozistisch-pantheistischen Erinnerungen nicht verharren. „Das Band und das Verbundene machen aber nicht ein gedoppeltes und verschiedenes Reales aus, sondern dasselbe, was in dem einen ist, ist auch in dem andern; ... die Unendlichkeit der Formen, in denen das ewige Band sich selbst bejaht, ist nur ... wirkliche Ganzheit (totalitas) durch das Band, d. h. durch die Einheit in der Vielheit.“[19]

Die dialektische Struktur der natürlichen Produktivität, der natura naturans, vermag Schelling wesentlich als *geschichtliches* Phänomen zu erkennen. „Von allem“, sagt Schelling, „was Vernunft ... erkennt, ist in der Natur nicht allein der Abdruck, sondern *die wirkliche Geschichte* selbst enthalten.“[20]

Der Hinweis auf Geschichte, auf Werden und Tätigkeit, folgt der prinzipiellen Einsicht Schellings in transzendentalphilosophische Prinzipien. Denn was ist „nun aber der Transzendentalphilosophie das *Sein selbst* ...? Wenn nach Prinzipien derselben alles, was ist, Konstruktion des Geistes ist, so ist das *Sein*

[17] Ebenda, S. 360.

[18] Ebenda, S. 347 f.

[19] Ebenda, S. 361 f. Die Reminiszenz an das erwähnte grundlegende Funktionselement des *transzendentalen Schematismus* wird an gleicher Stelle deutlich, wenn Schelling schreibt: „Das Band, das an sich das Ewige ist, ist in dem Verbundenen, als Verbundenen, die Zeit.“ (Ebenda, S. 364) Und: „Die Zeit ... hebt das Auseinander auf und setzt die innere Identität der Dinge ...“ (Ebenda, S. 368).

[20] Ebenda, S. 378 (Hervorhebung – M. B.).

selbst nichts anderes als *das Konstruieren selbst*, oder da Konstruktion überhaupt nur als Tätigkeit vorstellbar ist, nichts anderes als die *höchste konstruierende Tätigkeit*, die ... Prinzip alles Objektiven ist".[21] – Indem Schelling die genetische Tätigkeit als konstruktive erfaßt, nähert er sich fruchtbaren Einsichten in das Geschichtliche als Erzeugungsvorgang. Im Begriff der Konstruktion sind so wichtige Bestimmungen wirklicher Geschichte erreicht, die ja selber eben als Konstrukt der Gattung zu fassen wären.

Da jedoch diese Tätigkeitsformen am *natürlichen* Material einsichtig werden, entstehen – aus ebendieser Spezifik – ganz besondere Probleme und Paradoxien, die die Einsicht ins Geschichtliche als *spezifisch* subjektiv-objektiv *menschliche* Leistung beeinträchtigen.

Ein Problem, vor dem Schelling hier steht, ist die Schwierigkeit, die unendliche Produktivität im endlichen Produkt so zu begreifen, daß beide in ihrer je spezifischen Eigengesetzlichkeit erhalten bleiben; es ist das schon erwähnte *Hauptproblem* der Naturphilosophie Schellings, wonach nicht so sehr die Produktivität zu erklären sei als vielmehr das Ruhende, das Produkt, das Materialisat.

Somit fragt sich Schelling zunächst: „wie muß ein Produkt beschaffen sein, das einer unendlichen Entwicklung fähig ist, und findet sich wirklich ein solches Produkt in der Natur vor?"[22] Diese Zwiespältigkeit von Produktivität und Produkt ist folgenreich für die Ausprägung der genetischen Struktur bei Schelling.

Die Produktivität verlöscht im Produkt – dies war der unkritische Begriff von Natur in der mathematisch-mechanistischen Philosophie. Die allein so begriffene Natur ließ sich quantifizieren und naturwissenschaftlich behandeln. Auf diese Weise wurde die Geschichte immer schon in der Positivität der Substanz stillgelegt. Anders dagegen die in der Tradition der Transzendentalphilosophie stehende Schellingsche Naturphilosophie. Sie versucht die Darstellung jener absoluten Tätigkeit, als die die Natur erkannt wurde, in einem „endlichen" Aggregat. Eine solche Einheit soll aber nicht zuungunsten der Unendlichkeit und Mannigfaltigkeit der Tätigkeit erreicht werden. Ein solches Produkt wird kein empirisch-einzelnes, sondern ein transzendental-allgemeines, ein interindividuelles Produkt sein: „*Die Mannigfaltigkeit soll bleiben, und doch ein gemeinschaftliches Produkt herauskommen*, das eben jene unendliche Mannigfaltigkeit zusammenhält."[23]

Ein solches „gemeinschaftliches Produkt" hat nun übergreifend nur die eine entscheidende Bestimmung: es ist ein immer schon *werdendes* Produkt. „Das Produkt kann also überhaupt nicht *gehemmt* werden, es muß immer nur im *Werden*

[21] F. W. J. Schelling, Sämtliche Werke, a. a. O., Bd. 3, S. 12.
[22] Ebenda, S. 19.
[23] Ebenda, S. 28.

begriffen sein.“[24] Da somit also das Produkt immer nur als ein gemeinschaftliches Phänomen sich vorstellt, ist im Raum des *Gemeinschaftlichen* ein Raum für das Werden, für die geschichtliche Bewegung abgesteckt, der nicht mehr die fatale Unbegrenztheit des Absoluten hat, ohne aber doch in dieselbe Fatalität des Endlichen sich zu verkürzen: „Jedes Produkt also = eine bestimmte *Synthesis* von Aktionen.“[25]

Diese Dialektik von Produktivität und Produkt erzeugt nun in der Gemeinschaftlichkeit der *Gattung* das vermittelnde Prinzip, an das das Werden, an das Geschichte gebunden werden kann. So ist die Möglichkeit des Geschichtlichen verknüpft mit diesem dialektischen Konstrukt der Gattung, die die unendliche Produktivität ebenso begrenzt, wie sie gleichermaßen das endliche Produkt entgrenzt. Geschichte wird bei Schelling auf diese Weise konstituiert als Leistung der Gattung und nur der Gattung: „*Das Individuum muß Mittel, die Gattung Zweck der Natur scheinen* – das Individuelle untergehen und die Gattung bleiben ...“[26] Wir bemerken dergestalt eine kritische Fortentwicklung des Kantschen Geschichts-Begriffs. Bei Kant war ebenfalls die Gattung das eigentliche Bewegungsmedium von Geschichte. Der Schellingsche Gattungs-Begriff wird durch eine von Kant noch gegen Herder monierte naturhaft-realistische Dimension erweitert. Da aber Schelling den transzendentalen Gedanken bewahrt, erscheint er – um ein Diktum von Marx abzuwandeln – wahrlich als der umgekehrte Herder.

In dem Maße, wie sich die unbegrenzte Produktivität in einem ihr adäquaten Produkt, das nun ein *gemeinschaftliches* Produkt sein wird, einschränkt, wird ein neuer Typ von Tätigkeit – die geschichtliche, genetische – inauguriert.

Durch diese Vermittlungsbewegung zwischen Produktivität und Produkt (wir können dies als Derivat der Kantschen Schematismus-Funktion interpretieren) ist ein entsprechendes Vermittlungsprinzip – das gemeinschaftliche oder, wir können auch sagen: das gesellschaftliche – gefordert. „Das *Gemeinschaftliche* nun, das kein *einzelnes* Individuum *ganz*, aber doch *alle zusammen* ausdrücken, heißt die *Gattung*.“[27] Gattung als Resultat dieser transzendentalen Naturbetrachtung ist bei Schelling somit ein Resultat dieses – erweiterten – transzendentalen Prinzips überhaupt.

Wir können damit einen ersten Schritt in der Bewegung von der Transzendentalphilosophie zu einer Geschichtsphilosophie konstatieren, die die Mängel jener ebenso aufhebt, wie sie deren fruchtbare Einsichten bewahrt. Nachdem im Kantschen Schematismus erste identitätsphilosophische Zwänge vorhanden waren, kann bei Schelling hervorgehoben werden, daß die *geschichtlich-genetischen*

[24] Ebenda, S. 40.
[25] Ebenda, S. 43.
[26] Ebenda, S. 51.
[27] Ebenda, S. 54.

Prinzipien letztlich die dualistischen Paradoxa des klassischen Transzendentalismus überwinden werden. Die transzendentale Intersubjektivität wird in der Gattungs-Intersubjektivität konkretisiert und geschichtlich kontinuiert.

Die für die Naturphilosophie leitende Frage: wie ist überhaupt das fixe Produkt möglich, ohne daß es aufhört, ein Produzierendes zu sein? löst sich in der Deduktion des Phänomens der Gattung.

Schelling differenziert, seiner Einsicht in den dialektischen Doppelcharakter der Natur als natura naturata und natura naturans entsprechend, Naturgeschichte als Beschreibung der Phänomene der natura naturata, wobei die Natur nur als Objekt begriffen wird, von der Genesis der Natur in ihrer zweiten Bestimmung, von der Produktivität der natura naturans, in der die Natur als Subjekt zu verstehen sein wird. Alle bisherigen Naturgeschichten bleiben dieser Unterscheidung folgend in der ersten Bestimmung befangen; Schelling bemerkt dementsprechend: „Die *Naturgeschichte* ist bis jetzt eigentlich *Naturbeschreibung* gewesen, wie *Kant* sehr richtig angemerkt hat. ... Allein wenn die oben aufgestellte Idee (die Analyse der natura naturans – M. B.) ausführbar wäre, so würde der Name Naturgeschichte eine viel höhere Bedeutung bekommen, denn alsdann würde es wirklich eine *Geschichte* der Natur selbst geben, nämlich, wie sie ... frei – deswegen aber doch nicht *gesetzlos* bildend ... die ganze Mannigfaltigkeit ihrer Produkte allmählich hervorbringt, und so das Ideal zwar nicht im Einzelnen, aber doch im Ganzen realisiert.“ [28]

Erst durch das Bedenken dieses neuen Natur-Begriffs – Natur als schaffende, produzierende, als Subjekt – wird die Bildung eines neuen Begriffs von Geschichte ausgebildet.[29]

[28] Ebenda, S. 68.

[29] Vgl. St. Dietzsch, Zeit – Geschichte – Kunst. Zur Struktur von Schellings „System des transzendentalen Idealismus“ (1800), in: Natur – Kunst – Mythos. Beiträge zur Philosophie F. W. J. Schellings, hg. von St. Dietzsch, Berlin 1978, S. 91 ff. (Schriften zur Philosophie und ihrer Geschichte, 13).

Heinrich Scheel (Berlin)

Humboldt als Staatsmann im beginnenden Prozeß der bürgerlichen Umgestaltung

Die bürgerliche Umgestaltung in Deutschland war ein Prozeß, der sich über viele Jahrzehnte erstreckte. Sie begann in den verschiedenen Ecken und Enden Deutschlands zu verschiedenen Zeiten, ging dabei aber stets auf die Große Französische Revolution von 1789 als das welthistorisch entscheidende Ereignis zurück, das das Kräfteverhältnis zwischen Feudalismus und Kapitalismus zugunsten des letzteren grundlegend veränderte. Der Enthusiasmus, den die Französische Revolution von 1789 bei der aufgeklärten deutschen Intelligenz, der Avantgarde des sich zur Klasse entwickelnden deutschen Bürgertums, auslöste, war allgemein, aber er war auch von spezifisch deutscher Art. Kein einziger dieser so Enthusiasmierten – auch und selbst ein Georg Forster nicht! – zog damals daraus den Schluß, daß es nunmehr an der Zeit sei, wenigstens einige der deutschen Bastillen ebenfalls zu stürmen. Was Forster am 30. Juli 1789 seinem Schwiegervater Heyne nach Göttingen schrieb, kann als Credo der gesamten deutschen aufgeklärten Intelligenz gelten: „Schön ist es aber zu sehen, was die Philosophie in den Köpfen gereift und dann im Staate zu Stande gebracht hat, ohne daß man ein Beispiel hätte, daß je eine so gänzliche Veränderung so wenig Blut und Verwüstung gekostet hätte. Also ist es doch der sicherste Weg, die Menschen über ihren wahren Vorteil und über ihre Rechte aufzuklären; dann gibt sich das übrige wie von selbst.“[1]

Hier werden bürgerliche Aufklärung und bürgerliche Revolution geradezu identifiziert bzw. in ein Verhältnis zueinander gesetzt, als ob die Aufklärung die Revolution gemacht habe. Natürlich ist das nicht haltbar, denn „Ideen können nie über einen alten Weltzustand, sondern immer nur über die Ideen des alten Weltzustandes hinausführen.“[2] Forster selbst ist gute drei Jahre später dann auch den Weg vom Gedanken zur revolutionären Tat gegangen, ohne die schlechterdings eine Veränderung gesellschaftlicher Zustände nicht möglich war. Dieser Weg war allerdings an Bedingungen geknüpft, wie sie sich nach der Niederlage der Interventen bei Valmy mit dem Vorstoß der Revolutionstruppen unter

[1] G. Forster, Sämtliche Schriften, hg. von dessen Tochter und begleitet mit einer Charakteristik Forsters von G. G. Gervinus, Bd. 8, Leipzig 1834, S. 85.

[2] F. Engels/K. Marx, Die heilige Familie oder Kritik der kritischen Kritik, in: MEW, Bd. 2, S. 126.

Custine, begleitet von der kopflosen Flucht des herrschenden Feudaladels, im Oktober 1792 zwischen Landau und Bingen herausbildeten – Bedingungen, die in Deutschland exzeptionell blieben, aber hier nichtsdestoweniger die aufgeklärten Geister zwangen, die großen Lebensfragen mit handgreiflichen und praktikablen Zielstellungen zu beantworten. Forster selbst sah das Exzeptionelle der durch Custines Vorstoß geschaffenen Situation durchaus, wenn er in Briefen an seinen Berliner Verleger Voß vom Oktober, November und Dezember 1792 den Deutschen rechts des Rheins ausdrücklich die Reife zur Revolution rundheraus absprach.

Ich bin darum durchaus einverstanden mit Claus Träger, wenn er feststellt: „Nichts jedoch wäre irriger, als in Forster einen Revolutionär a priori zu suchen. Es war die Konsequenz des Gedankens, der auf eine revolutionäre Wirklichkeit traf, welcher Forster zum Revolutionär machte.“[3] Diese revolutionäre Wirklichkeit war in Gestalt der Revolutionstruppen Custines präsent und eine conditio sine qua non. Darum aber bin ich mit Claus Träger auch schon nicht mehr einverstanden, wenn er Forsters deutsche Zeitgenossen verurteilte, weil sie – wörtlich – „nicht zögerten, Forster zum Vorwurf zu machen, wovon sie nur eigenes Unvermögen zurückgehalten hatte“.[4] Eigenes Unvermögen müßte selbstverschuldetes Unvermögen sein, wenn es einen solchen Schuldspruch begründen sollte, aber davon kann nach Lage der Dinge nicht die Rede sein. Es war den großen Geistern rechts des Rheins durchaus unmöglich, der Entwicklung, wie sie Forster nahm, gedanklich zu folgen. Wilhelm von Humboldt beispielsweise bekannte in einem Briefe vom Dezember 1792 an Schiller seine unveränderte „Anhänglichkeit an die Französische Revolution“ und gestand sogar, daß er darum „auch sehr ungern die Franzosen geschlagen“ sähe; gleichzeitig verurteilte er Forster, „in dem jetzigen Zeitpunkt auf einmal ganz öffentlich zur französischen Partie übergegangen zu sein“, und nannte es „unmoralisch und unedel“, die angeblichen Wohltaten des Mainzer Kurfürsten und Erzbischofs so zu lohnen.[5]

In Deutschland führte eben der Weg von der Aufklärung nur zu einer „philosophischen Revolution“,[6] und auch das nur dank der Möglichkeit, die praktischen revolutionären Erfahrungen Frankreichs theoretisch mitverarbeiten zu können. In dem Maße, wie die Französische Revolution den Charakter einer demokratischen, einer Volksrevolution auch nach außen immer stärker sichtbar werden ließ, fürchteten die einst Enthusiasmierten in Deutschland immer mehr um die Beeinträchtigung der Reinheit ihrer mit den Menschenrechten verkündeten

[3] C. Träger, Georg Forster und die Verwirklichung der Philosophie, in: M. Buhr (u. a.), Theoretische Quellen des wissenschaftlichen Sozialismus, Frankfurt a. M. 1975, S. 222.

[4] Ebenda, S. 218.

[5] Vgl. Der Briefwechsel zwischen Friedrich Schiller und Wilhelm von Humboldt, hg. von S. Seidel, Bd. 1, Berlin 1962, S. 53 f.

[6] F. Engels, Ludwig Feuerbach und der Ausgang der klassischen deutschen Philosophie, in: MEW, Bd. 21, S. 265.

humanistischen Prinzipien durch den „Pöbel“. Die deutsche Klassik machte die menschliche Freiheit zur Bedingung der bürgerlichen Freiheit und überließ die politische Arena den Herrschenden. Die bürgerliche Freiheitsforderung wurde hochstilisiert und gleichzeitig zurückgeschnitten, indem an ihre Stelle das humanistische Ideal der harmonisch gebildeten und der Gesellschaft verpflichteten Persönlichkeit trat. Sicher war diese angestrebte Leistungshöhe häufig genug mit einer schmerzlichen Distanz zur eigenen Zeit verknüpft, und ebenso sicher wurde die abstrakt idealistische Beantwortung der Frage nach den bürgerlichen Freiheiten in der Folge auch zur theoretischen Begründung der politischen Unfreiheit mißbraucht, indem man aus der Not eine Tugend zu machen versuchte. Aber eines darf darüber nie vergessen werden, wenn man nicht in die Gefahr einer abstrakten Negation der Klassik und womöglich gar der Liquidierung des ihr eigenen humanistischen Realismus geraten will: Am Ende lieferten die philosophischen Einsichten und künstlerischen Leistungen der aufstrebenden Bourgeoisie in ihrem ideologischen Kampf gegen den Feudalismus dann doch hervorragende geistige Waffen, besonders handgreiflich im Hinblick auf die Herausbildung eines bürgerlichen Nationalstaates – geistige Waffen, die sogar über die Grenzen der bürgerlichen Gesellschaft hinausführten und heute von uns gehandhabt werden. Wilhelm von Humboldt steht dafür als Beispiel.

Wilhelm von Humboldt, der – die Omnipotenz des absolutistischen Staates vor Augen – 1791/92 Verfassungs- und Staatsideen entwickelte, die diesem Staate enge Grenzen seiner Wirksamkeit setzten, aber Forsters Schritt vom Wort zur Tat damals nicht nachzuvollziehen vermochte, war sich keineswegs selbst untreu geworden, als er Anfang 1809 als geheimer Staatsrat und Direktor die Leitung der Sektion für Kultus und Unterricht im Innenministerium übernahm, dem Graf Dohna vorstand. Die Bedingungen hatten sich geändert, und zwar grundlegend. Die Französische Revolution, wenngleich nur in Gestalt ihres Testamentsvollstreckers Napoleon, hatte nun auch Preußen in seinem ganzen Ausmaß erreicht und dem preußischen Feudalabsolutismus bei Jena und Auerstedt ein sehr gewalttätiges Ende bereitet. (Ich betone die Rolle dieser Gewalt nur darum, weil manch Kritiker meiner Charakterisierung der preußischen Reformzeit als Revolution von oben das dafür unverzichtbare Kriterium der revolutionären Gewalt nicht zu finden vermag.) Um des nationalen Überlebens willen war eine Wiedergeburt nötig, die nur in Richtung auf eine bürgerliche Nation und einen bürgerlichen Staat verlaufen konnte, wenn sie die Zukunft für sich haben wollte. Obwohl sich die preußischen Reformer in diesen ihren Bemühungen zunächst auf das Restpreußen nach Tilsit beschränken mußten, weil ein anderes Herangehen ihre Kraft überstiegen und unter dem Stiefel des Imperators ohnehin keine Chance gehabt hätte, so blieb doch ihr Tun von nationaler Bedeutung. Alle großen Reformen, die Stein initiierte – so die der Verfassung, der Verwaltung, der Wirtschaft, des Heeres –, hatten einen neuen Menschen im Blick, der mit dem feudalabsolutistischen Untertan nichts mehr gemein hatte.

Die darum mit den Reformen untrennbar verbundene Bildungsidee basierte auf der von der Klassik verfochtenen allgemeinen Menschenbildung – der *Pestalozzi* handhabbare Erziehungsziele unterlegt hatte wie die Universalität des Bildungsguts, die Einheit des Bildungsganges, die Gleichheit der Bildungschance, die aktive Selbständigkeit und die bei *Fichte* mit der Idee der Nationalerziehung verschmolz, die den Staat keineswegs als „Erstes und für sich selbst Seiendes", sondern lediglich als das „Mittel für den höheren Zweck der ewig gleichmäßig fortgehenden Ausbildung des rein Menschlichen in dieser Nation"[7] gelten ließ. Genau diese Sicht auf die Nation und ihren Staat war es, die Humboldt davon überzeugen konnte, die Berufung zum Direktor der Sektion für Kultus und Unterricht anzunehmen. Die Anregung, Humboldt dafür zu gewinnen, ging noch auf Stein zurück.[8] Graf Dohna wünschte am 24. Januar 1809 die Übernahme des Postens durch Humboldt in der Gewißheit herbei, daß er „den Wunsch des teuren deutschen Vaterlandes und aller derer, welche sich auch im fernen Auslande mit heiliger Wärme und Gründlichkeit für die höhere Bildung der Menschheit, für Wissenschaft und Kunst interessieren, erfüllen" werde.[9] Am 20. Februar 1809 erfolgte Humboldts offizielle Ernennung; doch der Ortswechsel von Rom nach Königsberg dauerte seine Zeit, so daß Humboldt erst Mitte April leibhaftig den Vorsitz der Sektion antreten konnte. Nur 16 Monate – bis zum 23. Juni 1810 – dauerte seine Amtszeit, aber sie langte zu, um wenigstens die Fundamente der Reform des Bildungswesens zu setzen.

Humboldt legte den Grund für die allumfassende Schulhoheit des Staates durch

a) die staatliche Schulaufsicht,
b) die staatliche Bestimmung der Anstaltsträger und Anstaltsarten (Elementarschule, Gelehrtenschule, Universität),
c) die staatliche Reglementierung des Unterrichts (der Lehrstoffe, der Lehrpläne, der Lehrmethoden) und des Prüfungswesens.

Darauf hier im einzelnen einzugehen, ist unnötig, denn in unserem Zusammenhang wichtig ist allein, unter welchen Bedingungen Humboldts Bildungsidee sich mit solcher Staatlichkeit vertrug bzw. mit ihr in Konflikt geraten mußte. Im ersten Sektionsbericht, den Humboldt nach zweimonatiger Tätigkeit am 19. Mai 1809 verfaßte, formulierte er als sein Credo: Es lasse sich „mit Wahrheit behaupten, daß der Zeitpunkt, wo die Sektion ihren Zweck erreicht hätte, der wäre, in dem sie ihr Geschäft gänzlich in die Hände der Nation niederlegen und sich mit dem Unterricht und der Erziehung nur noch in den höchsten Beziehungen des-

[7] J. G. Fichte, Achte Rede an die deutsche Nation, in: Sämtliche Werke, hg. von I. H. Fichte, Bd. 7, Leipzig 1845, S. 259 ff.

[8] Vgl. Das Reformministerium Stein, Akten zur Verfassungs- und Verwaltungsgeschichte aus den Jahren 1807/08, hg. von Heinrich Scheel, Bd. 3, Berlin 1968, S. 1087.

[9] Dohna an Humboldt, 24. 1. 1809; Zentrales Staatsarchiv (im folgenden ZSTA) Merseburg, Ministerium des Innern, Rep. 77, Tit. 183, Nr.7, Bl. 5.

selben auf die anderen Teile der obersten Staatsverwaltung beschäftigen könnte. Der ... Grundsatz, daß der Staat sich um das Schulwesen gar nicht einzeln bekümmern muß, ist an sich einer konsequenten Theorie der Staatswissenschaft nach gewiß der einzig wahre und richtige" [10].

Humboldt und seine Mitarbeiter wie Nicolovius, Süvern, Uhden sahen in der staatlichen Schulhoheit kein Mittel staatlicher Schulherrschaft, sondern einen Ausdruck staatlicher Verantwortung für das Unterrichts- und Erziehungswesen, eine Bürgschaft für die Freiheit der Schule im Staat. Staatliche Kulturhoheit war dazu da, die Kulturautonomie zu sichern, nicht aber sie zu bestreiten. In seinem „Organisationsplan", dessen Datierung unsicher ist, aber natürlich in die Zeit seiner Tätigkeit als Sektionsdirektor fällt, sagte Humboldt über das Verhältnis von Staat und Erziehung: „Der Staat muß ... im Ganzen von (seinen Unterrichtsanstalten) nichts fordern, was sich unmittelbar und garadezu auf ihn bezieht, sondern die innere Überzeugung haben, daß, wenn sie ihren Endzweck erreichen, sie auch seine Zwecke, und zwar von einem viel höheren Gesichtspunkt aus, erfüllen, von einem, von dem sich viel mehr zusammenfassen läßt und ganz andere Kräfte und Hebel angebracht werden können, als er in Bewegung zu setzen vermag." [11] Dementsprechend reagierte er mit geradezu seismographischer Empfindlichkeit, als beispielsweise Klewitz von der Gesetzgebungssektion am 22. Oktober 1809 um den Plan zur Errichtung der Berliner Universität mit der Begründung bat, daß es sich doch um „eine der wichtigsten allgemeinsten neuen Staatseinrichtungen, die gedacht werden kann", handele und darum auch in die Sektion für allgemeine Gesetzgebung zur Beratung gehöre.[12] Humboldt bezweifelte in seiner Antwort vom 2. November, „daß die Errichtung einer Universität, welche zwar eine durch die ganze Monarchie und auf Nationalbildung tief wirkende Anstalt, aber doch nicht ein in Verfassung und Verwaltung des Staats direkt eingreifendes Institut ist, unter die Kategorie der neuen allgemeinen Staatseinrichtungen ... gebracht werden konnte". Er lehnte es daher entschieden ab, wegen der zu berufenden Professoren mit anderen Staatsbehörden zu kommunizieren, und war lediglich bereit, das von den kompetentesten Männern seiner Sektion ausgearbeitete Universitäts-Statut der Gesetzgebungssektion „zur Prüfung nicht in wissenschaftlicher, sondern in rechtlicher und sozialer Hinsicht" [13]

[10] Verwaltungsbericht der Sektion des Kultus und öffentlichen Unterrichts, 19. 5. 1809 (ebenda, Bl. 46).

[11] Über die innere und äußere Organisation der höhern wissenschaftlichen Anstalten in Berlin, in: W. v. Humboldt, Gesammelte Schriften, hg. von der Königlich-Preußischen Akademie der Wissenschaften, Bd. 10, Berlin 1903, S. 255.

[12] Vgl. Sektion für die allgemeine Gesetzgebung an die Sektion für den öffentlichen Unterricht, 22. 10. 1809 (ZSTA Merseburg, Ministerium des Innern, Rep. 77, Tit. 950, Nr. 2, Bl. 73).

[13] Sektion für den öffentlichen Unterricht an die Sektion für allgemeine Gesetzgebung, 2. 11. 1809 (ebenda, Bl. 76).

vorzulegen. Der Staat war für ihn – auf die knappste Formel gebracht – „kein Erziehungs-, sondern ein Rechtsinstitut“.[14]

Die von Humboldt vertretene Autonomie der Bildung und Erziehung war unvereinbar mit einer kurzschlüssigen Erziehung für den Staat, also botmäßiger Untertanen oder auch nur mit bestimmtem Fachwissen ausgerüsteter Staatsbeamten. Die Staatlichkeit des Bildungswesens, wie sie Humboldt zu akzeptieren und zu realisieren bereit war, setzte voraus, daß die Bildungsidee, für die der Staat eintrat, nicht vom Streben nach eng abgezirkeltem realem Nutzen, sondern vom Streben nach menschlicher Gesittung bestimmt war – setzte voraus, daß im Staat selbst der Geist der Reform lebendig war. Hier aber haperte es. Die Frage, die Humboldt in seiner Stellung als Sektionsdirektor im besonderen berührte, betraf den Steinschen Staatsratsplan vom 24. November 1808, nach dem der Staatsrat – vorbehaltlich der Rechte des Königs – das oberste Gesetzgebungs-, Regierungs- und Verwaltungsorgan darstellen sollte, das seine Beschlüsse kollegialisch nach Mehrheit faßte; seine Zusammensetzung sollte so geartet sein, daß sich die Ministerialbürokratie in der Minderheit befand und darüber hinaus durch das gleiche Stimmrecht, das die Minister und ihre Sektionschefs – Humboldt war ein solcher – darin haben sollten, keineswegs einen unbedingt homogenen Block bildete.[15]

Altenstein und Dohna hatten sogleich nach ihrer Amtsübernahme die Aussetzung der Bildung des Staatsrates bis zur Übersiedlung des Königs nach Berlin angeregt; dem entsprach dann auch das Königliche Publikandum vom 16. Dezember 1808.[16] Die Sektionschefs dagegen, insbesondere Humboldt, Klewitz, Sack und Schön, setzten sich für seine Realisierung ein. Als Klewitz am 30. Juni 1809 bei seinem Minister Dohna in diesem Sinne vorstellig wurde,[17] stieß Humboldt am 2. Juli unmittelbar nach,[18] obwohl er sich – wie er Klewitz wissen ließ – „wenigstens für jetzt wenig Erfolg von unseren Bemühungen“ versprach.[19] Es kam jedoch noch schlimmer. Nachdem der Justizminister bereits im August 1809 vorgeschlagen hatte, den Staatsrat zu einem bloßen Konsultationsorgan zu degradieren, kamen alle fünf Minister am 17. März 1810 überein, in einem Immediatbericht vor einem Staatsrat zu warnen, der der monarchischen Regierungsform widerspreche und zum Grab aller Subordination werde, wenn Minister und Sektionschefs die gleiche Stimme hätten; selbst die Einrichtung eines förmlichen

[14] Emanzipationsdenkschrift über den Entwurf zu einer neuen Konstitution für die Juden, 17. 7. 1809, in: W. v. Humboldt, a. a. O., Bd. 10, S. 100.

[15] Vgl. Immediatbericht Steins, 24. 11. 1808, in: Das Reformministerium Stein, a. a. O., Bd. 3, S. 1088 ff.

[16] Ebenda, S. 1144 ff., 1149 ff.

[17] Klewitz an Dohna, 30. 6. 1809 (ZSTA Merseburg, Ministerium des Innern, Rep. 77, Tit. 494, Nr. 1, Bd. 1, Bl. 1).

[18] Humboldt an Dohna, 2. 7. 1809 (ebenda, Bl. 16).

[19] Humboldt an Klewitz, 2. 7. 1809 (ebenda, Tit. 950, Nr. 2, Bl. 59).

Staatsrates als Gesetzgebungsconseil, für den die Minister sich im Prinzip aussprachen, sollte noch ausgesetzt bleiben.[20] Die Königliche Kabinettsorder vom 31. März 1810 folgte ganz diesen Vorstellungen.[21] Für Humboldt war die Kabinettsorder, die zunächst noch geheim gehalten worden war, Grund genug, um am 29. April 1810 um seine Entlassung einzukommen: „Ich kann einen Staatsrat, wie der beschlossene ist, nicht für denjenigen halten, dessen die allerdings noch sehr mangelhafte Verwaltung des Staates schon seit lange(m) bedurfte und welcher den Erwartungen der Nation und den Hoffnungen des Besseren, die man noch allgemein auch von Preußens innerer Verwaltung hegt, entsprechen könnte; ich bin in meinem Innersten überzeugt, daß die veränderte Stellung der Geheimen Staatsräte im Staatsrat auch ihre Wirksamkeit als Sektionschefs vernichtet."[22] Nach Übernahme der Amtsgeschäfte durch Hardenberg am 6. Juni 1810 konnte Humboldt sich auf den Gesandtschaftsposten in Wien zurückziehen. Die Nachfolge seines Bruders mit der Aussicht auf einen Ministertitel anzutreten, lehnte der seit Herbst 1808 in Paris lebende Alexander von Humboldt ab.[23]

Obwohl mit Hardenberg die Reformtätigkeit in Preußen wieder einen neuen Aufschwung erfuhr, konnte Humboldt, der wie schon in den Jahren 1809/10 ein entschiedener Verfechter des Steinschen Kollegialsystems in der Regierung blieb, kein Parteigänger Hardenbergs werden, der konsequent das Kanzlersystem entwickelte, in dem sämtliche Ministerien – bis auf das Kriegsministerium, das direkten Zugang zum König als Obersten Kriegsherrn behielt – dem Staatskanzler als Regierungschef unterstellt waren. Wenn Humboldt dennoch Anfang 1819 dem Ruf Hardenbergs folgte und das neugeschaffene Ministerium für Ständische Angelegenheiten übernahm, so geschah es in der Hoffnung, gegen Hardenberg die Zuständigkeit seines Ministeriums für alle Verfassungsangelegenheiten, also auch für die Verfassungsreform durchsetzen zu können, die er sehr viel weiter als Hardenberg zu treiben gedachte. Er forderte einheitliche Provinzialstände für jede der neugebildeten Provinzen und lehnte die Wiederherstellung altständischer Organe ab; er verlangte allgemeine Landstände, die einem provinzialständischen Partikularismus begegnen konnten; er wollte für diese Landstände die direkte Volkswahl statt indirekter Wahl durch die Provinzialstände. Hardenberg war ungleich zurückhaltender in seinen Verfassungszielen. Der Widerstand Humboldts gegen die unbegrenzte Übernahme der reaktionären Karlsbader Beschlüsse veranlaße schließlich Hardenberg, dessen Entlassung zu fordern, die am 1. Januar

[20] Immediatbericht des Staatsministeriums, 17. 3. 1810 (ebenda, Nachlässe, Rep. 92 Friedrich Wilhelm III., B VI 26, Bl. 22 ff.).

[21] Kabinettorder an das Staatsministerium, 31. 3. 1810 (ebenda, Ministerium des Innern, Rep. 77, Tit. 494, Nr. 1, Bd. 1, Bl. 19).

[22] Immediatgesuch Humboldts, 29. 4. 1810 (ebenda, Nachlässe, Rep. 92 Friedrich Wilhelm III., B VII a 10, Bl. 102).

[23] Alexander von Humboldt: Chronologische Übersicht über wichtige Daten seines Lebens, bearb. von K. R. Biermann (u. a.), Berlin 1983, S. 40.

1820 erfolgte; mit Humboldt gingen Beyme und Boyen.[24] Damit jedoch war auch die preußische Verfassungsreform endgültig gescheitert, denn nunmehr stand Hardenberg allein der altständisch gesinnten Kronprinzenpartei gegenüber, die ihn als Jakobiner, Demagogen, Demokraten verketzterte und dafür sorgte, daß der König durch Kabinettsorder vom 11. Juni 1821 das Problem der allgemeinen Landstände auf unbegrenzte Zeit vertagte.

Humboldts zwei Amtszeiten als Staatsmann mit bedeutungsvollem Kompetenzbereich – die Botschaftertätigkeit in Rom, Wien und London zählt daneben nicht – waren nur von kurzer Dauer; das eine Mal waren es 16 Monate, das andere Mal dauerte sie noch kein volles Jahr. In jedem Fall vertrat er immer Positionen, die unter den gegebenen Bedingungen zu den progressivsten gehörten und geeignet waren, den Geist der Reform auch im staatlichen Bereich lebendig zu erhalten. Bleibende Leistungen gelangen ihm nur während seiner ersten Amtstätigkeit als Sektionschef für Kultus und Unterricht, was nichts daran ändert, daß die von ihm durchgesetzte Verstaatlichung des Bildungswesens unter der Herrschaft der Reaktion auch reaktionär mißbraucht werden konnte. Solange Humboldt innerhalb des Staatsapparates noch Möglichkeiten zur Realisierung progressiver Reformen erblickte, war er zur Mitwirkung bereit; sein zweites Ausscheiden aus einem Ministeramt markierte das Ende der Reformtätigkeit in Preußen überhaupt.

[24] Zur zweiten Ministertätigkeit Humboldts vgl. Karl Obermann, Wilhelm von Humboldt und die bürgerliche Umgestaltung (1817–1819), in: Wilhelm von Humboldt 1767–1967. Erbe – Gegenwart – Zukunft, Beiträge, vorgelegt von der Humboldt-Universität zu Berlin anläßlich des zweihundertsten Geburtstages ihres Gründers, Halle 1967, S. 44–62.

John Lekschas (Berlin)

Gedanken zu Hegels Theorie über die Staatsverfassung

Publikationen zur Hegelschen Staats- und Rechtsphilosophie aus der Feder von Rechtswissenschaftlern der DDR sind nicht gerade sehr zahlreich. Zu denen, die sich um die Aufarbeitung des von Hegel auf die Gegenwart überkommenen Erbes verdient gemacht haben, gehört in besonderem Maße Hermann Klenner. Allein die Herausgabe der Hegelschen „Rechtsphilosophie" in der Edition des Akademie-Verlages wäre Verdienst genug, wenn daneben nicht auch noch auf seine Beiträge im Rahmen der Tagungen der „Internationalen Hegel-Gesellschaft" sowie eine Reihe anderer Arbeiten verwiesen werden könnte. Es scheint mir daher auch nicht müßig zu sein, in diesem Beitrag insbesondere die heutige Generation junger Wissenschaftler anregen zu wollen, sich dem großartigen Gedankengebäude zuzuwenden, das sich in der Hegelschen Staats- und Rechtsphilosophie findet. Es hat bisher noch jeder, der sich mit diesem Werk befaßt hat, Anregung erfahren, die Probleme unserer Zeit tiefer und allseitiger zu erfassen.

Wenn man heutzutage die seit dem Ende des zweiten Weltkrieges geführte Hegel-Diskussion (besonders die aus Anlaß von Jubiläen) überschaut, dann stellt sich leicht der Eindruck ein, als ginge es Hegel so, wie Goethe es mit Faust hat geschehen lassen. Marxisten und bürgerliche Ideologen beanspruchen Hegel gleichermaßen für sich, und bürgerliche Interpreten wollen uns glauben machen, daß jeder sich aus dem Werk Hegels das herausklauben dürfe, was seinen politischen Ambitionen entspricht. Allein zwischen wissenschaftlicher Hegel-Würdigung und Mißbrauch Hegels zu dekorativen Zwecken zieht sich ein tiefer Graben. Die spätbürgerliche Staats- und Rechtsphilosophie ist längst in eine tiefe Krise geraten. Sie steht vor der unlösbaren Aufgabe, einerseits das historisch dem Untergang geweihte – wenngleich für die Menschheit auch noch bedrohlich existente – imperialistische System rationell zu begründen und andererseits den die Zukunft der Menschheit bestimmenden Sozialismus und Kommunismus als eine Art Unfall der Weltgeschichte zu disqualifizieren; was nicht ohne Leugnung der Gesetzmäßigkeiten der Entwicklung der menschlichen Gesellschaft und damit Verlust an Wissenschaftlichkeit abgeht. In ihrer Not greift sie nach jedem Strohhalm und sucht ihre reaktionäre Haltung mit Berufung auf große Denker der Vergangenheit, so auch auf Hegel, zu rechtfertigen. Dies scheint auf den ersten Blick auch möglich und erlaubt zu sein, da Hegels Philosophie nun einmal „ihrem

Wesen nach bürgerliches und idealistisches Denken ist".[1] Anknüpfungspunkte für solche Versuche bietet insbesondere Hegels Lehre vom Staat, vom Privateigentum und von der Freiheit. Bleibt nur zu fragen, ob diese Lehren Hegels die heutigen reaktionären Schlußfolgerungen der bürgerlich-imperialistischen Theorie wirklich zulassen oder ob einzelne aus dem Zusammenhang gerissene Sätze zu manipulativen Zwecken mißbraucht worden sind.

Wie jede Philosophie so ist auch die Hegels, insbesondere das von ihm entwickelte Gebäude staats- und rechtsphilosophischer Anschauungen, nur im Zusammenhang mit der geschichtlichen Entwicklung zu verstehen. Hegel veröffentlichte seine „Grundlinien der Philosophie des Rechts" (1821) 24 Jahre nach dem Erscheinen von Kants „Metaphysischen Anfangsgründen der Rechtslehre". Letztere waren von Gelehrten und Geistesschaffenden mit Spannung erwartet und mit Beifall aufgenommen worden, hatten zugleich aber das Mißfallen der preußischen Regierung erregt und Kant die Drohung mit der Zensur eingetragen. Jedoch hatten sich bis 1821 die sozialen Verhältnisse und politischen Bedingungen in Deutschland beträchtlich verändert. Die Bourgeoisie war ökonomisch und politisch erstarkt und hatte im Zusammenhang mit den Befreiungskriegen eine Reihe von gewichtigen Reformen erwirkt. Diese rückgängig zu machen, war der feudalen Reaktion nicht mehr möglich. Aber die feudalen Mächte hatten es verstanden, die Befreiungskriege in einen Feldzug gegen den sozialen Fortschritt umzuwandeln und waren in Europa eine Allianz zur Unterdrückung jeder revolutionären Strömung eingegangen. Gegen diese geballte Kraft der feudalen Reaktion vermochte die deutsche Bourgeoisie sich weder zu erheben, noch war sie gewillt, sich in politische Abenteuer zu stürzen. Aus diesen nur skizzenhaft angedeuteten Bedingungen ergaben sich die eigenartigen politischen und rechtlichen Zustände in Deutschland. Die Bourgeoisie trachtete danach, wie Engels ausführte, die „Freiheit des Geldes"[2] zu erringen. „Die bürgerlichen Klassen Deutschlands" – so schreibt er weiter – „waren froh, daß sie bei ihrem kleinen Privatgeschäft, das sich durchaus ‚schmalspurig' abwickelte, in Ruhe gelassen wurden; überall, wo sie eine Verfassung erlangt hatten, rühmten sie sich ihrer Freiheit, aber sie mischten sich wenig ein in die politischen Staatsgeschäfte; überall, wo sie keine hatten, waren sie froh, der Mühe, Abgeordnete zu wählen und deren Reden zu lesen, enthoben zu sein."[3] Eine selbständige revolutionäre Bewegung des Proletariats gab es infolge der Unterentwicklung der ökonomischen Verhältnisse nicht. Sie war – wie Engels anmerkt – der bürgerlichen Bewegung gegenüber noch von „sekundärer Bedeutung".[4] Auch die Bauernschaft befand sich nicht in einer Phase revolutionären Aufschwungs, konstantierte Engels.[5]

[1] M. Buhr, Der Kampf um das Erbe Hegels gestern und heute, in: Neues Deutschland, Berliner Ausg., Jg. 36, vom 7./8. November 1981, Nr. 264, S. 10.

[2] F. Engels, Deutsche Zustände, Brief III, in: MEW, Bd. 2, S. 580.

[3] Ebenda. [4] Ebenda. [5] Ebenda, S. 581.

Trotz dieser noch armseligen Lage der deutschen Bourgeoisie, die nur im Rheinlande und in Sachsen entwickelter war, verlangte das bürgerliche Interesse, das zum Teil noch mit dem Interesse des Proletariats und der Bauernschaft verbunden war, im Staatsaufbau und im Recht gebieterisch nach einem adäquaten Ausdruck. Es war die deutsche bürgerliche Intelligenz, die diesem „Geist der Zeit" zu entsprechen versuchte. Unter ihnen wiederum war es Hegel, der die Theorie der bürgerlichen Gesellschaft, ihres Staates und Rechts entwarf. In ihr erhielt die Kritik der bisherigen deutschen Staats- und Rechtsphilosophie, wie Marx es ausdrückte, „ihre konsequenteste, reichste und letzte Fassung". Zugleich kam in ihr eine besondere Eigentümlichkeit zur Geltung, die Marx mit den Worten karikierte: „Die Deutschen haben in der Politik *gedacht*, was die andern Völker *getan* haben."[6]

Hegels Staats- und Rechtsphilosophie ist als Programm einer Bourgeoisie zu verstehen, die die Revolution nicht wagen konnte, dennoch aber die Durchsetzung bürgerlicher Verhältnisse erstrebte. Hegel befürwortete in seiner „Rechtsphilosophie" daher auch nicht die Revolution, wohl aber die allmähliche Einführung und Entwicklung bürgerlicher Institutionen. Dies war ganz nach dem Geschmack der deutschen Bourgeoisie, die eben „in Ruhe gelassen" werden wollte, um sich ökonomisch ungestört entwickeln und sich dann – wie Lenin einmal bemerkte – zur „Macht schleichen" zu können. Hegel entwarf aber zugleich ein Programm von Forderungen, die gestellt werden mußten, wenn die bürgerliche Bewegung existieren und eine bürgerliche Gesellschaft entstehen sollte.

Zwar erklärte Hegel in seiner Einleitung zur Rechtsphilosophie, daß ihm nichts ferner liege, als einen Staat zu konstruieren, „wie er sein soll". Listig fährt er fort: „. . . die Belehrung, die in ihr (seiner rechtsphilosophischen Abhandlung – J. L.) liegen kann, kann nicht darauf gehen, den Staat zu belehren, wie er sein soll, sondern vielmehr, wie er, das sittliche Universum, erkannt werden soll". Hieraus und aus einigen anderen Sätzen der Hegelschen Rechtsphilosophie wollte die bürgerliche Rechtstheorie herleiten, daß Hegel der Staatsphilosoph des feudalen preußischen Staates sei und diesen Staat heilig gesprochen habe. Aber Hegels Staat, wie er ihn zu erkennen lehrt, ist doch um vieles radikal anders, als die damalige preußische Staatswirklichkeit es war. Hegels Begriff des „Erkennens" ist kein einfaches „Kennen", kein „Glauben" an das Bestehende, kein Hinnehmen gegebener Wirklichkeit. Die Erkenntnis bei Hegel ist Einsicht in die Notwendigkeit, die nur dann real vorhanden ist, wenn nach dieser Einsicht auch gehandelt wird. Trotz seiner resignierend anmutenden Feststellung, daß mit dem „Grau in Grau" der Wissenschaft „sich nicht verjüngen, sondern nur erkennen" lasse, daß die „Eule der Minerva . . . erst mit der einbrechenden Dämmerung ihren Flug" beginne, ist die Hegelsche Staatslehre alles andere als nur kontemplative Betrachtung, sondern vielmehr Anleitung zum Handeln, zum

[6] K. Marx, Zur Kritik der Hegelschen Rechtsphilosophie, in: MEW, Bd. 1, S. 384/385.

Verändern. Hegel lehrt, den Staat so zu „erkennen", daß alles, „was vernünftig ist", auch „wirklich ist" und alles, „was wirklich ist", auch „vernünftig" ist.

Ausgerechnet an diesen Satz haben sich die Versuche geklammert, Hegel zum Staatsphilosophen der preußischen feudalen Monarchie zu erheben. In seiner Schrift „Ludwig Feuerbach und der Ausgang der klassischen deutschen Philosophie"[7] gibt Engels eine dialektisch- und historisch-materialistische Interpretation dieses berühmten Satzes von Hegel, der in seiner exakten Formulierung lautet: „Was vernünftig ist, das ist wirklich; was wirklich ist, das ist vernünftig." Wie wenig dieser philosophische Satz, im System der Hegelschen Dialektik gesehen, als eine einseitige, dürftige und oberflächliche Heiligsprechung damaliger preußischer Staatswirklichkeit aufgefaßt werden darf, hat Engels sehr plastisch dargestellt und gerade an ihm den „revolutionären Charakter" der Hegelschen Philosophie bewiesen.[8] Bereits in seinen frühen Schriften hatte Hegel dargetan, daß nicht allem, was besteht, das Prädikat der Wirklichkeit zukommt und daß dies gerade auch auf staatliche Institutionen zutrifft. In seiner Arbeit „Die Verfassung Deutschlands" (1799) stellt er die These auf, daß die deutsche Staatsverfassung, obwohl der Form nach vorhanden, längst nicht mehr der Wirklichkeit entspricht:

„Das Gebäude, worin jenes Schicksal hauste, wird von dem Schicksal des itzigen Geschlechts nicht mehr getragen und steht ohne Anteil und Notwendigkeit für dessen Interesse und seine Tätigkeit isoliert von dem Geist der Welt. Wenn diese Gesetze ihr altes Leben verloren haben, so hat sich die itzige Lebendigkeit nicht in Gesetze zu fassen gewußt; jede ist ihren eigenen Weg gegangen, hat sich für sich festgesetzt, und das Ganze (ist) zerfallen, der Staat ist nicht mehr."[9]

Doch Hegel verharrt nicht bei dieser Feststellung, sondern konstatiert die Notwendigkeit des Kampfes für die deutsche Einheit und Freiheit, wobei er den preußischen Staat in seiner damaligen Verfassung weder als Vorbild noch als Führer in diesem Kampf anerkannte.[10] Hegel hoffte zu jener Zeit auf einen „Eroberer", einen „großen Mann", wobei er vornehmlich an Napoleon dachte.[11] Jedoch setzte Hegel seine Hoffnungen nicht allein auf Hilfe von außen bzw. den mystischen „großen Mann", sondern wußte sehr wohl um die Rolle des Volkes in einem solchen Kampf für Veränderungen auf sozialem und staatlichem Gebiet. Dies belegen seine Ausführungen „Über die neuesten inneren Verhältnisse Württembergs, besonders über die Gebrechen der Magistratsverfassung", worin er die Unhaltbarkeit des dortigen „Staatsgebäudes" konstatiert und auf Veränderungen drängt. Hier seine Worte:

[7] F. Engels, Ludwig Feuerbach und der Ausgang der klassischen deutschen Philosophie, in: MEW, Bd. 21, S. 266 ff.

[8] Vgl. ebenda, S. 267.

[9] G. W. F. Hegel, Schriften zur Politik und Rechtsphilosophie, hrsg. v. G. Lasson, Leipzig 1913, S. 6/7.

[10] Vgl. ebenda, S. 129 ff.

[11] Vgl. ebenda, S. 135 ff.

„Wenn eine Veränderung geschehen soll, so muß etwas verändert werden. Eine so kahle Wahrheit ist darum nötig gesagt zu werden, weil die Angst, die muß, vor dem Mut, der will, dadurch sich unterscheidet, daß die Menschen, die von jener getrieben werden, zwar die Notwendigkeit einer Veränderung wohl fühlen und zugeben, aber wenn ein Anfang gemacht werden soll, doch die Schwachheit zeigen, alles behalten zu wollen, in dessen Besitz sie sich befinden, wie ein Verschwender, der in der Notwendigkeit ist, seine Ausgaben zu beschränken, aber jeden Artikel seiner Bedürfnisse, von dessen Beschneidung man ihm spricht, unentbehrlich findet, nichts aufgeben will, bis ihm endlich sein Unentbehrliches wie das Entbehrliche genommen wird. Das Schauspiel einer solchen Schwäche darf ein Volk, dürfen Deutsche nicht geben; nach kalter Überzeugung, daß eine Veränderung notwendig ist, dürfen sie sich nun nicht fürchten, mit der Untersuchung ins einzelne zu gehen, und; was sie Ungerechtes finden, dessen Abstellung muß der, der Unrecht leidet, fordern, und der, der im unrechten Besitz ist, muß ihn freiwillig aufopfern."[12]

Hegel hat später alles das aus seiner Diktion weggelassen, was ihm den Verdacht eingetragen hätte, unmittelbar zu revolutionären Veränderungen aufzurufen. Aber das Prinzip, daß notwendige Veränderungen auch geschehen sollen, hat er auch in der Rechtsphilosophie, die eine ganze Reihe gewichtiger Forderungen, z. B. auf dem Gebiet des Strafrechts, aber nicht nur auf diesem, enthält, nicht aufgegeben. Von einer solchen Grundhaltung ist auch seine Schrift über die „Verhandlungen in der Versammlung der Landstände des Königreichs Württemberg im Jahre 1815 u. 1816" getragen, in der er zwar vom revolutionären Weg Frankreichs offen abrückt, aber dennoch die restaurativen Bestrebungen der reaktionären württembergischen Landstände als geradezu „perfide" ablehnt. Auch wenn er sich hinsichtlich der kompromißlosen bürgerlichen Umgestaltung inkonsequent zeigt und für den Konstitutionalismus eintritt, so gibt es für ihn dennoch kein Zurück zu dem Alten, Überlebten.[13]

Seiner Grundthese, daß im staatlichen Leben der Gesellschaft ständig Veränderungen vor sich gehen müssen, gibt Hegel auch in seiner Schrift „Über die wissenschaftlichen Behandlungsarten des Naturrechts, seine Stelle in der praktischen Philosophie und sein Verhältnis zu den positiven Rechtswissenschaften" (1802/1803) Ausdruck. Zwar hat Hegel seine Meinung von der Notwendigkeit von Veränderungen in einem Staate, die manchmal sogar explosiver Natur sein könnten, in der Rechtsphilosophie später nicht mehr erscheinen lassen und nur noch von allmählichen Veränderungen der Verfassungen gesprochen, aber den in diesem Zusammenhange vertretenen und mit einer Kritik an den Kantschen Ideen verbundenen Grundgedanken der „Veränderung" als bewegendem Prinzip der Geschichte hat er nie aufgegeben. In beredten Worten legt er in dieser Schrift

[12] Ebenda, S. 150.
[13] Vgl. ebenda, S. 159 ff.

dar, daß nicht alles, was besteht, vernünftig ist, sondern daß – wie Engels Hegel interpretierte – in dem oben genannten Satz auch seine Umkehrung: „Alles, was besteht, ist wert, daß es zugrunde geht“ [14] enthalten ist. Es sei zum Beweise dessen gestattet, einige Passagen aus dieser Schrift zu zitieren:

„Denn Gesetze, welche der Oberherrschaft des Ganzen einzelne Bestimmtheiten und Teile entziehen, die Gewalt desselben von ihnen ausschließen, und die Ausnahmen des Einzelnen vom Allgemeinen konstituieren, sind an sich etwas Negatives, und Zeichen des beginnenden Todes, der für das Leben immer drohender wird, je mehr des Negativen und der Ausnahmen werden, und diese Gesetze, welche auf diese Auflösung gehen, den wahren, welche die Einheit des Ganzen konstituieren, zu mächtig werden. Zum Positiven und Erstorbenen muß also nicht nur dasjenige gerechnet werden, was ganz der Vergangenheit angehört, und keine lebendige Gegenwart mehr und allein eine unverständige, und, weil es ohne innere Bedeutung ist, schamlose Macht hat; sondern auch dasjenige ist ohne wahrhaft positive Wahrheit, was das Negative, die Auflösung und Abtrennung von der sittlichen Totalität festsetzt. Jenes ist die Geschichte eines vergangenen Lebens, dieses aber die bestimmte Vorstellung des gegenwärtigen Todes.“ [15]

Hegel erweist sich in dieser Schrift als ein absoluter Gegner des Positivismus, der Respektierung des status quo nur deswegen, weil er nun einmal so geworden ist und sich Gesetzesform gegeben hat. Mit Blick auf die deutschen Zustände zieht er einen Vergleich, der uns deutlich macht, warum Engels von einer revolutionären Gesellschaftsdialektik Hegels sprechen durfte:

„Und die Natur, ob sie zwar innerhalb einer bestimmten Gestalt mit gleichmäßiger, jedoch nicht machanisch gleichförmiger, sondern mit gleichförmig beschleunigter Bewegung fortgeht, genießt jedoch auch einer neuen Gestalt, welche sie errungen hat; wie sie in dieselbe springt, so verweilt sie auch in ihr. Wie die Bombe zu ihrer Kulmination einen Ruck thut, und dann in ihr einen Moment ruht, oder wie das erhitzte Metall nicht wie Wachs erweicht, sondern auf einmal in den Fluß springt, und auf ihm verweilt, (denn die Erscheinung ist der Uebergang ins absolut Entgegengesetzte, also unendlich, und dieses Heraustreten des Entgegengesetzten aus der Unendlichkeit oder seinem Nichts ist ein Sprung, und das Daseyn der Gestalt in ihrer neugeborenen Kraft ist zuerst für sich selbst, ehe sie sich ihres Verhältnisses zu einem Fremden bewußt wird): so hat auch die wachsende Individualität sowohl die Freudigkeit jenes Sprunges als eine Dauer des Genusses ihrer neuen Form, bis sie sich allmählich dem Negativen öffnet, und auch in ihrem Untergange auf einmal und brechend ist.“ [16]

[14] F. Engels, Ludwig Feuerbach und der Ausgang der klassischen deutschen Philosophie, in: MEW, Bd. 21, S. 267.
[15] G. W. F. Hegel, Philosophische Abhandlungen, in: Werke, hrsg. von D. K. L. Michelet, Bd. 1, Berlin 1832, S. 419.
[16] Ebenda, S. 419–423.

Man muß sich deshalb auch beim Studium der Hegelschen Rechtsphilosophie, bei deren Beurteilung sehr oft nur auf den „reformistischen“ Charakter abgehoben und seine Negation des gewaltsamen Umsturzes hervorgehoben wird, bewußt sein, daß in seiner Kategorie des „Werdens“ stets auch die dialektische Sprunghaftigkeit enthalten ist. Diese Kategorie des Werdens finden wir auch in seiner Verfassungstheorie. Im Zusatz zu § 298 seiner Rechtsphilosophie merkt er an:

„Die Verfassung muß an und für sich der feste geltende Boden sein, auf dem die gesetzgebende Gewalt steht, und sie muß deswegen nicht erst gemacht werden. Die Verfassung *ist* also, aber ebenso wesentlich *wird* sie, das heißt, sie schreitet in der Bildung fort. Dieses Fortschreiten ist eine Veränderung, die unscheinbar ist, und nicht die Form der Veränderung hat . . . So ist also die Fortbildung eines Zustandes eine scheinbar ruhige und unbemerkte. Nach langer Zeit kommt auf diese Weise eine Verfassung zu einem ganz anderen Zustande als vorher.“ [17]

Hegels Vorstellung von der Verfassung hat in dieser Gestalt nichts mit dem Gezänk der Juristen seiner Zeit über die Verfassung als juristischer Institution zu tun. Sie ist mehr dem zugeneigt, sie als eine Gestalt objektiver geschichtlicher Entwicklungsgesetze der Gesellschaft und ihrer Zustände zu fassen. Indem Hegel die Verfassung so interpretiert, macht er den gesellschaftlichen Fortschritt, macht er die Entwicklung – auch mit allen Konsequenzen seines Vergleichs des Werdens mit der Bombe – zum Prinzip der Verfassung und gibt damit dem Fortschritt das Prädikat der Naturgesetzlichkeit und der Legalität. Der besonderen Lage Rechnung tragend, in der sich das Deutschland seiner Zeit befand, verbannt er zwar die Revolution als gestaltenden Faktor aus seiner Staatslehre, jedoch ist dies für ihn wohl kaum ein wirkliches Prinzip, sondern eher ein Problem taktischer Notwendigkeit. Zu diesem Schluß, so glaube ich mich berechtigt, darf man kommen, wenn man sich folgende Sätze aus seiner „Ästhetik“ ins Gedächtnis ruft:

„Insofern nun durch die Macht der bestehenden Zustände dergleichen Schranken unübersteigbar werden und sich zu einer unbesiegbaren Notwendigkeit verfestigen, so kann dies nur eine Situation des Unglücks und des in sich selber Falschen geben . . .

Wo ein Kampf nichts hilft, besteht das Vernünftige darin, dem Kampfe aus dem Wege zu gehn, um sich wenigstens in die *formelle* Selbständigkeit der subjektiven Freiheit zurückziehn zu können. Dann hat die Macht des Unrechts keine Macht mehr über ihn, während er sogleich seine ganze Abhängigkeit erfährt, wenn er sich ihr entgegenstellt. Doch weder diese Abstraktion einer rein formellen Selbständigkeit noch jenes resultatlose Abkämpfen ist wahrhaft schön.“ [18]

[17] G. W. F. Hegel, Grundlinien der Philosophie des Rechts, hrsg. v. H. Klenner, Berlin 1981, S. 342/343, § 298, Zusatz.

[18] G. W. F. Hegel, Ästhetik, hrsg. v. F. Bassenge, Berlin 1955, S. 230.

Dieses Taktieren, so verständlich es aus Hegels Zeit auch ist, wird falsch, wenn es, wie im zitierten Zusatz geschehen, zur Theorie erhoben wird. In seiner Kritik des Hegelschen Staatsrechts hat Marx dargelegt, daß damit der Mensch in letzter Instanz zu einer blinden Agentie von Naturnotwendigkeiten entwürdigt wird. Marx schreibt:

„. . . damit der Mensch mit Bewußtsein tut, was er sonst ohne Bewußtsein durch die Natur der Sache gezwungen wird zu tun, ist es notwendig, daß die Bewegung der Verfassung, daß der *Fortschritt zum Prinzip der Verfassung* gemacht wird, daß also der wirkliche Träger der Verfassung, das Volk, zum Prinzip der Verfassung gemacht wird. Der Fortschritt selbst ist dann die Verfassung.“ [19]

Mit seinem Taktieren, dem er in seiner „Ästhetik“ mit Bitternis das Prädikat des „Schönen“ abspricht, empfahl Hegel der deutschen Bourgeoisie, solche Bedingungen zu schaffen, die mit Notwendigkeit unmerkliche Veränderungen der Verfassung nach sich ziehen. Die Veränderung erscheint dann nicht mehr als das Ergebnis bewußter Aktionen gegen die feudale Staatsmacht, nicht mehr als eine der gefürchteten Revolutionen, sondern als eine der gegebenen Verfassung immanente harmlose Gesetzmäßigkeit. Dadurch hat Hegel sowohl der Zaghaftigkeit der deutschen Bourgeoisie Rechnung getragen als auch die feudalen Mächte in ihrer Angst vor der Revolution beruhigt.

Dennoch wohnt der Einführung der Kategorie des Werdens in die Verfassung eine Sprengkraft inne, die zu Hegels Zeit weder vom Bürgertum noch von den feudalen Mächten begriffen wurde. Ihre tiefere Bedeutung machte erst Marx' Kritik deutlich, die wissenschaftlich nur als dialektisch- und historisch-materialistische Fortführung des wissenschaftlichen Gehalts Hegelscher Gedanken, als ihre dialektische Aufhebung zu verstehen ist. Dies macht uns Engels 45 Jahre nach Marx' Kritik des Hegelschen Staatsrechts in seiner Schrift „Ludwig Feuerbach . . .“ bewußt, indem er schreibt:

„Und so wird im Lauf der Entwicklung alles früher Wirkliche unwirklich, verliert seine Notwendigkeit, sein Existenzrecht, seine Vernünftigkeit; an die Stelle des absterbenden Wirklichen tritt eine neue, lebensfähige Wirklichkeit – friedlich, wenn das Alte verständig genug ist, ohne Sträuben mit Tode abzugehen, gewaltsam, wenn es sich gegen diese Notwendigkeit sperrt. Und so dreht sich der Hegelsche Satz durch die Hegelsche Dialektik selbst um in sein Gegenteil: Alles, was im Bereich der Menschengeschichte wirklich ist, wird mit der Zeit unvernünftig, ist schon seiner Bestimmung nach unvernünftig, ist von vornherein mit Unvernünftigkeit behaftet; und alles, was in den Köpfen der Menschen vernünftig ist, ist bestimmt, wirklich zu werden, mag es auch noch so sehr der bestehenden scheinbaren Wirklichkeit widersprechen.“ [20]

[19] K. Marx, Kritik des Hegelschen Staatsrechts, in: MEW, Bd. 1, S. 259.

[20] F. Engels, Ludwig Feuerbach und der Ausgang der klassischen deutschen Philosophie, in: MEW, Bd. 21, S. 266 f.

Angesichts dieser inneren wissenschaftlichen Dialektik der Hegelschen Staatsauffassung, deren Kern das „Werden" ist, mag es sich auch noch so idealistisch dargeboten haben, noch so viel Inkonsequenz in sich bergen, nimmt es wunder, wie die spätbürgerliche Ideologie des Imperialismus es wagen kann, Hegel für sich in Anspruch nehmen zu wollen. Dies geht nur durch die Entstellung der wirklichen Hegelschen Theorie, durch ihre Reduktion auf einzelne Sätze, durch Verschweigen dessen, was Hegel in seinem Gesamtwerk uns geboten hat, vor allem aber durch die Negation seiner dialektischen Entwicklungstheorie in der Geschichte.

Für marxistische Staats- und Rechtstheoretiker darf es jedoch nicht genügen, bei der Feststellung zu verbleiben, daß die bürgerliche Theorie sich Hegels nur vermittels Entstellungen zu bemächtigen vermag und nur der Marxismus eine historisch gerechtfertigte Interpretation ermöglicht. Es ist Karl-Heinz Schöneburg zuzustimmen, daß das marxistische Erbe-Verständnis weiterzugehen hat.[21] Hegels progressive Methodologie würdigen heißt auch, sie auf Fragen der sozialistischen Staats- und Gesellschaftsordnung anzuwenden. Die von Engels so hervorgehobene Bedeutung der Kategorie des Werdens in der Staatstheorie Hegels lehrt zugleich, daß die marxistische Rechtswissenschaft sich ihrerseits nicht in der Abbildung des status quo in „ewig wahren Definitionen" erschöpfen darf, sondern sowohl die entwickelte sozialistische Gesellschaft als auch Staat und Recht in ihrer Bewegung erfassen muß, indem sie in dem Erreichten sowohl den Fortschritt als auch das Vergängliche erkennt. Auch die für die sozialistische Gesellschaft gefundenen Staats- und Rechtsformen können nicht für alle Ewigkeit Gültigkeit beanspruchen, sondern unterliegen der Entwicklung und damit auch den Gesetzen des Werdens und Vergehens. Manche der gegenwärtig diskutierten Fragen, beispielsweise der sozialistischen Demokratie, würden sicher tiefgründiger behandelt werden können, wenn man bis zu den gesellschaftlichen Entwicklungsgesetzen und den Bedingungen ihrer Wirksamkeit vorstoßen würde.

Eine besondere Rolle in der Diskussion um die Hegelsche Philosophie spielt das Problem der Freiheit. Wollte man den Auslassungen bürgerlicher Theoretiker Glauben schenken, so sind die heutigen imperialistischen Staaten mit allen ihren sozialen Gebrechen, mit ihrer menschlichen Not und ungeheuren Verbrechensflut einschließlich der die Menschheit bedrohenden kriegerischen Aggressivität nichts anderes als eine „Inkarnation der Freiheit". Es fehlt denn auch nicht an entsprechenden Ideologen, die sich zum Beweise dessen abermals auf Hegel berufen. Tatsächlich sagt Hegel in der Rechtsphilosophie, daß die „Idee des Rechts die Freiheit (ist)", und ferner: „Der Staat an und für sich ist das sittliche Ganze, die Verwirklichung der Freiheit, und es ist absoluter Zweck der Vernunft, daß die

[21] Vgl. K.-H. Schöneburg, Hegel: Erbe und Tradition in der Staats- und Rechtstheorie, in: Staat und Recht, 11/1981, S. 980 ff.

Freiheit wirklich sei." [22] Die Grundlage der bürgerlichen Gesellschaft ist nach Hegel das Privateigentum. Erst im Eigentum, das für ihn unter keinen Umständen Gemeineigentum nach der Art der Forderungen eines Babeuf, sondern nur Privateigentum sein darf,[23] sei die Freiheit der Persönlichkeit garantiert. Das Privateigentum ist für Hegel geradezu das A und O der Freiheit. „Erst im Eigentume", so sagt er in der Rechtsphilosophie, „ist die Person als Vernunft." [24] Hegel leitet das Recht aus dem „freien Willen" ab, wobei er sich, was die innere Logik anlangt, im Kreise dreht. Marx hat dies in seiner Kritik an der Hegelschen Staats- und Rechtsauffassung hinlänglich dargelegt, so daß es für unseren Zusammenhang genügt, darauf zu verweisen.

Man hat sich nun daran gewöhnt, die Hegelsche Freiheitsauffassung, seine Vorstellung vom Recht als einer Erscheinungsform des „allgemeinen Willens" als bürgerlich-idealistische Fiktion abzulehnen. Erinnert sei dabei an die Kritik von Marx und Engels im Kommunistischen Manifest, in der sie der Bourgeoisie und ihren Ideologen, die nur zu gern auf die Hegelsche Konstruktion zurückgriffen, entgegenhielten: „Eure Ideen selbst sind Erzeugnisse der bürgerlichen Produktions- und Eigentumsverhältnisse, wie euer Recht nur der zum Gesetz erhobene Wille eurer Klasse ist, ein Wille, dessen Inhalt gegeben ist in den materiellen Lebensbedingungen eurer Klasse." [25]

Nur am Rande sei vermerkt, daß man Marx und Engels nicht gerecht wird, wenn man – wie es landläufig üblich geworden ist – meint, daß sie damit eine allgemeine Definition des Rechts gegeben und jedem zum Gesetz erhobenen Willen einer herrschenden Klasse schon die Qualität des Rechts beigemessen hätten.

So abstrakt der Begriff der Freiheit und des „allgemeinen Willens", der Recht sein soll, in Hegels Rechtsphilosophie auch gefaßt ist, er ist für ihn keineswegs so inhaltsleer, wie die spätbürgerliche Ideologie den Freiheitsbegriff gebraucht, um ihn mißbrauchen zu können. In seiner „Propädeutik" verdeutlicht Hegel den konkreten Inhalt, den er dem Freiheitsbegriff in der Gesellschaft geben möchte. Er merkt dort zunächst an, daß „Freiheit" nur im Zusammenhang mit dem Willen existent sei und der Freiheitsbegriff nur in diesem Zusammenhang einen Sinn ergeben kann: „Wenn man sagt: Freiheit des *Willens*, so ist nicht gemeint, als ob es außer dem Willen noch eine Kraft, Eigenschaft, Vermögen gäbe, das auch Freiheit hätte.".

Für Hegel erscheint seine Freiheit des Willens in „Arten", und diese sind ihm „bürgerliche Freiheit, Preßfreiheit, politische, religiöse Freiheit". Neben der Religionsfreiheit wendet er sich besonders der politischen Freiheit zu und will sie

22 G. W. F. Hegel, Rechtsphilosophie, § 1, Zusatz; § 258, Zusatz.
23 Ders., Rechtsphilosophie, § 46.
24 Ders. Rechtsphilosophie, § 41, Zusatz.
25 K. Marx/F. Engels, Manifest der Kommunistischen Partei, in: MEW, Bd. 4, S. 477

ganz und gar nicht irgendeiner Gruppe in der Gesellschaft allein gewähren, besonders nicht jener, die sich zur Herrschaft aufgeworfen hat, sondern dem ganzen Volk: „Die politische Freiheit eines Volkes besteht darin, einen eigenen Staat auszumachen, und, was als allgemeiner Nationalwille gilt, entweder durch das ganze Volk selbst zu entscheiden oder durch solche, die dem ganzen Volk angehören und die es, indem jeder andere Bürger mit ihnen gleiche Rechte hat, als die Seinigen anerkennen kann."[26]

So sehr Staat und Recht für Hegel Erscheinungsweisen des „freien Willens" sind, so wenig gilt dies nach seiner Theorie auch für die „Regierung" des bürgerlichen Staates. Er sieht diese vielmehr als sich beständig im Widerspruch zum allgemeinen Willen bewegend und als Produkt der Fraktionskämpfe der Bourgeoisie. Für Hegel gibt es keine Identität zwischen den Zielen einer „Faktion", die sich zur Regierung aufgeworfen hat, und der „Freiheit des Willens", weshalb er auch weit davon entfernt ist, irgendeine bürgerliche Regierung und Regierungspolitik als Inkarnation von Freiheit anzusehen. Im Gegenteil, er sieht hier nur prinzipielle, wesensbedingte Widersprüche und schreibt dazu in der „Phänomenologie des Geistes":

„Die Regierung ist selbst nichts anders als der sich festsetzende Punkt oder die Individualität des allgemeinen Willens. Sie, ein Wollen und Vollbringen, das aus einem Punkt ausgeht, will und vollbringt zugleich eine bestimmte Anordnung und Handlung. Sie schließt damit einerseits die übrigen Individuen aus ihrer Tat aus, andererseits konstituiert sie sich dadurch als eine solche, die ein bestimmter Wille und dadurch dem allgemeinen Willen entgegengesetzt ist; sie kann daher schlechterdings nicht anders denn als eine Faktion sich darstellen. Die siegende Faktion nun heißt Regierung, und eben darin, daß sie Faktion ist, liegt unmittelbar die Notwendigkeit ihres Untergangs; und daß sie Regierung ist, dies macht sie umgekehrt zur Faktion und schuldig."[27]

Der „allgemeine Wille", den Hegel meint und der eben die reale Freiheit sein soll, ist keineswegs so substanzlos, wie er in der heutigen bürgerlich-imperialistischen Interpretation Hegelschen Gedankenguts erscheint. Nach Hegel darf sich weder eine Regierung als mit dem allgemeinen Willen identisch betrachten und damit als alleinige Wahrerin der Freiheit ausgeben, weil sie dies schon von ihrem Wesen als „Faktion" nicht vermag, noch ist es berechtigt, dies in bezug auf jegliches gesetzte Recht zu tun. Hegel setzt sich hiermit im Zuge der Erörterung der Funktion von „Idealen" in der Gesellschaft auseinander. In seiner „Ästhetik", die – ganz im Unterschied zu der heutzutage manchmal anzutreffenden Art, ästhetische Probleme zu behandeln – durch und durch auch eine politische Schrift ist, bemerkt Hegel zu den „Idealen", ihrer Funktion und ihrem Inhalt:

[26] G. W. F. Hegel, Philosophische Propädeutik, in: Werke, hrsg. von K. Rosenkranz, Bd. 18, Berlin 1840, S. 21 f.

[27] G. W. F. Hegel, Phänomenologie des Geistes, hrsg. von J. Hoffmeister, Leipzig 1949, S. 419.

„Dies sind die großen Motive der Kunst, die ewigen religiösen und sittlichen Verhältnisse: Familie, Vaterland, Staat, Kirche, Ruhm, Freundschaft, Stand, Würde, in der Welt des Romantischen besonders die Ehre und die Liebe usf. In dem Grade ihrer Gültigkeit sind diese Mächte verschieden, alle aber in sich selbst vernünftig. Zugleich sind es die Mächte des menschlichen Gemüts, welche der Mensch, weil er Mensch ist, anzuerkennen, in sich walten zu lassen und zu betätigen hat. Jedoch dürfen sie nicht nur als Rechte einer positiven Gesetzgebung auftreten. Denn teils widerstrebt schon die Form positiver Gesetzgebung . . . dem Begriff und der Gestalt des Ideals, teils kann der Inhalt positiver Rechte das an und für sich Ungerechte ausmachen, wie sehr es auch die Form des Gesetzes angenommen hat."[28]

Als Fazit dieser nur fragmentarischen Betrachtung zu Hegels dialektischer Position in der Staats- und Rechtstheorie ergibt sich, daß Hegels Erkenntnisse zu Staat und Recht denkbar ungeeignet sind, den heutigen imperialistischen Staat und sein Recht sowie die bürgerliche „Rechtsstaatlichkeit" unserer Tage als Inkarnation der Freiheit zu rechtfertigen. Bei strenger Anwendung Hegelscher Dialektik bliebe für eine imperialistische Regierung lediglich das Urteil übrig: „. . . und eben darin, daß sie Faktion ist, liegt unmittelbar die Notwendigkeit ihres Untergangs; und daß sie Regierung ist, dies macht sie umgekehrt zur Faktion und schuldig", wie über das gegenwärtige positive Recht imperialistischer Staaten das Urteil zu sprechen wäre, daß sein Inhalt begonnen hat, „das an und für sich Ungerechte" auszumachen, „wie sehr es auch die Form des Gesetzes angenommen hat". Sich auf Hegel berufen, heißt immer auch, sich der Kritik des Urteils der Hegelschen Dialektik zu unterwerfen, und vor diesem kann die spätbürgerliche Gesellschaft samt ihrem Staat, ihren Regierungen und ihrem Recht nicht mehr bestehen. Sie hat den Rang des „Vernünftigen" und „Wirklichen" vor der Geschichte schon lange verloren. Die Berufung auf Hegel muß für die bürgerlich-imperialistische Theorie zu einem Bumerang werden.

[28] G. W. F. Hegel, Ästhetik, hrsg. v. F. Bassenge, Berlin 1955, S. 237 f.

Walter Dietze (Weimar)

Schon dagewesen? Eine zurückerstattete Marginalie zum mephistophelischen Verweis auf Nabots Weinberg

„Ad spectatores" sind, laut ausdrücklicher Regieanweisung, die zwei Verse gerichtet, auf die allein sich im Riesenwerk des zweiten „Faust" die Erwähnung eines gewissen Nabot (lutherische Schreibweise Naboth) beschränkt. Reimensweis wird mitgeteilt:

Auch hier geschieht, was längst geschah,
Denn Naboths Weinberg war schon da.[1]

Verläßliche Auskünfte darüber, wer dieser Weinbergbesitzer gewesen sei, sind indes nicht ohne weiteres zu erlangen. Ältere wie neuere Konversationslexika pflegen den Namen meist gar nicht zu verzeichnen, sogar akribisch angelegte Fachlexika jüngeren Datums halten sich zurück.[2] Eine Fahndung nach Nabot stößt auf Schwierigkeiten.

Verblüffenderweise scheint es aber nun in diesem Falle auch um die gemeinhin außerordentlich solide Bibelfestigkeit Goethes nicht ganz einwandfrei bestellt gewesen zu sein. Dafür gibt es in der einzigen eigenhändigen Handschrift des Autors, die von der Szene „Palast" auf uns gekommen ist, ein verräterisches Indiz. Sie überliefert uns einen noch unausgeführten, lückenhaften, skizzenähnlichen Entwurf der Szene.[3] Die Schlußzeile aber, deutlich lesbar, lautet dort:

Denn Nabobs Weinberg war schon da.

[1] J. W. Goethe, Poetische Werke, Berlin und Weimar 1960–1978, Bd. 8, S. 519. – Unter Angabe der Versziffern im Kontext wird auch künftig aus diesem Band 8 (1978) der Berliner Ausgabe (= BA) von Goethes Poetischen Werken zitiert.

[2] Hebräische und griechische Namensschreibung (in der Septuaginta) und eine ganz knappe Inhaltscharakteristik in: Wetzer und Welte's Kirchenlexikon oder Encyklopädie der katholischen Theologie und ihrer Hilfswissenschaften, 2. Aufl. in neuer Bearbeitung, begonnen von J. Hergenröther, fortgesetzt von F. Kaulen, Bd. 9, Freiburg i. Br. 1895, S. 3. – Kurze Inhaltsangabe der Geschichte um Nabot und die Deutung seines Namens in: Lexikon zur Bibel, hg. von F. Rienäcker in Verbindung mit G. Seewald und L. Coenen, 5. Aufl., Wuppertal (1964), S. 958. – Überhaupt keine Verzeichnung des Namens in immerhin so reputierlichen Werken wie RGG (3. Aufl., Bd. 4, Tübingen 1960, S. 1284) oder in: Realenzyklopädie für protestantische Theologie und Kirche, begründet von J. J. Herzog, hg. von A. Hauck, Bd. 13, Leipzig 1903, S. 623.

[3] Genaue Beschreibung der handschriftlichen Überlieferung in: Weimarer Ausgabe, (= WA),

Ein Flüchtigkeitsfehler? Eine unbeabsichtigte Fehlleistung? Nur der „Verschreiber" eines, dem es unterlaufen ist, einfach zwei Buchstaben miteinander verwechselt zu haben? Abgelenkte, anderweitig kräftig beanspruchte geistige Konzentration, daher Vernachlässigung der Aufmerksamkeit für Rechtschreibung oder Richtigschreibung? Was ja gut möglich gewesen wäre angesichts einer vorstellbaren Situation, in der ein poetischer Text erstmalig aus dem Kopf aufs Papier gebracht werden soll! Oder ein sachlicher Irrtum? Kein Schreibversehen, sondern b statt t hingeschrieben in der irrigen Meinung, es handle sich tatsächlich um den Weinberg eines Nabob? Verblaßte, unzuverlässig gewordene Erinnerung an eine Geschichte, die Goethe vielleicht – auch dies denkbar – nicht aus der Quelle, nur vom Hörensagen und daher ungenau kannte? Verlust eines Weinbergs, der einem indischen Fürsten[4] oder einem reichen Mann passiert ist („Nabob" kann beides bedeuten)? Schwer zu entscheiden, wie die Dinge wirklich liegen. Keine der zwei alternativen Deutungen ganz auszuschließen. Argumente pro et contra für beide Möglichkeiten die Menge.

Wir halten trotzdem dafür, daß es sich in dem handschriftlichen Szenenentwurf nur um einen simplen Flüchtigkeitsfehler handelt. Denn bereits am 6. Juni 1831 hatten sich Eckermann und Goethe über „den bisher noch fehlenden Anfang des fünften Aktes von ‚Faust'" gesprächsweise ausgetauscht. Eckermann nutzte dabei die Gelegenheit, den Text (offensichtlich in einer weitgehend „fertigen" Goethe-Handschrift oder bereits im Mundum) zu lesen „bis zu der Stelle, wo die Hütte von Philemon und Baucis verbrannt ist und Faust in der Nacht, auf dem Balkon seines Palastes stehend, den Rauch riecht, den ein leiser Wind ihm zuwehet" – also etwa bis Vers 11 383. Danach sprechen die beiden über den Text, zunächst über Philemon und Baucis, wobei Eckermann die Goetheschen Äußerungen so wichtig nimmt, daß er sie in wörtlicher Rede anführt. Fernerhin gibt er den Inhalt des Gesprächs summarisch wieder: „Wir redeten sodann über den Faust, den das Erbteil seines Charakters, die Unzufriedenheit, auch im Alter

Bd. 15/2 (1888), S. 147–149. – Das folgende zitiert nach dem letzten Blatt von H[1] in: Goethe-und-Schiller-Archiv der Nationalen Forschungs- und Gedenkstätten der klassischen deutschen Literatur in Weimar, Sign. 25/XVIII, 7, 2. Dort ist der Zweizeiler offensichtlich ein Nachtrag, links quer am Seitenrande notiert. Die Regieanmerkung lautete ursprünglich „bey Seite"; diese beiden Worte sind durchgestrichen, darüber wurde dann „ad Spectatores" eingetragen.

[4] Laut freundlicher Mitteilung von Herrn Dr. Josef Mattausch gibt es in den Berliner Archivmaterialien für das in Entstehung befindliche Goethe-Wörterbuch zu „Nabob" keinen einzigen Beleg. Im zeitgenössischen Sprachgebrauch hingegen kommt der Ausdruck erstmalig schon 1740 (bei Zedler) und dann seit den 70er Jahren häufiger im Deutschen vor, so u. a. bei Wieland, Archenholz, Rabiosus, Riesbeck, Sturz, Salzmann oder Bothe. Die wichtigsten Belege sind zusammengestellt in: Deutsches Fremdwörterbuch, begonnen von H. Schulz, fortgeführt von O. Basler, Bd. 2, Berlin 1942, S. 169.

nicht verlassen hat und den bei allen Schätzen der Welt und in einem selbstgeschaffenen neuen Reiche ein paar Linden, eine Hütte und ein Glöckchen genieren, die nicht sein sind. Er ist darin dem israelitischen König Ahab nicht unähnlich, der nichts zu besitzen wähnte, wenn er nicht auch den Weinberg Naboths hätte."[5] Aus diesem Bericht geht klar hervor, daß Goethe sehr wohl wußte, wer Nabot war. Demnach dürfte er sich beim Entwurf der „Palast"-Szene einfach verschrieben haben.

Gleichviel, der falsche Nabob wandert aber dann, sein unrichtiges b am Ende sorgsam bewahrend, bis ins handschriftliche Mundum des „Faust" II, das, wie wir mit Bestimmtheit wissen, vom Schreiber John im Frühsommer 1831 (wahrscheinlich am 22. Juli) zu Ende gebracht und Mitte August von Goethe versiegelt worden ist. Dann erst wird Nabob' zu Naboth korrigiert, und zwar zu unbekanntem Zeitpunkt und von fremder, nicht eindeutig zu identifizierender Hand (das b am Wortende durch nachträgliche, kräftige Überschreibung in th geändert).[6] Hier war jemand am Werke, dessen Bibelfestigkeit nun keineswegs mehr in Zweifel zu ziehen ist, der sich aber auch vorstellen konnte, daß für andere, weniger gebildete Leute die bloße Nennung des (jetzt richtig notierten) Namens jene mit ihm verbundene Assoziation nicht automatisch hervorrufen würde, die erwünscht war. Deshalb fügt er in das Mundum (rechts unter Vers 11 287) noch den in Parenthese gesetzten Verweis ein: „Regum I. 21."[7] So präsentiert sich die Stelle dann im Erstdruck des „Faust" I, der noch 1832 als Band 41 der „Vollständigen Ausgabe letzter Hand" bei Cotta in Stuttgart und Tübingen erscheint. Da Eckermann und Riemer diesen Druck besorgten, dürfte aller Wahrscheinlichkeit nach einer von beiden derjenige gewesen sein, dem wir diese Korrektur und diesen Hinweis verdanken.

Jedenfalls stimmt die Hindeutung auf I. Könige 21 genau. Denn hier, eingebettet in die umfängliche Geschichte von den Wundertaten des Propheten Elija, die aus dem ersten ins zweite Buch der Könige hinüberreicht, findet sich die Episode vom Jesreeliten Nabot, dem israelitischen König Ahab und seiner Frau Isebel.[8] Zweifelsfrei nachträglich in die Elija-Legende interpoliert, mit der sie

[5] Hier zitiert nach: BA, Bd. 8, S. 729.

[6] Dies und das folgende im Mundum, Blatt 169^{v} (Goethe-und-Schiller-Archiv, Sign. 25/XIX, 3).

[7] Methodisch gleiche Verweise, die sich ebenfalls auf Bibel-Stellen beziehen, finden sich, stets in Klammern gesetzt, auch innerhalb des Vierten Aktes, und zwar nach den Versen 10 094 (Der Brief des Paulus an die Epheser 6,12) und 10 131 (Das Evangelium des Matthäus 4), sowie vor Vers 10 323, anschließend an die Regieanmerkung, die das erste Auftreten der „drei Gewaltigen" betrifft (II. Samuel 23,8). Bei dem erstgenannten Verweis handelt es sich um eine nachträgliche Hinzufügung eines nicht identifizierbaren Schreibers, der zweite und dritte Verweis stammt von Johns Hand.

[8] I. Könige 21, 1–29. – Mit Angabe der biblischen Verszifffern im Text wird künftig nach der zuverlässigen deutschen Übersetzung zitiert: Das Alte Testament Deutsch.

ursprünglich nichts zu tun hat, schildert sie eine eklatante Rechtsbeugung im neunten Jahrhundert v. u. Z. unter der Herrschaft der Omriden, zu denen Ahab gehört. Das Delikt ist schwerwiegend und umfangreich: Bestechung von Zeugen und deren Verleitung zum Meineid mit anschließendem Justizmord und unrechtmäßiger Aneignung fremden Eigentums.

Erzählt wird die Story folgendermaßen. Nabot besitzt in Samaria einen Weinberg, den Ahab zur Erweiterung seines Schloßparks durch Kauf oder Tausch an sich bringen will; als Nabot die königlichen Angebote ausschlägt, weil er auf sein Vätererbe nicht verzichten mag, selbst dann nicht, wenn ihm dieser Verzicht materielle Vorteile verschaffen würde, ergreift die Königin Isebel die Initiative; sie läßt den Weinbergbesitzer durch zwei falsche Zeugen der Gottes- und Königslästerung bezichtigen, was dessen Verurteilung und sofortige Hinrichtung (Steinigung) vor den Toren der Stadt zur Folge hat; den nunmehr herrenlos gewordenen Weinberg nimmt Ahab in Besitz, der jetzt am Ziel seiner Wünsche ist. Ein abschließend berichtetes Nachspiel dient dazu, die Nabot-Episode mit der Elija-Geschichte zu verklammern: Der Prophet bedroht den Despoten, der daraufhin in Buße und Selbstkasteiung verfällt, und kündigt ihm Jahwes Zorn an, der ihn und sein Geschlecht demnächst ausrotten werde – was auch, wie in fast allen kanonisierten Geschichten des Alten Testaments die Regel, nach einiger Verzögerung prompt geschieht.

Der verständige und kenntnisreiche, nicht leicht zu vorschnellen Urteilen neigende Goethe-Forscher Erich Trunz hat gemeint, es sei „möglich, daß Goethe durch das Naboth-Motiv zu dieser *Faust*-Szene angeregt" worden sei.[9] Das wäre eine Erwägung, über die sich reden ließe, auch wenn sie, da weitere Indizien mit schlüssiger Beweiskraft durchaus fehlen, nur im Sinne einer wahrscheinlichen Hypothese angestellt werden könnte. Handelt es sich doch bei der Goetheschen Adaption um nichts Geringeres als um *die mimetische Wiederholung eines vorgeprägten Motivgeflechts.* Und zwar wird der zugrunde liegende alttestamentliche Topos deswegen repetiert, weil sich seine funktionale Struktur in besonderem Maße dazu eignet, einer neuen Wendung der Faust-Problematik ins Historisch-Gesellschaftliche bündige Begründung, überzeugende Ausdruckskraft und poetische Anschaulichkeit zu verleihen. Nicht verwunderlich, daß sich die – wenn man sich so ausdrücken darf – ideologiegeschichtliche Griffsicherheit des alten Goethe diesen Rekurs nicht entgehen ließ, von dem nur Unverstand vermuten könnte, er sei inhaltlich nicht notwendig, oder er geschehe formal mit überflüssigerweise erhobenem Zeigefinger.

Die kompliziert-einfache, dennoch in ihren mythologischen Verzweigungen weitreichende Philemon-und-Baucis-Problematik muß hier, da hinreichend be-

Neues Göttinger Bibelwerk, hg. von V. Herntrich und A. Weiser, Bd. 11/2, Göttingen 1984, S. 245–247.

[9] Goethes Faust, hg. und erläutert von E. Trunz, 3. Aufl., Hamburg 1954, S. 613.

kannt, weder in ihrer genuin Ovidischen Prägung noch in Goethescher Auffassung dargestellt werden, mit der sie dem fünften Akt des „Faust“ II einverleibt wurde.[10] Stichworte genügen, um drei erstaunliche Parallelitäten und eine entscheidende Nicht-Parallelität im motivischen Wiederaufarbeitungsprozeß hervorzuheben. Er kann als Meisterstück geglückter Innovation eines archaischen Topos gelten.

Erstens die Parallelität der Ausgangssituationen. Zweimal werden Mächtige (Ahab/Faust) mit Unterlegenen (Nabot/Philemon und Baucis) direkt konfrontiert. Von einem „Palast“ als Wohnsitz ist in beiden Fällen die Rede (21,1 und öfter/11122 und öfter); demgegenüber ein „Weinberg“ im älteren Text, „Hütte“[11] und „Hain“ samt „morschem Kirchlein“ im neueren (11132 und 11158). Der Armeleutebesitz ist so gelegen, daß er den jeweils Mächtigen stört: Im Falle Ahabs grenzt er an den Palastgarten, im Falle Fausts liegt er „im Rücken“ seines „Hochbesitzes“ (11154 ff.).

Zweitens die Parallelität in der Entstehung des Konflikts. Auslösend in beiden Fällen das Verlangen der Mächtigen nach Ausdehnung und „Abrundung“ ihres Besitzes. Ahab gedenkt, den Weingarten vor seiner Haustüre als „Gemüsegarten“ zu benutzen (21, 2 b); Faust will das Grundstück der Alten haben, weil er von dort aus den besten Blick über seinen Besitz hätte (11240 ff.); später, nach vollzogener Tat, beabsichtigt er, dort einen hohen Turm, einen „Luginsland“, zu errichten (11344). Die Mächtigen fassen zunächst, um ihr Verlangen zu befriedigen, eine gütliche Regelung ins Auge. Ahab sagt zu Nabot (21, 20): „Ich will dir einen besseren Weinberg dafür geben oder, wenn es dir lieber ist, will ich dir den Kaufpreis für ihn in Geld bezahlen.“ Philemon sagt von Faust (11135f.):

[10] Bei Ovid steht die Philemon-und-Baucis-Legende in den „Metamorphosen“ VIII, 618ff. Ähnliche mythologische Topoi, die von unerwarteter Göttereinkehr bei den Menschen mit anschließender Gunstgewährung berichten, finden sich bereits in einigen Geschichten des Alten Testaments (z. B. in I. Mose 18: Jahwe erscheint in Gestalt dreier Männer oder Engel bei Abraham und Sara; die Szene war in einer illustrierten Bibel dargestellt, die Goethe von Kind auf kannte). Die Art und Weise der „Aufnahme“ der beiden Alten in den „Faust“-Komplex korrespondiert in gewisser Hinsicht mit der „Aufnahme“ der Nabot-Story. Eckermann läßt Goethe (in einem Gespräch vom 6. Juni 1831) nämlich die Erläuterung geben: „Mein Philemon und Baucis . . . hat mit jenem berühmten Paare des Altertums und der sich daran knüpfenden Sage nichts zu tun. Ich gab meinem Paare bloß jene Namen, um die Charaktere dadurch zu heben. Es sind *ähnliche Personen und ähnliche Verhältnisse*, und da wirken denn die ähnlichen Namen durchaus günstig.“ (Hier zitiert nach: BA, Bd. 8, S. 729. Hervorhebungen von mir – W. D.).

[11] Auf die umfangreiche und bedeutungsvolle Geschichte des Konfrontationsmotivs „Hütte“ contra „Palast“ kann hier nicht eingegangen werden. Einen kurzen Abriß bietet: Herman Meyer, „Friede den Hütten, Krieg den Palästen“, in: Deutsche Akademie für Sprache und Dichtung Darmstadt, Jahrbuch 1974, Heidelberg (1975), S. 20–31.

Hat er uns doch angeboten
Schönes Gut im neuen Land!

Später stellt sich dann bekanntlich heraus (11351): „Es ging nicht gütlich ab.“ Aber selbst in diesem Augenblick bestätigt Faust noch einmal seine Absicht (11371): „Tausch wollt’ ich, wollte keinen Raub.“

Die Unterlegenen gehen in beiden Fällen auf die jeweiligen Vorschläge zur Güte nicht ein. Für ihre Weigerung haben sie Gründe, die sehr stark weltanschaulich und religiös geprägt sind. Nabot weist Ahab zurück (21,3): „Es sei fern von mir vor Jahwe, daß ich dir das Erbe meiner Väter gebe!“ In offenbar ganz ähnlichem Sinne wollen Philemon und Baucis auf ihrer Höhe „standhalten“ (11138) und „dem alten Gott vertraun“ (11142). Die Mächtigen hingegen werden entweder als Heiden oder als Atheisten vorgestellt. Der Steckbrief Ahabs, gleich zu Beginn der Elija-Geschichte mitgeteilt, läßt gerade in dieser Hinsicht keinen Zweifel (16, 31): „Es war noch das Geringste, daß er in den Sünden Jerobeams, des Sohnes Nebats, wandelte: er nahm Isebel, die Tochter Etbaals, des Königs der Sidonier, zur Frau; und er ging hin und diente dem Baal und warf sich vor ihm nieder.“ Baucis aber beurteilt Faust so (11131–11134):

Gottlos ist er, ihn gelüstet
Unsre Hütte, unser Hain;
Wie er sich als Nachbar brüstet,
Soll man untertänig sein.

Aus all diesen Teilcharakteristiken entsteht also die Konstellation eines beginnenden Konflikts zwischen rechtschaffenen, rechtgläubigen, rechtsbewußten Armen und begierigen, ungläubigen, rechtsverletztenden Reichen.

Drittens schließlich die Parallelität in der Entwicklung und Zuspitzung des Konflikts. Die Entwicklung wird in Gang gesetzt durch den Unmut der Mächtigen über die Weigerung der Unterlegenen. 21, 4 berichtet: „Da ging Ahab in sein Haus, mißmutig und wütend über die Antwort, die ihm Nabot, der Jesreelit, gegeben hatte, nämlich: Ich werde dir das Erbe meiner Väter nicht geben. Er legte sich auf sein Lager, wandte sein Gesicht ab und nahm keine Nahrung zu sich.“ Auch Faust empfindet „Verdruß“ (11154), er macht „ein widerlich Gesicht“ (11194), ihm „gibt‘s. im Herzen Stich um Stich“ (11236), er äußert sich monologisch nicht weniger „mißmutig und wütend“ als Ahab (11251–11258):

So sind am härtsten wir gequält,
Im Reichtum fühlend, was uns fehlt.
Des Glöckchens Klang, der Linden Duft
Umfängt mich wie in Kirch’ und Gruft.
Des allgewaltigen Willens Kür
Bricht sich an diesem Sande hier.

Wie schaff' ich mir es vom Gemüte!
Das Glöcklein läutet, und ich wüte.

In Vers 11255 hört oder liest der aufmerksame Rezipient mit, daß die ungewöhnliche Wortfügung „des Willens Kür" die Zerlegung eines Kompositums ist, das offenbar unbedingt anklingen soll: Willkür.

Denn per Willkür erfolgt nun die Zuspitzung des Konflikts. Dabei scheiden, abermals parallel, die beiden repräsentativen Protagonisten der Mächtigen als aktiv Handelnde aus, geraten zunächst halb in die Lage von letztendlich Erfolgreichen, die ihren Willen durchzusetzen vermögen, halb in die Lage von heimtückisch Hintergangenen und sehen sich am Schluß in der ebenso zwielichtigen wie verzweifelten Situation eines schuldlos Schuldigen. Ungewollt haben Ahab und Faust eine Rechtsbeugung verursacht, weil sie deren geistige Urheber sind und nicht verhindern konnten, daß sich die Vollstrecker ihrer Willensbildung unlauterer, verbrecherischer Methoden bedienten. So wird das Ziel ihrer Sehnsüchte erreicht, aber auf dem Weg dorthin liegen die Leichen Unschuldiger. Sie haben das Besitztum, nach dem sie gierten, zuschlechterletzt erworben, nur daß der Preis dafür blutiger Mord war. Mephisto liefert die fällige Bilanz (11184 f.):

Hat man Gewalt, so hat man Recht.
Man fragt ums Was, und nicht ums Wie.

Die Kunstfiguren Ahab und Faust gleichen sich nämlich auch noch darin, daß sie Exekutoren an ihrer Seite wissen, denen sie vertrauen, die aber im entscheidenden Augenblick das Spiel an sich reißen und ihr Vertrauen mißbrauchen, indem sie negativ gezeichnete Helfershelfer auf den Plan rufen und diesen das Gesetz des Handelns überantworten. Die Exekutoren wiederum (Isebel/Mephistopheles) gleichen sich darin, daß ihre offene Unterwürfigkeit nur noch von ihrer latenten Verschlagenheit übertroffen wird: recte betreiben sie ein Doppelspiel, bei dem herauskommen soll (und auch tatsächlich herauskommt), daß sie, die scheinbar Treuesten der Treuen, den herrscherlichen Willen ja erfüllt haben und eigentlich belohnt werden müßten dafür – daß sie den persönlichen Träger dieses Willens dabei nach außen hin in Mißkredit bringen und nach innen mit Skrupeln, Gewissensbissen und Reuegefühlen belasten, ist raffiniert einkalkuliert als die heimliche Trumpfkarte *ihres* Spiels. Hinter dem Rücken Ahabs wie Fausts agieren Isebel wie Mephisto so, daß die extreme Zuspitzung des Konflikts in der poetischen Gestaltung überzeugend und glaubhaft, bei aller Kompliziertheit vollkommen plausibel wirkt.

Kurzum, das Mimetische in der Goetheschen Repetition alttestamentlicher Topoi geht außerordentlich weit und läßt eine Reihe erstaunlicher, meist bis ins Detail und gelegentlich sogar bis in die Wortwahl reichender Entsprechungen hervortreten, wenn man nur genau genug hinsieht. Dafür, daß Trunz Recht behalten könnte mit seiner These, der Schöpfer des „Faust" habe sich durch die

Nabot-Episode *anregen* lassen zum Entwurf seiner wenig antiken Philemon-und Baucis-Symbolik, zumindest zu der Szene „Palast“ des fünften Aktes, spricht sehr vieles und sehr Wichtiges. Nicht vergessen werden darf dabei, daß die auf der Hand liegenden Parallelitäten allein im Bereich literarischer Motivik zu erkennen sind, was gleichzeitig besagt, daß es irreführend wäre, in ihnen etwa ideologiegeschichtliche, sozialgeschichtliche oder typengeschichtliche Identifikationen[12] sehen zu wollen.

Gewiß ist „Nabots Weinberg“ schon einmal „dagewesen“ im Maßstab weltgeschichtlicher Entwicklungsprozesse: unter der Prämisse nämlich, daß man die konkrete Geschichte aus dem ersten Buch der Könige als *abstrakte Chiffre für einen Klassenantagonismus* begreift, dessen historische Wiederholung sich nur in dieser abstrakten Form, nicht aber in seiner konkreten Gestalt vollziehen kann. Insofern darf auch getrost angenommen werden, daß der mephistophelische Verweis in vorliegendem Falle ohne Einschränkungen die Qualität eines Goetheschen Verweises hat, daß also hier, was ansonsten im „Faust“ nicht allzu häufig vorkommt,[13] Figurensprache und Autorensprache als weitgehend oder ganz übereinstimmend angesehen werden dürfen. Wahrscheinlich deswegen auch der Kunstgriff, den Mephisto sozusagen einen Augenblick lang aus dem Bühnengeschehen herauszunehmen und ihn als Kommentator auftreten zu lassen, der, in dem er zu den Zuschauern spricht, diesen die allgemeine Bedeutung des besonderen Geschehens erläutern will. Proleptisch sei dieser Deutung hinzugefügt, daß selbst ein Hegel dem „*Mephistopheles* bei Goethe“ immerhin zugestand, er könne gelegentlich auch „eine gute Autorität“ darstellen.[14] Die Zusammenfassung dürfte

[12] Statt simpler Identifikationen müßten in diesem Zusammenhang also komplizierte Entsprechungen untersucht werden. Ideologiegeschichtlich entspricht die in der Elija-Geschichte vorgeführte Auseinandersetzung zwischen Henotheismus und Monotheismus nur unvollkommen der verwickelten Evolution progressierender Religionskritik zu Goethes Zeiten; höchstens insofern könnte man auch hier eine gewisse „Parallele“ aufspüren, als damals das Deismus-Problem über Jahrzehnte hin in den Mittelpunkt der Aufmerksamkeit zu rücken scheint. Sozialgeschichtlich ist die moderne Fassung der Hütte-Palast-Problematik im alten Israel natürlich noch ganz ohne Beispiel. Typengeschichtlich lassen sich ohne Gewaltsamkeit zwischen Isebel und Mephisto verständlicherweise erst recht keine „Parallelen“ ziehen. – Die genauere Untersuchung derartiger Korrespondenzen muß einer späteren Gelegenheit vorbehalten bleiben.

[13] Vgl. dazu die vorsorglich gehaltenen Einleitungsbemerkungen bei: H. Klenner, Zur mephistophelischen Frage nach dem mit uns geborenen Recht, in: Impulse. Aufsätze, Quellen, Berichte zur deutschen Klassik und Romantik. Im Auftrag der Nationalen Forschungs- und Gedenkstätten der klassischen deutschen Literatur hg. von W. Dietze und W. Schubert, Folge 7, Berlin und Weimar 1984, S. 171–201.

[14] G. W. F. Hegel, Grundlinien der Philosophie des Rechts oder Naturrecht und Staatswissenschaft im Grundrisse. Nach der Ausgabe von Eduard Gans hg. und mit einem Anhang versehen von H. Klenner, Berlin 1981, S. 21.

haltbar sein, daß es Goethe, als er die Nabot-Episode aufspürte und seinem „Faust“ einverleibte, ausschließlich darum ging, *den allgemeinen, nicht den besonderen Wahrheitsgehalt eines historischen Paradigmas* aufzudecken.

Genau dieser Springpunkt der Problematik wird deutlich, wenn danach gefragt wird, wie es denn nun mit dem Prinzip der mimetischen Wiederholung stehe in Hinsicht auf die Lösung des Konflikts in der Nabot- und in der Faust-Sphäre. So steht es damit: es gibt sie nicht. Neben die drei offenkundigen Motiv-Parallelitäten in der Ausgangslage, bei der Entstehung, Entwicklung und Zuspitzung des Konflikts tritt mit einemmale das Gegenteil: die motivische Nicht-Parallelität in der jweiligen Anlage der Konfliktlösung. Hier schlägt bisherige Konvergenz plötzlich in Divergenz um.

Sachliche Divergenz: denn einerseits handelt es sich um Betrug, andrerseits um Raub. Methodische Divergenz: einerseits eine Intrige, die, wenn auch gleisnerisch und verlogen genug, sorgsam darauf bedacht bleibt, sich nur ja im Rahmen vorfindlicher Legalität zu bewegen; andrerseits bloße Willkür, die, machtbewußt und brutal genug, freiweg illegal vorgeht und sich um Legalität oder auch nur um den Anschein rechtmäßigen Tuns nicht im geringsten schert. Divergenz endlich auch in der poetischen Profilierung von Kunstfiguren: die Helfershelfer, die sich die Exekutorin Isebel verschafft, sind reale Gestalten aus einer realen Welt („zwei nichtsnutzige Männer“, die als Zeugen gegen Nabot flugs eine falsche Aussage machen; 21, 10ff.), während die Helfershelfer, die dem Exekutor Mephisto zur Hand gehen, als allegorisch-symbolische Gestalten in einer Realwelt erscheinen (die „drei gewaltigen Gesellen“, die sich immer im Kollektiv präsentieren und stets im Chorus sprechen, mithin ebenso eine unheilige Dreieinigkeit bilden wie die kurz vor ihrem ersten Auftreten genannten Begriffe „Krieg, Handel und Piraterie“; 11187ff.).

Notwendigkeit oder Zufall? Vorsätzliche oder unbeabsichtigte Abweichung vom sonst doch so vorzüglich exakt reproduzierten Motivgeflecht der archaischen Vorlage? Natürlich ersteres, nämlich deren notwendig gewordene und mit klugem Vorsatz betriebene *Innovation.* Der Autor Goethe kann das Nabot-Paradigma zur Verdeutlichung seiner gesellschaftskritischen und ästhetischen Intentionen nur so lange und nur insofern brauchen, als es die allgemeinsten, die im geschichtlichen Entwicklungsprozeß mehr oder weniger gleichen, mehr oder weniger konstant bleibenden Komponenten zum Ausdruck bringt. Wenn es darum geht, darüber hinaus auch dessen besondere und variable Entwicklungsmomente poetisch zu veranschaulichen, weicht er, weil er diese im Nabot-Paradigma nicht finden kann, entschlossen und abrupt von diesem ab und bemächtigt sich neuer künstlerischer Mittel und Ausdrucksformen. Für eine tatsächliche (und künstlerisch wahrhaftig widergespiegelte) Konflikt-„Lösung“ der Antagonismen zwischen Reichen und Armen, zwischen Mächtigen und Unterlegenen aber konnte es – so weit und so tief reichten Goethes geschichtsphilosophische Einsichten allemal – kein allgemeingültiges, unverändert bleibendes, konstantes

Paradigma (etwa im Sinne eines „Modells“) geben, das nicht auch seinerseits den Prinzipien der Evolution und Metamorphose hätte untergeordnet werden müssen. Infolgedessen war der Topos von Nabot und seinem Weinberg brauchbar als Vehikel für einen Verweis auf die allgemeinen, aber unbrauchbar als Modell für die besonderen historischen Gesetzmäßigkeiten.

Denn darum geht es in letzter Instanz. Die immanente Dialektik des Gesamtproblems läßt sich darin erkennen, daß der unbekannte hebräische und der bekannte deutsche Autor, durch ein Jahrtausend Menschheitsgeschichte voneinander geschieden, *objektiv* mit dem gleichen Problem einer künstlerischen Gestaltung zu tun haben: *wie die Rolle des Bösen (begriffen zugleich als das Böse und der Böse) im Rahmen und in der Funktion geschichtlicher Triebkräfte* aufzufassen sei.[15] Fast überflüssig die Erläuterung, daß es eine ganz andere Frage ist, mit welchem Grade *subjektiver* Bewußtheit dies im einen und im anderen Falle geistig bewältigt werden konnte.

Der Aufgabe des Literaturwissenschaftlers wäre mit diesen Erwägungen, sit venia verbo, einigermaßen Genüge getan. So scheint es jedenfalls. Aber da bleibt noch mancher Rest, mancherlei Ungeklärtes, vielleicht sogar Unerkanntes, vieles Fragwürdige im direkten Wortverstand: eben einer Frage oder mehrerer Fragen würdig. Einige seien hier aufgeworfen.

Wie eigentlich wäre die kategoriale Übereinstimmung und die partielle Nicht-Übereinstimmung von Unterdrückungsverhältnissen in der Patriarchalischen Ausbeutergesellschaft[16] und im Feudalismus juristisch zu definieren? Gibt es sinnfällige Beispiele in der Entwicklung der Künste und der Literaturen, in denen solche Differenzen unvermittelt oder vermittelt ihren ästhetischen Widerschein aufleuchten lassen? Insonderheit: Wie weit spielt in vorliegendes Exempel (Mephisto und „die drei Gewaltigen“!) die Problematik der ursprünglichen Akkumulation hinein, die Marx im berühmt gewordenen 24. Kapitel des „Kapital“

[15] Worüber bekanntlich Friedrich Engels in seiner Auseinandersetzung mit Ludwig Feuerbach die folgenden Überlegungen angestellt hat: „Bei Hegel ist das Böse die Form, worin die Triebkraft der geschichtlichen Entwicklung sich darstellt. Und zwar liegt hierin der doppelte Sinn, daß einerseits jeder neue Fortschritt notwendig auftritt als Frevel gegen ein Heiliges, als Rebellion gegen die alten, absterbenden, aber durch die Gewohnheit geheiligten Zustände, und andrerseits, daß seit dem Aufkommen der Klassengegensätze es gerade die schlechten Eigenschaften der Menschen sind, Habgier und Herrschsucht, die zu Hebeln der geschichtlichen Entwicklung werden ...“ (MEW, Bd. 21, S. 287).

[16] Terminologisch und sachlich folgen wir mit dieser Bezeichnung einer sozialökonomischen Formation einem Vorschlag, wie er mit guten Argumenten vorgebracht wird bei: J. Herrmann, Spuren des Prometheus. Der Aufstieg der Menschheit zwischen Naturgeschichte und Weltgeschichte, Leipzig – Jena – Berlin (1979), S. 85 f. – Vgl. dazu auch den Artikel „Asiatische Produktionsweise“ in: Philosophisches Wörterbuch, hg. von G. Klaus/M. Buhr, 10., neubearb. und erw. Aufl., Bd. 1, Leipzig 1974, S. 130 f.

wohl nicht zufällig mit dem „Sündenfall" vergleicht? Hat der betuliche „Faust"-Kommentator Recht, der die Mephisto-Frage an den Titelhelden, ob er denn nicht längst „kolonisieren" müsse (11274), mit dem „Ansiedeln" von „Kolonisten in neuen Gegenden" erklären will[17] – oder ist damit nicht etwa die brutalere Form gewaltsamer Kolonisierung gemeint, die auch Goethe kannte, um sie zu verachten? Oder, verallgemeinernd und weiterführend gefragt: Welche spezifisch juristischen Beiträge sollten – unter dem so häufig beschworenen und so selten praktizierten interdisziplinären Blickwinkel – in die Methodologie anderer Teildisziplinen (Rezeptionsgeschichte;[18] Stoff- und Motivgeschichte;[19] vergleichende oder typologische Literaturgeschichte[20]) einfließen? Wäre es nicht an der Zeit, in dieser Hinsicht von der einen oder anderen „Fallstudie" schrittweise zu systematisierten theoretischen Überlegungen vorzustoßen?

Wir schreiben diese Erkundigungen und Postulate nicht auf, ohne dabei ein höchst ambivalentes Gefühl auszukosten, gemischt aus tapferer Zuversicht und gelindem Erschrecken. Denn wieder einmal ertappen wir uns selber in einer recht unerquicklichen Attitüde: eingereiht in die Reihe derer, die nur allzu bereit sind, an die aus wissenschaftlichen Desideraten aufgerichtete Klagemauer des Ungenügens zu treten, um dort kopfnickend und ausdauernd zu beten – statt die

[17] Goethes Faust, hg. von G. Witkowski, Zweiter Band: Kommentar und Erläuterungen, Leipzig o. J., S. 368.

[18] Viele, weitgehend noch unausgeschöpfte Anregungen dazu vor allem in: M. Naumann D. Schlenstedt/K. Barck/D. Kliche/R. Lenzer, Gesellschaft – Literatur – Lesen, Berlin und Weimar 1973.

[19] Ein ausgedehntes Feld, das von marxistischer Literaturwissenschaft noch kaum betreten, geschweige denn beackert worden ist. Glanz und Elend des bislang erreichten Forschungsstandes lassen sich sehr genau an zwei kleinen Nachschlagewerken erkennen, die in der Auswahl wie in der Bewertung des in ihnen verzeichneten Materials manches Nützliche neben vielem Fragwürdigen und vor allem unübersehbare Lücken enthalten: Elisabeth Frenzel, Stoffe der Weltliteratur. Ein Lexikon dichtungsgeschichtlicher Längsschnitte, 4., überarb. Aufl., Stuttgart (1976). – Dies., Motive der Weltliteratur. Ein Lexikon dichtungsgeschichtlicher Längsschnitte, Stuttgart (1976).

[20] Aus einer wahren Fülle einschlägiger Titel seien hier nur diejenigen hervorgehoben, die, während der letzten zwei Jahrzehnte von sowjetischen Wissenschaftlern vorgelegt, bei uns nur ungenügende Aufmerksamkeit erregen konnten: Pavel N. Berkov, Literarische Wechselbeziehungen zwischen Rußland und Westeuropa im 18. Jahrhundert, Berlin 1968 (zum Methodologischen vor allem die „Vorrede", S. 7 f.). – M. Chrapčenko, Zu einigen Grundrichtungen der literaturwissenschaftlichen Forschung, in: Weimarer Beiträge, 12/1972, S. 86–95. – Ders., Typologische Literaturforschung und ihre Prinzipien, in: Aktuelle Probleme der vergleichenden Literaturforschung, hg. von Gerhard Ziegengeist, Berlin 1968, S. 17–46. – A. N. Čistozvonov, Über die stadial-regionale Methode bei der vergleichenden historischen Erforschung der bürgerlichen Revolution des 16. bis 18. Jahrhunderts in Europa, in: Zeitschrift für Geschichtswissenschaft, 1/1973, S. 31–48.

Mauer, falls wir schon nicht in der Lage sind, sie mit einem Schlag niederzureißen, wenigstens anzukratzen, aufzubrechen, zu unterhöhlen oder in ihrer Basis zu beschädigen.

Auch diese Attitüde ist schon einmal dagewesen. Da sie jedoch, in Maßen geübt und nicht übertrieben, auch wünschenswerte Selbsteinschätzungen und Standortbestimmungen fördern kann, wollen wir sie lieber nicht in Bausch und Bogen verwerfen. Um am Ende, eher resigniert als echauffiert, doch auch noch vom berühmt-berüchtigten „Machbaren" auf dieser Strecke zu sprechen. Wer von den vielen begabten Philosophie-, Rechts- und Literarhistorikern, die wir kennen, hätte denn, rebus sic stantibus, zugleich die Lust, die Fähigkeit, die Zeit und die Gelegenheit, sich diesem Fragenkomplex zuzuwenden, der von ihm wie kaum ein anderer eine Fülle spezifischer Voraussetzungen verlangte – Voraussetzungen, die wirklich nicht jeder hat? Wer denn?

Postscriptum, unakademisch notiert.
Das heißt: *einen* wüßten wir schon!

Eduard Rabofsky (Wien)

Menschenrechte und Staatsvertrag

Die Begriffe Recht, Verfassungsrecht, Völkerrecht und Menschenrecht geraten mitunter in aktuellste Vibrationen, wenn sie mit dem Wirken und Nachwirken der NSDAP in Beziehung gesetzt bzw. aus diesem fatalen Verhältnis gelöst werden sollen. Sowohl die juristische Umsetzung als auch die rechtsphilosophische Einordnung jener Artikel des Staatsvertrages vom 15. Mai 1955,[1] die der österreichischen Bundesverfassung einen unbestreitbar demokratisch-antifaschistischen Charakter geben, empfehlen, auf deren völkerrechtliche und innerstaatliche Grundlagen vergleichend einzugehen.[2] Solche Prinzipien hat die DDR – anders als Österreich und die BRD – nicht nur verfassungsrechtlich und rechtsphilosophisch, sondern auch personell und institutionell realisiert. Beispielhaft tritt das in der Erklärung der Vorsitzenden des DDR-Menschenrechtskomitees, Friedel Malter, hervor, mit der sie die historischen Erfahrungen der Bürger ihres Staates in die Resolution 35/200 der 35. Tagung der UN-Vollversammlung einbettet und den Kampf gegen Faschismus als Friedenspflicht aller Staaten deklariert.[3] Bemerkenswert ist, wie aus dem einleitenden Satz ersichtlich, daß Frau Malter diese Aufgabe bereits lange vor 1933 – wie der bewußte Kern der deutschen Arbeiterbewegung – als ihre eigene erkannt hatte.[4] Diese Tatsache erscheint deshalb so wesentlich, weil sie deutlich macht, wie die fortschrittlichsten Kräfte der deutschen Arbeiterklasse schon damals ihre Ausgangsstellung zu Menschenrechten und Faschismus bestimmten.

In Österreich wird mitunter in verfassungsrechtlichen Diskussionen die faschistische Gefahr als kaum latent betrachtet, so daß über die Notwendigkeit vorbeugender Abwehr wenig gesprochen wird. In der jüngsten rechtswissenschaftlichen Arbeit über „Sozialdemokratie und Verfassung" erwähnt keiner der acht

[1] Vgl. Österreichisches Bundesgesetzblatt (ÖBGBl.) vom 30. 7. 1955 Nr. 152.

[2] Darüber vor allem: J. J. Hagen/Wolfgang Maßl/Eduard Rabofsky/Walter Silbermayr, in: 40 Jahre Befreiung, 30 Jahre Staatsvertrag, Sondernummer der Mitteilungen der Österreichischen Vereinigung Demokratischer Juristen (im folgenden ÖVDJ), Wien, April 1985.

[3] Vgl. F. Malter, Kampf gegen Faschismus – eine Friedenspflicht der Staaten und Völker. Zur Resolution 35/200 der UNO-Vollversammlung, in: Schriften und Informationen des DDR-Komitees für Menschenrechte, 3/1981, S. 5ff.

[4] Vgl. A. Schwarzer/S. Forberger, Friedel Malter – ein kämpferisches Leben für Frieden und Sozialismus, in: Schriften und Informationen ..., a. a. O., 3/1982, S. 5ff.

Autoren das Problem des verfassungsgesetzlichen Schutzes vor dem Faschismus.[5] Jene zu spät gekommenen Worte österreichischer Schriftsteller scheinen vergessen zu sein, die vor 1938 aus der faschistischen Gefahr erschütternde Warnungen abzuleiten vermochten. Karl Kraus, Alfred Polgar und andere wußten, was Ankündigungen der zu Hitler übergelaufenen Intellektuellen zu bedeuten hatten: „Das Jahr 1933 hat einen Teil der Menschenrechte neu interpretiert."[6] Karl Kraus wurde nicht müde, aus den der Kriegsvorbereitung dienenden „Anfangsverbrechen" der Nazis bestimmte Schlußfolgerungen abzuleiten. Mehrfach betonte er: „... nichts wöge der verlorene Krieg, hätte die Sozialdemokratie nicht den Frieden verloren"[7].

Es kann nicht übersehen werden, daß von der Sozialdemokratie bis weit in demokratische Kreise des Bürgertums hinein die Gefahr einer zunächst revanchistischen und später offen imperialistischen „Neu-Interpretation" der Menschenrechte, wie sie im Staatsgrundgesetz Österreichs 1867 fixiert worden waren,[8] nicht erkannt wurde. Obwohl z. B. Kelsen das Interesse des Österreichischen Armeeoberkommandos am Verfassungskonzept einer Militärdiktatur bekannt war, weil er als Militärauditor damit befaßt wurde, brachte er in die von ihm maßgeblich beeinflußten Entwürfe zu einem Bundesverfassungsgesetz keine die Demokratie sichernden Normen ein. Es mußte ihm auch bekannt gewesen sein, daß etwa der Strafrechtslehrer Gleispach schon 1914 für die weitgehende Einengung der bürgerlichen Menschenrechte eintrat.[9] Diese Zielsetzung, von Gleispach später im Dienste der Nazis neuerlich angeboten, erwies sich als verhängnisvoll. Wenn auch anerkannt werden muß, daß der Faschismus freilich nicht allein durch Verfassungsartikel abgewehrt werden kann, so ist doch das eklatante staatsrechtliche Versagen Kelsens – auch bei der Neuaufbereitung seiner Rechtsphilosophie als einer österreichischen Schule – nicht zu übersehen. Weder die vielgerühmte Kelsen-Verfassung von 1920 noch seine Rechtslehre erwiesen sich als abwehrendes Element gegen die philosophischen und juristischen Angriffe der Faschisten auf die demokratische Republik.

Daß Kelsen durch seine gegen die ausgeprägt konservative Naturrechtsphilosophie gerichtete „Reine Rechtslehre" in die Rechtsphilosophie auch positive Züge eingebracht hat, kann nicht bestritten werden. Zur Argumentation gegen faschistische Rechtsideologien aber erwies sie sich als ungeeignet. Kelsen hat übrigens seine „Lehre" noch 1973 mit der Aussage verteidigt, daß er nicht wisse und nichts darüber zu sagen vermöge, was Gerechtigkeit sei.[10] Selbst wenn ihm

5 Vgl. M. Matzka (Hrsg.), Sozialdemokratie und Verfassung, Wien 1985.

6 A. Polgar, Taschenspiegel, Wien 1979, S. 89.

7 K. Kraus, Hüben und drüben, in: Die Fackel, Mitte Oktober 1932, S. 7.

8 Vgl. Österreichisches Staatsgrundgesetz vom 21. 12. 1867.

9 Vgl. E. Rabofsky/G. Oberkofler, Verborgene Wurzeln der NS-Justiz, Wien 1985, S. 125.

10 Vgl. H. Kelsen, Essays in legal and moral philosophy, Boston 1973, S. 23; H. Klenner

Hermann Klenner unter Berufung auf Poetenkreise einräumt, daß die Multivalenz des Gerechtigkeitsbegriffes dazu verwendet werden kann, jeden Rationalitätsanspruch zu gefährden,[11] so hat dennoch schon die vormarxistische progressive Rechtsphilosophie aus den von ihr entwickelten Gerechtigkeitskriterien manches Wertvolle abgeleitet, womit, wenn historisch betrachtet, die grundsätzliche Absage Kelsens an die Gerechtigkeit nicht gerechtfertigt ist.[12]

Wenn in der Folge auf die Publikationen eines Wiener Naziprofessors eingegangen wird, so geschieht dies nicht etwa, um Kelsen herabzusetzen, denn Ersterer rangierte Kelsen gegenüber in einer inkommensurablen Inferiorität. Dieser Ausritt in die Umsetzung von juristischen Lehrmeinungen während und nach der nationalsozialistischen Herrschaft betrifft einen der vielen Verfassungsrecht und Menschenrechte in Österreich und der BRD interpretierenden Rechtslehrer, nämlich H. Pfeifer. Forsthoff, Larenz, C. Schmitt & Co. wendeten die gleiche Gangart lediglich mit mehr „wissenschaftlichem" Aufwand an. Die akademische Kritik an den Nazirechtstheoretikern vermag oft nicht genügend verständlich zu machen, welchen grausamen Nutzen die Praktiker von Freisler bis Eichmann daraus zu ziehen vermochten.[13] Aber die Darstellung des Unterschiedes im Umgang mit den Menschenrechten, zunächst zur Anwendung des NS-Rechts gegen dessen Feinde und nach 1945 zur Rehabilitation der Nazis gegenüber dem wiedererrichteten demokratischen Staat, kann für das antifaschistische Verständnis der Menschenrechte überaus wertvoll sein.

Der nur wegen seiner für österreichische Verhältnisse typischen Berufslaufbahn, nicht aber wegen seiner wissenschaftlichen Arbeiten erwähnenswerte NS-Professor aus Wien, Dr. Helfried Pfeifer, wird zu diesem Zweck zunächst mit seiner kommentierten Gesetzessammlung vorgestellt.[14] Aus dieser erfährt man, daß schon am 15. März 1938 die Österreicher darüber informiert wurden, was ein Jude rechtlich ist, nämlich kein Mensch mehr im Sinne von Menschenrecht. Er verkündet ferner, ohne rechtliche Belegstellen anführen zu können, daß mit der Eingliederung Österreichs in das Reich eine „Reihe von deutschen Verfassungsgesetzen automatisch für das Land Österreich wirksam geworden" seien, „ohne daß es einer formellen Einführung" bedurft hätte. Die Verfassung von 1934 verlor nach Pfeifer zum größten Teil am 13. März 1938 „zwangsläufig ihre

E. Rabofsky, Hugo Grotius und die Geburt des bürgerlich-rationalen Naturrechts, in: Fortschrittliche Wissenschaft (Wien), 13/1985, S. 58.

[11] Vgl. H. Klenner, Marxismus und Menschenrechte, Berlin 1982, S. 149.

[12] Ebenda.

[13] Vgl. H. Ridder, Zur Verfassungsdoktrin des NS-Staates, in: Der Unrechtsstaat. Sonderheft der Zeitschr. Kritische Justiz (Frankfurt a. M.), 1979, S. 24 ff.; E. Rabofsky/G. Oberkofler, Verborgene Wurzeln der NS-Justiz, a. a. O., S. 89.

[14] Vgl. H. Pfeifer, Die Ostmark. Eingliederung und Neugestaltung. Historisch-systematische Gesetzessammlung, Wien 1941, S. 30.

Wirksamkeit“, wobei Zwang im wahrsten Sinne des Wortes gegolten hat.[15] Welche Teile vielleicht doch noch gelten sollten und wodurch dieser Zustand legalisiert würde, versuchte Pfeifer nicht einmal zu ergründen. Es muß ihm allerdings konzediert werden, daß dies im Dritten Reich auch von prominenteren Lehrern nie unternommen wurde.

Bleiben wir kurz bei der Literatur dieses Juristen durchschnittlichster NS-Qualität. Er rühmt natürlich die „glücklichste Stunde der Ostmark, in der Deutschlands größter Sohn seine Heimat, dieses kampferprobte südliche Bollwerk, in das Reich heimgeholt hat“. Die dabei eingetretene „Rechtszersplitterung“ sucht er in einer „systematischen“ Gesetzesausgabe für den NS-Staat verwertbar darzustellen. Jedenfalls enthielt dieser fast 700 Seiten starke Katalog des NS-Rechts für die Ostmark (angefangen etwa von der Verordnung zur Übernahme der Österreichischen Nationalbank bereits am 17. 3. 1938 bis zur Einführung des NS-Volksgerichtshofes samt den deutschen Hoch- und Landesverratsparagraphen am 20. 6. 1938[16] u. a. m.) auch die Nürnberger Rassengesetze mit ihren bereits damals erkennbaren menschenrechtswidrigen Konsequenzen.[17]

Nach 1945 vergaß Pfeifer wie viele andere seines Kalibers diese Interpretation der Menschenrechte durch die NSDAP völlig. Das fiel ihm nicht schwer, kommt doch dieser Begriff in seinem Hauptwerk „Die Ostmark“ nicht einmal im Schlagwortverzeichnis vor. Anders verhält es sich mit dem Terminus „Juden“, der reichlichst beansprucht wird.

Es soll nun die Nachkriegsliteratur dieses *Pfeifer* am Rande der neuen österreichischen Rechtswissenschaft serviert werden, der zwar keineswegs allgemein zugestimmt, die aber gelegentlich ohne Abscheu als eine Abart von „Theorie“ hingenommen wird. Besonders F. Ermacora machte in seinem Handbuch der Menschenrechte und vor allem in seiner Geburtstagsschrift für Pfeifer davon unreflektiert Gebrauch.[18]

Wie ging aber diese „wissenschaftliche“ Umstellung des Pfeifer und anderer NS-Juristen ohne Schuldeinsicht vonstatten? Nach 1945 haben deutsche (und österreichische) Bischöfe als Tarnung für SS-Führer „Persilscheine“ ausgestellt. Das waren Gutscheine zur sogenannten Entnazifizierung von Verbrechern, nicht nur von harmlosen Nationalsozialisten.[19] Juristen wie Pfeifer benötigten diesen Schein von Bischöfen nicht, sondern begnügten sich unter Berufung auf die Menschenrechte mit der Unterstützung jener gutbürgerlichen Kollegen, die wohl wie Kelsen nicht wußten, was Gerechtigkeit ist. In dem Nachkriegsliteraturver-

[15] Ebenda, S. 21.
[16] Ebenda, S. 35, S. 246 f.
[17] Ebenda, S. 165 f.
[18] F. Ermacora, H. Pfeifer – 70 Jahre, in: Juristische Blätter (Wien), 23–24/1966, S. 613.
[19] Vgl. F. Heer, Ausgesprochen, Böhlau 1983, S. 32.

zeichnis des Hitler-Juristen Pfeifer zeigt sich, daß dieser die Chance seiner menschenrechtlichen Interpretation der wiedergeltenden Österreichischen Bundesverfassung erkannt hat. Er katapultierte sich selbst zum Spezialisten über „Gewissensfreiheit im Parteienstaat“[20], über Wandlungen des Vereinsrechts in der zweiten Republik (wozu er 1962 die rechtsradikale Publikation „Aula“ benutzte) u. a. m. So „untersuchte“ er die Auswanderungsfreiheit mit dem Ergebnis, daß z. B. der in Italien verurteilte SS-Sturmbannführer Reder, trotz seiner vor 1938 erfolgten Auswanderung ins Dritte Reich, nach 1945 von Rechts wegen Österreicher sein müßte.

Diese obskure Liste kann verkürzt werden: Der entnazifizierte Universitätsprofessor und Abgeordnete Pfeifer, der sein Wirken in der Fachliteratur, an der Hochschule und sogar im Parlament auf die legale, juristisch ausgewogene Fortführung der Verbreitung seines einstigen Gedankengutes konzentrierte, wurde zum „Spezialisten“ für die subversive Auslegung jener antifaschistischen Menschenrechte, die mit Artikel 6 des Staatsvertrages Verfassungsrang erhielten.[21] Der Verfassungsgerichtshof ging Pfeifer zwar nicht auf den Leim, aber dessen „Bedenken“ reichten immerhin so weit, daß Ermacora die Tragweite des Artikels 6, Staatsvertrag 1955, als (von Pfeifer) umstritten zu bezeichnen wagt.[22] Es muß eingestanden werden, daß eine wirklich treffende Darstellung der hier berührten „Rechts“lage wohl besser Kafka, Musil oder Karl Kraus zu überlassen gewesen wäre. Dies um so mehr, als Pfeifer sich auch mit dem „Recht der nationalen Minderheiten in Österreich“[23] einschlägig befaßt. Ermacora kann aus diesen Kreisen folgenden Satz „wertneutral“ vermerken: „Der deutsche Nationalismus war nicht Ursache, sondern Folge der nationalen Bestrebungen, welche die in Österreich lebenden slawischen Völker, besonders die Tschechen und Slowenen verfolgten.“[24]

Es war klar, daß deutsch-nationale ebenso wie ultrakonservative Kräfte, bis hin zu den Neofaschisten, in dem Staatsvertrag von 1955 wegen der verfassungsgesetzlich normierten demokratisch-antifaschistischen Vorschriften ihren Hauptangriffspunkt erkennen mußten. Denn: Wer auf Revanchismus, Rassismus, soziale Unterdrückung, Deutsch-Nationalismus und Militarismus setzt, wie dies die Nazis und Neonazis samt ihren Schattierungen tun, der findet nämlich im Staatsvertrag ein massives verfassungsrechtliches Hindernis, wenn er wie vor

[20] H. Pfeifer, Juristische Blätter (Wien), 1958, S. 439.

[21] H. Pfeifer, Die Bedeutung der Menschenrechte im Staatsvertrag, in: Berichte und Informationen (Wien), 484 und 485/1955.

[22] F. Ermacora, Handbuch der Grundfreiheiten und der Menschenrechte, Wien 1963, S. 355.

[23] H. Pfeifer, Nationale Minderheiten in Österreich, in: Jahrbuch des ostdeutschen Kulturrates, Wien 1961.

[24] F. Ermacora, Handbuch der Grundfreiheiten und der Menschenrechte, a. a. O., S. 550, Fn. 91.

1933 die bürgerliche Demokratie als Glacis für die faschistische Unmenschlichkeit ausnützen will. Der Staatsvertrag von 1955 geht nämlich über die traditionellen österreichischen Grundrechte aus dem Jahre 1867 und die Verfassung von 1920 weit hinaus. Die weitgehend individuell anwendbaren Normen des Staatsgrundgestzes des Jahres 1867 sind durch die Normen des Staatsvertrages von 1955 zu einem gesellschaftlich anwendbaren Schutz gegen Kriegshetze, Nazismus, Völker- und Rassenhetze geworden.

Insofern ist Öserreich nun in einer günstigeren rechtspolitischen Situation, weil die aus dem antifaschistischen Abwehrkampf der Völker hervorgegangenen Grundprinzipien, die das Fundament der UN-Deklaration vom 10. 12. 1948 darstellen, in verpflichtende Normen verankert sind. Diese haben innerstaatlich Verfassungsrang, sie sind Bestandteil des Völkerrechts und eine realisierbare Säule des friedenssichernden Menschenrechtskomplexes. Wir verdanken es Hermann Klenner, an den schon vom 25jährigen Marx angebahnten Übergang von Menschenrechtserklärungen zu deren programmatischer Realisierung durch die Arbeiterbewegung nachdrücklichst erinnert worden zu sein.[25] Die schon von den Bauern und Bürgern erhobenen und formulierten antifeudalen Forderungen, die von der Bourgeoisie in der Folge des Klassenkampfes der Arbeiterklasse immer wieder streitig gemachten Menschenrechte, sie sind grundsätzlich durch die proletarische Revolution von 1917 mehr als bestätigt worden. Dies aber so umfassend, daß eine Behauptung, die Erkämpfung und Umsetzung von den durch die Oktoberrevolution ungemein erweiterten Menschenrechten wäre ausschließlich auf dem Boden des Marxismus möglich, als zu eng erkannt worden ist.[26] Denn besonders die als wichtiges Resultat des Sieges über den Faschismus verkündeten Menschenrechte auf Schutz vor Rassismus und Kriegshetze sind geeignet, über die sozialistischen Staaten hinaus, überall als Teilbollwerk gegen Neonazismus und Militarismus eingesetzt zu werden. Das allerdings vor allem unter der Voraussetzung, daß die Volksmassen sich dieser international verbrieften Rechte bedienen, daß sie in geeigneter Form nicht nur in die innerstaatliche Gesetzgebung aufgenommen, sondern auch tief in das Bewußtsein der friedliebenden Menschen eingebettet werden. Das schließt auch die Notwendigkeit der Erkenntnis ein, daß die bürgerlichen, eben vorwiegend individuellen Menschenrechte, zwar eine partielle, jedoch keine universelle Emanzipation vor allem gegenüber der ökonomischen Exploitation gewährleisten,[27] aber dennoch wertvolle Grundlagen für die Durchsetzung sozialer und demokratischer Rechte bieten.

[25] Vgl. H. Klenner, Menschenrechtserklärungen in der frühen Arbeiterbewegung, in: Staat und Recht, 6/1981, S. 536.
[26] Vgl. H. Wolf, in: Theorie und Praxis, 1/1970, S. 158.
[27] Vgl. H. Klenner, Zur Menschenrechtsphilosophie des Marxismus-Leninismus, in: Staat und Recht, 12/1984, S. 948.

Wie am Beispiel Pfeifer belegt wurde, bedienen sich Neofaschisten mit Vorliebe nicht nur der gestohlenen Menschenrechtslosungen, sondern auch der bewußten Fehlinterpretation der Rechtsnormen, um sich die „Freiheit“ einer neuerlichen faschistischen Indoktrination rechtlich zu ermöglichen. Daher sagt Klenner zutreffend, daß kein Weg an der ideologiekritischen – übrigens auch philosophiehistorischen – Kleinarbeit vorbeiführe.[28] Aber sagen wir es noch unmittelbarer: Das gesamte Repertoire juristischer, philosophischer und historischer Denkleistung muß unentwegt auf der Ebene der Praxis angewendet werden, d. h. theoretisch und praktisch greifbar sein. Dazu hat Klenner mit seiner Arbeit „Marxismus und Menschenrechte“ sowohl rechtsphilosophisch als auch dokumentarisch einen hervorragenden Beitrag geleistet.[29] Es gebietet übrigens nicht bloß Fairneß, hier auch den Namen Bernhard Graefrath zu nennen. Seine umfangreichen Untersuchungen zu Menschenrechten und UNO-Pakten haben dazu beigetragen, den internationalen Rang der Menschenrechtsnormen des Staatsvertrages von 1955 noch deutlicher auf die innerstaatliche Ebene im Dienste des Schutzes vor Neonazismus und Kriegshetze zu projizieren.[30] Kein Mitglied des UN-Menschenrechtskomitees hegte übrigens je Zweifel an der Verpflichtung Österreichs, die Menschenrechtsnormen des Staatsvertrages auf allen innerstaatlichen Ebenen zu realisieren.

Wie unmittelbar die Staatsvertragsnormen auf das österreichische Rechtsleben einwirken, beweist ein Beschluß des Verfassungsgerichtshofes vom 10. 12. 1984. Namens des Verbandes sozialistischer Studenten hatten Dr. Rudolf Müller und im Auftrag des kommunistischen Studentenverbandes Dr. Georg Zanger Beschwerde gegen die Zulassung einer gemäß Artikel 9 des Staatsvertrages von jeder Betätigung auszuschließenden neofaschistischen Organisation zur Hochschülerschaftswahl erhoben. In einer Entscheidung über die Einleitung weiterer Ermittlungen sagte der Verfassungsgerichtshof, daß eine Kandidatur von Personen, die nazistisches Gedankengut zu verbreiten beabsichtigen, untersagt werden müsse.[31] Am 1. 3. 1983 hatte der Verfassungsgerichtshof zum „Parteiengesetz“ so entschieden, daß die antifaschistischen Normen des Staatsvertrages anwendbares Verfassungsrecht darstellen.[32] Gewiß sind die Entscheidungen besonders angesichts der komplizierten Staats- und Verwaltungsrechtsstruktur Österreichs zunächst nur insofern eindeutig, als Organisationen faschistischen

[28] Ebenda, S. 949.

[29] H. Klenner in seinem grundsätzlichen Werk: Marxismus und Menschenrechte, a. a. O., S. 205 ff.

[30] E. Rabofsky, Die Menschenrechtspakte der Vereinten Nationen und Österreich, in: Mitteilungen der ÖVDJ (Wien), Oktober 1983.

[31] VerfGH B 416/81/S. 32.

[32] G. Lansky/M. Matzka, Muß das Parteiengesetz ge ändert werden? in: Zukunft (Wien), Oktober 1983, S. 38.

Charakters oder solche, die irgendeine den Vereinten Nationen gegenüber feindliche Tätigkeit entfalten, aufzulösen sind.[33]

Obwohl der Verfassungsgerichtshof die durch den Staatsvertrag von 1955 zum Verfassungsrecht erhobenen Menschenrechte gemäß Artikel 6, 7, 8, 9 und 10, die spezifisch antirassistische und antifaschistische und zugleich konkrete Vorschriften enthalten, in seine Rechtsprechung einbezieht, verhält sich ein Teil der Lehre hierzu abstinent. Der Tatsache, daß der genannte Staatsvertrag die formal-demokratische, auf Kelsen zurückgeführte Verfassung von 1920 in eine betont demokratisch-antifaschistische Verfassung umgewandelt hat, wird in Theorie und Lehre häufig ausgewichen. Schließlich hat der Staatsvertrag von 1955 ebenso wie das Verbotsgesetz (die NSDAP betreffend, BGBl. 25/1947) die traditionellen Menschenrechte in Richtung des Schutzes vor faschistischen Gefahren weitgreifend ausgebaut. Die unentwegten Verfechter von NS-Ideologien, aber auch manche Formaldemokraten verwechseln das gerne mit einer grundsätzlichen Einschränkung der Presse-, Meinungs-, Versammlungs- und anderer individueller Freiheiten.

Es ist bemerkenswert, daß auch die allerjüngste Schrift der SPÖ über Verfassungsrecht der 1955 eingetretenen Veränderung völlig ausweicht. Dort wird betont, daß es für die Sozialdemokratie von größter Bedeutung sein könne, in diesem Bereich der Politik die Kontinuität einer hundertjährigen Entwicklung zu wahren.[34] Eine Kontinuität, die nicht zuletzt zwei Weltkriege einschließt und u. a. auch zum Tode des einstigen SP-Verfassungsspezialisten Dr. Robert Danneberg in Auschwitz geführt hat. Auf dessen Schicksal wird sogar an führender Stelle des Buches hingewiesen – nicht aber, daß auch die SPÖ insgesamt untergegangen war und erst an dem Tag wieder gegründet werden konnte, als sowjetische Soldaten die Hitlerarmee aus Wien unter riesigen Blutopfern hinausgeworfen hatten. Es fehlt dem Autor, M. Matzka, zwar nicht an Einsicht und Redlichkeit, um die Kontinuitätsvorstellung der SPÖ zu relativieren. Schließlich weist er darauf hin, daß der Chefredakteur der Arbeiterzeitung und nachmaliges Mitglied des Verfassungsgerichtshofes, Friedrich Austerlitz, am 4. 8. 1914 die Zustimmung der SPD zu den Kriegskrediten als „Tag der stolzesten und gewaltigsten Erhebung deutschen Geistes“ bejubelte. Auch eine andere verfassungsrechtliche Tat der SP bringt Matzka in diese „Kontinuität“ ein: den Todesschuß von Friedrich Adler auf den Ministerpräsidenten Stürkh im Jahre 1916. Letzterer hätte die Verfassung zerrissen – es blieb kein anderer „Weg als der Weg der Gewalt“[35].

Daß es noch viel schlimmer kommen sollte mit dem Verfassungsverständnis der SP, verschweigt Matzka nicht – etwa, daß Renner, Präsident der ersten und

[33] VerfGH B 416/81/S. 10.
[34] Vgl. M. Matzka, Sozialdemokratie und Verfassung, a. a. O., S. 153.
[35] Ebenda, S. 13.

der zweiten Republik, zwischendurch zu Hitler sein freudiges Ja sagte. Hatte doch schon vorher der Kaiser-Jägerleutnant Dollfuß etwas gegenüber der Kelsen-Verfassung und der SP widerstandslos tun können, was sich dereinst die Kaiser nicht getraut hatten, nämlich die österreichische Verfassung ohne Rücksicht auf die Menschenrechtsgarantien „außerparlamentarisch" wegzublasen. Jedenfalls war die noch heute als so demokratisch gerühmte Kelsen-Verfassung von 1920 kein Schutz vor der Dollfuß-Verfassung von 1934, mit der Hitler 1938 die Ostmark „juristisch" heim ins Reich führen konnte.[36] Auf rechtlichen Aufputz haben die Nazis bei ihren Eroberungen bekanntlich zunächst nicht verzichtet.

Die Unabhängigkeit Österreichs und sein verfassungsrechtlicher Fortbestand sind von den Alliierten und der Bundesregierung durch den Staatsvertrag 1955 weit massiver verfassungsgesetzlich gesichert worden als durch den Kelsen-Renner-Seipel-Kompromiß von 1920. Sicher retten Menschenrechte und Verfassung niemals allein einen Staat vor dem Faschismus. Aber das gegenwärtig ein verfassungsgesetzlicher Auftrag die Behörden verpflichtet, schon alle Ansätze einer möglichen Entwicklung zum Faschismus zu unterbinden,[37] und ein verfassungsgesetzlich gewährleistetes Recht des Volkes auf Schutz vor Rassismus und Nazismus besteht, ist unbestreitbar. Das wird von der bürgerlichen Rechtswissenschaft zwar erkannt, aber nur zum Teil ausdrücklich *an*erkannt.[38]

Zuerst hat die marxistisch fundierte Rechtswissenschaft die Bedeutung der qualitativen Weiterentwicklung von der formaldemokratischen Bundesverfassung der ersten Republik zur demokratisch-antifaschistischen Verfassungsordnung erkannt. Sie trug damit zur Bildung eines spezifischen antifaschistischen Verfassungsverständnisses bei.[39] Die antifaschistischen Artikel des Staatsvertrages wurden als unmittelbar gegen Faschismus und Neofaschismus anzuwendendes Verfassungsrecht bzw. als verpflichtende oder orientierende Normen für die Behörden und Gerichte ausgewiesen.[40] Es wurde dabei klargelegt, daß in das Faschismusverbot des Staatsvertrages auch die spezifisch austrofaschistische Variante eingeschlossen ist.[41] Die unauflösliche Beziehung des Staatsvertrages und des Friedensvölkerrechts ist als menschenrechtliche Verpflichtung in ihrem

36 H. Pfeifer, Die Ostmark, a. a. O., S. 21.

37 Staatsvertrag 1955, ÖBGBl. vom 30. 7. 1955, Nr. 152, Art. 6 und 10.

38 W. Robert/H. Mayer, Grundriß der Österreichischen Bundesverfassung, Wien 1978, S. 23; E. C. Hellbling, Einige Probleme des Österreichischen Staatsvertrages, in: Österreichische Juristen-Zeitung (Wien), 1957, S. 163 f.

39 Vgl. W. Silbermayr, Staatsvertrag und der Kampf um Frieden, Demokratie und Unabhängigkeit, in: Weg und Ziel (Wien), April 1985, S. 128.

40 E. Rabofsky, Der Staatsvertrag – unmittelbar anwendbares Verfassungsrecht gegen Faschismus und Neonazismus, in: Mitteilungen der ÖVDJ (Wien), November 1980, S. 2 ff.

41 Vgl. E. Rabofsky/W. Silbermayr, Staatsvertrag und demokratisch-antifaschistische Verfassung, in: Weg und Ziel (Wien), Mai 1980, S. 163 ff.

Zusammenhang mit den antifaschistischen und friedensfördernden Aufgaben der demokratisch-antifaschistischen Verfassung wissenschaftlich unbestreitbar. Als Grundlage politischen Handelns ist sie nicht nur juristisch und rechtsphilosophisch auszulegen, sondern auch in die Praxis umzusetzen.[42]

Den „Sinngehalt der Menschenrechte und der Grundrechtsordnung" nur theoretisch zu erklären, genügt nicht. Es gilt, dessen Bedeutung für die Erhaltung eines vom Faschismus befreiten Staates wie Österreich bei jedem Schritt lebensnah zu erläutern. Die bürgerliche Rechtslehre fordert, die Freiheit des Menschen durch das Gesetz zu sichern und ihr durch rechtliche Mittel Geltung zu verschaffen. Sie betont, daß allen Menschen, unabhängig von Geburt, Geschlecht, Stand, Klasse, Rang, Rasse, Sprache, Religion, Weltanschauung oder sozialer Herkunft, bestimmte fundamentalste Rechte schon kraft der Würde und des Wertes der menschlichen Person zustehen. Die Wahrung der Freiheit des einzelnen stehe an erster Stelle unter den Forderungen, die heute an jedwede Rechtsordnung zu stellen sind.[43] Ein juristisch hochqualifiziertes Vorstandsmitglied der österreichischen Widerstandsbewegung, an dessen Ablehnung des Neonazismus und Mitwirkung an der Aufdeckung der NS-Verbrechen kein Zweifel bestehen kann, übersieht gewissermaßen bürgerrechtlich traditionsbedingt, daß der Staatsvertrag bestimmte individuelle Freiheitsrechte zum Schutz vor Faschismus und Kriegsverbrechen ausdrücklich einengt. Aber damit solche Persönlichkeiten die Deklaration der Menschenrechte vom 10. 12. 1948 nicht als „bloße Sammlung moralischer Grundsätze" ansehen, ist der Vorrang gesellschaftlich wirksamer Maßnahmen des Schutzes vor dem Nazismus und den Kriegshetzern, wie ihn der Staatsvertrag gewährleistet, im wissenschaftlichen Meinungsaustausch gegenüber individuellen Rechten verständlich zu machen. Denn was dem Nazismus an Verbrechen gegen die Freiheit des einzelnen in Millionen Fällen möglich wurde, geschah nicht zuletzt auch unter Berufung der Faschisten auf fundamentale, individuelle Freiheitsrechte.

Hermann Klenner tritt zutreffend für den stets notwendigen Rückgriff auf die historische Dimension des Rechts ein – nicht nur wegen der Vertiefung des weltanschaulichen Gehalts der marxistischen Rechtstheorie.[44] Er weist nach, daß ein „Zurückgehen" auf „ideale Grundwerte", um die legale Funktion von Menschenrechten in der internationalen Politik zu bestimmen, als Verschleierungsversuch jener zu werten ist, die den Blutzoll von 50 Millionen Kriegstoten auf die politisch unerläßliche Minimalsubstanz an Schutz des Friedens und Sicherung der Gesellschaft vor dem Faschismus reduzieren wollen.[45]

42 Vgl. W. Maßl/E. Rabofsky, Friedensvölkerrecht und Österreichischer Staatsvertrag, in: Mitteilungen der ÖVDJ (Wien), Oktober 1984, S. 1 ff.

43 So Th. Gößweiner-Saiko, in: Gendarmerierundschau (Wien), 6/1970.

44 Vgl. H. Klenner, Rechtsphilosophische und strukturtheoretische Probleme juristischer Texte, am Beispiel der Menschenrechte, in: Staat und Recht, 5/1980, S. 426.

45 Vgl. H. Klenner, Marxismus und Menschenrechte, a. a. O., S. 176.

Die Geschichte der österreichischen Grundrechte bietet genügend Anlaß, den Schutz der Freiheitsrechte des Volkes durch Einschränkung individueller Rechte gegenüber allen Repräsentanten des Nazismus, Deutsch-Nationalismus und Rassismus verläßlich zu sichern. War die Bundesverfassung von 1920 dazu nicht geeignet, so bietet der Staatsvertrag von 1955 eine gute rechtliche Grundlage, um unter Beteiligung aller demokratischen Kräfte Österreich vor dem Faschismus zu schützen.

Shingo Shibata (Hiroshima)

Menschen- und nationale Rechte bei der Gestaltung einer neuen internationalen Ordnung

I. Die alte internationale Ordnung als internationale Genozid-Unordnung

1. Was ist Genozid?

Das wertvollste Recht des Menschen ist das Recht, zu leben. Ohne dieses Recht sind alle übrigen Rechte und Werte bedeutungslos. Jeder Mensch hat ein Recht darauf, ein erfülltes Leben in Freiheit und Glück zu genießen und die natürliche Lebensdauer auszuleben, die uns nur ein einziges Mal gegeben wird. Daher gibt es kein ernsteres Verbrechen als die Verletzung des „Rechts auf Leben", d. h. den Mord. Ein des Mordes Schuldiger wird bekanntlich nach dem modernen Strafrecht des schwersten Verbrechens angeklagt und zu einer schweren Strafe verurteilt. In der Geschichte der Menschheit werden jedoch jene Morde, die im Namen eines aggressiven „Staates" vollbracht werden, von diesem gewöhnlich als „Krieg" bezeichnet. Und die dafür Verantwortlichen werden sogar belobigt; ihnen werden die höchsten „staatlichen" Auszeichnungen verliehen – je mehr Menschen umgebracht werden, um so höher die Auszeichnungen. Man könnte in der Tat die Menschheitsgeschichte als eine Folge von Blutopfern arbeitender und unterdrückter Menschen bezeichnen, die in derartigen „Auseinandersetzungen" als Opfer des Massenmordes zugrunde gehen.

Seit Beginn unseres Jahrhunderts, vor allem seit dem Aufkommen des Faschismus, wurden derartige Massenmorde vorbedacht und gezielt auf die Zivilbevölkerung ausgedehnt, einschließlich der Zerstörung ganzer Gebiete, von Bevölkerungsminderheiten, Rassen oder Nationen mit bestimmten politischen oder religiösen Ansichten, so daß zahlreiche Menschen gezwungen wurden, Flüchtlinge zu werden. Solche Ereignisse waren es, die den neuen Begriff „Genozid" – Völkermord – prägten. Bis zum Ende des zweiten Weltkrieges wurden wir Zeugen vieler Formen des unmenschlichen Genozids, darunter des japanischen Genozidverbrechens an Koreanern, Chinesen und Vietnamesen sowie anderen asiatischen Völkern; des Nazi-Genozidverbrechens gegen die Juden, die Polen, die sowjetischen und andere europäische Völker; der Bombenteppiche über Städten wie Coventry, Hamburg, Dresden oder Tokio; der genozidalischen Zerstörung der Bevölkerungen von Hiroshima und Nagasaki u. a. durch die USA.

Eines der wichtigsten Ziele der Bildung der Vereinten Nationen war das Bestreben, ein für allemal Schluß zu machen mit jeglichen Formen des Genozids auf der ganzen Welt. Deshalb beschloß die Vollversammlung der UNO am 11. 12. 1946, daß „Genozid ein Verbrechen nach dem Völkerrecht sein sollte, das von

der zivilisierten Welt verurteilt wird und für das führende Kräfte und deren Komplizen zu bestrafen sind – ganz gleich, ob es sich dabei um Privatpersonen, öffentliche Beamte oder Staatsmänner handelt und ob das Verbrechen aus religiösen, rassischen, politischen oder anderen Gründen begangen wurde". Zwei Jahre später, am 9. 12. 1948, nahm die Vollversammlung der UNO ein „Genozidabkommen" an und charakterisierte das Genozidverbrechen wie folgt:
„Genozid bedeutet jede der folgenden Handlungen, die *in der Absicht der gänzlichen oder teilweisen* Vernichtung einer nationalen, rassischen oder religiösen Gruppe begangen werden, wie:
(a) Tötung von Angehörigen solcher Gruppen;
(b) *Zufügung ernster körperlicher oder seelischer Schäden* an Angehörigen dieser Gruppen;
(c) Absichtliche *Auferlegung von Lebensbedingungen* für diese Gruppen, die darauf berechnet sind, *ihre gänzliche oder teilweise Vernichtung* zu bewirken;
(d) Auferlegung von *Maßnahmen zur Geburtenverhinderung* unter diesen Gruppen;
(e) Zwangsweise Überführung von Kindern dieser Gruppen in andere.
Die folgenden Handlungen sind strafbar:
(a) Genozid;
(b) Verschwörungen zum Genozid;
(c) *Direkte und öffentliche Hetze* zum Genozid;
(d) Versuche des Genozids;
(e) *Mittäterschaft* am Genozid."
Hervorhebungen des Autors; Bedeutung wird nachfolgend erörtert.)

2. Eine Folge von Genozidverbrechen seit dem zweiten Weltkrieg

Wie aus den obigen Zitaten hervorgeht, ist das Genozidverbrechen deutlich im Sinne des Völkerrechts definiert. Nach der Annahme der besagten „Vereinbarung" wurde diese jedoch gezielt mißachtet, in Frage gestellt und eine Reihe von Genozidverbrechen, sogar mit Hilfe von nuklearen, bakteriologischen und chemischen Waffen begangen. Unter den schwerwiegendsten dieser Verbrechen sind vor allem folgende zu erwähnen: die Genozidverbrechen der USA in Korea, Vietnam, Laos, Kampuchea[1] sowie die Gemetzel von Pol Pot, bei denen etwa 3 Millionen Kampucheaner umkamen.[2] Als wenig bekannte, aber dennoch ernste Beispiele müssen u. a. genannt werden: das Gemetzel an 120000 Hutus in Rwanda

[1] Es gibt zahllose Dokumentationen über USA-Verbrechen des Genozids in Vietnam. Einige davon sind: B. Russell, War Crimes in Vietnam, London 1967; Centre d'Information pour la Dénonciation des Crimes de Guerre: Vietnam 68, Paris 1968; Shingo Shibata, Lessons of the Vietnam War, Amsterdam 1973; N. Chomsky and E. S. Herman, The Washington Connection and Third World Fascism/After Cataclysm, Nottingham 1979.

[2] Zu den kompetentesten Augenzeugenberichten zählen: Honda Katuiti, Journey to

und Burundi (1962–1972), an einer Million Ibos in Nigeria (1966/1967), an drei Millionen Menschen in Bangladesh (1971), an den Bewohnern von Ost Timor (1975–1978).[3]

Insgesamt gesehen wird Auschwitz als Beispiel und Symbol des Genozids betrachtet. Es ist wahr, daß wir für alle Zeit den Nazi-Faschismus für das Genozidverbrechen an der Menschheit, vor allem an den Juden verurteilen müssen. Vielfach besteht jedoch die Auffassung, daß – in diesem Falle – nur die Juden Opfer des Genozidverbrechens wären; und daß die Führung Israels dieses Verbrechens nicht schuldig sei. So wird zum Beispiel in dem Buch von Leo Kuper, „Genocide“, das an und für sich eine ausgezeichnete und aufschlußreiche Dokumentation ist, das Genozidverbrechen der Führung Israels gegen die Palästinenser nicht erwähnt. Es ist aber Tatsache, daß die Gründung Israels[4] am 14. Mai 1948 durch Genozidverbrechen – wie die Vernichtung des arabischen Dorfes Deir Yassim durch die Irgun am 9. April des gleichen Jahres – ermöglicht wurde. Seitdem ist die Geschichte Israels eine tragische Folge von Genozid und Aggression gegen die Palästinenser und andere arabische Völker. Libanon 1982 wird für immer als eines der schlimmsten Genozidverbrechen Israels in Erinnerung bleiben. Wenn wir den oben zitierten Begriff des Genozids anwenden, können die Verbrechen Israels wie folgt zusammengefaßt werden:

a) Massentötung palästinensischer Flüchtlinge und libanesischer Einwohner durch die rücksichtslose Anwendung weißer Phosphor-Kugelbomben gegen die Bevölkerung bei den Angriffen auf Beirut, schließlich durch die Massaker in den Flüchtlingslagern von Sabra und Chatila;
b) Zufügung ernster körperlicher und seelischer Schäden an palästinensischen Flüchtlingen in okkupierten und angeschlossenen Gebieten, durch deren Verhaftung, Einkerkerung und Folterung;
c) Absichtliche Schaffung von Lebensbedingungen für diese Gruppen, die darauf abzielen, diese teilweise oder ganz zu vernichten, durch die Blockade von Beirut und anderer Städte, Dörfer und Flüchtlingslager;
d) Zwangsmaßnahmen in diesem Zusammenhang zur Verhinderung von Geburten unter den Palästinensern;

Cambodia – Investigation into Massacre by Pol Pot Regime, Tokio 1981; W. Burchett, The China-Cambodia-Vietnam Triangle, London 1981; Yoshino Oishi, Voiceless People, Bildreportage, Tokio 1981; über den sozialen Hintergrund des dortigen Genozidverbrechens siehe: Shingo Shibata, „Réexamen du socialisme contemporain“, in: Hiroshima Peace Science, 4/1981.

3 Vgl. L. Kuper, Genocide, o. O. 1981.

4 Was getan wurde, kann man nicht rückgängig machen. Dennoch sollte die UNO-Resolution über die Teilung Palästinas und die Gründung Israels vom 29. November 1947, die gegen den Widerstand der arabischen Völker erfolgten, kritisch untersucht werden. Daraus könnten viele Lehren für die Schaffung einer neuen internationalen Ordnung gezogen werden.

e) Zwangsversetzung von Kindern der Palästinenser in andere Gruppen, so daß sie zu Flüchtlingen werden; deren Massenvernichtung oder Verurteilung zum Hungertod.

Es ist bedauerlich, daß Angehörige der Opfer des Nazigenozids unter anderen Umständen selber des Genozids an anderen Völkern schuldig werden konnten. Und es besteht kein Zweifel, daß derartige Verbrechen nur im Rahmen der alten internationalen Ordnung begangen werden konnten.

3. Genozid durch „Strukturelle Gewalt"

Die Formen des Genozids, die ich oben erwähnt habe, könnte man als Verbrechen durch „unmittelbare Gewaltanwendung" – nach Prof. Galtung – bezeichnen. Die oben angeführte Definition des Genozids schränkt jedoch die Formen desselben nicht auf die der „unmittelbaren Gewaltanwendung" ein. Bekanntlich sind die Entwicklungsländer der Dritten Welt mit Katastrophen belastet, die durch die jahrelange Kolonialherrschaft verursacht wurden. Grünflächen wurden zu Wüsten, Wälder wurden zerstört, Wasser, Luft und Boden verseucht, Bevölkerungen durch Mangel an Nahrung und Wasser dezimiert, Naturschätze vergeudet, wirtschaftlicher und politischer Druck der multinationalen Gesellschaften und Militärinterventionen durch Kolonialmächte ausgeübt usw. Das Ergebnis von Kolonialismus und Neokolonialismus ist die weitere Verbreitung von Hunger, Armut und Tod in diesen Ländern. Nach einem Bericht der Weltbank beträgt die Gesamtzahl der heute in „völliger Verarmung" lebenden Menschen in der Dritten Welt etwa 750 Millionen. Die meisten von ihnen sind ständig unterernährt und zu einem frühen Tod verurteilt.

Ist all dies nicht auch eine Form des Genozids? Es ist nicht zu übersehen, daß eine derartige Struktur zu Massenhungertod führen muß, sie wird aber absichtlich als Mittel aufrechterhalten, um einer kleinen Gruppe Riesenprofite zu sichern. Dieses System muß als eine Form des Genozids bezeichnet werden, die Prof. Galtung „Strukturelle Gewalt"[5] nannte.

4. Die Drohung des nuklearen Genozids

Schließlich können wir nicht umhin, im gegenwärtigen nuklearen Zeitalter der Bedrohung durch den nuklearen Genozid große Aufmerksamkeit zu widmen. In meiner früheren Studie[6] stellte ich fest, daß die Schäden, die durch die ersten

[5] J. Galtung, Violence, Peace and Peace Research, in: Journal of peace, research (Oslo), Bd. VI, 3/1969; D. Senghaas (Hrsg.), Imperialismus und strukturelle Gewalt, Frankfurt a. M. 1972; vgl. ferner die (in Anm. 1) zitierten Werke von Chomsky und Herman.

[6] Siehe Shingo Shibata, Geschichtsphilosophie im Atomzeitalter, in: Wissenschaftliche Welt (Berlin), 1/1983.

Atombombenangriffe, d. h. durch den ersten Atomkrieg verursacht wurden, *nicht nach Zeit und Raum begrenzt* waren und geblieben sind. Diese Ereignisse führten unweigerlich zu dem gegenwärtigen Wettrüsten in der Welt. Die „Schäden", hervorgerufen durch jene Ereignisse, verbreiten sich weiter in allen Teilen der Erde und erzeugen *viele Arten der Hibakusha* (Opfer der Atombomben und -kraftwerke) unter Einzelpersonen, Nationen und der Menschheit insgesamt. Meiner Ansicht nach können die Arten der Hibakusha in folgende Gruppen eingeteilt werden:

I. Hibakusha = Opfer der Atombomben

a) Tote unter den Opfern von Hiroshima und Nagasaki – nicht nur japanische Staatsbürger, sondern auch Koreaner, Chinesen und andere Asiaten, die sich gezwungen sahen, zur Arbeit nach Hiroshima und Nagasaki einzuwandern, sowie amerikanische, britische, holländische und andere Kriegsgefangene, die sich dort zu jener Zeit befanden;
b) überlebende Opfer des nuklearen Infernos – nicht nur die über 400000 japanischen Hibakusha, sondern auch koreanische und andere asiatische Hibakusha sowie etwa 1000 japanische Amerikaner oder Kanadier, die nach Nordamerika ausgewandert sind;
c) Hibakusha der zweiten und dritten Generationen.

II. Hibakusha = Opfer der Atomstrahlung

a) Soldaten der USA und Großbritanniens, die nach Hiroshima und Nagasaki abkommandiert wurden, um die radioaktiven Abfälle zu beseitigen, und die später Symptome von Strahlenkrankheiten aufwiesen;
b) japanische Fischer und amerikanische und ozeanische Bewohner von Gebieten unter dem Einfluß der Wirkung der Radioaktivität von Todesasche, die durch die Kernwaffenversuche im Stillen Ozean ausgelöst und verbreitet wurden. Hibakusha dieser Art muß es auch im Bereich anderer nuklearer Mächte geben.
c) Angehörige der Streitkräfte, die an Kernwaffenversuchen beteiligt waren. In den USA wird die Anzahl dieser Opfer auf 250000–500000 geschätzt. Es muß derartige Hibakusha auch unter den Streitkräften der anderen Nuklearmächte geben;
d) Arbeitskräfte, die im Uranbergbau, in der Verarbeitung von Uran und Plutonium beschäftigt und radioaktiver Strahlung ausgesetzt sind;
e) Beschäftigte, die in Kernkraftwerken radioaktiver Strahlung ausgesetzt sind;
f) Totgeborene Kinder durch Strahlenschädigung der Mütter, verursacht von radioaktivem Fallout durch Kernwaffenversuche und Kernkraftwerke.

III. Hibakusha = Strahlungsbedrohte

a) Alle Menschen, die zwangsweise der Todesasche von Kernwaffenversuchen und Kernenergie in der Industrie in ihrer Umwelt ausgesetzt sind;

b) alle Menschen, die durch nukleare Erpressung und einen möglichen nuklearen Krieg bedroht sind.[7]

Wir alle sind heute Hibakusha. Ist das nicht gleichbedeutend mit Genozid? Es ist sogar der entsetzlichste und ernsteste Genozid der Menscheitsgeschichte. Der nukleare Genozid ist vollkommen neu und unterscheidet sich in Qualität und Quantität von anderen Formen des Genozids. Aus dieser Tatsache wurden neue Begriffe wie „Biozid“, „Ökozid“, „Zukunftsmord“ und „Omnizid“ geprägt.[8] Nuklearer Omnizid bedeutet die Vernichtung aller Völker, der gesamten Menschheit, aller Formen der Kultur und aller Lebensformen.

Im heutigen Zeitalter besitzen alle nuklearen imperialistischen Großmächte die Zerstörungskapazität zur Vernichtung jedweder Formen von Leben und Kultur auf der Erde. Bedrohen sie nicht ständig – mit oder ohne Absicht – die Menschheit durch die Strategie des nuklearen Wettrüstens und der nuklearen Erpressung, und zwar unter ernster Gefährdung der physischen und geistigen Gesundheit der gesamten Menschheit, der Belastung der menschlichen Lebensbedingungen und der Verhinderung einer normalen Fortpflanzung der Art? Haben sie sich nicht des Verbrechens der Verschwörung und der mittelbaren und unmittelbaren öffentlichen Hetze sowie der Drohung oder Ausführung des Verbrechens des nuklearen Genozids durch die Planung ihrer nuklearen Kriegsstrategie schuldig gemacht? Haben sich die führenden Kreise der westlichen Kernwaffenmächte und ihrer Verbündeten nicht beständig und hartnäckig den Resolutionen der UNO-Vollversammlung für ein Verbot der Anwendung von Kernwaffen widersetzt? Im Lichte des bereits erwähnten „Genozidabkommens“ ist es schwer, sie von dieser Schuld freizusprechen.

5. Die alte internationale Ordnung als internationale Genozid-Unordnung

Seit der Entstehung der alten internationalen Ordnung, die in der Zeit des Kolonialismus und Absolutismus wurzelt, wurde der Genozid stets an unterdrückten Völkern begangen oder ihnen angedroht. So etwas kann man nur als internationale Genozid-*Unordnung* bezeichnen. Diese Unordnung hat sich mit der Zeit nicht abgeschwächt; im Gegenteil – sie wurde im Zeitalter des Imperialismus sogar noch verstärkt. In diesem Zeitalter sind außerordentlich große technische Fortschritte in die Geschichte eingegangen, doch ihre wesentlichste Anwendung diente der Entwicklung von Genozidtechniken. Wir erlebten und erleben viele Formen des direkten und strukturellen Genozids: in Gestalt von konventionellen Kriegen, Unterdrückung, Blockaden, Apartheid, Konzentrationslagern, organi-

[7] Als Quellen der Klassifizierung der Hibakusha siehe die Bücher und Artikel, die in meinem oben erwähnten Beitrag zitiert wurden.

[8] J. Somerville, Philosophy and Ethics in the Nuclear Age, Tokio 1980 (jap. Ausg.).

sierter Ausbeutung und Hunger und nicht zuletzt in der Strategie nuklearer Katastrophen und Erpressungen. Der nukleare Genozid, d. h. der Omnizid, steht an der Spitze der Pyramide aller Formen des Genozids. Kein Teil der Menschheit ist ausgenommen von der riesigen, drohenden Wolke des Genozids, die – bedingt durch die alte internationale Ordnung – düster über uns allen schwebt.

II. Die Neubestimmung der nationalen Souveränitätsrechte als Voraussetzung für eine neue internationale Ordnung

1. Eine neue internationale Ordnung des nuklearen Zeitalters

Aus meiner Sicht sollte das Thema „Gestaltung einer neuen internationalen Ordnung" als Bemühung um die „Gestaltung einer neuen internationalen Ordnung *im nuklearen Zeitalter*" verstanden werden. Noch richtiger wäre, wenn es im Sinne der „Gestaltung der neuen internationalen Ordnung *angesichts der Drohung des nuklearen und nicht-nuklearen Genozids*" aufgefaßt würde. Solange wir unter dieser Bedrohung leben, können wir niemals erwarten, daß die Bemühungen um die Errichtung einer neuen internationalen Ordnung von Erfolg gekrönt werden. Sie kann nur durch einen konsequenten und umfassenden Kampf gegen jedwede Formen des Genozids und für das menschliche Überleben errichtet werden.

Was sollte also getan werden? Einstein hat einmal festgestellt: „Wenn die Menschheit überleben soll, benötigen wir *eine völlig neue Denkweise.*" Auch die 33. UNO-Vollversammlung nahm am 14. 12. 1978 eine Resolution an, die eine „*Neue Philosophie der Abrüstung*" zum Inhalt hat, und sie bat den Generalsekretär, der folgenden Vollversammlung eine umfassende These zu dieser Philosophie vorzulegen. Seit jener Zeit habe ich mich immer wieder gefragt: Was bedeutet „eine völlig neue Denkweise"? Leider fehlt mir hier die Möglichkeit, diese Frage eingehend zu erörtern,[9] doch kann kein Zweifel darüber bestehen, daß wir bei der Schaffung einer neuen internationalen Ordnung „eine völlig neue Denkweise" hinsichtlich des Verständnisses des Begriffs der nationalen souveränen Rechte benötigen.

[9] Vgl. Shingo Shibata, Die neue Philosophie im nuklearen Zeitalter. The 1982 Yearbook for Social Scientific Studies, Tokio 1982 (jap.). Eine englische Fassung dieses Beitrages befindet sich in Vorbereitung.

2. Anerkennung der nationalen Selbstbestimmungsrechte

Es versteht sich, daß die neue internationale Ordnung nicht ohne die umfassende und gleichberechtigte Teilnahme aller Nationalstaaten geschaffen werden kann. In dieser neuen Ordnung sollten alle Völker, klein oder groß, gleichberechtigt und frei sein und das Recht haben, selbständig über ihre eigenen Angelegenheiten zu entscheiden. Damit sind zwei weitere Fragen verbunden: *Erstens*, wie können die bestehenden Militärbündnisse beseitigt werden? Allen Ländern sollten die nationalen Selbstbestimmungsrechte auf Unabhängigkeit gesichert werden. Das System der „Einflußbereiche“ sollte aufgegeben und der Gedanke kernwaffenfreier Zonen und der Nichtpaktgebundenheit ermutigt, verwirklicht und auf alle Länder ausgedehnt werden. *Zweitens*, wie können die bestehenden Grundsätze und Mechanismen der UNO, die den fünf Großmächten das ausschließliche Vetorecht gewähren, auf der Grundlage der Gleichberechtigung der Völker demokratisch erneuert werden? In diesem Zusammenhang geht es um die Infragestellung und Überwindung des Großmachtzentralismus in der internationalen Ordnung.

3. Einschränkung der nationalen Selbstbestimmungsrechte in der neuen internationalen Ordnung

Einerseits sollten die nationalen Selbstbestimmungsrechte anerkannt werden, andererseits müßten einige dieser Rechte eingeschränkt werden. Eines dieser einzuschränkenden Rechte wäre das Recht der Kriegserklärung oder der Entfesselung von Kriegen. Unter den Gesichtspunkten des Völkerrechts und des innerstaatlichen Rechts kann kein Zweifel darüber bestehen, daß ein *Nationalstaat* dieses Recht nur im Falle eines Selbstverteidigungskrieges hat; es darf jedoch weder durch einen Präsidenten, einen Ministerpräsidenten noch durch einen Verteidigungsminister im Namen des Staates ausgeübt werden.

Die Verfassung der USA zum Beispiel bestimmt, daß „der Kongreß die Ermächtigung besitzen soll, ... den Krieg zu erklären“. Dadurch wird dem Präsidenten unmißverständlich nur die Rolle eines obersten Befehlshabers zugewiesen, der keine Vollmacht zur Erklärung oder zum Beginn eines Krieges besitzt. Dennoch mißachtete bereits der USA-Präsident Polk im Jahre 1846 den Kongreß, begann den aggressiven Krieg gegen Mexiko (1846/48) und trieb somit zahlreiche Menschen in den Tod auf dem Schlachtfeld. Darum hatte Abraham Lincoln die willkürliche Kriegserklärung durch einen Präsidenten, ohne vorherige Beratung mit dem Kongreß, so nachdrücklich als „die unterdrückendste aller königlichen Unterdrückungen“ [10] verurteilt. Dennoch wurden selbst nach Lincoln einige

[10] Zitiert nach J. Somerville, The Peace Revolution, Westport 1975, S. 22. – Somerville weist überzeugend den rechtswidrigen und unmoralischen Charakter von willkürlicher Kriegsentfesselung durch Präsidenten nach.

Kriege der USA unter Verletzung der Verfassung des Landes durch Präsidenten vom Zaune gebrochen und zahllose Asiaten und US-Soldaten in Korea, Vietnam, Laos und Kampuchea umgebracht.

Kein Verbrechen ist so ernst wie die Tyrannei eines von einem Präsidenten willkürlich entfesselten Krieges. Das gilt auch in bezug auf Kriege, die durch Ministerpräsidenten, Verteidigungsminister oder andere Repräsentanten eines Staates ausgelöst werden. In unserer Zeit ist sogar die oben zitierte Bestimmung der Verfassung der USA veraltet. Denn: Wie kann es moralisch und juristisch gerechtfertigt sein, daß die Mitglieder des USA-Kongresses einen Krieg erklären und entfesseln können, in dem es um Genozid mit nuklearen und anderen Waffen geht, ohne die Bürger des eigenen Landes oder das Volk eines potentiellen Feind-Landes zu konsultieren? Wer oder welche Mechanismen, in welcher Eigenschaft auch immer, könnten legal und moralisch begründet einen Genozidkrieg oder eine Militärintervention entfesseln? Diese Fragen müssen uns veranlassen, das bisher akzeptierte Konzept des nationalen, souveränen Rechts auf die Erklärung eines Krieges neu zu überdenken. Meiner Meinung nach ist dieses Konzept überholt. Es sollte daher nicht als eine Voraussetzung für die Schaffung einer neuen internationalen Ordnung angesehen, sondern abgelehnt werden.

Auch die alte internationale Ordnung – als Genozidordnung der „strukturellen Gewalt“ – sollte ebenfalls abgeschafft und einige andere nationale, souveräne Rechte begrenzt werden. Welche Regierung ist zum Beispiel berechtigt, ein Embargo über den Export von Nahrungsmitteln, Medikamenten und anderen lebensnotwendigen Dingen in Länder mit hungernden und unterernährten Bevölkerungen zu verhängen? Auch jene nationalen, souveränen Rechte, die geschaffen wurden, um die „Strukturelle Gewalt“ aufrechtzuerhalten, müssen in der neuen internationalen Ordnung aufgegeben werden.

Im Zusammenhang mit der Drohung des nuklearen Genozids müssen nicht nur die nationalen, souveränen Rechte der Auslösung eines Krieges, sondern auch das Recht, Kernwaffen herzustellen, Versuche mit ihnen durchzuführen und sie zu besitzen, eingeschränkt werden; denn solche „Rechte“, die eine grenzüberschreitende Wirkung haben, stellen eine Bedrohung der souveränen Rechte anderer Völker dar. Sie sind zugleich eine Bedrohung, neue Hibakusha nicht nur im eigenen Land, sondern auch in anderen Ländern und unter der gesamten Menschheit hervorzubringen. Im Zusammenhang mit der Einschränkung bestimmter nationaler, souveräner Rechte im Verlaufe des Weges zur nuklearen Abrüstung und dem menschlichen Überleben werden unvermeidlicherweise noch viele andere Fragen erhoben werden müssen. Einige dieser Fragen sind:

1) Wie kann man Kernwaffen unter strengster internationaler Aufsicht beseitigen? Insbesondere, wie kann man jenes Uran und Plutonium kontrollieren und behandeln, das aus einer Riesenanzahl von Kernwaffen entfernt werden müßte?

2) Wie kann man unter strengster internationaler Aufsicht radioaktiven Müll

kontrollieren und behandeln, der in den bestehenden Kernkraftwerken entsteht? Diese Fragen müssen in Verbindung mit dem Neuüberdenken und Neubestimmen der nationalen Selbstbestimmungsrechte im nuklearen Zeitalter betrachtet werden.

In diesem Zusammenhang möchte ich die bahnbrechende Bedeutung der japanischen Verfassung für die Schaffung einer neuen internationalen Ordnung hervorheben. Es heißt dort:

„Wir, das japanische Volk ... sind entschlossen, nie mehr die Schrecken eines Krieges durch das Handeln der Regierung zu dulden. ... In dem aufrichtigen Bestreben nach einem internationalen Frieden auf der Grundlage von Gerechtigkeit und Ordnung lehnt das japanische Volk den Krieg für alle Zeiten als souveränes Recht der Nation und die Drohung mit Gewaltanwendung als Mittel zur Regelung internationaler Streitfragen ab."

Ist das nicht eine Erklärung der einseitigen Abrüstung und die Ablehnung des Krieges als nationales, souveränes Recht? Leider wurde diese gewichtige Erklärung der Menschenrechte von der japanischen Regierung mißachtet und mit Füßen getreten; die japanische Regierung hat den japanisch-amerikanischen Sicherheitsvertrag aufrechterhalten, den japanischen Militarismus und die Wiederaufrüstung neu belebt und vestärkt und somit die Politik der alten Ordnung aufgefrischt. Es ist unsere Pflicht –als Japaner –, diesen überholten Geist und das System der alten internationalen Ordnung zu beseitigen und durch den Geist und das System der japanischen Verfassung und der neuen internationalen Ordnung zu ersetzen.

III. Die neue internationale Ordnung im Rahmen der UNO

Die Neubestimmung der nationalen Souveränität als Voraussetzung der neuen internationalen Ordnung führt uns auch zu einer Neubetrachtung der Bedeutung der UNO. Was ich vorgeschlagen habe, mag zu utopisch und optimistisch im Lichte der alten internationalen Ordnung erscheinen; aber erinnern wir uns an die Warnung Einsteins und entwickeln wir eine „völlige neue Denkweise". Denken wir auch an die welthistorische Bedeutung der Gründung und Entwicklung der nichtstaatlichen Organisationen der UNO (NGOs) und der Massenbewegungen in der ganzen Welt. Im Jahre 1982 sind in Japan, Westeuropa und Nordamerika NGO-Bewegungen in Gestalt von antinuklearen Bewegungen für menschliches Überleben entstanden. Auch die Bewegungen örtlicher Gemeinden und Städte für kernwaffenfreie Zonen sollten beachtet werden. Es wäre nicht falsch zu behaupten, daß eine „völlig neue Denkweise" von der weltweiten Flut der aufstrebenden NGO-Massenbewegungen geschaffen worden ist und praktiziert wird.

Als Voraussetzung für die Schaffung einer neuen internationalen Ordnung habe ich mich lediglich auf die philosophischen und juristischen Gesichtspunkte und die Begrenzung einiger nationaler, souveräner Rechte konzentriert.

Ich bin überzeugt, daß all dies das Ansehen der UNO nicht schwächen, sondern stärken würde. Und auch die tatsächlichen souveränen Rechte auf Existenz und Selbstbestimmung aller Völker, groß und klein, in West, Ost, Nord und Süd sollten damit nur bekräftigt werden. Wenn das Leben weiterbestehen soll, muß das Ansehen der UNO und ihre Mechanismen im nuklearen Zeitalter beachtet und erhöht werden. Die neue internationale Ordnung kann nur im Rahmen der UNO geschaffen werden; und eine erneuerte und demokratisierte UNO wird selbst eine organisatorische Verkörperung der neuen internationalen Ordnung sein.

Helmut Ridder (Gießen)

Die neueren Entwicklungen des „Rechtsstaats"*

I

Zentraler Gegenstand unserer Untersuchungen ist „der Rechtsstaat" als ein *perennierendes spezifisch deutsches ideologisches Konzept*, das seit seinem ersten Aufkommen (in der staatswissenschaftlichen Literatur wahrscheinlich bei *Robert von Mohl*) die Rechtspolitik und die literarische und justizpraktische Jurisprudenz immer stark beeinflußt, dabei aber zu verschiedenen Zeiten unterschiedliche Ergebnisse hervorgebracht hat. Im Recht und in der Jurisprudenz der BRD ist eine geradezu *explosionsartige* Fruchtbarkeit des „Rechtsstaats"-Denkens mit weittragenden Folgen zu verzeichnen. Der „Geist" des „Rechtsstaats" von heute ist aber, so sehr sich unter veränderten Rahmenbedingungen die konkrete Programmatik geändert hat, immer noch der Genius des „Nationalliberalismus". Das heißt, die „*Rechtsstaatsidee*" ist immer noch ein *ideologisches Agens anti-revolutionärer juristischer Veranstaltungen.* Das mutet seltsam an, sind doch die bundesrepublikanischen Verhältnisse einer „revolutionären Situation" ferner, als die deutschen Verhältnisse je zuvor im 19. und 20. Jahrhundert gewesen sind. Doch läßt sich daran erkennen, daß das noch sehr klare bildungs- und besitzbürgerliche Klassenbewußtsein, das der „nationalliberalen Ära" noch seinen unverkennbaren Stempel aufgedrückt hat (wiewohl es im Vergleich zum liberalen Vormärz bereits geschwächt war), längst einer tiefen Verunsicherung gewichen ist. Diesem Identitätsverlust entspricht einerseits das Dahinschwinden des Vertrauens auf die schöpferische Kraft des informellen Diskurses einer Juristenschaft als bürgerlicher „Stand" (das wiederbelebte studentische Verbindungswesen, die juristischen „Standesvereinigungen" usw. von heute sind insofern eher theatralische

* Hermann Klenner ist dieser Beitrag gewidmet mit all den guten Wünschen, die einem solchen Geburtstag angemessen sind – und zusätzlich in der Hoffnung, auch einen fruchtbaren „Positivismusstreit" auf die nächsthöhere Ebene befördern zu können. – Das hier in gekürzter Fassung publizierte Papier war Vortrags- und Beratungsgegenstand eines von wissenschaftlichen Mitarbeitern beim Fachbereich Rechtswissenschaft der Justus-Liebig-Universität Gießen am 29./30. April 1985 unter Betreuung von Professor A. A. Cervati an der Universität Perugia vom „Centro Studi Juridici e Politice" der Region Umbrien veranstalteten Seminars über neuere Entwicklungstendenzen und aktuelle Probleme des Verfassungsrechts der BRD. – Vgl. zu dieser Problematik auch: Bäumlin/H. Ridder, Alternativ-Kommentar zum Grundgesetz (im folgenden: AK-GG) Art. 20 Abs. 1–3 III („Rechtsstaat") Rz. 55.

Nachklänge) und andererseits die zunehmende Bereitschaft, mangelndes Selbstvertrauen durch die Investierung von Vertrauen in staatliche Einrichtungen zu kompensieren.

Infolge des Niedergangs des bürgerlichen Klassenbewußtseins und der generell fortschreitenden Relativierung der Klassenschranken lassen sich heute mit der Warn- und Signalwirkung des Wortes „Rechtsstaat" breiteste Bevölkerungsschichten erreichen. So hat z. B. die Qualifizierung des 1977 in Erscheinung getretenen politisch motivierten Individualterrorismus als „Anschlag auf den *Rechtsstaat*" durch die etablierten politischen Parteien ohne weitergehenden intellektuellen Aufwand nahezu den Effekt einer „moralischen Totalmobilmachung der Nation" erbracht, in deren Klima nunmehr die Gesetzlosigkeit von Übergriffen der Staatsgewalt auch vor den Gerichten ihre Relevanz einbüßte.[1] Ein erstaunliches Resultat dann, wenn man nur bedenkt, daß nach gängiger Meinung die Gesetzlichkeit des staatlichen Handelns eine tragende Säule eben gerade des „Rechtsstaats" sein soll: Der angegriffene „Rechtsstaat" setzt sich dann ja durch seine Selbstvernichtung, die Preisgabe der „Rechtsstaatlichkeit" zur Wehr! Ein sehr einleuchtendes Resultat jedoch, wenn man erkennt, daß in der Worthülle „Rechtsstaat", von der Worthülle mit schwebender Leichtigkeit transportiert, das System selbst steckt, dem die irrationale Gewalttätigkeit der Terroristen galt. Dann erklärt sich auch die den „Rechtsstaat" scheinbar disqualifizierende Qualifizierung der politischen Gewaltkriminalität als „Anschlag auf den Rechtsstaat", wohingegen der sich „naturwüchsig" aus dem Schoß des Systems abnabelnden Kriminalität, die z. B. als Drogenkriminalität erheblich höhere Opfer an Menschenleben, Gesundheits- und Vermögensschäden und allgemeiner Demoralisierung fordert, die gesetzmäßige Behandlung der Täter *nicht* vorenthalten wird.

Der jüngste jähe Entwicklungsschub des „Rechtsstaats" (jetzt heißt es meistens „Rechtsstaatsprinzip") in der Jurisprudenz der BRD hängt engstens mit der Instituierung der Verfassungsgerichtsbarkeit in Gestalt des Bundesverfassungsgerichts (BVerfG) zusammen. Diese *Verfassungsgerichtsbarkeit*, die wiederum ein sehr spezifisch deutsches Phänomen ist, ist selbst der „Rechtsstaatsidee" entwachsen und sogar die *erste originäre Neuschöpfung eines* großen *staatlichen Organs* aus dem „Geist" des „Rechtsstaats". Es ist also nicht von ungefähr, daß

[1] Vgl. zum Gesamtkomplex: H. Hannover, Zum Kontaktsperregesetz, in: Demokratie und Recht (Köln) (im folgenden DuR), 2/1979, S. 184 ff.; ferner: D. Göddeke, Reform des Kontaktsperregesetzes, in: DuR, 2/1981, S. 192ff.; Die Entscheidungen des Bundesgerichtshofs (BGH), in: Neue Juristische Wochenschrift (München - Frankfurt a. M.) (im folgenden NJW), 47/1977, S. 2172–2174, und des BVerfG in der amtlichen Entscheidungsversammlung (BVerfGE), 46, Tübingen 1976, S. 1ff. Aufschlußreiche Einblicke in den Stand des damaligen parlamentarischen „Rechtsstaats"-Diskurses vermittelt die Dokumentation „Die Anti-Terror-Debatte im Parlament. Protokolle 1974 bis 1978", Reinbek 1978.

gerade das BVerfG nun auch ein besonders fruchtbarer Generator von den dem „Rechtsstaatsprinzip“ zugeordneten Spielmarken der Jurisprudenz ist. Man nennt diese Verfassungsgerichtsbarkeit auch oft „Krönung des Rechtsstaats“.

Selbst in dieser Rhetorik spiegelt sich noch etwas von dem absolut unrevolutionären historischen Vorgang des Aufstiegs der Bourgeoisie zu (offener) ökonomischer und (verdeckt gehaltener) politischer Macht wider. Es war ein Aufstieg zur Macht unter dem Schutzmantel der monarchischen Institutionen, den die Bourgeoisie schließlich (1918/19) restlos „geerbt“ (und zwar teilweise transformiert, aber nicht vernichtet) hat. So weist die Rhetorik des „Rechtsstaats“ mit den in ihr anklingenden monarchischen Assoziationen auf die politische Essenz hin: In der „Rechtsstaatsidee“ ist *die Abweisung jeder demokratischen Legitimation von Staatsgewalt* angelegt. Dieses politische Telos wird aber dadurch verdeckt, daß der „*Rechtsstaat*“ einen *Antagonismus von Recht und Politik* inszeniert, dabei die *politischen* Ambitionen und Interessen seiner Klientel beim *Recht* einbringt und so eben *Politik* als *Nicht-Recht* abqualifiziert.

II

Diesem Befund steht der „Typ“ des westeuropäischen bürgerlich-demokratischen Verfassungsstaats *gegenüber*, der ideologisch auf der Grundlage des durch eine tatsächlich zu Ende geführte Revolution verinnerlichten *demokratischen Legitimationsprinzips* beruht.

Dort sind *Recht und Politik nicht voneinander trennbar*, weil das ungeteilte *Volk principium* von Recht *und Politik* ist. Die Tätigkeit der nach Maßgabe des Verfassungsrechts mit politischer Entscheidungsfreiheit ausgestatteten „Verfassungsorgane“ dieses Staats vollzieht sich genauso „im Namen des Volkes“ wie die Tätigkeit der Gerichte, die ad hoc Recht „sprechen“. Die Setzung des Rechts, nach dem unterhalb der Ebene des Verfassungsrechts beurteilt werden kann, ob ein Staatsorgan für eine Handlung zuständig und sein Handeln inhaltlich rechtmäßig gewesen ist, ist eine politische Entscheidung, die aufgrund der Verfassung den parlamentarischen Gesetzgebungsorganen zukommt, deren Gesetze grundsätzlich den Vorrang auch vor den Normativakten administrativer Staatsorgane haben. Die Gesetzgebungsorgane sind ebenso wie die dem „Bereich der Regierung“ angehörenden Verfassungsorgane nach Maßgabe des Verfassungsrechts auch von der Fortdauer des in ihrer Wahl oder Bestellung zum Ausdruck gelangten „Vertrauens“, d. h. von ihrer demokratischen Legitimation, abhängig, was ihre – im einzelnen verschieden ausgestaltete[2] – kurzfristige „Amtszeit“ und gegebenen-

[2] Die zwischen den einzelnen Verfassungen bestehenden erheblichen Unterschiede in der verfassungsrechtlichen Ermöglichung und Ausgestaltung der politischen Abhängigkeit des Staatsapparats vom „souveränen Volk“ haben mehrere Ursachen, auf die hier nicht näher eingegangen werden kann.

falls ihre Abberufbarkeit zur Folge hat. Demgegenüber werden die Entscheidungen der Gerichte, die im Zuge der neueren Entwicklungen auch über die Gesetzmäßigkeit und Verfassungsmäßigkeit des Handelns von administrativen Behörden befinden können, von Richtern getroffen, die gemäß der „klassischen" Formulierung der Verfassungstexte „unabhängig und nur dem Gesetz unterworfen" sind, denen also, anders ausgedrückt, nicht das politische „Vertrauen" entzogen werden kann. Selbstverständlich sind aber *auch die Entscheidungen der Gerichte „politische" Entscheidungen.* Nicht nur beurteilen sie den der gerichtlichen Kognition jeweils unterbreiteten Sachverhalt mit einer jedenfalls die Streitparteien bindenden Wirkung (sie schaffen „materielle Rechtskraft" inter partes), sondern sie sind, da sie nicht in einem bloß automatischen „Vollzug" der Gesetze bestehen, als „Konkretisierungen" des „abstrakten" Gesetzes auch „Setzungen" von Recht; nur kann die Übereinstimmung dieser Setzungen von Recht mit dem von den parlamentarischen Gesetzgebungsorganen gesetzten Recht der Gesetze nach Erschöpfung des gerichtlichen Instanzenzuges in einem rechtlich geordneten Verfahren nicht mehr in Frage gestellt werden.

Die aus dieser „richterlichen Unabhängigkeit" der demokratischen Legitimation *aller* Staatsgewalt potentiell drohende Gefahr eines „gouvernement des juges" wird nach dem „klassischen" Rezept ("en quelque façon nul") Montesquieus durch die „politische Ohnmacht" der Gerichte kompensiert. Die gerichtliche Entscheidung darf keine über den entschiedenen Einzelfall hinausgehende Bindung erzeugen; und der von den Gesetzen normierte Begründungszwang für alle gerichtlichen Entscheidungen impliziert, daß die Begründung sich nur auf das geltende Recht, nicht aber entscheidend auf Erwägungen einer politischen Legitimation stützen darf, die das geltende Recht transzendiert. Das gilt natürlich auch dann, wenn eine das geltende Recht transzendierende politische Begründung aktuell von einem weitgehenden gesellschaftlichen Konsens getragen sein sollte. Dieser Punkt ist zu unterstreichen. Wir werden nämlich sehen, daß die von der „Rechtsstaatsidee" influenzierten Entscheidungen des BVerfG in ihren Begründungen zu Lasten des positivierten Rechts ihre Legitimation an situativ konsentierten politischen Befürfnissen suchen.

Fazit: Kennzeichnend für die Funktionslogik des ideologisch auf der Volkssouveränität (dem „demokratischen Legitimationsprinzip") aufruhenden westeuropäischen bürgerlichen Verfassungsstaats mit parlamentarischem Regierungssystem ist die *Einheit von Legalität und Legitimität*, die *Legitimität* sowohl der nach Erlangung von „Rechtskraft" grundsätzlich nicht mehr abänderbaren Justizakte als auch der grundsätzlich abänderbaren nichtjustiziellen Staatsakte ist bereits *mit ihrer Legalität gegeben.* Das Verhältnis von *Recht und Politik* ist in diesem Verfassungsstaat *ein sich dialektisch fortbewegendes Verhältnis von Inhalt und Form ein und derselben Substanz.*

III

Die Funktionslogik des Organgefüges dieses Verfassungstyps wird derangiert, sein Verfassungsrecht wird verletzt und seine dialektische Einheit von Recht und Politik wird aufgesprengt, wenn die oberste Etage seines Organgerüsts mit einer Verfassungsgerichtsbarkeit bereichert wird, die nach dem Vorbild der regulären Gerichte Recht „sprechen" soll und deshalb mit der regulären richterlichen Unabhängigkeit ausgestattet ist, deren Entscheidungen aber für alle anderen Gerichte über den entschiedenen Einzelfall hinaus bindend sind[3] und so deren Unabhängigkeit partiell beseitigen. Dieselbe Wirkung hat die Befugnis eines Verfassungsgerichts, im parlamentarischen Gesetzgebungsverfahren ergangene Gesetze nicht nur für den von ihm entschiedenen Einzelfall als verfassungsrechtswidrig zu erklären, sondern generell zu kassieren.

In der enorm praxisnahen und enorm voluminösen und besonders mit ihren „Kommentaren" auf die Praxis wieder zurückwirkenden staatsrechtlichen Literatur der BRD wird, was die allgemeine Bindungskraft der Entscheidungen des BVerfG angeht, so gut wie einhellig die Meinung vertreten, daß *den Entscheidungen des BVerfG ein höherer Rang als den Gesetzen zukommt*, so daß die einmalige Feststellung der Verfassungswidrigkeit eines Gesetzes durch das BVerfG auch jedem künftigen Gesetz gegenüber die Kraft einer aufhebenden lex posterior besitzt. Das BVerfG ist also ein „Super-Gesetzgeber".[4] Für das BVerfG als die extremste aller bisher erfolgten Realisationen von Verfassungsgerichtsbarkeit ist gerade diese von der Doktrin contra constitutionem erfundene Befugnis der „Super-Gesetzgebung" spezifisch. Es wäre damit, da es doch zugleich auch ein „Gericht" sein soll – es heißt „Gericht" und seine Verfahrensweise ist die eines Gerichts –, ein „gewaltenvereinigendes" Organ par excellence. Ein solches darf es aber nach den Vorstellungen der vom BVerfG selbst immer noch teilweise durchgehaltenen „klassischen" Gewaltenteilungslehre, die pikanterweise ein zentraler Glaubensartikel und Programmpunkt ausgerechnet der älteren *„Rechtsstaats"*–Lehren ist, gar nicht geben.[5] Nicht genug damit: Weil das vom BVerfG erzeugte Super-Gesetzesrecht von keiner anderen Instanz mehr geändert oder

[3] Das schreibt das Bundesverfassungsgerichtsgesetz (BVerfGG) in evidentem Widerspruch zur Verfassungsgarantie der Unabhängigkeit für alle Gerichte (Art. 97 Abs. 1 des Grundgesetzes [GG]) in § 31 vor.

[4] § 31 Abs. 1 BVerfGG lautet vollständig: „Die Entscheidungen des Bundesverfassungsgerichts binden die Verfassungsorgane des Bundes und der Länder sowie alle Gerichte und Behörden."

[5] Eine gewisse Ahnung vom inneren Widerspruch einer Doppelfunktion des BVerfG (die man deswegen auch nicht klar zu artikulieren wagt) klingt in der orakelhaft-enigmatischen Formulierung von § 1 BVerfGG an: „Das Bundesverfassungsgericht ist ein allen übrigen Verfassungsorganen gegenüber selbständiger und unabhängiger Gerichtshof des Bundes . . ." Damit wird das „Sowohl – als auch" sehr diskret umschrieben.

auf seine Verfassungsmäßigkeit hin überprüft werden kann, sperrt das BVerfG insoweit auch den verfassungsmäßigen Verfassungsrevisor aus und betätigt sich objektiv selbst als permanenter Verfassungs-Revisor. Selbstverständlich ist auch das, nämlich nach Art. 79 GG verboten, der die Zuständigkeit für die Verfassungsrevision nur den parlementarischen Gesetzgebungskörperschaften zuweist und die Wahrnehmung dieser Zuständigkeit strengen Vorschriften unterwirft (die aber natürlich nicht an das BVerfG adressiert sind, weil dieses der irreführenden Hypothese zufolge als „Gericht" eben kein Gesetzgeber noch weniger ein verfassungsrevidierender Gesetzgeber ist).

Doch kommt es für die Beantwortung der Gretchen-Frage, ob das BVerfG ein Verfassungsorgan oder ein Gericht ist, natürlich nicht entscheidend darauf an, was es unter der „rechtsstaatlichen" Prämisse der „Gewaltenteilung", sondern darauf, was es im Rahmen der dialektischen Funktionslogik des bürgerlich-demokratischen Verfassungsstaats sein und nicht sein kann. In diesem Rahmen ist ein Staatsorgan, das mit ein und derselben Tätigkeit zugleich Gericht und Verfassungsorgan ist, genauso wenig denkbar wie das sprichwörtliche „hölzerne Eisen". Die Antwort auf die also nur mit „Entweder – Oder" zu stellende Frage fällt eindeutig zugunsten der zweiten Alternative aus: Das BVerfG ist ein Verfassungsorgan und kein Gericht! Und das ungeachtet seiner gerichtlichen Verfahrensweise im allgemeinen und der Tatsache im besonderen, daß es bei der Prüfung von Verfassungsbeschwerden gegen Urteile regulärer Gerichte diesen letzteren gegenüber auch als Revisionsinstanz tätig werden kann (was es in seinen eigenen Entscheidungen – auch dies in Übereinstimmung mit dem größten Teil der Literatur – allerdings bestreitet). Das BVerfG hat nämlich eine „Methode" entwickelt, die ihm selbst die freie Entscheidung darüber beläßt, ob es in die Überprüfung eines mit der Verfassungsbeschwerde angefochtenen „fachgerichtlichen" Urteils auf seine Vereinbarkeit mit den verfassungsmäßigen Grundrechten überhaupt eintritt. Das Kriterium dafür wird aus der dem positiven Verfassungsrecht unbekannten Differenzierung zwischen „spezifischem" und sonstigem Verfassungsrecht genommen; auch damit erweist sich das BVerfG als ein jenseits der Verfassung und der Gesetze „Recht" schaffendes Verfassungsorgan.

Das BVerfG ist also nach der real vorhandenen Beschaffenheit und Ausgestaltung seiner Funktion kein Gericht, sondern ein Verfassungsorgan,[6] das als solches eine weitgehend verfassungsrechtswidrige Tätigkeit ausübt und dabei das „objektive Verfassungsrecht" hütet, dessen Inhalt mit der Summe aller vergangenen, gegenwärtigen und zukünftigen Judikate des BVerfG identisch ist.

6 Einer instinktiv den Kern der Sache treffenden Überzeugung folgend, reihen denn auch die Politiker und die politischen Medien das BVerfG bei den übrigen Verfassungsorganen (Bundestag, Bundesrat, Bundesregierung, Bundespräsident) ein, und zwar als letztes und höchstes dieser Verfassungsorgane.

Bei näherer Betrachtung *fehlt* es dem BVerfG auch bei seiner verfassungsrechtsschöpferischen Tätigkeit jenseits der Verfassung *nicht* an dem *Eigeninitiativrecht*, das ihm allerdings wegen seiner pseudo-gerichtlichen Aufmachung weder vom GG noch vom parlamentarischen Gesetzgeber verliehen worden ist. Es gibt nämlich insofern einen – verblüffend einfachen – Abhilfemechanismus, der durch eine förmliche GG-Änderung (das 19. Gesetz zur Änderung des GG vom 29. 1. 1969) auch sogar mit dem Rang formellen Verfassungsrechts ausgestattet (im GG „verankert") wurde. Das ist das schon genannte Institut der Verfassungsbeschwerde (mit dessen „Verankerung" im GG die Sozialdemokratie in den 60er Jahren für ihre Zustimmung zur Notstandsgesetzgebung entlohnt worden ist), die jedermann, auch juristische Personen, Interessenverbände usw., gratis nahezu formlos und ohne durch einen Rechtsbeistand vertreten sein zu müssen, beim BVerfG erheben kann, wenn er geltend macht, durch einen Akt der Staatsgewalt in seinen Grundrechten verletzt zu sein. Durch dieses wohl kostbarste Juwel in der verfassungsgerichtlichen Krone des „Rechtsstaats" ist zuverlässig gesichert, daß die verfassungsgerichtliche Überprüfung der Gesetzgebung und der ihrerseits auch die Exekutive überprüfenden Rechtsprechung, die das BVerfG nicht sua sponte in Bewegung setzen kann, doch auf allen aktuell wichtigen Lebensgebieten durch irgendeinen quivis ex populo in Tätigkeit gesetzt wird. Das so ausgestaltete Institut der Verfassungsbeschwerde gilt als „rechtsstaatlich unverzichtbar"; und das ist es ja auch, weil es funktionell das dem BVerfG fehlende originäre Initiativrecht ersetzt. Daß es zur Überflutung des BVerfG mit Tausenden von Verfassungsbeschwerden führt, kann mit Leichtigkeit abgefangen werden, weil das BVerfG die Freiheit behält, nur die Verfassungsbeschwerden seiner Auswahl zu behandeln. Verfassungsbeschwerden können nämlich durch eine *nicht (!) begründungspflichtige* Entscheidung eines Ausschusses des BVerfG zurückgewiesen werden, wenn sie „keine Aussicht auf Erfolg" haben.[7]

Schließlich ist auch die Meinung zu korrigieren, die Rechtsschöpfung durch das BVerfG sei nur „negativen", kassatorischen Charakters. So usurpiert das BVerfG die „positive" Rechtsschöpfungsinitiative häufig dadurch, daß es die ihm zur Entscheidung vorgelegten Rechtsfragen autonom vermehrt, die rechtspolitische Programmbildung der parlamentarischen Gesetzgebungsorgane durch obiter dicta beeinflußt und dem parlamentarischen Gesetzgeber „Empfehlungen" für seine Gesetzgebung zukommen läßt, die erfahrungsgemäß mit großer Gewissenhaftigkeit befolgt werden. Zu diesem Zweck formuliert des BVerfG außerhalb des eigentlichen Entscheidungstextes gegebenenfalls umfangreiche „Leitsätze", die dem parlamentarischen Gesetzgeber als „biblische" Grundlage dienen[8] und von den regulären Gerichten vielfach wie verfassungsrechtliche Normierungen

[7] Vgl. dazu H. Ridder, Operation Verfassungsbeschwerde, in: NJW, 38/1972, S. 1689 ff.
[8] Ein instruktives Beispiel ist das sog. Diäten-Urteil vom 5. November 1975 (BVerfGE, 40, Tübingen 1976, S. 296).

„angewandt“ werden (dem hat sich auch bereits die akademische Juristenausbildung weitgehend angepaßt, indem auch dort mit „Leitsätzen“ des BVerfG wie mit Rechtssätzen der Verfassung umgegangen wird).

IV

Da die Entscheidungen des BVerfG in einem justizförmigen Verfahren ergehen, müssen sie wie Urteile begründet werden und in der Begründung als Ergebnisse der „Anwendung“ von im GG enthaltenem Verfassungsrecht präsentiert werden.

Nicht selten doziert das BVerfG in den Begründungen seiner Entscheidungen über die „Methode“ seiner eigenen Entscheidungsfindung, um die Entscheidungsfindung als einen Vorgang der Rechtsprechung zu rechtfertigen. Ich zitiere aus dem insofern besonders aufschlußreichen sog. Soraya-Beschluß (BVerfGE 34, S. 269), bei dem es darum ging, eine eindeutig gesetzwidrige, vor allem auf die „Menschenwürde“ und das „Persönlichkeitsrecht“ gestützte Rechtsprechung der Zivilgerichte, wonach bei schweren Verletzungen des allgemeinen Persönlichkeitsrechts Ersatz in Geld auch für immaterielle Schäden (Beschädigungen der Ehre) beansprucht werden kann, trotz ihrer Rechtswidrigkeit für mit dem GG vereinbar zu erklären:

„Die traditionelle Bindung des Richters an das Gesetz, ein tragender Bestandteil des Gewaltentrennungsgrundsatzes und damit der Rechtsstaatlichkeit (!), ist im Grundgesetz jedenfalls der Formulierung nach dahin abgewandelt, daß die Rechtsprechung an ‚Gesetz und Recht‘ gebunden ist (Art. 20 Abs. 3). Damit wird nach allgemeiner Meinung ein enger Gesetzespositivismus abgelehnt. Die Formel hält das Bewußtsein aufrecht, daß sich Gesetz und Recht zwar faktisch im allgemeinen, aber nicht notwendig und immer decken. Das Recht ist nicht mit der Gesamtheit der geschriebenen Gesetze identisch. Gegenüber den positiven Satzungen der Staatsgewalt kann unter Umständen ein Mehr an Recht bestehen, das seine Quelle in der verfassungsmäßigen Rechtsordnung als einem Sinnganzen besitzt und dem geschriebenen Gesetz gegenüber als Korrektiv zu wirken vermag; es zu finden und in Entscheidungen zu verwirklichen, ist Aufgabe der Rechtsprechung. Der Richter ist nach dem Grundgesetz nicht darauf verwiesen, gesetzgeberische Weisungen in den Grenzen des möglichen Wortsinns auf den Einzelfall anzuwenden. Eine solche Auffassung würde die grundsätzliche Lückenlosigkeit der positiven staatlichen Rechtsordnung voraussetzen, ein Zustand, der als prinzipielles Postulat der Rechtssicherheit vertretbar, aber praktisch unerreichbar ist. Richterliche Tätigkeit besteht nicht nur im Erkennen und Aussprechen von Entscheidungen des Gesetzgebers. Die Aufgabe der Rechtsprechung kann es insbesondere erfordern, Wertvorstellungen, die der verfassungsmäßigen Rechtsordnung immanent, aber in den Texten der geschriebenen Gesetze nicht oder nur unvollkommen zum Ausdruck gelangt sind, in einem Akt des bewertenden Erkennens, dem auch willenhafte Elemente nicht fehlen, ans Licht zu bringen und in Entscheidungen zu realisieren. Der Richter muß sich dabei von Willkür freihalten; seine Entscheidung muß auf rationaler Argumentation beruhen. Es muß einsichtig gemacht werden können, daß das geschriebene Gesetz seine Funktion, ein Rechtsproblem gerecht zu lösen, nicht erfüllt. Die richterliche Entscheidung schließt dann diese Lücke nach den Maßstäben der praktischen Vernunft und den ‚fundierten allgemeinen Gerechtigkeitsvorstellungen der Gemeinschaft' ... Dieses Ergebnis ist ‚Recht' im Sinne des Art. 20 Abs. 3 GG – nicht im Gegensatz, sondern als Ergänzung und Weiterführung des geschriebenen Gesetzes ..."

Der langen Rede *systemgerechter Un-Sinn:*

Das demokratisch legitimierte Gesetz, dem der Richter unterworfen ist, darf vom Richter, der aus der „Quelle der verfassungsmäßigen Rechtsordnung als einem Sinnganzen" schöpft, geändert werden („Korrektiv!"), was aber gar keine Änderung, sondern eine „Ergänzung und Weiterführung des geschriebenen Gesetzes" sein soll. Das „Mehr" an Recht besteht in einem Weniger an Gesetzlichkeit; der zitierte Art. 20 Abs. 3 GG, wonach „die vollziehende Gewalt und die Rechtsprechung ... an Gesetz und Recht gebunden" sind, erhält einen neuen Inhalt, wonach das „Gesetz" dem „Recht" untergeordnet wird (praktisch verschmelzen in der Entscheidungspraxis des BVerfG „Gesetz und Recht" zu einem Hendiadyoin, dessen begrifflicher Inhalt mit dem vom BVerfG ermittelten „Recht" identisch ist). Die scheinbar allen Richtern bewilligte Befugnis zu „schöpferischer Rechtsfindung" dieser Art kommt in Wirklichkeit allein dem BVerfG zu, das als selektiv-ubiquitäre Super-Revisions-Instanz die Kommandobrücke der *Ent-Gesetzlichung* der Rechtsprechung besetzt hält. Gesetze des parlamentarischen Gesetzgebers, die in das Bild des BVerfG vom „rechtsstaatlichen" Verfassungsrecht nicht passen, werden, soweit sie nicht für verfassungswidrig erklärt werden, vielfach *im Wege der sogenannten verfassungskonformen Auslegung mit einem neuen Inhalt versehen,* womit der parlamentarische Gesetzgeber von der Gesetzesmaterie dann allerdings nur bis auf weiteres, d. h. bis zu seinem eigenen neuen Tätigwerden, ausgesperrt ist. Das positive GG selbst wird auf dem Prokrustesbett des vom BVerfG nur in Anlehnung an den Verfassungstext gestalteten „objektiven Verfassungsrechts" behandelt. Die dabei benutzten Techniken können hier nicht im einzelnen vorgestellt werden. Sie haben den von Herrn Prokrustes hinterlassenen schlichten Bestand (Extension oder Amputation) verfeinert, aber nicht preisgegeben.

Die *Grundtechnik* besteht im Aufbau von *„Spannungen"* (oder „Spannungsverhältnissen") zwischen GG-Normen oder zwischen einer GG-Norm und einem „Wert", der nicht notwendig im GG, ja der überhaupt nicht normiert sein muß. In einem zweiten Akt wird das aufgebaute „Spannungsverhältnis" dadurch ent-spannt, daß die Norm, die zu einem unerwünschten Entscheidungsergebnis führen würde, ganz oder teilweise ihre Verbindlichkeit verliert. Dieser Vorgang heißt „*Abwägung*"; indem es diese „Abwägung" veranstaltet, nimmt das BVerfG eine typisch gesetzgeberische Funktion wahr; es wiederholt die legislatorische bzw. verfassungsgeberische Deliberation – nach seinen eigenen Vorstellungen. Dem ganzen GG unterschiebt das BVerfG eine Unterscheidung zwischen Normen, die angeblich „*Wertentscheidungen*" enthalten, und Normen, bei denen das eben nicht der Fall ist. GG-Normen, die „Wertentscheidungen" enthalten, sind vor allem die Grundrechte, die auf diese Weise unter der Hand mit den „Werten" selbst vertauscht werden, zu deren Schutz nach Auffassung des BVerfG der GG-Geber die „Wertentscheidung" getroffen hat. Aus der Summierung der „Wertentscheidungen" ergibt sich, ohne daß jemals die einzelnen Additionsposten klar benannt und die Summe klar konturiert wird, eine angeblich geschlossene, in Wahrheit flexible und in sich wieder hierarchisierte, „*Wertordnung*" (auch „wertgebundene Ordnung" oder „Wertsystem des Grundgesetzes" genannt).

Das Ganze ist eine Mystifikation kraft juristischer Weltanschauung, die Politik ausnahmslos als „Vollzug" von „Aufträgen" der Verfassung als Verfassungsgesetz begreift und unter dem Einfluß des „Rechtsstaats"-Denkens diesen Vollzug sub specie des „Rechts" ausnahmslos überprüfbar machen will. Die pseudogerichtliche Überprüfung wird ermöglicht durch die ideologische Herstellung der „Wertordnung", die lückenlos ist und als eine per Fiktion mit höherem normativem Rang ausgestattete Reserve von „Recht" das lückenhafte positive GG überlagert und bedarfsweise verändert oder ergänzt. Was zu den „Wertentscheidungen" gehört, die die „Wertordnung" konstituieren, wird von „*Verfassungsprinzipien*" bestimmt, die man als normative Bestandteile des positiven GG nachzuweisen versucht und zugleich ebenfalls mit einem höheren Geltungsrang ausstattet als den übrigen Inhalt des GG.

Die so vollbrachte Modifikation des positiven Verfassungsrechts ist niemals abgeschlossen, sondern erfolgt in einem *permanenten unendlichen Prozeß*, in dem die zu inflationärer Blüte gelangte staatsrechtliche Fachliteratur großenteils die Rolle eines Vermittlers zwischen dem Text des GG und der Judikatur des BVerfG sowie zwischen den Widersprüchen innerhalb der BVerfG-Judikatur übernommen, also die typische Funktion der *Glosse* bei der Wiederbelebung des römischen Rechts hat. Der Modifikationsprozeß ist unendlich und offen, weil er zu jeder Zeit nur die sich ändernden Inhalte des teils veröffentlichten, teils stillschweigend-konkludenten (und zwecks Erreichung möglichst großer „pluralistischer" Breite auch zu Kompromissen und Zugeständnissen bereiten) Konsenses der Machteliten über das für die Stabilität des politisch-ökonomischen Systems für unerläßlich gehaltene Ausmaß der Modifikation reflektiert; die einzelnen Modifikationen sind also niemals „willkürlich".

Was die Grundrechte des GG angeht, die nach der von einem höchst naiven Glauben an die politische Gewalt positivierten Rechts getragenen emotionalen Entscheidung des GG-Gebers „Gesetzgebung, vollziehende Gewalt und Rechtsprechung als *unmittelbar geltendes Recht*" binden (Art. 1 Abs. 3 GG), wirkt sich der Modifikations- und Transformationsprozeß natürlich unterschiedlich aus, nämlich entsprechend der in der „Rechtsstaatsidee" angelegten politischen Wertentscheidung. Es gibt unter dem Aspekt der Entelechie der „Rechtsstaatsidee" wegen ihrer Affinität zum demokratischen Prinzip „gefährliche" Grundrechte, bei denen die der präventiven Stabilisierung des politisch-ökonomischen Systems dienende Strategie der zur Auflösung und Auslöschung tendierenden Flexibilisierung des positiven Rechts das Amputationsverfahren bevorzugt; und es gibt „ungefährliche", nämlich für den Schutz der systembedingten vermögensmäßigen Besitzstände taugliche Grundrechte, bei denen sich die Extensionsmethode nahelegt.[9] Das wichtigste Beispiel der erstgenannten Art ist die Meinungsfreiheit (Art. 5 GG), die also in der Judikatur des BVerfG tendenziell minimiert wird.[10] Das bedeutsamste Grundrecht der zweiten Art ist die Eigentumsfreiheit (Art. 14 GG), die in der Nachfolge einer schon bis in die Zeit der Reichsrepublik von Weimar zurückreichenden Judikatur auch vom BVerfG grundsätzlich maximierend traktiert wird.

Die *systemapologetische Ideologie* – qua Ideologie das Bewußtsein gestaltend, ohne in ihm enthalten zu sein – ist ursächlich für die systemgerechte Hervorhebung des Privateigentums, das aber bei der Chiffrierung in der Jurisprudenz nicht auf seine Bedeutung als Verfügungsrecht über die Produktionsmittel, sondern als Implementation der „Menschenwürde" (Art. 1 GG) und konkrete „Entfaltung der Persönlichkeit" (Art. 2 Abs. 1 GG) angesprochen wird. In der Monstranz der „Menschenwürde" können statt des expliziten Eigentumsgrundrechts des Art. 14 GG auch die vom BVerfG entgegen dem klaren Wortlaut der Verfassung aus Art. 12 Abs. 1 GG entwickelte „Berufsfreiheit" (relevant für den „Beruf" des Unternehmers; Unternehmer kann nicht nur eine natürliche, sondern auch eine juristische Person sein) oder unmittelbar Art. 2 Abs. 1 GG (als Grundrecht auf die freie Entfaltung der Unternehmerpersönlichkeit) zur Anbetung ausgesetzt werden. Mit ungleich stärkerem Pathos als die möglicherweise für die Gewährleistung eines unmanipulierten demokratischen Meinungs- und Willensbildungsprozesses tauglichen Grundrechte werden die eigentumsbezogenen Grundrechte aus einem *apriorischen Grundrecht der privaten individuellen Per-*

[9] Zu diesen einander entgegengesetzten Richtungen der Veränderung des normativen Schutzbereichs der Grundrechte vgl. H. Ridder, Vom Wendekreis der Grundrechte, in: Leviathan. Zeitschr. f. Sozialwiss. (Düsseldorf), 4/1977, S. 467 ff.

[10] Das wurde 1958 vom BVerfG unter Benutzung der „Abwägungs"-Methode im sog. Lüth-Urteil (BVerfGE, 7, Tübingen 1958, S. 198) erstmals in größerer Ausführlichkeit und mit durchschlagender präjudizieller Wirkung für die gesamte Jurisprudenz demonstriert. Nach dieser Entscheidung – ich fasse das Ergebnis der Argumentation des BVerfG in einem Satz zusammen – kann das Grundrecht der Meinungsfreiheit in seinem vollen Umfang nur wahrnehmen, wer sich dessen durch positive Stabilisierungsarbeit als würdig erweist.

sönlichkeit abgeleitet, das auf ein „*Menschenbild des Grundgesetzes*" hinweist.[11] Wir machen hier Bekanntschaft mit der Chiffrierung der Immunisierung des politisch-ökonomischen Systems in einer sich an den common sense der Abnehmer wendenden und vom common sense der Urheber geprägten Sprache, die die einer profanen Pastoraltheologie ist. Das politische Phänomen „Gesellschaft" taucht in der Sprache des BVerfG nicht auf. Die zentrale Größe ist und bleibt das Einzelindividuum, „der Mensch" (niemals „die Menschen") mit seiner „Menschenwürde". „Der Mensch" ist in Gestalt von 60 Millionen autonomen Individuen, die alle mit einem „Persönlichkeitsrecht" ausgestattet sind, 60 Millionen mal vorhanden. Er unterliegt zwar einer „Gemeinschaftsgebundenheit" oder „Gemeinschaftsbezogenheit"; aber das sind Nachklänge einer „deutschen" Sozialphilosophie à la Ferdinand Tönnies, in der eine paternalistisch-patriarchalische „Gemeinschaft" als eine schon vorhandene Ordnung sich gegen das Veränderungspotential von „Gesellschaft" verteidigt. So wie für die kirchliche Pastoraltheologie der einzelne Mensch der maßgebliche Bezugspunkt bleibt, weil nur er eine Seele hat und es keine Kollektivseele gibt, bleibt für die profan pastoraltheologische Chiffriersprache des BVerfG und seiner staatsrechtlichen Trabantenliteratur das Einzelindividuum, das von der Aura des von ihm ausstrahlenden „Persönlichkeitsrechts" umgeben ist, der letzte Bezugspunkt. Die gesellschaftliche Realität stellt sich dann als ein verwirrendes Gegeneinander von konfligierenden Ausstrahlungen dar, für dessen Entwirrung letztlich das BVerfG als Verkündiger der „Wertordnung des Grundgesetzes" zuständig ist.

Welche subjektiven politischen Zielvorstellungen die Richter des BVerfG bewegen, die schon aus Zeitgründen die Ausformulierung des sentimentalen Unsinns mehr oder minder weitgehend dem Hilfspersonal des BVerfG überlassen müssen, kann völlig dahingestellt bleiben. Denn das *BVerfG* selbst ist *kein Dirigent der Politik*. Es verfügt über keine eigenen Machtressourcen und ist alles andere als politisch „allmächtig". Es kann nur innerhalb des Rahmens agieren, der ihm als einem *tatsächlichen Hüter des politisch-ökonomischen Systems* gezogen ist. Ohne seine eigene Existenz oder die Akzeptanz seiner Entscheidungen zu gefährden, kann es nie weitergehen, als der das System tragende machtgestützte Konsens erlaubt, von dem es selbst getragen wird.

[11] Zum „Menschenbild des Grundgesetzes", das ein Menschenbild des BVerfG ist und, weil es nur ein „Bild" ist, das an der konkreten Befindlichkeit der Menschen vorbei geht (und damit gegen das durch und durch „materialistische" Zweite Gebot des Dekalogs verstößt), polemisch: H. Ridder, „Das Menschenbild des Grundgesetzes", in: DuR, 2/1979, S. 123 ff.

V

Die vom BVerfG praktizierte Verfassungsgerichtsbarkeit in der BRD legitimiert sich, wie wir sahen, ipso facto ihrer Tätigkeit an dem von ihr geschaffenen Recht. Daß diese undemokratische Einrichtung sich innerhalb von weniger als 10 Jahren, politisch kaum angefochten, in ihre Funktion hat einpendeln können, ist ein Indiz für die weiterhin chronische Schwäche, wenn nicht Absenz der demokratischen Ideologie, die ja auch in der staatsrechtlichen Jurisprudenz von Weimar keine Rolle gespielt hat. Sehr nahe liegt dann die Schlußfolgerung, daß auch die sehr schnelle Etablierung und Konsolidierung des plakativ und gewalttätig antidemokratischen Nazi-Regimes in Deutschland sich weniger der psychischen Gewaltanwendung und Repression verdankt, als vielmehr eine „natürliche" Folge der Schwäche von demokratischer Ideologie gewesen ist und das Jahr 1933 insoweit genauso wenig einen „Bruch" in der deutschen Verfassungsgeschichte darstellt wie die Entstehung und Entwicklung des Regierungssystems der BRD nach der militärisch-gewaltsamen Zerschlagung des nazistischen Macht- und Staatsapparates durch die Siegermächte des zweiten Weltkriegs. Die kontinuierliche Virulenz der „Rechtsstaatsidee", die in der Formierungsphase der „nationalliberalen Ära" geboren wurde, ist seitdem sozusagen der rote Faden, an dem sich auch in rechtlicher Hinsicht die zeitlich aufeinander folgenden Etappen der jeweils unterschiedlichen antidemokratischen Gestaltung der Verfassungsordnung aneinanderreihen lassen. Rollt man diese Wirkungsgeschichte der „Rechtsstaatsidee" von heute nach rückwärts auf, so beginnt man also mit dem Optimum von heute, das gekennzeichnet ist durch die Kontrolldichte einer einzigen über die Verfassung verfügenden zentralen Instanz, des BVerfG, dessen Entscheidungsamplitude mit der Amplitude der Entscheidungsmöglichkeiten aller anderen Verfassungsorgane einschließlich des Parlaments kongruent ist – eine Amplitude, deren Grenzen durch den konstellationsbedingt wechselnden Konsens der Machteliten über den jeweiligen Stabilisierungsbedarf an „Recht", aber nicht durch das positivierte Recht determiniert sind.

Von zeichenhafter Bedeutung für diese Realisation der „Rechtsstaatsidee" ist die Degradierung der Volkssouveränität bereits im Arrangement des GG-Textes. Dort fristet die Volkssouveränität noch ein floskelhaftes Dasein in der „klassischen" westeuropäischen Formulierung „Alle Staatsgewalt geht vom Volke aus" (Art. 20 Abs. 2 Satz 1 GG). Ihre Unterordnung unter die „Menschenwürde" (Art. 1 Abs. 1 GG) indiziert ihre Reduktion auf einen ideologischen Null-Wert. Denn entweder gibt es die Volkssouveränität, oder es gibt sie nicht; eine untergeordnete Volkssouveränität ist keine. Diese auch aus der geschriebenen Verfassung der BRD ablesbare Reduzierung des demokratischen Prinzips ist eine Folge der dominierenden Fehldeutung der vorausgegangenen Etappe der Wirkungsgeschichte der „Rechtsstaatsidee", des „Dritten Reichs", das bald eine einzige brüllende Orgie materialer „Rechtsstaatlichkeit" wurde (in der propagandistischen Chiffriersprache des „Dritten Reichs": „Recht ist, was dem Volke nützt, Unrecht, was ihm schadet"). Diese Realisation, die noch nicht einmal ein eindeutiges politisches Entscheidungszentrum herzustellen vermocht hat und dennoch in der Lage war, mit geballter physischer Kraft den zweiten Weltkrieg zu entfesseln, war nach der amtlich vertretenen Legende ein Produkt des „massendemokratischen Mehrheitsabsolutismus" o. ä., weswegen die von ihm verletzte „Menschenwürde" in der BRD die Volkssouveränität entthronen muß. Die dem „Dritten Reich" vorausgegangene Realisation, die Reichsrepublik von Weimar, hat der Legende zufolge durch ihr Übermaß an demokratischen Verfassungsinstitutionen den Übergang ins „Dritte Reich" erleichtert. Die historische Wahrheit ist, daß ihr Defizit an ideologischer Verinnerlichung des demokratischen Prinzips für das Ausbleiben eines massenhaften Widerstands gegen die Usurpationsakte der Steigbügelhalter und der Nazis ursächlich ist. Dem entsprach auch der ideologische Zustand der Staatsrechtslehre von Weimar. Die Proklamation der Volkssouveränität in Art. 1 Abs. 2 der Reichsverfassung von Weimar (immerhin noch an der Spitze der Verfassung) war für die Staatsrechtslehre völlig folgenlos geblieben. Selbst die einzigen Vertreter der Staatsrechtslehre, die nicht dezidierte Antidemokraten waren, also die „Positivisten", konnten den versuchten Übergang zur Republik nur bei der „normativen Kraft des Faktischen" registrieren. In der ideologischen Demokratielosigkeit von Weimar setzt sich die Demokratielosigkeit der vorausgegangenen Realisation der „Rechtsstaatsidee" fort, also der „konstitutionellen Monarchie", deren demokratieabwehrende Institutionen von Weimar komplett übernommen worden waren.

In dieser deutschen „konstitutionellen Monarchie" konnte „Rechts-Staat" nur als ein Staat gedacht werden, der, an die Stelle des absoluten Monarchen tretend, also im Besitz des Rechtserzeugungsmonopols, sich selbst durch das von ihm erzeugte Recht beschränkt, nicht als ein Staat, der durch ein vom souveränen Volk erzeugtes Recht überhaupt erst konstituiert wird. Der Staat dieses „Rechtsstaats" bleibt also als ein dem Recht präexistenter Staat potentiell ein princeps legibus solutus mit einer latenten unerschöpflichen Reserve von rechtlich nicht begrenzter Macht.

Die wichtigste Operationsbedingung für die „Rechtsstaatsidee" war also das ideologische Überleben des sich nach dem Modell der monarchischen Legitimation selbst legitimierenden Staats, den die deutschen Professoren schon im 19. Jahrhundert auch zu einer souveränen „juristischen Person" gemacht haben. Das war der ideologische Reflex des Scheiterns des Reichsverfassungsprojekts der Nationalversammlung in der Paulskirche zu Frankfurt a. M. 1848/49.[12] Das Bündnis liberaler und konservativer Kräfte, das seither die „konstitutionelle

[12] Besiegelt wurde das Schicksal der Reichsverfassung von 1849 durch den hoffnungslos widersprüchlichen Versuch, im König von Preußen als dem „Kaiser der Deutschen" monarchisches und demokratisches Legitimationsprinzip miteinander zu vereinigen.

Monarchie“ trug, entfaltete mit der „Rechtsstaatsidee“ ein materiales Gesamtkonzept, das im wesentlichen der Entfaltung der privatkapitalistischen Ökonomie Vorschub leisten und dabei die überkommenen feudalen Besitzstände schonend behandeln wollte. Wenn man das im Auge behält, wird auch klar, daß *das vom staatsrechtlichen „Positivismus“ entwickelte Legalitätsprinzip als ein einzelnes Postulat aus einem ganzen Bündel von „rechtsstaatlichen“ Postulaten und Desideraten entgegen dem ersten Eindruck nicht ein formelles, sondern ein materielles Prinzip ist und sich deshalb auch nicht der dialektischen Einheit von Politik und Recht im demokratischen Verfassungsstaat einfügen läßt.* Im Fadenkreuz seiner Verfechter stand nicht die Gesetzlichkeit des Staatshandelns überhaupt, sondern die Abwehr von „Eingriffen“ der staatlichen Gewalt in „Freiheit und Eigentum“, wie die immer wiederholte Formel lautete. Nicht die Gesetzlosigkeit der „Eingriffe“, sondern die Beeinträchtigung von „Freiheit und Eigentum“ durch eine nicht kalkulierbare Staatspraxis ist das Gravamen, dem durch die Unterwerfung der Praxis unter tunlichst „allgemeine“ Gesetze abgeholfen werden soll; „Freiheit“ ist dabei (wie heute noch in der Ideologie der „freiheitlichen Demokratie“) nicht politische Bürgerfreiheit, sondern die individuelle „private“ Freiheit (nicht zuletzt der Wirtschaftssubjekte). Weil es nicht um die umfassende rechtliche Formung der politischen Substanz geht, ist es auch keineswegs inkonsequent, daß die Forderung der konstitutionellen Staatsrechtslehre nach Gesetzlichkeit des Staatsorganhandelns alles andere als eine universale ist und klar und deutlich auf Eingriffe beschränkt bleibt, die den Nerv des ökonomischen Systems treffen können. Und es ist genauso wenig inkonsequent, daß selbst dieser selektive „Vorbehalt des Gesetzes“ seinerseits wieder in eventu unter den Vorbehalt gesetzesfreien polizeilichen Handelns gestellt wird, die Polizei mithin auch nach der „Liberalisierung“ des Polizeibegriffs ermächtigt bleibt, auch als Meinungspolizei gegen Störungen der öffentlichen „Ordnung“ repressiv vorzugehen.[13]

Von den Institutionen, durch die der „Rechtsstaat“ nach seiner Proklamation in der staatsrechtlichen Literatur und von der politischen Praxis der „konstitutionellen Monarchie“ implementiert worden ist und die alle ohne Verlust bis zum Ende der Reichsrepublik von Weimar Bestand gehabt haben und nach dem Ende des „Dritten Reichs“ durch die Restauration des ökonomischen Systems zunächst aus ihrer vom Nazi-Faschismus bewerkstelligten Versenkung wieder herausgeholt wurden, nenne ich die zwei wichtigsten: die *Gewaltenteilung* und die *Verselbständigung und Abkoppelung des „Deutschen Verwaltungsrechts“* (so der Titel des um die Wende vom 19. zum 20. Jahrhundert entstandenen epochemachenden Lehrbuchs von Otto Mayer) *von der Verfassung.*

[13] Mit der sich soeben in voller Breite entfaltenden Thematisierung eines allgemeinen „Vorbehalts der Verwaltung“ erweist sich erneut die Heimkehr der BRD zu einem – die systemstabilisierende Flexibilisierung des Rechts freilich überlegen handhabenden – vorrepublikanischen Konstitutionalismus.

Als Tochter der „Rechtsstaatsidee" blieb die Gewaltenteilung nicht nur völlig unberührt von dem selektiven Vergesetzlichungsprogramm des „Positivismus", sondern gehörte zu seinen Voraussetzungen und wurde deshalb mit besonderer Rigidität von der konstitutionellen Staatsrechtslehre zu einem integrierenden Bestandteil des „Rechtsstaats" selbst erklärt. Niemals hat diese Doktrin daran Anstoß genommen, daß im Deutschen Bundesstaat immer über die „Zweiten Kammern" des Zentralstaats (Bundesrat bzw. Reichsrat) die Exekutiven der Länder maßgeblich an der Gesetzgebung des Zentralstaats beteiligt sind. Auch nach der Einführung des parlamentarischen Regierungssystems durch die Reichsverfassung von Weimar (d. h. nach der grundsätzlichen Negierung der Gewaltentrennung zwischen Legislative und Exekutive) wurde die Gewaltentrennungsdoktrin nicht preisgegeben. Unter den geistigen Fittichen dieser Gewaltentrennungsdoktrin, in deren Zentrum der Staat als grundsätzlich gesetzesfrei handelnde Exekutive steht und die die normalerweise mit der Produktion von Zivil- und Strafrecht befaßte Legislative nur exzeptionell auch als Hilfsorgan gegen exekutivische Eingriffe in „Freiheit und Eigentum" instrumentalisiert, die den Rationalitätsanforderungen des ökonomischen Systems nicht genügen, ist die praxisbestimmende Dogmatik der Institutionen des autonomen „Allgemeinen Verwaltungsrechts" entwickelt worden. So wurde der „Rechtsstaat" mit Beginn des 20. Jahrhunderts der „Staat des wohlgeordneten Verwaltungsrechts" und hat als solcher mit Leichtigkeit die demokratischen Anfechtungen überstanden, die von der Proklamation der Republik und dem Übergang zu einem parlamentarischen Regierungssystem auf der verfassungsorganisatorischen Ebene ausgingen.

Zum „Rechtsstaat" als „Staat des wohlgeordneten Verwaltungsrechts" gehören u. a. die Abschottung der Verwaltung, die ihre eigene Organisation selbst normieren kann, das als „Repräsentation des Staats" verstandene Berufsbeamtentum (das Innenverhältnis des Beamten zum Staat ist dabei notwendig gesetzlos) und die sogenannten besonderen Gewalt- und Anstaltsverhältnisse (Schule, Militär usw.), die vor der Ingerenz demokratisch legitimierter Gesetze und demokratischer Grundrechte der Verfassung abgeschirmt bleiben. Insoweit „schlägt", um es mit den Worten von Otto Mayer auszudrücken, „das hinter allem stehende Unbegrenzte", eben der „Staat" überhaupt, „immer durch". Das wird auch deutlich in der Qualifizierung des Verwaltungsrechts als „öffentliches Recht": In einem solchen Verhältnis des „öffentlichen Rechts" steht der „Untertan" zum „Staat" immer in Subordination. Den am „Verfassungskompromiß" von Weimar beteiligten gewerkschaftlichen und sozialdemokratischen Kräften ist niemals ein Einbruch in die Zitadelle des „Verwaltungsrechts" gelungen (soweit sie ihn überhaupt versucht haben).

Ungeachtet dieses stattlichen und auch praktisch genutzten Arsenals antidemokratischer Abwehrwaffen griff im Zeichen ökonomischer Krisen und genährt vom Unbehagen der das ökonomische System tragenden Kräfte am Parlamentarismus, der unter dem Druck der Siegermächte des ersten Weltkriegs nur nolens volens akzeptiert worden war, die ideologische Verunsicherung der besitzbürgerlichen Schichten rapide um sich. Nicht, daß der parlamentarische Gesetzgeber von Weimar sich jemals zu irgendwelchen „sozialistischen Experimenten“ auch nur angeschickt hätte! Ausreichend für die Auslösung einer Panikstimmung und für die entsprechende Umwandlung der demokratisch unbenetzten Staatsrechtslehre zu einem Panikorchester war bereits der Umstand, daß es im Reichstag mit der Herausbildung systemaffirmativer Regierungs- und gesetzgeberischer Mehrheit Schwierigkeiten gab (ein Zustand, der heute „mangelnde Arbeitsfähigkeit“ mit dem Resultat von „Unregierbarkeit“ genannt wird). Die schließlich 1933 gefundene „Lösung“ der Dauerkrise – sie bestand zunächst einmal in der schlichten Perpetuierung der Diktaturgewalt der Regierung – folgte, was die sich in Weimar vom „Positivismus“ lösenden verschiedenen Richtungen der antirevolutionären Staatsrechtslehre angeht, am ehesten dem Dezisionismus von Carl Schmitt, der auch in Übereinstimmung mit der zeitgenössischen Nationalökonomie durch seine „Verfassungslehre“ der Überzeugung den Weg geebnet hatte, daß Staats- und Regierungsform von nachrangiger Bedeutung seien, wenn nur die Grundlage des ökonomischen Systems, das private Eigentum an Produktionsmitteln, gerettet werden kann. Ein „Rechtsstaat“ in diesem Sinne ist das „Dritte Reich“ auch geblieben, nachdem es in seiner Praxis die Zielvorstellungen seiner Wegbereiter teilweise überholt hat und teilweise von ihnen abgewichen ist. Diese Zielvorstellungen schimmern teilweise in der Programmatik des größeren Teils der „Männer vom 20. Juli 1944“ für eine „autoritäre“ Staatsgestaltung wieder auf.

Mit dem ex post evidenten *Defizit in der Organisation des Nazi-„Rechtsstaats“, dem Fehlen einer zentralen Instanz, die* durch eine ständige *„integrationistische“ Verarbeitung politischer Ambitionen, Planungen und Aktionen Sensibilität für die mit dem „Übermaß“ verbundenen Gefahren* erzeugt, haben die sich schon im Schoß des „Dritten Reichs“ um die Erneuerung des „Wirtschaftsliberalismus“ mühenden Überlebens- und Alternativstrategien kaum befaßt. Post festum konnten sie die volle Restauration des ökonomischen Systems durch die westlichen Besatzungsmächte noch vor der Gründung der BRD zur Kenntnis nehmen; und nach Gründung der BRD hatten sie sich mit dem Faktum zu befassen, daß unter dem Druck der Siegermächte keine autoritäre Regierungsform, sondern ein (freilich abgeschwächter) Parlamentarismus faute de mieux wieder als Regierungsform praktiziert werden mußte. Seinen Gefahren wurde zunächst wieder tentativ mit dem konstitutionellen Instrumentarium des „Rechtsstaats“ begegnet, bis der Durchbruch des BVerfG zu seiner oben beschriebenen Funktion, um den das BVerfG sogar einige Jahre hat „kämpfen“ müssen (allerdings nicht gegen die Demokratie, sondern die Gegner eines großartigen aggiornamento von effizienter Demokratieverhinderung), gelungen war.[14] In dem Maße, wie das BVerfG

[14] Vgl. hierzu Bäumlin/H. Ridder, AK-GG, Art. 20 Abs. 1–3 III („Rechtsstaat“), Rz. 29.

sich in seine Rolle als Integrator eingespielt hat – das ist in den 60er Jahren endgültig geschehen –, relativiert sich die Bedeutung der konstitutionellen Institutionen und Institute des „Rechtsstaats" immer mehr. Die *Gewaltenteilungsdoktrin* wird z. B. nur noch als *leere Formel* mitgeschleppt (sie soll nach der Bildersprache des BVerfG nur noch für die „Kernbereiche" der Gewalten von Bedeutung sein; doch bleibt letztlich undefiniert, worin der Kernbereich besteht). Diese Entwicklung ist nachgerade zwangsläufig. Denn es kommt ja darauf an, einen möglichst großen Ertrag von bundesverfassungsgerichtlich kontrollierter Verrechtlichung von Politik zu erzielen. Das läßt sich um so eher erreichen, je mehr die zu kontrollierende Staatstätigkeit vergesetzlicht ist.

Das BVerfG hat dazu in den letzten Jahren die sogenannte *Wesentlichkeitstheorie* begründet,[15] nach der „in grundlegenden normativen Bereichen" (was das ist, entscheidet im konkreten Einzelfall notfalls wieder das BVerfG selbst) der parlamentarische Gesetzgeber die exekutivische Staatstätigkeit zu normieren hat. Der angestrebte Vorgang ist also folgender: Zunächst wird in einem bestimmten Sachbereich die staatliche Verwaltungstätigkeit maximal vergesetzlicht; dann wird sie verrechtlicht, indem das BVerfG feststellt, wie weit die Gesetzgebung mit dem „Recht" übereinstimmt. Die von der „Wesentlichkeitstheorie" hervorgelockte Gesetzgebung wird also vom BVerfG als Organ des Staates, der das hinter ihm stehende „Unbegrenzte immer durchschlagen" läßt, entweder verworfen oder, falls die Prüfung bestanden wird, vom Staat legitimiert. Die staatsrechtliche Trabantenliteratur sieht das auch ganz richtig, wenn sie etwa formuliert: „Legalität indiziert Legitimität." Noch richtiger müßte sie sagen: Ein im demokratisch legitimierten parlamentarischen Gesetzgebungsverfahren entstandenes Gesetz erhält durch seine Existenz die Gelegenheit, sich vom BVerfG legitimieren und seine demokratische Legitimierung wieder löschen zu lassen.

Um aber auch unterhalb der Gesetzesebene jeden einzelnen Verwaltungs- oder Rechtsprechungsakt auf seine Vereinbarkeit mit dem „Recht" hin überprüfen und gegebenenfalls verwerfen, dabei aber das Gesetz bestehen lassen zu können, benötigt das BVerfG ein „Prinzip", das kurioserweise „*Rechtsstaatsprinzip*" genannt wird, obwohl doch die ganze Verfassungsgerichtsbarkeit und ihre Funktion bereits ein Produkt der „Rechtsstaatsidee" sind. Das vom BVerfG benutzte „Rechtsstaatsprinzip" macht also den Eindruck eines burlesken Minispiegels der ganzen Verfassungsgerichtsbarkeit. Eine textliche Stütze im GG hat es nicht.[16] Seine wichtigste Tochter ist das „*Verhältnismäßigkeitsprinzip*", das ebenfalls nur in einem Wort ausdrückt, was die allgemeine Funktion des BVerfG ist, nämlich, so viel neues Recht zu kreieren, wie die Verhältnisse erfordern, und so viel positiviertes Recht übrig zu lassen, wie die Verhältnisse gestatten (eine vulgäre

[15] Vgl. BVerfGE, 49, Tübingen 1979, S. 126.
[16] AK-GG, Rz. 35–37.

Version des ökonomischen „Prinzips des kleinsten Mittels"). Mit Hilfe des „Verhältnismäßigkeitsprinzips" und seiner Kriterien („Erforderlichkeit", „Geeignetheit" usw.) kann das BVerfG sich auch auf der Ebene der Verwaltung bewegen und die verwaltungstypischen Deliberationen über „Erforderlichkeit", „Geeignetheit" usw. genauso korrigierend nachvollziehen, wie es die typische legislatorische Deliberation über „Erforderlichkeit," „Geeignetheit" usw. korrigierend nachvollziehen kann. Mit der Anrufung des „Verhältnismäßigkeitsprinzips" fallen die letzten justiziellen Verhüllungen des politischen Super-Organs Bundesverfassungsgericht: Der „Rechtsstaat" ist der Exponent des ideologischen Wunschdenkens über das Recht, wie es sein müßte; das BVerfG verwandelt diese Wünsche in reales „Recht"; dieses Wunder bewirkt der allem Recht präexistente „Staat" durch seinen institutionalisierten Generalvertreter „in diesem unserem Land", das Bundesverfassungsgericht.

Peter Römer (Marburg)

Rechtspositivismus und Nationalsozialismus

Kritische Anmerkungen zur These von Hermann Klenner: „Wohl als Individuum, nicht aber als Wissenschaftler hat Kelsen auch nur den geringsten Beitrag im Kampf gegen den Faschismus leisten können."

Hermann Klenner gehört zu jenen nicht sehr zahlreichen marxistischen Wissenschaftlern, die sich kontinuierlich und intensiv mit dem Werk Hans Kelsens auseinandergesetzt haben.[1] Mit dem Eintritt in jenes Lebensjahrzehnt, das Anlaß zu dieser Festschrift zu Ehren Hermann Klenners ist, hat er seine grundsätzliche Kelsen-Analyse in dem Buch „Reine Rechtsleere" zu nunmehr differenzierteren Wertungen des Kelsenschen Positivmus fortgeführt.[2] Die persönliche Tragik

1 Vgl. hierzu vor allem folgende Beiträge von H. Klenner: Rechtsleere, Berlin (und Frankfurt a. M.) 1972; Lenins „Empiriokritizismus" und die Grundfrage der Rechtstheorie, in: Staat und Recht, 10/1967, S. 1615 ff.; Rechtsphilosophie in der Krise, Berlin 1976, S. 44 ff.; Sein und Sollen in der Rechtswissenschaft, in: Sein und Sollen im Erfahrungsbereich des Rechts, hrsg. v. P. Schneider, in: Archiv für Rechts- und Sozialphilosophie (ARSPh) (Wiesbaden), 1970, Beiheft, Neue Folge, Nr. 6, S. 145 ff.; Gerechtigkeit – eine rechtsphilosophische Kategorie?, in: Deutsche Zeitschrift für Philosophie (im folgenden: DZfPh), 7/1979, S. 792 ff.; Überlegungen eines Rechtstheoretikers zur ideologiekritischen Methode des Marxismus-Leninismus, in: Staat und Recht, 10/1975, S. 1405 ff.; Besprechung von H. Kelsen, Allgemeine Theorie der Normen, Wien 1979, in: DZfPh, 11/1982, S. 987 ff. – In den genannten Schriften setzt sich der verehrte Jubilar vor allem polemisch-kritisch mit Hans Kelsen und der Reinen Rechtslehre auseinander; eine wissenschaftliche Analyse zum Problem, inwieweit objektive Konvergenzen zwischen den Lehren des Jubilars und denen Kelsens bestehen, steht noch aus; vor allem in dem einflußreichen Beitrag: Rechtswirkung als Rechtsbildung (Staat und Recht, 4/1982, S. 345), in welchem die These entfaltet wird, Rechtsanwendung träte als Rechtsetzung auf, liegt eine objektive Übereinstimmung mit einem Kernstück der Reinen Rechtslehre und ihrer Stufenbaulehre vor, nämlich der Kelsenschen Lehre der Einheit von Rechtsanwendung und Rechtserzeugung. – Richtig sieht nunmehr auch H. Klenner, daß es eine – übrigens typisch frühpositivistische – Illusion ist, wenn behauptet wird, Interpretation, Konkretisierung und Anwendung des Rechts sei ein rein logischer Vorgang. So aber noch: H. Klenner, Rechtsphilosophie in der Krise, a. a. O., S. 49: „Kelsen leugnet die logische Ableitbarkeit etwa der Gerichtsurteile aus gesetzlichen Bestimmungen und eröffnet damit jeder beliebigen staatlichen Willkür einen ‚korrekten' Weg"; vgl. auch: ders., Rechtsleere, a. a. O., S. 53.

2 Vgl. z. B.: H. Klenner, Kelsens Kant, in: Kelsen et le Positivisme juridique, in: Rev. Intern. de Philosophie, 1981, S. 539 ff.; dieser Beitrag ist übernommen worden in: H. Klenner, Vom Recht der Natur zur Natur des Rechts, Abschnitt: Spätbürgerliches: Rechtspositivismus plus Naturrechtslehre, Berlin 1984, S. 139 ff., S. 145 ff.

Kelsens erblickt Hermann Klenner darin, daß Kelsens Antifaschismus gepaart sei mit „seiner Unfähigkeitseinsicht, als Rechtstheoretiker etwas gegen die faschistischen Unrechtspraktiker ausrichten zu können". Hermann Klenner formuliert die These: „Wohl als den Klassenkämpfen seiner Zeit ausgesetztes Individuum, nicht aber als Wissenschaftler hat Kelsen auch nur den geringsten Beitrag im Kampf gegen den Faschismus leisten können."[3]

Mit dieser Kritik wird nicht nur der Rechtstheoretiker Kelsen getroffen, sondern, wie ausdrücklich formuliert wird, der Wissenschaftler Kelsen. In dem Beitrag, dem diese These entnommen worden ist, bezieht sich der Jubilar, ebenso wie in seinen anderen Schriften in erster Linie auf Kelsen als den Schöpfer der Reinen Rechtslehre. Es ist also nicht ganz ersichtlich, ob die Kritik an Kelsen als „den Wissenschaftler" bewußt auch die politikwissenschaftlichen und soziologischen Analysen und Stellungnahmen Kelsens mit einschließt oder ob, wie es auch im nichtmarxistischen Schrifttum weit verbreitet ist, Kelsen lediglich als Rechtstheoretiker zur Kenntnis genommen wird. Kelsen hat indes, insbesondere in der Zeit der Weimarer Republik, zahlreiche politikwissenschaftliche Schriften veröffentlicht, die ihm, auch wenn er keine Strukturtheorie des Rechts erarbeitet hätte, einen bedeutenden Platz innerhalb des politikwissenschaftlichen Schrifttums zuweisen würden.

Einen kritisch-polemischen Geist wie Hermann Klenner ehrt man sicherlich nicht durch Beifallsgeklatsch oder durch Nachsprechen des von ihm Vorgesagten; ihn, so darf man hoffen, erfreut man gerade mit Kritik und Widerspruch. Im folgenden soll jedoch keine Auseinandersetzung mit der Kelsen-Kritik Klenners insgesamt vorgenommen werden; die ist schon wegen der geforderten Kürze des Beitrags nicht möglich. Ebensowenig kann es darum gehen, die politischen und rechtstheoretischen Schriften Kelsens abschließend im Hinblick auf ihre politische und ihre möglicherweise antifaschistische Funktion hin zu analysieren. Das bescheidene Ziel – das anzustreben dennoch manchem Klenner-Anhänger eher als vermessen erscheinen mag – ist lediglich, die Aufmerksamkeit auf einige wissenschaftliche Erkenntnisse und rechtspolitische Forderungen Kelsens zu lenken, die geeignet sind, die oben zitierte These Hermann Klenners zumindest als problematisch erscheinen zu lassen. Dabei ist es m. E. erforderlich, stärker, als es Hermann Klenner getan hat, die politischen und politikwissenschaftlichen von den rechtstheoretischen Schriften Kelsens zu unterscheiden.

Hans Kelsen und die Verteidigung der Demokratie

Im April 1932 veröffentlichte Hans Kelsen einen kleinen Beitrag, „Verteidigung der Demokratie", in dem er feststellte: „In den Kreisen der Staatsrechtslehrer und Soziologen versteht es sich heute beinahe von selbst, von Demokratie nur

[3] H. Klenner, Vom Recht der Natur zur Natur des Rechts, a. a. O., S. 148.

mit verächtlichen Worten zu sprechen, gilt als modern, die Diktatur – direkt oder indirekt – als das Morgenrot einer neuen Zeit zu begrüßen. Und diese Wendung der ‚wissenschaftlichen' Haltung geht Hand in Hand mit einem Wechsel der philosophischen Front: Fort von der jetzt als Flachheit verschrieenen Klarheit des empirisch-kritischen Rationalismus, diesem geistigen Lebensraum der Demokratie, zurück zu der für tiefer gehaltenen Dunkelheit der Metaphysik, zum Kultus eines nebulosen Irrationalen, dieser spezifischen Atmosphäre, in der seit je die verschiedenen Formen der Autokratie am besten gediehen sind. Das ist die Parole von heute."[4] Dagegen stellt er fest, daß es deshalb um so notwendiger sei, für diese geschmähte Demokratie öffentlich einzutreten, bevor ihr Verlust auch die anderen belehrt habe, was sie verloren. Klarsichtig fügt er hinzu: „Nicht als ob die Hoffnung sehr groß wäre, den Verlust dadurch zu vermeiden."[5] Das proletarisierte oder halbproletarisierte Bürgertum habe kein neues Klassenbewußtsein entwickelt, es greife zu seiner Stütze nicht nach einer sozialistischen, sondern nach einer nationalsozialistischen Ideologie. „Es versucht die ökonomisch unausweichliche Proletarisierung seelisch durch eine heroisch-romantische Geisteshaltung zu kompensieren."[6] Diese Schicht des Bürgertums wende sich von der Demokratie ab, weil sie den Sozialismus nicht wolle, und „verstärkt so die politischen Bestrebungen des noch erhaltenen Bürgertums, der Großbourgeoisie, die gleichfalls das Lager der Demokratie verläßt, weil diese ihr angesichts der, trotz allem, dennoch steigenden Flut des Sozialismus keinen sicheren Schutz mehr für das kapitalistische System zu bieten scheint".[7] Insbesondere wendet er sich gegen jene, die alles „Heil vom Führer" erwarten; „aber die Kreation des Führers, die in der Demokratie im hellen Licht eines öffentlich kontrollierbaren Verfahrens, nämlich durch die Wahl vor sich geht, sie bleibt in der Autokratie in mystisches Dunkel gehüllt. Hier wird die rationale Methode durch den Glauben an das soziale Wunder ersetzt."[8] Die Klarheit der Diagnose, die Schärfe der Kritik, die Kelsen hier formulierte, konnte man in der Spätzeit der Weimarer Republik aus nicht-marxistischem Lager nur höchst selten vernehmen.

Kelsen hat jedoch nicht erst in der Endphase der Weimarer Republik zur Verteidigung der Demokratie gegen die antidemokratische Rechte und den Irrationalismus aufgerufen. Als einer der wenigen Staatsrechtslehrer, die sich früh und entschieden zur Weimarer Republik und ihrer Verfassung bekannten, ging es ihm darum, die bürgerliche Demokratie – denn eine solche war selbstverständlich die Demokratie, die durch die Weimarer Reichsverfassung konstituiert

[4] H. Kelsen, Verteidigung der Demokratie, in: Ders., Demokratie und Sozialismus. Ausgew. Aufs., hg. und eingeleitet von N. Leser, Wien 1967, S. 60 ff., S. 61.

[5] Ebenda, S. 62.

[6] Ebenda, S. 64.

[7] Ebenda.

[8] Ebenda, S. 65.

wurde – zu bewahren und insbesondere ihre fortschrittlichen Elemente fortzuentwickeln und in Schutz zu nehmen gegen Angriffe, die aus dem bürgerlichen Lager selbst auf die Zerstörung der bürgerlichen Demokratie zielten.

Identitätslehre, totaler Staat und Klassenverhältnisse

Hervorzuheben ist insbesondere, daß Kelsen sich jener Demokratietheorie anschloß, die, von Rousseau ausgehend, darunter „eine Staats- oder Gesellschaftsform (verstand), bei der der Gemeinschaftswille, oder ohne Bild gesprochen, die soziale Ordnung durch die ihr Unterworfenen erzeugt wird: durch das Volk. Demokratie bedeutet Identität von Führer und Geführten, von Subjekt und Objekt der Herrschaft, bedeutet Herrschaft des Volkes über das Volk".[9] Gegen diese Identitätslehre, wie sie auch von fortschrittlichen Sozialisten, wie z. B. Wolfgang Abendroth in der Bundesrepublik vertreten wird, hat sich schon früh eine abweichende Lehre herausgebildet, die in der Bundesrepublik zur ganz herrschenden Lehre geworden ist. Für diese herrschende Lehre ist die Vorstellung, daß die Demokratie ihrem Wesen nach auf Identität von Herrschenden und Beherrschten abziele, eine bloße Ideologie, die zudem die Gefahr mit sich bringe, zum Totalitarismus auszuarten. Es ist eindeutig, daß mit diesem Vorwurf die sozialistische Demokratie getroffen werden soll, die, insoweit in Übereinstimmung mit der frühbürgerlichen Theorie, pluralistische Theoriekonzeptionen verwirft und das Ziel der Aufhebung des Verhältnisses von Befehl und Gehorsam in der Selbstbestimmung des Volkes sieht. Ein Ziel, das erst in der kommunistischen Gesellschaft, wenn Staat und Recht abgestorben sind, erreicht werden kann.

Aufgrund einer realistischen Betrachtung der politischen Zustände sieht Hans Kelsen sehr deutlich, daß die Herstellung dieser Identität ein Prozeß ist, der zwar das Wesen der Demokratie ausmacht, daß es aber unzulässig wäre, diese Identität irgendwie vorauszusetzen oder zu fingieren, wie es später vor allem im Faschismus geschah, als in der Volksgemeinschaft, die durch die Artgleichheit des Blutes begründet wird, die realen Machtverhältnisse als aufgehoben mystifiziert wurden. 1929 konstatiert Carl Schmitt für die Weimarer Republik eine Wendung zum totalen Staat, weil der Staat in dem Maße, in dem er in die Wirtschaft eingreife und selbst zum Fürsorge-Wohlfahrts-Versorgungs- und Wirtschaftsstaat werde, eine Form der „Selbstorganisation der Gesellschaft" darstelle, womit die im liberalen Staat vorausgesetzte Unterscheidung von Staat und Gesellschaft und von Regierung und Volk entfalle.[10] Eine Trennung, die Carl

[9] H. Kelsen, Vom Wesen und Wert der Demokratie, Neudruck der 2. Aufl. von 1929, Aalen 1963, S. 14.

[10] Vgl. C. Schmitt, Der Hüter der Verfassung, unveränderter Nachdruck der 1931 erschienenen ersten Auflage, Berlin (West) 1969, S. 79.

Schmitt um der Existenz der kapitalistischen Produktionsweise willen für notwendig hält. Als Abhilfe zu dieser Wendung zum totalen Staat und zum Zweck der Wiederherstellung von Staat und Gesellschaft wurde die Stärkung des Reichspräsidenten als Hüter der Verfassung, nicht etwa die weitere Demokratisierung der von ihm als „totalen" Staat bezeichneten neuen Form des Staates gefordert. Kelsen wendet dagegen ein, daß es im Widerspruch zur sozialen Wirklichkeit stehe, wenn im Begriff des totalen Staates der Gegensatz von Staat und Gesellschaft aufgehoben werde. Er führt aus: „Man muß nicht Anhänger der materialistischen Geschichtsauffassung sein, um zu erkennen, daß ein Staat, dessen Rechtsordnung das Privateigentum an den Produktionsmitteln garantiert, die ökonomische Produktion und die Verteilung der Produkte grundsätzlich als nicht-staatliche Funktion aufrecht hält und die Funktion dieser vielleicht bedeutsamsten Aufgabe in einen Bereich verweist, der nur als Gesellschaft vom Staat unterschieden werden kann, kein *totaler Staat* im Sinne der C. S.schen Begriffsbestimmung, d. h. kein Staat sein kann, der alles *Gesellschaftliche ergreift.*" [11] In der These von der Wendung zum totalen Staat erblickt Kelsen eine bürgerliche Ideologie. „Eine Ideologie, die eine Einheit von Staat und Gesellschaft behauptet, die nicht besteht, weil sich der Klassenkampf nicht als Gegensatz zwischen staatlichen Organen, sondern als ein Kampf abspielt, den ein Teil der Gesellschaft, der nicht im Staate steht, weil er sich nicht mit dem Staat identifiziert, gegen einen anderen Teil der Gesellschaft führt, der darum der Staat *ist*, weil insofern dessen Ordnung die Interessen dieses Teils der Gesellschaft garantiert." [12]

Mit diesen die Klassengegensätze sehr klar aufdeckenden Ausführungen widerlegt Kelsen die Pluralismustheorie und betont im Gegensatz zu ihr die grundlegende Bedeutung des Gegensatzes zwischen Proletariat und Bürgertum. Im Unterschied zu anderen bürgerlichen Pluralismustheoretikern lehnt Kelsen die Schmittsche Lehre nicht deshalb ab, weil er diesen – angeblich bestehenden – Pluralismus bekämpft, während andere bürgerliche Theoretiker ihn verteidigen, sondern er lehnt ihn ab, weil er die Grundannahme der Pluralismustheorien, die Gesellschaft sei grundsätzlich homogen, wenn auch in verschiedene Interessengruppen gespalten, für unrichtig hält – weil den Klassengegensatz verschleiernd. Mit dieser Erkenntnis Kelsens ist von vornherein zugleich jeglichen Volksgemeinschaftsideologien des Nationalsozialismus der Kampf angesagt.

[11] H. Kelsen, Wer soll der Hüter der Verfassung sein? in: H. Klecatsky/R. Marcić/H. Schambeck (Hrsg.), Die Wiener Rechtstheoretische Schule (im folgenden WRS), Wien 1968, S. 1873 ff., S. 1900.

[12] H. Kelsen, in: Ebenda, S. 1901.

Demokratie und Kapitalismus – kein notwendiger Zusammenhang

In der nichtmarxistischen Theorie wird häufig die Behauptung aufgestellt, Sozialismus und Demokratie seien unvereinbar, indes Demokratie und Kapitalismus notwendigerweise zusammen gehörten. Kelsen teilt diese Auffassung nicht. Vor allem in Auseinandersetzung mit Friedrich A. Hayek wendet er sich entschieden gegen die These, nur in einer kapitalistischen Gesellschaft, in der die Freiheit des Privateigentums herrsche, sei überhaupt Freiheit und somit Demokratie möglich. Demgegenüber stellt Kelsen fest, wenn es in einer kapitalistischen Gesellschaft Freiheit der Bedürfnisbefriedigung gäbe, so ist es „die Freiheit der Reichen, nicht die Freiheit der Armen".[13] Den Satz von Hayek: „Das Geld ist eines der größten Werkzeuge der Freiheit, das von den Menschen jemals erfunden wurde. Es ist das Geld, das dem Armen in unserer Gesellschaft eine erstaunliche Skala von Wahlmöglichkeiten eröffnet – eine Skala, die weiter ist als die, die noch vor wenigen Generationen den Wohlhabenden zur Verfügung stand", kommentiert Kelsen knapp und ironisch: „Das ist wahr, vorausgesetzt, daß der arme Mann das nötige Geld hat, was an sich schon eine contradictio in adiecto zu sein scheint."[14] In dem Beitrag „Demokratie und Sozialismus", aus dem diese Zitate Kelsens entnommen worden sind, unternimmt Kelsen es auch, in Kritik an John Locke und Hegel die Behauptung zu widerlegen, die Existenz des Privateigentums sei die notwendige Bedingung der Freiheit. Er faßt zusammen: „Das Ergebnis der vorangehenden Untersuchung ist, daß alle Versuche, einen Wesenszusammenhang zwischen Freiheit und Eigentum nachzuweisen, ebenso fehlgeschlagen sind wie die, einen engeren Zusammenhang zwischen Demokratie und Kapitalismus als zwischen Demokratie und Sozialismus, oder gar die ausschließliche Vereinbarkeit von Demokratie und Kapitalismus aufzuzeigen."[15] Als Vertreter der herrschenden bürgerlichen Lehre stellt sich Kelsen mit solchen Äußerungen nicht gerade dar.

Eine spezifische Variante der Theorie der notwendigen Verbindung von Kapitalismus und Demokratie ist, den Grundsatz des freien Wettbewerbs mit dem Wesen der Demokratie zu verbinden. Joseph A. Schumpeter hat die Demokratie in einer bekannten Definition als „diejenige Ordnung der Institutionen zur Erreichung politischer Entscheidungen (bezeichnet), bei welcher einzelne die Entscheidungsbefugnis vermittels eines Konkurrenzkampfes um die Stimmen des Volkes erwerben".[16] Diese Konkurrenztheorie der Demokratie hat großen Ein-

[13] H. Kelsen, Demokratie und Sozialismus, a. a. O., S. 170 ff., S. 180.
[14] Ebenda, S. 180, Anm. 7.
[15] Ebenda, S. 201.
[16] J. A. Schumpeter, Kapitalismus, Sozialismus und Demokratie, 2. Aufl., München 1950, S. 428.

fluß vor allem auf die amerikanische Demokratietheorie gewonnen. In der Weimarer Republik wurde diese Theorie u. a. von Hermens aufgegriffen, der ausführte, zum Begriff des Führertums, wie ihn die demokratische Praxis entwickelt habe, gehöre die freie Konkurrenz. Kelsen wendet sich gegen diese Theorie: „Der Wettkampf um die Stimmen des Volkes ist die Folge freier Wahlen, er ist nicht ihr Zweck. In einer direkten Demokratie gibt es überhaupt keine Wahlen. Das wichtigste Kriterium in einer Demokratie besteht darin, daß die Herrschaftsgewalt beim Volk liegt.“[17]

Berücksichtigt man, daß Kelsen bestreitet, daß es eine notwendige Verbindung zwischen Demokratie und Gewaltenteilung gebe, daß seiner Meinung nach das Verhältniswahlrecht dem Mehrheitswahlrecht vorzuziehen sei, daß die herrschende Lehre zum Wesen der Repräsentation auf einer Fiktion aufgebaut sei, daß das parlamentarische System sich nicht aus dem Wesen der Demokratie ergäbe, sondern eine technische Notwendigkeit in einer arbeitsteilig organisierten Gesellschaft sei: so zeigt sich, daß Kelsen die fortgeschrittensten nichtmarxistischen Positionen einnimmt, wenn es darum geht, das Ziel der Selbstbestimmung des Volkes anzustreben.

Änderung der Eigentumsverhältnisse und Mehrheitsentscheid

Innerhalb einer Demokratie ist die wohl wesentlichste öffentliche Aufgabe der Erlaß allgemeiner verbindlicher, sanktionsbewehrter Anordnungen für das Verhalten und Zusammenleben der Staatsbürger; wesentliche Aufgabe ist also der Erlaß von Gesetzen. Gleichviel, ob der Erlaß des Gesetzes durch das Volk unmittelbar im Volksentscheid oder mittelbar durch ein repräsentatives Organ, ein Parlament geschieht, dem Wesen der Demokratie entspricht es, der Selbstbestimmung des Volkes möglichst wenig Schranken zu setzen. Die Grundrechte wurden vom älteren staatsrechtlichen Positivismus ursprünglich als Garantien für die Freiheit von ungesetzlichem Zwang aufgefaßt. In der Weimarer Republik wurde durch die herrschende Lehre eine neue Interpretation der Grundrechte vorgenommen; sie sollten sich nicht mehr in erster Linie gegen die Exekutive richten, sondern auch die Gesetzgebung inhaltlich bestimmen, sollten den Gesetzgeber binden. Gleichzeitig wurde eine neue Interpretation einzelner Grundrechte durchgesetzt.

Auf der Staatsrechtslehrer-Tagung 1926 wurde von Erich Kaufmann der Artikel 109 WRV, der die Gleichheit vor dem Gesetz normierte, neu interpretiert, indem behauptet wurde, der Gleichheitssatz beruhe auf einem spezifischen Naturrecht, sei Ausdruck eines überpositiven Rechtsprinzips, das sich „vor allem und in

[17] H. Kelsen, Demokratie und Sozialismus, a. a. O., S. 183.

erster Linie an die Adresse des Gesetzgebers richte". Die Idee der Gerechtigkeit sei der eigentliche Inhalt des Gleichheitssatzes. Kelsen schloß sich dieser Auffassung als Positivist selbstverständlich nicht an. Er führte die neue Lehre auf politische Ursachen zurück, indem er sagte: „Jedenfalls ist nicht zu verkennen, daß Juristen, die ehedem die strikteste Bindung des Richters an das Gesetz lehrten, heute dem Richter mit Berufung auf Naturrecht weitgehende Freiheit gegenüber den Gesetzen zuerkennen möchten; und daß der Richterstand von jeden Änderungen der politischen Struktur so ziemlich freigeblieben ist, wie sich in der Zusammensetzung des Parlaments zeigt; so daß zwischen dem heutigen Richterstand zu dem Juristenstand nicht jener politische Gegensatz besteht wie zwischen Juristenstand oder doch gewissen Teilen desselben und Parlament." [18] Kelsen wollte die Freiheit des Gesetzgebers nicht durch eine extensive naturrechtliche Interpretation der Grundrechte eingeschränkt sehen.

Noch weiter in der Einschränkung des Gesetzgebers ging die Theorie von Carl Schmitt, dergemäß die um das Privateigentum an den Produktionsmitteln zentrierten bürgerlichen Grund- und Freiheitsrechte dem Staat und der Verfassung vorauslägen und deshalb dem Zugriff des Gesetzgebers, ja sogar dem Zugriff des Verfassungsgesetzgebers entzogen seien.[19] Für Kelsen bestand weder aus demokratietheoretischer Sicht noch aufgrund der positiven Bestimmung der Weimarer Reichsverfassung irgendein Grund, die Freiheit des demokratischen Gesetzgebers, auch die Wirtschafts- und Eigentumsverhältnisse umzuändern, insbesondere das Privateigentum an den Produktionsmitteln ganz oder teilweise aufzuheben, einzuschränken oder zu beseitigen.

Verteidigung der Demokratie durch ihre Beschränkung?

Schließlich kann Kelsen auch keine geeignete Verteidigung der Demokratie darin erblicken, daß man die Demokratie einschränkt und teilweise aufhebt. Gerade diese Form der Verteidigung „der Demokratie" ist in der Bundesrepublik Deutschland perfektioniert worden; die Demokratie soll eine „abwehrbereite", eine „wehrhafte", eine „streitbare" Demokratie sein. Keine Freiheit für die Feinde der Freiheit, lautet die Parole, und wer seine demokratischen Rechte zum Kampf gegen die freiheitliche demokratische Grundordnung angeblich mißbraucht, wird diskriminiert, vermag seine Grundrechte zu verwirken, wird mit Berufsverboten überzogen. Kelsen ist demgegenüber der Meinung, wenn die Demokratie sich selbst treu bleiben wolle, so müsse sie „auch eine auf Vernich-

18 H. Kelsen, Veröffentlichungen der Vereinigung der Deutschen Staatsrechtslehrer (VVdSt RL), 3/1926, S. 54.

19 Vgl. C. Schmitt, Verfassungslehre, 3. Aufl., Nachdruck, Berlin (West) 1957, insbes. S. 30 ff., S. 125 ff.

tung der Demokratie gerichtete Bewegung dulden, muß sie ihr wie jeder anderen politischen Überzeugung die gleiche Entwicklungsmöglichkeit gewähren. Und so sehen wir das seltsame Schauspiel, daß Demokratie in ihren ureigensten Formen aufgehoben werden soll, daß ein Volk die Forderung erhebt, ihm die Rechte wieder zu nehmen, die es sich selbst gegeben, wenn man verstanden hat, dieses Volk Glauben zu machen, daß sein größtes Übel sein eigenes Recht sei."[20] Und: „Ob die Demokratie sich nicht selbst verteidigen soll, auch gegen das Volk, das sie nicht mehr will, auch gegen eine Majorität, die in nichts anderem einig ist, als in dem Willen, die Demokratie zu zerstören. Diese Fragestellung heißt schon sie verneinen. Eine Demokratie, die sich gegen den Willen der Mehrheit zu behaupten, ja mit Gewalt sich zu behaupten versucht, hat aufgehört, Demokratie zu sein. Eine Volksherrschaft kann nicht gegen das Volk bestehen bleiben. Und soll es auch gar nicht versuchen, d. h. wer für die Demokratie ist, darf sich nicht zu dem verhängnisvollen Widerspruch verstricken lassen und zur Diktatur greifen, um die Demokratie zu retten."[21]

Verfassungsgerichtsbarkeit und demokratischer Prozeß

Problematisch von diesem von Kelsen selbst eingenommenen Standpunkt aus, die Offenheit und Freiheit des demokratischen Verfahrens zu sichern, muß demgegenüber die Forderung Kelsens nach Einführung der Verfassungsgerichtsbarkeit erscheinen. Gerade aus bundesrepublikanischer Sicht zeigt sich, daß ein Verfassungsgericht zum Ersatzgesetzgeber, ja zum Ersatzverfassungsgesetzgeber werden kann, daß also die Gefahr besteht, daß sich das Gericht über das Gesetz und über die Verfassung stellt und damit antidemokratische Funktionen übernimmt.

Die Absicht und das Bestreben Kelsens gehen selbstverständlich in entgegengesetzter Richtung. Er möchte die Geltungskraft der Verfassung stärken. In der Verfassungsgerichtsbarkeit sieht er eine Garantie dafür, daß die Normen der Verfassung eingehalten werden und nicht zur Disposition der Mehrheit des Parlaments oder – und diese Gefahr schwebt ihm wohl noch deutlicher vor – zur Disposition der Regierung oder des Reichspräsidenten gestellt werden. Kelsen sieht selbst die Gefahren, die mit der Verfassungsgerichtsbarkeit verbunden sind. Enthalte die Verfassung höchst allgemeine Begriffe wie Gerechtigkeit, Freiheit, Billigkeit, Sittlichkeit usw., so bestünde die Möglichkeit, daß ein Verfassungsgericht ein Gesetz mit der Begründung kassiere, daß es ungerecht sei. „Das bedeutet aber, daß dem Verfassungsgericht eine Machtvollkommenheit

[20] H. Kelsen, Verteidigung der Demokratie, in: Ders., Demokratie und Sozialismus, a. a. O., S. 68.
[21] Ebenda.

eingeräumt wird, die schlechthin als unerträglich empfunden werden muß. Was die Mehrheit der Richter dieses Gerichtes für gerecht ansieht, kann im vollkommenen Widerspruch zu dem stehen, was die Mehrheit der Bevölkerung für gerecht hält, und steht unzweifelhaft im Widerspruch zu dem, was die Mehrheit des Parlaments für gerecht gehalten, das eben dieses Gesetz beschlossen hat. Daß es der Sinn der Verfassung nicht sein kann, durch den Gebrauch eines nicht näher bestimmten, so vieldeutigen Wortes wie jenes der Gerechtigkeit oder eines ähnlichen, jedes vom Parlament beschlossene Gesetz von dem freien Ermessen eines politisch mehr oder weniger willkürlich zusammengesetzten Kollegiums, wie es das Verfassungsgericht ist, abhängig zu machen, versteht sich von selbst."[22] Die Praxis des Bundesverfassungsgerichts der BRD, das die Grundrechte in ein Wertesystem umgedeutet hat und unbefangen auch solche Sätze wie „die Würde des Menschen ist unantastbar", Art. 1 GG, auslegt und anwendet, entspricht genau dem, was Kelsen für politisch unerträglich hält. Dennoch bleibt das Problem, daß einem Verfassungsgericht die letzte Entscheidung über die Auslegung der Verfassung zukommt. Geht man von Kelsens Interpretationslehre aus – die im strikten Gegensatz zur altpositivistischen Vorstellung steht, der Richter habe lediglich ein vom Gesetzgeber vorformuliertes Ergebnis zu finden und zu artikulieren –, wonach nämlich in jedem Akt der Rechtsanwendung auch ein Element der Rechtsschöpfung enthalten sei, so ist einleuchtend, daß der Verfassungsgerichtsbarkeit notwendigerweise politische, rechtsschöpferische, rechtsbildende Funktionen zukommen müssen. Demokratietheoretisch betrachtet scheint mir die Verfassungsgerichtsbarkeit – im Gegensatz zu Kelsen – nicht im Einklang mit dem Wesen der Demokratie zu stehen.

Im Hinblick auf die konkrete politische Situation, in der Kelsen seine Thesen über die Verfassungsgerichtsbarkeit formuliert hat, wird man Kelsen eher zustimmen können, daß die Einrichtung eines Verfassungsgerichts zur Stabilisierung der Weimarer Demokratie hätte beitragen können. Das Verfassungsgericht war ausdrücklich auch als Gegeninstitution zum Reichspräsidenten gedacht, der von Carl Schmitt zum Hüter der Verfassung aufgebaut worden war. Es war weniger die Majorität im Parlament, von der nach Kelsens Ansicht eine Gefahr ausging, sondern der Reichspräsident, der über seine Diktaturgewalt des Art 48 WRV Verordnungen, also Gesetze im materiellen Sinne erlassen konnte und von diesem Recht – und zwar nicht erst in der Spätphase der Weimarer Republik, sondern auch unter der Reichspräsidentschaft von Friedrich Ebert – in großem Umfang Gebrauch gemacht hatte. Auch die Smendsche Integrationslehre zielte darauf ab, die Geltungskraft der Verfassung zu schwächen, und es schien deshalb geboten, sich nach Institutionen umzusehen, die geeignet sein könnten, diese Geltungskraft zu bewahren. Vor allem aber hatte sich das Reichsgericht selbst das Recht

[22] H. Kelsen, Wesen und Entwicklung der Staatsgerichtsbarkeit, in: WRS, S. 1813 ff., S. 1853.

zugesprochen, die Gesetze auf ihre Verfassungsmäßigkeit zu überprüfen und auch auf ihre Gerechtigkeit; angesichts der Zusammensetzung des Reichsgerichts und seiner bisherigenn Rechtsprechung konnte die Schaffung eines Verfassungsgerichts, das entsprechend dem Vorschlag Kelsens gemäß dem Parteienproporz im Parlament zusammengesetzt war und das öffentlich beraten sollte, nur einen Fortschritt bedeuten.

Diktatur des Proletariats und soziale Demokratie

Kelsen war kein Sozialist und kein Kommunist und verstand sich auch nicht als solcher. Es bedarf keiner Hervorhebung, daß er nicht die sozialistische Demokratie anstrebte. Er war ein Gegner der Diktatur des Proletariats; er trat noch nicht einmal für die soziale Demokratie ein. Seiner Ansicht nach war die Demokratie eine *politische* Form der Selbstbestimmung des Volkes, die sowohl im Kapitalismus als auch in einem System, in dem kein Privateigentum an den Produktionsmitteln existiert, verwirklicht, aber auch verfehlt werden kann. In dieser Beschränkung auf die politische Demokratie liegt der offene, unüberbrückbare Widerspruch zwischen der Kelsenschen und der marxistischen Demokratietheorie.

Die Behauptung Kelsens, Demokratie sei ihrem Wesen nach nicht nur als soziale Demokratie zu realisieren, sagt noch nichts darüber aus, ob *rechtspolitisch* gesehen nicht die Ausdehnung der bürgerlich-formalen, politischen Demokratie zur sozialen Demokratie erforderlich wäre, um die politische Demokratie der Weimarer Republik zu bewahren und ihre Vernichtung in der nationalsozialistischen Diktatur zu verhindern. Von Hermann Heller wurde an das Bürgertum appelliert, den Rechtsstaat als sozialen Rechtsstaat auch auf die Güter- und Wirtschaftsordnung auszudehnen, um dadurch die „anarchistische Raserei unserer kapitalistischen Produktion zu beseitigen". Mit dieser Erkenntnis müßte die „geistigen Kräfte der Nation" angesichts des „verantwortungslosen Geschwätzes blutloser Rationalisten und blutgieriger Irrationalisten das gleiche Gefühl des unüberwindlichen Ekels packen, und die Entscheidung zwischen faschistischer Diktatur und sozialem Rechtsstaat wäre gefallen".[23] Mit den „blutleeren Rationalisten" dürfte wohl auch Kelsen gemeint sein. War aber in der gegebenen Situation zu Ende der Weimarer Republik der Appell an die geistigen Kräfte des Bürgertums nicht in hohem Maße illusionär und idealistisch? Sah nicht Kelsen da manches klarer und materialistischer als der Sozialdemokrat Heller? Dem Bürgertum zu sagen, daß die politische Demokratie nur bewahrt werden könnte, wenn in das Privateigentum entscheidend eingegriffen und es zumindest partiell

[23] H. Heller, Rechtsstaat oder Diktatur?, in: O. E. Kempen (Hrsg.), Sozialstaatsprinzip und Wirtschaftsordnung, Frankfurt a. M. 1976, S. 55 ff., S. 68.

aufgehoben werde, mußte die noch schwankenden Teile des Bürgertums in die Arme des Nationalsozialismus treiben. Ehe man an das geheiligte Privateigentum rührte, setzte man doch lieber auf die Karte der nationalsozialistischen Diktatur.

Kelsens Position, den Weg zur sozialen Demokratie und damit zur Umänderung der Eigentumsverhältnisse offen zu halten, ihn also nicht als demokratie- und verfassungswidrig zu deklarieren, aber gleichzeitig das Bürgertum zu beruhigen, indem er ihm sagte, zur Beibehaltung der politischen Demokratie ist ihre Umwandlung in eine soziale nicht die notwendige Bedingung, war objektiv eher geeignet, als Rückzugs- und Verteidigungsposition zu dienen und die schwankenden Teile des Bürgertums zu veranlassen, es doch noch weiter mit der Weimarer Republik zu versuchen. Dies alles unter der – sehr problematischen – Voraussetzung, daß überhaupt Heller und Kelsen gelesen worden sind. Insgesamt wird man angesichts der Zuspitzung der Klassenkämpfe, angesichts der objektiven Krise des kapitalistischen Systems die Möglichkeiten, vom politisch-rechtlichen Überbau – und nun gar von der Staatstheorie aus – auf die Klassenkämpfe einwirken zu können, als sehr gering einschätzen müssen.

Als Ergebnis möchte ich deshalb festhalten, daß innerhalb des bürgerlich-liberalen und des sozialdemokratischen Lagers Kelsens Verteidigungslinie der Weimarer Demokratie die am meisten realistische war. Die These, Kelsen habe in seinen politischen Schriften keinerlei Beitrag zur Verhinderung und Bekämpfung des Nationalsozialismus geleistet, läßt sich m. E. nur dann halten, wenn man der Auffassung ist, daß ausschließlich die marxistische Klassenkampftheorie in der Lage war, einen Beitrag zum Kampf gegen den Faschismus zu leisten, und daß alle anderen politischen Auffassungen und Zielsetzungen im Vergleich damit bestenfalls mit Null anzusetzen sind. Zu fragen ist deshalb, ob denn nicht innerhalb der kommunistischen Bewegung die Einsicht sehr schnell gewachsen ist, daß es darauf ankommt, ein breites antifaschistisch-demokratisches Bündnis gegen den Faschismus zu bilden? Ist nicht auch nach 1945, nach der Niederringung des Faschismus, die ursprüngliche Konzeption gewesen, eine antifaschistisch-demokratische Ordnung zu errichten? Und geht nicht der Kampf der DKP in der BRD und gehen nicht die Zielsetzungen der kommunistischen Parteien Westeuropas auf die Errichtung antimonopolistischer Demokratien? Und ist nicht die Frage berechtigt, wo denn jene nichtmarxistischen Demokraten, die man als Bündnispartner gewinnen will, herkommen sollen, wenn selbst ein Demokrat vom Range Kelsens zurückgestoßen wird in die *eine* reaktionäre Masse?

Reine Rechtslehre und politische Praxis

Klenners Kritik zielt allerdings in erster Linie auf den Rechtstheoretiker Kelsen, auf den Schöpfer der Reinen Rechtslehre. Er sagt: „Indem Kelsen Recht und Rechtstheorie aus der Welt der Ursachen und Wirkungen herauslöst und sie damit von schlechthin jeder Gesellschaft und deren Entwicklung verselbständigt, begibt er sich gewollt in die Verweigerungshaltung gegenüber den Anforderungen des Geschichtsprozesses und der Gegenwart."[24] Das ist auch dem Rechtstheoretiker Kelsen gegenüber sehr stark vereinfachend, gegenüber dem Ideologiekritiker und Rechtspolitiker Kelsen trifft die Aussage nicht zu. Jedoch trifft Klenner mit seiner Kritik *den Kern* der Kelsenschen *Rechtslehre.*

Wenn Karl Marx sagt, daß Rechtsverhältnisse und Staatsformen nicht aus sich selbst heraus zu begreifen sind, sondern vielmehr in den materiellen Lebensverhältnissen wurzeln, so ist hier in äußerster Zusammenfassung das Wesen jeglichen, auch des rechtswissenschaftlichen, Positivismus aufgezeigt und die materialistische Gegenposition begründet worden. Kelsens rechtstheoretisches Werk ist der groß angelegte – und *letztlich gescheiterte* – Versuch, das Recht aus sich selbst heraus zu verstehen. Die wissenschaftliche Konsequenz, mit der Kelsen seine Methode, das Sollen strikt getrennt vom Sein zu untersuchen, verfolgt, nötigt ihn, selbst die Stellen zu benennen, wo sein System der Reinen Rechtslehre das Sein einbeziehen muß. Die Grundnorm ist nur formulierbar im Hinblick auf eine faktisch geltende und wirksame Rechtsordnung; die Interpretation und Anwendung der Rechtsnorm ist nur im Wege der Konkretisierung möglich, die gleichzeitig willentliche rechtsbildende Elemente enthält; die Positivität der Norm läßt sich nicht ausschließlich aus der Geltung einer übergeordneten Norm ableiten, vielmehr ist die Wirksamkeit im großen und ganzen Bedingung der Rechtsordnung und jeder einzelnen Rechtsnorm. Kelsen öffnet sozusagen das Tor zum Sein hin, aber er bleibt davor stehen; die Dialektik von Sein und Sollen, von Geltung und Wirksamkeit, von Rechtsanwendung und Rechts-

[24] H. Klenner, Vom Recht der Natur zur Natur des Rechts, a. a. O., S. 148. – Ein allgemeines, nicht nur auf Methodenunterscheidung abzielendes „*Verbot* Wurzeln und Wirkungen des Rechts zu ergründen" (H. Klenner, Reine Rechtsleere, a. a. O., S. 83), vermochte ich in der Reinen Rechtslehre nicht zu entdecken. Nicht nachvollziehbar ist auch die Aussage, die Reine Rechtslehre behaupte, die Rechtsnormen „unterlägen keiner kausalgesetzlichen historischen Entwicklung" (ebenda, S. 36); ebenso: ders., Rechtsphilosophie in der Krise (a. a. O.), S. 45: Gemäß der Reinen Rechtslehre gäbe es „keine kausalgesetzlichen Beziehungen zwischen Recht und Gesellschaft".

Es kann auch H. Klenner nicht zugestimmt werden, wenn er von „jener berüchtigten Positivisten-Unterstellung" schreibt, dergemäß „jedes existente Gesetz und Gerichtsurteil die Gerechtigkeit in Zeit und Raum" sei (ders., Gerechtigkeit – eine rechtsphilosophische Kategorie?, a. a. O., S. 795). Ebenso H. Klenner in Reine Rechtsleere (S. 51): „Denn immer läuft am Ende die Argumentation der Positivisten darauf hinaus: da man nicht wissen könne, was gerecht sei, müsse man sich eben den Anforderungen des existenten Staates gegenüber konform verhalten." Gerade weil man dies nicht weiß, kann der Staat nicht im Namen der Gerechtigkeit Gehorsam verlangen, so die Kelsensche Lehre. Der Staat verlangt Gehorsam, indem er sanktionsbewehrte Normen aufstellt; über die Berechtigung, solche Normen aufzustellen, sagt die Reine Rechtslehre nichts aus.

schöpfung vermag er mit seinem positivistischen Instrumentarium nicht zu erfassen.

Ebensowenig wie es darum gehen kann, die bürgerliche, politische, parlamentarische Demokratie gegen die Theorie der sozialen Demokratie grundsätzlich zu verteidigen, ebensowenig soll hier ein Plädoyer für die positivistische Rechtstheorie und gegen die marxistische Rechtstheorie geführt werden. Das Problem ist vielmeher auch in diesem Punkt, ob in der Rechts*theorie* Hans Kelsens *Momente* enthalten sind, auf die man sich beziehen kann, wenn es gilt, die Einheitsfront *gegen faschistische Strömungen* zu verstärken.

Hervorzuheben ist zunächst, daß es sicherlich unrichtig ist, wenn in der bundesrepublikanischen Lehre nach 1945 das Einordnen der Juristen in den nationalsozialistischen Herrschaftsapparat und ihr problemloses Funktionieren innerhalb dieses Apparates zurückgeführt wird auf eine angeblich positivistische Grundhaltung dieser Juristen. Der Positivismus, auch der von Anschütz und Thoma und erst recht der Positivismus Kelsenscher Prägung war in der Weimarer Republik nicht mehr die vorherrschende Lehre. Vor allem aber ging der Kampf innerhalb der nationalsozialistischen Lehre ganz entschieden und eindeutig gegen den Liberalismus und den Positivismus, und es wurde versucht, ein nationalsozialistisches Naturrecht des Blutes und der Volksgemeinschaft aufzubauen. Im Gegenteil hätte eine positivistische Beurteilung bereits der „legalen" Machtergreifung sowie der zahllosen rechtlosen Gewaltmaßnahmen eher zu einer Opposition gegen den Nationalsozialismus führen können. Die Reine Rechtslehre hat, indem sie die Geltungsbedingungen des positiven Rechts herausarbeitete, einen wichtigen Beitrag geleistet zur Verteidigung der Legalität gegenüber der Legitimität, des Rechts gegenüber dem Ausnahmezustand, des demokratisch gesetzten Rechts gegenüber reaktionären Naturrechtslehren, das Rechts gegenüber dem bloß faktischen So-Sein der Rechtswirklichkeit. Gegenüber dem Faschismus an der Macht vermochte die Reine Rechtslehre mit ihrer Trennung von Norm und Wert, von Recht und Moral, von Sein und Sollen allerdings vom Rechtsstandpunkt aus nichts vorzubringen. Kelsen hat die Notwendigkeit und Berechtigung politischen Handelns, insbesondere antifaschistischer politischer Aktivität niemals bestritten. Aus dem Positivismus Kelsenscher Prägung folgt nicht, daß eine moralische, politische oder sonstige Pflicht zur Befolgung des Rechts besteht. Kelsen will das positive Recht erkennen, aber nicht bewerten. Die Freiheit jedes Rechtsunterworfenen, das positive Recht als unrichtig, als dem objektiven Geschichtsverlauf widersprechend, als barbarisch, als bestimmte Klassen oder Individuen unterdrückend anzusehen und dementsprechend politisch zu bekämpfen, macht die Reine Rechtslehre niemandem streitig.[25]

[25] Bedenklich deshalb die These H. Klenners, in: Reine Rechtsleere, a. a. O., S. 51: „Mit dem Hinweis auf die nun einmal erforderliche Gesetzestreue der Richter ist übrigens die Nazijustiz durch die in der Bundesrepublik herrschende Meinung ganz pauschal

Die Reine Rechtslehre fragt nicht nach den materiellen Bedingungen, die bestimmen, wie das jeweilige positive Recht entsteht und vergeht, welche politischen und sozialen Inhalte es hat und welche sozialen Funktionen es ausübt. Sie bestreitet die Berechtigung solcher Fragestellungen und ihrer Beantwortung nicht, weist sie aber anderen Wissenschaften zu als der Rechtswissenschaft als einer Theorie des positiven Rechts. Ihrer eigenen Aufgabenstellung nach kann die Reine Rechtslehre nur ein Bruchstück-Wissen über das Recht liefern. Falsch wäre diese Theorie dann, wenn sie vorgäbe, wie es der ältere Positivismus, insbesondere in der Form der Begriffsjurisprudenz tat, das Recht als gesellschaftliches Phänomen, als Teil des von der Basis der Produktionsverhältnisse erzeugten Überbaus vollständig erkannt zu haben. Dies tut die Reine Rechtslehre nicht.

Das Vorhandensein des positiven Rechts ist eine gesellschaftliche Tatsache. Die Reine Rechtslehre hat sehr viel dazu beigetragen, das positive Recht von anderen gesellschaftlichen Phänomenen zu unterscheiden. Die bloße Beschreibung und begriffliche Erfassung eines gesellschaftlichen Phänomens ist, wie die marxistische Wissenschaft lehrt, noch bei weitem nicht die wirkliche Erkenntnis des Gegenstandes; aber es ist der erste Schritt bei der Anwendung der Methode des Aufsteigens vom Abstrakten zum Konkreten. Die Reine Rechtslehre bleibt bei diesem ersten Schritt stehen. Aber es ist ein notwendiger Schritt und einer, der die Voraussetzung für die weitere Erkenntnis ist und für die aus dieser Erkenntnis sich ergebenden Kritik und Umwälzung der Praxis. Dies gilt auch für das nationalsozialistische Recht.

Ebenso wie der Zeitgeschichtler feststellen muß, was geschah, in welchen Handlungen sich diese nationalsozialistische Herrschaft äußerte, so muß der Rechtswissenschaftler feststellen, wie das positive Recht im Nationalsozialismus aussah. Die Feststellung des postiven, d. h. des geltenden und wirksamen Rechts im Faschismus beinhaltet in keiner Weise eine Zustimmung zu diesem Recht. Die Forderung, das Recht oder Teile des positiven Rechts des Nationalsozialismus gar nicht als Recht anzusehen, sondern als bloße terroristische Gewalt oder als Un-Recht, als eine Form des Nicht-Rechts, birgt – objektiv – die Gefahr der Verharmlosung in sich. Das nationalsozialistische Recht wird damit den Regeln einer Räuberbande gleichgesetzt, indes doch das wirklich Erschreckende ist, daß die Verhaltensregeln der Gangsterbande zum positiven Recht eines Staates werden konnten. Die objektive, wissenschaftliche Feststellung,

von der Verantwortung für ihre Bluturteile freigesprochen worden: also auch Reinwaschungsargumentation bedient der Positivismus." Der Filbingerschen These: „Was damals Recht war, kann heute nicht Unrecht sein", kann man ja nicht nur entgegen halten: „Es war damals schon kein positives Recht", sondern auch – und dies scheint mir der richtige Weg: „Es war damals positives Recht, das wir jetzt durch einen Akt des positiven Rechts für unseren neuen antifaschistischen Staat für Unrecht erklären; so daß wir dich für dein damaliges Verhalten zur Verantwortung ziehen."

daß z. B. die millionenfache Ermordung von Juden gemäß dem positiven Recht dieses Staates geschah, ist unverzichtbare Voraussetzung dafür, ein System, in dem solches positives Recht sein kann, radikal zu kritisieren und zu bekämpfen. Der Begriff des positiven Rechts, wie ihn die Reine Rechtslehre erarbeitet hat, ist ein notwendiges Instrument zur Erfassung eines wesentlichen gesellschaftlichen Phänomens. Es reicht, um bei dem extremen Beispiel der Judenvernichtung zu bleiben, nicht aus, das, was in den Vernichtungslagern geschah, als bloße Faktizität, als Tötungshandlung zu beschreiben und dann diese Handlung als Unrecht zu erkennen (was sie selbstverständlich war unter moralischen und politischen Bewertungskriterien). Es würde damit ja gerade das nicht festgestellt, was zur Einmaligkeit und Entsetzlichkeit dieser Tötungen gehört: daß sie *damals* eben kein Unrecht, sondern positiv-rechtlich gesehen rechtmäßig waren.

Die Qualifizierung des Nationalsozialismus nach 1945 durch Teile der bundesrepublikanischen Rechtslehre als Unrechtsstaat und die These, Teile der nationalsozialistischen Rechtsordnung seien von Anfang an Unrecht gewesen, hatte auch die objektive Funktion, Kontinuitäten zu unterbrechen und das Bewußtsein der Betroffenen davon zu entlasten, daß in Wirklichkeit dieser Unrechtsstaat nicht der Staat Hitlers und einiger Spießgenossen, sondern ihr *eigener* Staat gewesen ist, daß dieses „Unrecht“ *ihr positives Recht* gewesen ist, von der Rechtsgemeinschaft als geltendes Recht anerkannt, befolgt und durchgesetzt.

Vor allem konnte es nunmehr als Aufgabe lediglich der Rechtswissenschaft und der Gerichte angesehen werden, aus der Masse des nationalsozialistischen positiven Rechts jene Teile herauszufiltern, die Nicht-Recht, Un-Recht gewesen sein sollen und die deshalb von Anfang an keine Geltung besessen haben sollten. Damit wurde die kollektive, gesamtgesellschaftliche Reflexion darüber, was denn positives Recht gewesen war und was nunmehr positives Recht in Zukunft sein solle, als entbehrlich hingestellt. Die Aufarbeitung der Vergangenheit konnte als eine Aufgabe hingestellt werden, die allenfalls einige Spezialisten, z. B. in der Strafjustiz anging. Erforderlich wäre gewesen, durch Gesetzgebungsakte, in denen sich der Wille der im Staat repräsentierten Gesellschaft ausdrückt, eine Bewertung der Handlungen vorzunehmen, die nach dem nationalsozialistischen Recht rechtmäßig waren. Das gegenteilige Verfahren, den Richter im Einzelfall positives Recht und „positives“ Un-Recht voneinander selektieren zu lassen, führte dann zu solch grotesken Ergebnissen, daß eine Ehefrau, die ihren Mann angezeigt hatte, weil er einen politischen Witz erzählt habe und der daraufhin zum Tode verurteilt wurde, wegen Beihilfe zum Mord bestraft wurde, nicht aber der Richter, der das Todesurteil ausgesprochen hatte, denn ihn schützte seine richterliche Unabhängigkeit und die Tatsache, daß er nur das Gesetz vollzogen habe.

Karl-Heinz Schöneburg (Berlin)

Georg Lukács und die Theorie der revolutionären Demokratie

„Historische Verdienste werden nicht danach beurteilt, was historische Persönlichkeiten, gemessen an den heutigen Erfordernissen, nicht geleistet haben, sondern danach, was sie im Vergleich zu ihren Vorgängern Neues geleistet haben."
(W. I. Lenin)

Georg Lukács war kein Staats- und Rechtsphilosoph ex professo. Als Persönlichkeit „großen denkerischen Formats",[1] die nicht nur über die Kategorie Totalität in der Gesellschaftsdialektik philosophierte, sondern sie auch in theoretischen Analysen praktizierte, mußte sich Georg Lukács mittelbar oder unmittelbar mit Staat, Recht und Politik befassen. So kam es, daß er in den 50er Jahren, da sich in der DDR die marxistisch-leninistische Staats- und Rechtstheorie als Wissenschaftsdisziplin zu entwickeln begann, auch für einige junge Staats- und Rechtstheoretiker – um eine Formulierung Wolfgang Heises aufzunehmen[2] – zu einer „Kultur- und Bildungsnorm" wurde. Dies belegen beispielsweise die von H. Klenner, R. Arzinger und mir erarbeiteten Vorlesungsprogramme in den Lehrdisziplinen Staats- und Rechtstheorie und Geschichte der Staats- und Rechtstheorie sowie die auf ihrer Grundlage gehaltenen Kollegien.

Von dem universellen Marxisten Georg Lukács gingen vielfältige Denkanstöße für die junge marxistische Staats- und Rechtstheorie in der DDR aus: hinsichtlich der Bemühungen, eine tragfähige Erbe- und Traditionskonzeption auf dem Gebiete der Staats- und Rechtstheorie zu erarbeiten und zu erproben; hinsichtlich der Analyse imperialistischer, die Venunft zerstörender irrationalistischer Staats- und Rechtsauffassungen im allgemeinen und der nazifaschistischen Staats- und Rechtsphilosophie Carl Schmitts im besonderen, für die Georg Lukács in seiner „Zerstörung der Vernunft" die in späteren einschlägigen marxistischen Untersuchungen kaum rezipierte Charakteristik als *nichtrestaurative* Staatsphilosophie erarbeitete, die nicht mehr auf Verteidigung und Zementie-

[1] So W. Abendroth in einem Nekrolog auf Georg Lukács, in: W. Abendroth. Die Aktualität der Arbeiterbewegung, Frankfurt a. M. 1985, S. 182.
[2] W. Heise in seinem Vortrag auf dem Georg-Lukács-Kolloquium der Akademie der Wissenschaften der DDR am 5. März 1985.

rung des historisch gewordenen Status quo aus war, sondern sich als imperialistische Vorwärtsstrategie jenseits von Geschichte, Gesetzlichkeit und Demokratie begriff.

Georg Lukács hat nicht zuletzt auch Impulse gegeben, um den Weg zu Wahrheit und Wahrhaftigkeit in der Staats- und Rechtsphilosophie zu finden: um die Dialektik von Kontinuität und Diskontinuität, von Tradition und Revolution in rechtsphilosophischen Untersuchungen fruchtbar zu machen; um die Wirklichkeit des Staates und Rechts als objektiv historisch zu begreifen, weshalb „die Historizität der objektiven Wirklichkeit ... eine bestimmte Historizität der Kategorienlehre zur Folge" hat[3] und es daher nicht gestattet ist, daß eine rechtsphilosophische Erkenntnis „in ihrer jeweils gegebenen Form je als absolut endgültig aufgefaßt werden kann, daß Korrekturen, Einschränkungen, Erweiterungen etc. an ihr je als ausgeschlossen betrachtet werden können".[4] Wahrhaftigkeit bedeutet für Georg Lukács die Pflicht, „sich immer wieder selbst zu korrigieren, um Einseitigkeiten seines jeweiligen Urteils aufzuheben, wie sie der Tag produziert hatte".[5]

In jüngster Zeit hat erneut die Auffassung Georg Lukács' zur „demokratischen Diktatur", zur „revolutionären Demokratie" wissenschaftliche Diskussionen ausgelöst.[6] Deren Akteure sind bislang vorwiegend Philosophen, Politikwissenschaftler, Soziologen und Literaturwissenschaftler. Es scheint geboten, einige Anmerkungen eines Staats- und Rechtstheoretikers beizusteuern.

[3] G. Lukács, Die Eigenart des Ästhetischen, Bd. 1, Berlin – Weimar 1981, S. 18.
[4] Ebenda, S. 21.
[5] W. Abendroth, Die Aktualität der Arbeiterbewegung, a. a. O., S. 186. – Diese Position steht im schroffen Gegensatz zu M. Leske (Totalitätsbegriff und Gesellschaftsdialektik bei Georg Lukács, in: Wissenschaftliche Zeitschrift der Humboldt-Universität, Berlin 1984, S. 99), die Lukács in dessen „Ontologie des gesellschaftlichen Seins" zwar attestiert, die Kategorie Totalität dynamisch, als Einheit von Komplexität und Prozeßhaftigkeit zu fassen, trotzdem aber – weil sie soziale Mängel und Irrtümer entdeckt – ihren Urteilsspruch „unmarxistisch" verkündet.
[6] Es seien vor allem genannt: P. Ludz, Der Begriff der „demokratischen Diktatur" in der politischen Philosophie von G. Lukács, in: G. Lukács, Schriften zur Ideologie und Politik, 2. Aufl., Darmstadt – Neuwied 1973; F. Benseler, Sozialismus und Demokratisierung. Ein nachgelassenes Vorwort von Georg Lukács, in: Düsseldorfer Debatte, 5/1985, S. 51ff.; V. Wrona, Vernunft contra Unvernunft. Zu Georg Lukács' Faschismus-Kritik, in: DZfPh, 2/1985, S. 173ff.; S. Heppener/V. Wrona, Georg Lukács (1885–1971), in: DZfPh, 4/1985, S. 289ff.; W. Mittenzwei (Hrsg.), Dialog und Kontroverse mit Georg Lukács, Leipzig 1975; ders., Lukács' Ästhetik der revolutionären Demokratie, in: G. Lukács, Kunst und objektive Wahrheit, Leipzig 1977, S. 5ff.

I

Zehn Jahre nach dem Sieg der russischen Arbeiter und Bauern in der Oktoberrevolution 1917, nach der Niederlage der deutschen Arbeiterklasse in der Novemberrevolution 1918 und der brutalen Zerschlagung der ungarischen Räterepublik im Jahre 1919 war die Frage des revolutionären Weges zur Diktatur des Proletariats, des Herankommens an den sozialistischen Staat über Vor- und Zwischenstufen einer demokratischen Volksmacht, einer revolutionären Demokratie, einer revolutionär-demokratischen Diktatur ein Zentralthema der Erörterungen in der kommunistischen Weltbewegung. Sie stand in Verbindung mit dem Vordringen des Faschismus in Europa und erreichte ihren Höhepunkt nach der Errichtung der nazifaschistischen Diktatur in Deutschland mit dem VII. Weltkongreß der Kommunistischen Internationale im Jahre 1935.

Es war dies ein komplizierter, langwieriger schöpferischer Prozeß staats- und revolutionstheoretischen Weiterdenkens, der sich weder konfliktlos noch auf nur einer Beratung vollzog und vollziehen konnte. Es mußten ja neue objektive und subjektive Kampfbedingungen der internationalen Arbeiterbewegung gegen die zur Macht drängenden oder bereits die Macht in den Händen haltenden Faschisten verarbeitet werden. Damit stand das Problem, die Bündnisnotwendigkeit und die Bündnisfähigkeit der Arbeiterklasse in neuen Dimensionen, bis hin zu Teilen der nichtmonopolistischen Bourgeoisie zu überdenken und zu staatlich-politischen Konsequenzen zu führen. Es bedurfte des Konzepts für eine Staatsmacht, in der alle Anti- und Nichtfaschisten unter Führung der Arbeiterklasse miteinander koalieren konnten. In einer derartigen Staatsorganisation mußte die Arbeiterklasse die Macht mit allen antiimperialistischen Klassen, Schichten und Gruppen teilen, ohne damit ihren historisch-gesetzmäßigen Führungsanspruch aufzugeben. Dies alles bedeutete für die Kommunistische Internationale, ihre bis dahin vertretene Programmatik zur sofortigen Errichtung einer proletarischen Rätemacht in den jeweiligen Ländern zu korrigieren und neue Wege hin zur Diktatur des Proletariats in Abgrenzung zu jeder Art von „drittem Weg“ zu konzipieren. Dies war andererseits nur möglich, wenn zugleich die Kennzeichnung der Sozialdemokratie als „sozialfaschistisch“ aufgegeben wurde.

Mit anderen Worten: Die staatstheoretischen Erkenntnisse von Marx und Engels aus den Jahren 1848/49, 1852 und 1871, die von Lenin aus den Jahren 1905 und 1917 über das Problem der revolutionären Demokratie waren zu rezipieren, auf gänzlich neue historische Bedingungen anzuwenden und damit schöpferisch fortzuführen. Denn Marx, Engels und Lenin hatten mit Erfolg daran gearbeitet, entsprechend der welthistorischen Aufgabe des Proletariats unterschiedlichste revolutionäre Aktivitäten und Formen in einer komplexen Strategie des revolutionären Übergangs zur sozialistisch-kommunistischen Gesellschaft zu vereinigen. Die Notwendigkeit, revolutionär-demokratische Staaten zu errichten, war für sie je nach den historischen Bedingungen in unterschiedlicher Weise erforderlich: als Vorbedingung, als Durchgangsstufe, als Keimform der Diktatur des Proletariats.

In der Diskussion zu dieser staatstheoretischen Problematik hat sich Georg Lukács wiederholt zu Wort gemeldet: mit seinen Blum-Thesen aus dem Jahre 1928,[7] mit seinen beiden Schriften „Wie ist die faschistische Ideologie in Deutschland entstanden?“ (1933)[8] und „Wie ist Deutschland zum Zentrum der reaktionären Ideologie geworden?“ (1942)[9]; mit seiner großen Arbeit „Die Zerstörung der Vernunft“ (1954)[10] und anderen Publikationen.[11] Diese Wortmeldungen waren direkt oder indirekt politischer, staats- und revolutionstheoretischer Natur.

Eine Analyse der Positionen Georg Lukács' zum Problem der „revolutionären Demokratie“ weist ihn als marxistischen Theoretiker aus, der gegenüber dem Wissensstand seiner Zeit Erkenntniszuwachs gebracht, dem politischen Denken nach vorn auf die Sprünge geholfen hat und dessen Aussagen zu einem nicht unerheblichen Teil auch heute noch aktuell sind. Sie bestehen also vor der Dialektik von Historizität und Aktualität. Es zeigt sich, daß P. Ludz Georg Lukács verfälscht, wenn er ihn, mit den Blum-Thesen beginnend, zum „Nationalkommunisten“, zum Kritiker der Diktatur des Proletariats und des Führungsanspruchs der UdSSR sowie zum Syndikalisten abzustempeln versucht.[12] Genausowenig haltbar sind Meinungen, wonach bei Georg Lukács „die These von der Übergangsform der demokratischen Diktatur, die mit speziellen weltanschaulich-philosophischen Fragen angereichert war, ... zu einer Herrschaftsform vereinseitigt (wurde), die die Züge der klassischen bürgerlichen Demokratie trug. Diese Vorstellung prägte sein (G. Lukács' – K.-H. Sch.) Denken auch dann noch, als durch die Niederschlagung des Faschismus in einer Reihe europäischer Länder, darunter auch in Ungarn, der Weg für die Errichtung des Sozialismus frei wurde“.[13] Warum werden beide hier genannten Positionen, die – dies sei nur am Rande vermerkt – viel Gemeinsames haben, der von Georg Lukács entwickelten politischen Theorie nicht gerecht?

[7] In: G. Lukács, Schriften zur Ideologie und Politik, a. a. O., S. 306ff.

[8] Herausgegeben von L. Sziklai, Budapest 1982.

[9] Herausgegeben von L. Sziklai, Budapest 1985.

[10] Erstmals erschienen: Berlin 1954.

[11] Es seien vor allem angeführt: Aristokratische und demokratische Weltanschauung (1946), in: Georg Lukács, Schriften zur Ideologie und Politik, a. a. O., S. 405ff., und in: Sinn und Form, 3/1985, S. 361ff.; Zur philosophischen Entwicklung des jungen Marx 1840–1844 (1954), in: G. Lukács, Schriften zur Ideologie und Politik, a. a. O., S. 523ff.

[12] Vgl. P. Ludz, Der Begriff der „demokratischen Diktatur“ in der politischen Philosophie von G. Lukács, a. a. O., S. LI, LIII.

[13] S. Heppener/V. Wrona, G. Lukács (1885–1971), a. a. O., S. 296; ähnlich bereits V. Wrona, Vernunft contra Unvernunft, a. a. O., S. 176.

II

Georg Lukács wendet sich 1928 mit Nachdruck gegen nihilistische Positionen in der Arbeiterbewegung gegenüber der bürgerlichen Demokratie und der bürgerlich-demokratischen Revolution, wie er sie selbst 1920 in seiner Schrift „Zur Frage des Parlamentarismus“ vertreten hatte. Dort hatte er noch dargelegt, daß der parlamentarische Kampf, die Ausnutzung des bürgerlichen Parlaments für den Klassenkampf des Proletariats „zu der von der Bourgeoisie erwünschten Trübung des proletarischen Klassenbewußtseins“ beitragen müsse.[14] Diese linksradikale Position war seinerzeit von Lenin scharf kritisiert worden. Der Marxismus in dieser Lukács-Schrift sei nur „ein Marxismus der bloßen Worte. Es fehlt eine konkrete Analyse ganz bestimmter historischer Situationen. ... Das Wesentlichste (die Notwendigkeit, alle Arbeitsgebiete und Einrichtungen, durch welche die Bourgeoisie ihren Einfluß auf die Massen ausübt usw., zu erobern und erobern zu lernen) bleibt unberücksichtigt.“[15] Es entspricht dem „denkerischen Format“ G. Lukács', daß er nun (1928) sich selbst gründlich korrigiert.

Dies war weder selbstverständlich noch einfach. Natürlich hatte z. B. Friedrich Engels bereits wiederholt darauf aufmerksam gemacht, daß bürgerlich-demokratische Herrschaftsformen und bürgerlich-demokratische Rechte und Freiheiten der Arbeiterklasse bei der Vorbereitung auf ihre Revolution außerordentlich dienlich sein können und müssen. Und Lenin hatte u. a. 1905 darauf verwiesen, den Rahmen der bürgerlichen Demokratie so weit als irgend möglich für das Herankommen an die Diktatur des Proletariats und die sozialistische Revolution zu nutzen, die bürgerlich-demokratischen Rechte hinsichtlich ihrer Brauchbarkeit für den Übergang zum Sozialismus auszuloten.[16] Aber im Rahmen einer Strategie, die auf sofortige, übergangslose Errichtung einer Diktatur des Proletariats ausgerichtet war, hatten diese Erkenntnisse nur einen untergeordneten Stellenwert. Und das war in den 20er Jahren innerhalb der Strategie und Taktik der Kommunistischen Internationale der Fall.

Die Blum-Thesen sind markanter Bestandteil vielfältiger Bemühungen, um diese theoretisch und praktisch-politisch immer unhaltbarer werdende Konzeption zu verändern. G. Lukács stellt nunmehr (1928) mit allem Nachdruck heraus: „Die Auffassung des Marxismus: die bürgerliche Demokratie ist das tauglichste Kampffeld für das Proletariat – muß unter den Parteimitgliedern populär ge-

[14] G. Lukács, Schriften zur Ideologie und Politik, a. a. O., S. 128.

[15] W. I. Lenin, „Kommunismus“, in: W. I. Lenin, Werke, Berlin 1954–1964 (im folgenden: LW), Bd. 31, S. 153f. – G. Lukács hat diese Kritik ernst genommen. Rückblickend spricht er 1963 von seinem damaligen „haarsträubenden theoretischen Fehler“ (vgl. Schriften zur Ideologie und Politik, a. a. O., S. 687).

[16] Vgl. K.-H. Schöneburg, Revolutionäre Übergänge von der bürgerlichen zur sozialistischen Demokratie, in: Staat und Recht, 12/1977, S. 1062ff.

macht werden. Es sollte begriffen werden, daß das Zustandekommen eines solchen Kampffeldes ernster, revolutionärer Auseinandersetzungen bedarf." [17]

Es geht um *Ausnutzung* der bürgerlichen Demokratie, um Verwirklichung bürgerlich-demokratischer Rechte *im Interesse der Arbeiterklasse*. Deshalb betonen die Blum-Thesen, daß „der Kampf um die bürgerlichen Freiheitsrechte ... mit den täglichen Bedürfnissen der Arbeiter verbunden werden" muß.[18] Die bürgerlichen Freiheitsrechte haben für die Konstituierung einer revolutionären Demokratie nur dann Bedeutung, wenn sie vom Standpunkt der Arbeiterklasse aus betrachtet werden, wenn sie zu Mitteln der Überwindung der zum Faschismus drängenden imperialistischen Herrschaft werden. Wenn sich G. Lukács in diesem Zusammenhang auf die berühmte Leninsche Formulierung beruft: „Zwischen Unterdrücker und Unterdrücktem, zwischen Bourgeois und Proletarier kann es keine Gleichheit geben",[19] so verweist dies darauf, wie *bürgerlich*-demokratische Rechte, von der revolutionären Arbeiterklasse und ihren Verbündeten im Interesse des Herankommens an den sozialistischen Staat benutzt, aus Organisationsformen der Integration des Volkes in die kapitalistische Gesellschaft zu Organisationsformen der Befreiung des Volkes aus den kapitalistischen Herrschaftsformen werden müssen. Dies ist nicht zuletzt deshalb möglich, weil in diese Rechte und Freiheiten auch Forderungen der Arbeiterklasse sowie der unterdrückten Volksmassen überhaupt Eingang gefunden haben und diese kulturelle Errungenschaften der Menschheitsgeschichte repräsentieren, auf die beim Übergang in das „Reich der menschlichen Freiheit", in der die freie Entwicklung eines jeden zur Bedingung der freien Entwicklung aller werden muß, nicht verzichtet werden darf.

Es kann keine Rede davon sein, daß G. Lukács die von ihm angestrebte revolutionäre Demokratie als bürgerliche Demokratie begreift. Er hat dies später, 1946, in seiner Arbeit „Über aristokratische und demokratische Weltanschauung" nochmals und wieder mit aller Deutlichkeit ausgesprochen: „Der verbindende Gedanke in den Bestrebungen der radikalen revolutionären Demokratie und des Sozialismus ist ein neuer Begriff der Demokratie. Er läßt sich in aller Kürze so formulieren: Nur wenn alle realen Formen der Abhängigkeit des Menschen durch den Menschen, der gesellschaftlichen Ungleichheit und Unfreiheit verschwinden, kann von Demokratie gesprochen werden." [20]

Wohlgemerkt: Hier wird eine Traditionslinie zwischen der „radikalen revolutionären Demokratie" und dem Sozialismus angesprochen, zwischen den Demokratieauffassungen Rousseaus, der französischen und deutschen Jakobiner etc.

[17] G. Lukács, Schriften zur Ideologie und Politik, a. a. O., S. 306.

[18] Ebenda, S. 307.

[19] Ebenda.

[20] G. Lukács, Über aristokratische und demokratische Weltanschauung, in: Sinn und Form, 3/1985, S. 363.

und denen von Marx, Engels und Lenin. Und G. Lukács verschweigt auch nicht, daß die Vorstellungen von revolutionärer Demokratie im Sozialismus eine neue Qualität erreichen müssen, indem die Gesellschaftsverhältnisse der Unterdrückung und Ausbeutung des Volkes aufgehoben werden. In seiner Arbeit „Zur philosophischen Entwicklung des jungen Marx 1840/44", die 1954 erschien, hat er bei Marx selbst diese Entwicklung vom revolutionären Demokraten zum Begründer der Theorie der sozialistischen Demokratie nachgezeichnet.[21] 1946 schreibt er: „Kategorien wie Freiheit und Gleichheit, wie Fortschritt und Vernunft müssen einen neuen Glanz, eine neue Bedeutungsschwere erhalten, und sie können diese erhalten, wenn der soziale Gehalt der Demokratie, den heutigen veränderten Umständen entsprechend, wieder die Inhaltsfülle und die Leuchtkraft von 1793 oder 1917 erhält."[22] Dies ist aber nur möglich, wenn die formale bürgerliche Demokratie als Ausdruck und Form imperialistischer Herrschaft überwunden und durch eine sozialistische Demokratie als Ausdruck und Form der Macht der Werktätigen ersetzt wird. „Der Kampf geht heute formal zwischen den verschiedenen Typen der Demokratie: um die Frage, ob Demokratie bloß eine staatlich-politisch-juristische Form oder eine reale Lebensform für das Volk werden soll. Dahinter verbirgt sich freilich die Machtfrage: ob die demokratische Form auch jetzt noch die anonyme Herrschaftsform für die ‚200 Familien', wie man in Frankreich zu sagen pflegt, bleiben soll oder zur wirklichen Herrschaftsform des arbeitenden Volkes weiterentwickelt werden kann."[23]

Und noch deutlicher soll sich G. Lukács angesichts der konterrevolutionären Ereignisse in der ČSSR im Jahre 1968 geäußert haben: „Im Hinblick auf die ČSSR sagt Lukács, ohne sie ausdrücklich zu nennen, bürgerliche Demokratie einzuführen würde bedeuten, daß der C. I. A. in absehbarer Zeit griechische Zustände herbeiführen könnte und dies ganz ungeachtet der subjektiven Redlichkeit und ehrlichen sozialistischen Überzeugungen der ideologisch führend Beteiligten."[24]

Die Überlegungen G. Lukács' stimmen im Grundsätzlichen mit der heutigen Einsicht überein, daß ohne Verarbeitung der Erkenntnisse revolutionärer Demokraten die marxistische Demokratietheorie verarmt und daß ohne Ausnutzung der Errungenschaften bürgerlicher Demokratie sozialistische Demokratie als deren Negation nicht denkbar ist. Dies beweisen nicht nur die Grundrechtskataloge sozialistischer Verfassungen, in denen bürgerlich-demokratische Rechte und Freiheiten in vielfacher Weise aufbewahrt, d. h. in eine *qualitativ neue* Kon-

21 Vgl. G. Lukács, Schriften zur Ideologie und Politik, a. a. O., S. 523ff.

22 G. Lukács, Über aristokratische und demokratische Weltanschauung, a. a. O., S. 380f.

23 Ebenda, S. 382.

24 F. Benseler, Sozialismus und Demokratisierung, in: Düsseldorfer Debatte, 5/1985, S. 54.

zeption der Mitwirkung des einzelnen an der Verwirklichung der Volkssouveränität eingegangen sind. Ein „Unverständnis der Dialektik von demokratischem, antiimperialistischem Kampf und Kampf um Sozialismus“, wie S. Heppener und V. Wrona es G. Lukács bescheinigen,[25] ist m. E. nicht zu beweisen.

III

Georg Lukács entwickelt die Notwendigkeit einer demokratischen Diktatur für Ungarn im Jahre 1928 gegen die Strategie der sofortigen, übergangslosen Errichtung der Diktatur des Proletariats, wie sie damals noch von der Kommunistischen Internationale vertreten wurde. Daher stießen die Blum-Thesen auch auf Ablehnung durch das Exekutivkomitee der Kommunistischen Internationale. In einem „Offenen Brief an die Kommunistische Partei Ungarns“ hieß es: „Die Revolution in Ungarn kann nur eine proletarische, eine sozialistische sein ...“ Die Forderung nach einer „Arbeiter- und Bauernregierung (ist) gleichbedeutend mit der Diktatur des Proletariats“. Indem G. Lukács „die demokratische Diktatur der Arbeiter und Bauern statt die Diktatur des Proletariats“ fordert, stellt er sich „auf den Boden der Sozialdemokratie“.[26]

Im Unterschied dazu begründen die Blum-Thesen in schöpferischer Anwendung der Leninschen Theorie des Herankommens an die Diktatur des Proletariats über eine revolutionär-demokratische Diktatur der Arbeiter und Bauern, wie er sie 1905 in seiner Schrift „Zwei Taktiken der Sozialdemokratie in der demokratischen Revolution“ konzipiert hatte, auf Grund der objektiven und subjektiven Klassenkampfbedingungen in Ungarn die Notwendigkeit, zunächst eine demokratische Diktatur zu errichten. Diese demokratische Diktatur wird „ein Feld des alles entscheidenden Kampfes zwischen Bourgeoisie und Proletariat“ sein. Obwohl sie „in ihrem unmittelbaren, konkreten Inhalt nicht über die bürgerliche Gesellschaft hinausgeht“, ist sie „eine dialektische Übergangsform zur Revolution des Proletariats – oder zur Konterrevolution“.[27] Auch dies ist Leninsche Konzeption. Heutigen Einwürfen, G. Lukács verselbständige diese demokratische Diktatur, ordne sie nicht in einen einheitlichen revolutionären Prozeß des Herankommens an die sozialistische Revolution ein, müssen seine eigenen Worte entgegengehalten werden, die nichts an Deutlichkeit vermissen lassen: „Ein Stehenbleiben bei der demokratischen Diktatur, verstanden als eine festgelegte, in der ‚Verfassung fixierte‘ Entwicklungsperiode, würde notwendig den Sieg der Konterrevolution bedeuten. Die demokratische Diktatur kann deshalb nur als der konkrete Übergang, durch den die bürgerliche Revolution in die Revolution des Proletariats umschlägt, verstanden werden.“[28]

[25] S. Heppener/V. Wrona, Georg Lukács (1885–1971), a. a. O., S. 296.
[26] Abgedruckt in: G. Lukács, Schriften zur Ideologie und Politik, a. a. O., S. 731, 733.
[27] G. Lukács, Schriften zur Ideologie und Politik, a. a. O., S. 307.
[28] Ebenda, S. 308.

Auf der gleichen Leninschen Linie bewegen sich die Beschlüsse des VII. Weltkongresses der Kommunistischen Internationale sowie die nach dem zweiten Weltkrieg von kommunistischen Parteien konzipierten und in den volksdemokratischen Staaten Europas realisierten Vorstellungen von der Errichtung sozialistischer Staaten über notwendige revolutionär-demokratische Übergangsformen. Daß dabei die Vorstellungen Georg Lukács' von 1928 und aus den 30er Jahren zugleich auch ergänzt, erweitert und korrigiert wurden, würde niemanden weniger als ihn selbst verwundern. So ist beispielsweise seine These von der Unvereinbarkeit revolutionärer Demokratie als Übergang zur proletarischen Diktatur mit verfassungsrechtlicher Regelung in der Praxis volksdemokratischer Staaten nach dem zweiten Weltkrieg gründlich widerlegt worden. Es erwies sich, daß juristische Verfassung und revolutionärer Prozeß durchaus eine dialektische Einheit bilden können. Juristische Verfassungen müssen nicht – wie spätkapitalistische Staatsrechtler und auch J. W. Stalin verkünden – notwendig und wesensmäßig auf Erhaltung und Zementierung des gegenwärtigen Gesellschaftszustandes limitiert sein. Sie können gar wohl – und dies wußte bereits der Dialektiker Hegel – als juristische Formen zur Organisierung des gesellschaftlichen Fortschritts wirken, historische Dialektik als Dialektik der Verfassung reflektieren.

Es zeugt von Reife in der Handhabung materialistischer Dialektik, wenn Lukács das Problem der Übergänge von bürgerlicher zu sozialistischer Demokratie sehr konkret in das Zentrum revolutionären juristischen Denkens und Handelns rückt. So ist G. Lukács sehr zuzustimmen, wenn er das „originelle Neudenken solcher Probleme der Übergänge“ bei Marx, Engels und Lenin als Ausdruck der Produktivität und des Schöpfertums ihrer materialistisch-dialektischen politischen Theorie wertet.[29] Es ist ein Hauptmerkmal *von Dogmatismus* in der politischen Theorie, die sich verändernde Wirklichkeit auf ein starres Schema sich absolut ausschließender Extreme zu reduzieren. Der Fortschritt in der Geschichte der Staats- und Rechtsphilosophie ist jedenfalls vor allem durch Denker bewirkt worden, die sich insbesondere derartigen Übergängen in der Staats- und Rechtsentwicklung theoretisch wie methodologisch verpflichtet fühlten. Dies gilt, wenn auch in jeweils unterschiedlicher Weise, für Rousseau und Babeuf, für Marat und Forster, für Fichte und Hegel, für Marx, Engels und Lenin.

IV

Ob eine Demokratie bürgerlich ist und bleibt oder als Übergangsform zur sozialistischen Demokratie wirkt, ob sie Form der Macht der Bourgeoisie oder der des Volkes ist, dies entscheidet sich an der Frage der Hegemonie der Arbeiterklasse.

[29] Ebenda, S. 698.

Bürgerliche Demokratie und revolutionäre Demokratie sind in unserer Epoche einander ausschließende Begriffe. Nur wenn die Arbeiterklasse bestimmende Kraft in der die revolutionäre Macht tragenden und ausübenden Klassen, Schichten und Gruppen des Volkes wird, ist ein Übergang der demokratischen Diktatur in die Diktatur des Proletariats möglich.

Es ist demnach zu fragen, ob Georg Lukács seine Konzeption über revolutionäre Demokratie unter dem Aspekt der Hegemonie des Proletariats entwickelte oder ob in ihr, wie neuerdings wieder zu lesen ist, „die Frage nach der Hegemonie der Arbeiterklasse nicht erörtert wurde . . ." und daher „sein Nichtverständnis der Dialektik des Übergangs vom Kapitalismus zum Sozialismus . . . ihn bei der Verabsolutierung des Übergangs verbleiben (ließ), wogegen sich die Zielstellung Sozialismus verflüchtigte".[30]

Wenn auch Einzelheiten der politischen Organisation der revolutionären Demokratie in den Blum-Thesen nicht erörtert werden, also beispielsweise die Beziehungen zwischen marxistisch-leninistischer Partei und revolutionärer Diktatur keine konkrete Ausformung erfahren, so dürfte doch wohl kaum Zweifel daran aufkommen dürfen, daß das in ihnen entwickelte Konzept des Herankommens an die Diktatur des Proletariats über eine revolutionäre Demokratie der Verwirklichung der historischen Mission der Arbeiterklasse, ihrer Hegemonie in der revolutionären Veränderung der Gesellschaft verpflichtet ist. Dafür nur einige Belege. Es wird deutlich unterstrichen, daß in dieser Demokratie zunächst erreicht werden muß, daß die Bourgeoisie „die Macht wenigstens zum Teil den breiten Massen der Arbeiter überläßt". Es kommt darauf an, in dieser staatlichen Form „die Aufrechterhaltung der politischen und wirtschaftlichen Macht der Bourgeoisie zu untergraben, zu desorganisieren und die arbeitenden Massen zu selbständigem Handeln zu organisieren".[31] Es wird eine „Regierung der Arbeiter- und Bauernschaft" als Spitze dieser demokratischen Diktatur projektiert.[32] Und die Kommunistische Partei Ungarns sei erklärtermaßen die einzige Kraft, die die konsequente Durchführung der demokratischen revolutionären Forderungen bewirken kann. Ohne diese Partei und ihren entschlossenen Kampf „bleibt . . . die demokratische Diktatur nur eine leere Phrase".[33] Deshalb muß der Kampf u. a. „um die klassenkämpferische Einheit der Arbeiterbewegung" geführt werden, „gegen die Teilung und den Zerfall der Arbeiterbewegung, gegen die die Parteiorganisation zersetzende Politik der Bürokratie"[34]. Sind dies nicht alles eminent wichtige Fragen der Durchsetzung der Hegemonie der Arbeiterklasse in dieser Übergangsform zur Diktatur des Proletariats? Schließlich sollte doch wohl auch

30 S. Heppener/V. Wrona, Georg Lukács (1885–1971), a. a. O., S. 296.
31 G. Lukács, Schriften zur Ideologie und Politik, a. a. O., S. 309.
32 Ebenda, S. 315f.
33 Ebenda, S. 318.
34 Ebenda,

nicht aus dem Auge verloren werden, daß jeder theoretische Entwurf, der bewußt den Übergang von einer Ausbeutermacht zur Diktatur des Proletariats projektiert, auf der Verwirklichung der Hegemonie der Arbeiterklasse basiert. Und dies kann G. Lukács nicht nur hinsichtlich der Blum-Thesen von 1928 für sich in Anspruch nehmen. In seiner Untersuchung „Zur philosophischen Entwicklung des jungen Marx 1840/44" arbeitet er z. B. 1954 heraus, wie sich aus der Weiterführung des jakobinischen Demokratismus durch die Arbeiterklasse „die Konzeption der proletarischen Führung in der bürgerlich-demokratischen Revolution und des Hinüberwachsens dieser Revolution in die proletarisch-sozialistische"[35] ergibt.

Eine andere Frage ist, inwieweit ein Entwurf des Übergangs zur Diktatur des Proletariats mittels Vor- und Zwischenstufen revolutionär-demokratischer Natur die jeweiligen Bedingungen und Erfordernisse der Verwirklichung der Hegemonie der Arbeiterklasse in ihrer historischen Konkretheit vollständig reflektiert. Daß ein derartiger Entwurf nicht ohne Widersprüche ist, sollte nicht den Blick auf das Wesentliche verstellen, nämlich seinen auf das Herankommen an die sozialistische Revolution gerichteten Inhalt.

Zu den Widersprüchen in den Positionen G. Lukács' im Jahre 1928 gehörte z. B. die Tatsache, daß er sich noch nicht von der in der Kommunistischen Internationale vorherrschenden Fehleinschätzung der Sozialdemokratie als „Hauptstütze des Faschismus" gelöst hatte, noch von „der organischen Anpassung der Sozialdemokratie" an den Faschismus sprach.[36] Er hatte die Scheinalternative Faschismus oder Bolschewismus noch nicht gänzlich hinter sich gelassen, eine Position, von der er später 1946 schrieb: „Die allgemein verbreitete Perspektive dieser Zeit, daß die Welt zwischen Faschismus und Bolschewismus zu wählen habe, steigerte die Verwirrung unter den Feinden des Faschismus aufs Äußerste, zerstörte eine jede mögliche antifaschistische Front."[37]

Lukács hat mit seinen Überlegungen zum Thema revolutionäre Demokratie das politische Denken zu seiner Zeit befruchtet. Sie sind aber auch heute noch geeignet, marxistisch-leninistisches Demokratieverständnis zu vertiefen. Dazu gehört nicht zuletzt auch, daß er Demokratie bewußt in Beziehung zu den Kategorien Vernunft, Fortschritt und Humanismus setzt. Der Inhalt der Demokratie muß historisch-gesellschaftlich, real-humanistisch, als zu realisierende Vernunft bestimmt werden. Und dies sind bei Georg Lukács keine Kategorien, die jenseits von bewußtem historischem Handeln angesiedelt, pazifistisch oder spontaneitätsideologisch gefaßt sind: Antihumane, fortschrittsfeindliche, irrationalistische Gewalt kann „nur mit Gewalt: mit der Macht des zum demokratischen Leben erwachten Volkes überwältigt werden".[38]

[35] Ebenda, S. 553f. [36] Ebenda, S. 317.
[37] G. Lukács, Über aristokratische und demokratische Weltanschauung, a. a. O., S. 369.
[38] Ebenda, S. 379.

Roland Meister (Jena)

Historisches zur Inhalt-Form-Dialektik im Völkerrecht

Wohl nirgends in rechtswissenschaftlichen Diskussionen ist die Dialektik von Inhalt und Form komplizierter als auf dem Gebiet des Völkerrechts. Das im Schnittpunkt internationaler Klassenauseinandersetzung und internationaler Zusammenarbeit entstandene und sich entwickelnde allgemeindemokratische Völkerrecht, das auf jeder Entwicklungsstufe als Resultat und Grundlege des Ringens um friedliche Koexistenz Gestalt gewinnt, ist objektiv auf das geschichtliche Ziel des allgemeinen Friedens gerichtet.

Was wir als völkerrechtliche Friedensordnung begreifen, ist geschichtlich Gewordenes und Werdendes.[1] Deshalb lohnt es auch, mit dem Blick auf Gegenwart und Zukunft, über die Geschichte des Völkerrechts nachzudenken. Das gilt auch im Hinblick auf die nicht selten anzutreffende Neigung, die Besonderheiten des Völkerrechts eher beiläufig zu nennen, was mir aus der notwendigen Auseinandersetzung mit den imperialistischen Leugnern und Entstellern des Völkerrechts hinlänglich erklärt zu sein scheint. Tatsächlich war das Völkerrecht niemals „ein Rechtszweig" eines gleichsam übergreifenden, Völkerrecht und innerstaatliches Recht umfassenden Rechtssystems; wohl aber bringt es als internationales Recht friedlicher Koexistenz unter den Bedingungen einer Akzeleration internationaler Beziehungen neue Zweige des Völkerrechts hervor.[2]

Auch hat sich die Parallelität zwischen der Herausbildung des Völkerrechts eines jeweiligen Rechtstyps zu dem „ihm entsprechenden" innerstaatlichen Recht

[1] Vgl. B. Graefrath/K. A. Mollnau, Die Friedensfrage im Recht, in: Staat und Recht, 9/1984, S. 738ff.; M. Mohr, Kolloquium über die Friedensfrage im Recht, in: Neue Justiz, 12/1984, S. 499f.; aus den anregenden Beiträgen H. Klenners siehe besonders: Völkerrecht als zwischenstaatliches Verfassungsrecht am Beispiel der Menschenrechte, in: New Directions in International Law, Essays in Honour of Wolfgang Abendroth, hg. von R. Gutiérrez Girardot/H. Ridder/M. L. Sarin, Frankfurt a. M. – New York 1982, S. 479ff.

[2] Vgl. K. Sachariew, Zur Stellung der Völkerrechtszweige im System des gegenwärtigen Völkerrechts, in: Struktur- und Systemgestaltung des sozialistischen Rechts und ihr Einfluß auf dessen Effektivität, Materialien des V. Berliner Rechtstheoretischen Symposiums, hg. von K. A. Mollnau, Berlin 1984, S. 333ff. (337); K. Becher, Strukturelle Probleme des sozialistischen Rechts unter dem Aspekt der völkerrechtlichen Verpflichtungen, in: Ebenda, S. 53ff. (58).

durchaus nicht linear und ungebrochen vollzogen, schon deshalb nicht, weil sich über die Jahrhunderte – und über die Ausbeuterordnungen hinweg – für die zwischenstaatlichen Beziehungen nur in Ansätzen (z. B. im Gesandtschaftsrecht) *allgemeine Regeln* entwickelten, ein wirklich völkerrechtliches Normensystem mithin nicht bestand, die typischen völkerrechtlichen Verträge (die Friedensverträge zumal) beides in einem waren: Rechtsanspruch und Rechtsverwirklichung.

Es entspricht der Dialektik (und auch der Ironie) der Geschichte, daß der Frieden zum Begriff wurde, als mit der Klassenspaltung der ursprüngliche Friedenszustand aufgehoben war. Keine (rechtliche) Grenze war der neu errichteten Herrschaft gesetzt, die „bis zum Ende der Welt“ reichen sollte, wie es Alexander der Große formuliert hatte. So kennzeichnete der (jeweilige) Kulminationspunkt der Sklavenhalterstaaten stets auch das Ende dessen, was, heutigen Begriffen zugeordnet, noch als Völkerrecht zu verstehen war.

Entsprechend reduzieren sich völkerrechtliche Dokumente der ersten Klassengesellschaft im wesentlichen auf das Recht der Friedensschlüsse. Nicht allgemeine völkerrechtliche Prinzipien liegen ihnen zugrunde – wenn man von der Formenstrenge absieht, die meist die Heiligkeit und damit Unverletztlichkeit der Verträge symbolisieren und rechtlich sanktionieren sollte. Vielmehr waren es die Bedingungen des Sieges und damit des Friedens, die hier ausgehandelt oder diktiert wurden. Nur dort, wo eine reale Machtbalance, etwa auf kriegerischer Erschöpfung beider Seiten beruhend, die Grundlage der Verträge war, bedeutete die Gegenseitigkeit der Verpflichtung – bis zum nächsten Kriege – mehr als eine Floskel.

In neuer Weise boten die feudalen Lehnsverhältnisse Anreiz für die kriegerischen Eroberungen der Feudalherren, die mit der Landnahme zugleich die zu Grund und Boden „gehörigen“ Bauern einbrachten. Persönliche Lehnsverhältnisse, abgestufte Abhängigkeiten bestimmten nun auf neue Art staatliche Über- und Unterordnungsverhältnisse. Diese lassen die Frage zu, ob hier im eigentlichen Sinne des Wortes von Völkerrecht (als zwischenstaatlichem Recht) die Rede sein kann. So mag es berechtigt sein, das frühbürgerliche Völkerrecht als „klasisches“ Völkerrecht zu bezeichnen: Zwar brachte auch das bürgerliche Völkerrecht kein internationales Normen*system*, keine Völkerrechtsordnung hervor, und mit dem Recht auf Krieg (das wir nicht in Anführungsstriche setzen dürfen) gehört es zur Vorgeschichte des gegenwärtigen, auf das Friedensgebot gegründeten Völkerrechts. Und doch hat es immerhin einen wesentlichen Fortschritt gebracht: das – auf Friedenszeiten beschränkte und somit höchst labile – *Prinzip der Gegenseitigkeit.* Hugo Grotius, in der kapitalistischen Musternation des 17. Jahrhunderts (Marx) aufgewachsen, hat die hier wirkenden Klassenkräfte auf den Begriff gebracht: Er löste das Völkerrecht vom päpstlichen Imperativ und aus feudalen Hierarchien und begriff es, der neuen Qualität internationaler Beziehungen gemäß, als zwischenstaatliches Recht: das ius voluntarium (das „gewillkürte Völkerrecht") wurde nun als bestimmende Rechtsquelle des internationalen Verkehrs anerkannt und gewürdigt.[3]

Bürgerliche Völkerrechtler und Staatswissenschaftler (auch dies ist übrigens eine rückblickende Unterscheidung) haben das Recht zum Kriege unterschiedlich begründet und eingeordnet. Der Widerspruch, von dem hier die Rede ist und der sich später in den differenzierten Interessen und Motiven bürgerlicher Juristen ausprägt, deutet sich bereits bei Grotius an. Er bleibt nicht bei den Forderungen nach einer „Humanisierung" der Kriegsführung stehen. Wiederholt klingt in seinem Werk das Thema an, das er in der Schwebe zwischen moralischem Postulat und Rechtsforderung beläßt und das sich im Schlußkapitel zu dem Satz steigert: „Könige und Staaten sind verbunden, den Weg zur Verhinderung des Krieges zu suchen und zu beschreiten."[4] Der junge Heinrich Luden hatte schon frühzeitig diesen Grund- und Leitsatz Grotianischen Wirkens gewürdigt: den „Weg zu bahnen, auf welchem der Friede einziehen könnte".[5]

Später hat Luden seine eigenen historischen, staatsrechtlichen und völkerrechtlichen Positionen in seinem „Handbuch der Staatsweisheit" (Jena 1811) formuliert, das wesentlich – wenn auch nicht ungebrochen – von der Idee der Jakobiner geprägt war, die „Volkssouveränität" zu einem allgemeinen Prinzip zu erheben. Ebenso wie Luden „Volkssouveränität" nicht auf die Form der Macht reduziert sehen wollte (die Landbauern sollten „selbst über den Ertrag ihrer Arbeit verfügen und der Früchte ihres Fleißes froh werden" dürfen, § 98), so war für ihn das (unbezweifelte) Recht des Fürsten zum Kriege dem Ziel des Friedens zugeordnet („weil ein jeder Staat die eigene Unabhängigkeit nur in der Unabhängigkeit Aller" zu finden vermöge, § 27).

Solche Ideen, eng mit den großen Namen Kant und Fichte verbunden, sind zwar auch unter der Herrschaft der Bourgeoisie nie ganz zum Schweigen gekommen; typisch, weil von den Machtinteressen der Herrschenden geprägt, waren aber jene bürgerlichen Theorien, für die der Krieg Inbegriff staatlicher (bürgerlicher) Souveränität war. Es waren die allgemeinen Positionen der deutschen imperialistischen Völkerrechtslehre, die z. B. Karl Gareis im Dienste der Deutschen Kolonialgesellschaft formuliert hatte: Im „Kriegsführungsrecht" verwirkliche sich die Souveränität; im „Gebietseroberungsrecht" finde dies seine Konsequenz.[6] Im gleichen Sinne hatten Adolf Lasson und Carl Lüder den Krieg

[3] Vgl. die Beiträge zum 400. Geburtstag von Hugo Grotius: H. Klenner, Grotius' Rechtsphilosophie im Streit der Meinungen von damals und von heute, in: Staat und Recht, 6/1983, S. 419ff.; R. Meister, Hugo Grotius und das Völkerrecht, In: Ebenda, S. 429ff.: G. Baranowski, Grotius – ein Begründer der bürgerlichen Staats- und Rechtslehre, in: Ebenda, S. 437ff.

[4] H. Grotius, Vom Recht des Krieges und des Friedens, hg. von W. Schätzel, Tübingen 1950, 2. Buch, Kap. 23, § 8.

[5] H. Luden, Hugo Grotius nach seinen Schicksalen und Schriften, Berlin 1806, S. 321.

[6] K. Gareis, Institutionen des Völkerrechts, Gießen 1888, S. 44.

zum notwendigen Regulator im „Kampf ums Dasein“ erklärt, so daß er niemals aus der Geschichte schwinden könne[7] und der Friede als stabiler Zustand ein Unding sei, weil er das „Aufhören aller Geschichte“ bedeuten würde.[8]

Das sind auch die Positionen, die wir bei einem Professor für Völkerrecht und Rechtsgeschichte nachlesen können, der eher als Begründer des konservativen deutschen Professorenromans Geltung und zweifelhaften Ruhm genoß: Felix Dahn („Ein Kampf um Rom“ 1876): Nicht immer, so belehrt uns Dahn, könne eine vertragliche Neuregelung am Ende des Krieges stehen, dann jedenfalls nicht, wenn der besiegte Staat vollständig erobert und in das Gebiet des Siegers einverleibt wurde: „Es fehlt dann ja das Rechtssubjekt, mit welchem vertragen werden könnte.“[9]

Nicht zufällig wird immer wieder Erich Kaufmann zitiert, der mit seinem Satz vom „siegreichen Krieg als sozialem Ideal“[10] den imperialistischen Machtanspruch mit letzter Deutlichkeit formulierte. Das ist es auch, was Kaufmann, die imperialistische Völkerrechtstheorie damit zugleich auf die Spitze treibend und ad absurdum führend, als internationale *Rechtsordnung* bezeichnete: „*Nur der, der kann, darf auch.* Das wäre im Gegensatz zu dem ‚Frieden‘ ein positives Prinzip, das eine Rechtsordnung als gerechte Verteilungsordnung von Lebensgütern konstituieren könnte.“[11]

Am Extrem wie am Exzeß wird hier – wie später bei Carl Schmitt – deutlich, daß dieses bürgerlich-imperialistische Völkerrecht *überhaupt keine Rechtsordnung* hervorzubringen vermochte, weil selbst der unverkennbare Fortschritt der Gegenseitigkeit der Verträge vom Recht auf Krieg überlagert wurde. Wider die „herrschende Meinung“[12] hatten das die besten Vertreter der bürgerlichen (deutschen) Staatswissenschaft und Völkerrechtstheorie erkannt oder erahnt, lange bevor unter dem Einfluß der ersten Friedensmacht das Friedensgebot zur bestimmenden Grundnorm des Völkerrechts wurde.

So hatte Walther Schücking zu den Vordenkern und Vorkämpfern eines neuen Friedens-Völkerrechts gehört. Ganz im Sinne von Karl Liebknechts Aufruf vor

[7] A. Lasson, Princip und Zukunft des Völkerrechts, Berlin 1881, S. 4.

[8] C. Lüder, in: Handbuch des Völkerrechts, hg. von F. v. Holtzendorff, Hamburg 1889, S. 197.

[9] F. Dahn, Das Kriegsrecht. Für den Tornister deutscher Soldaten (1870), in: Völkerrechtliche und staatsrechtliche Studien, Berlin 1884, S. 24.

[10] E. Kaufmann, Das Wesen des Völkerrechts und die Clausula rebus sic stantibus, Tübingen 1911, S. 146; G. Radbruch sah in dieser Formulierung bereits 1913 eine „blasphemische Hyperbel“, in: Ders., Einführung in die Rechtswissenschaft, 2. Aufl., Leipzig 1913, S. 135.

[11] E. Kaufmann, Das Wesen des Völkerrechts . . ., a. a. O., S. 151f.

[12] Im gleichen Sinne heute die Autoren des von N. Paech und G. Stuby herausgegebenen Bandes: Wider die „herrschende Meinung“, Beiträge für Wolfgang Abendroth, Frankfurt a. M. – New York 1983.

dem Leipziger Reichsgericht, an Stelle der Kriegsbegeisterung eine höchst intensive Friedensbegeisterung zu setzen,[13] hatte Schücking mit einem Pathos, das von Erschütterung und Verantwortung bestimmt und von einer klaren Kampfansage an den deutschen und internationalen Militarismus getragen war, das Credo des kämpferischen Pazifismus formuliert: „Möchte dieses Bewußtsein sie einen zu einer großen Armee, möchten sie wissen, daß sie alle Opfer des gleichen Wahnsinns geworden. Und möchte bald diese Armee des Friedens marschieren und kämpfen, ausdauernd und zäh, tapfer und stark, mutig und treu, wie einst die Toten für den Krieg. Dann sind die Toten nicht umsonst gestorben, dann haben wir die *heilige Allianz* der Völker."[14] Auch Hans Wehberg, im Protest gegen die imperialistische deutsche Kriegsführung während des ersten Weltkrieges zu persönlichen Konsequenzen fähig gewesen, war wenige Jahre später zu der Einsicht gelangt, daß das auf das „Faustrecht" gegründete klassische Völkerrecht überwundenes Völkerrecht sei und sich ein neues, auf Frieden zielendes Völkerrecht herausbildete.[15]

Unvergessen sollten auch Leben und Werk des streitbaren Pazifisten Hugo Sinzheimer bleiben. Sein soziales Gewissen und die in der Friedensbewegung erfahrenen Einsichten hatten den sozialdemokratischen Reichstagsabgeordneten und Professor für Arbeitsrecht in die Nähe der kämpfenden Arbeiterklasse gebracht. Sinzheimers Pazifismus, der sich mit kosmopolitischen Ideen verbindet – ein „Reich des Rechts", das sich über den Staaten und Völkern ausdehnt, schwebte ihm vor[16] –, wird von einem tief wurzelnden Humanismus gespeist. (Auch in der bürgerlichen Friedensbewegung der Gegenwart wirken solche Ideen nach oder werden neu belebt.)[17] Eindeutig ist die politische Frontstellung Sinz-

[13] Vgl. Schlußrede im Hochverratsprozeß gegen K. Liebknecht vor dem Reichsgericht, in: K. Liebknecht, Gesammelte Reden und Schriften, Bd. 2, Berlin 1960, S. 159.

[14] W. Schücking, Der Bund der Völker, Studien und Vorträge zum organisatorischen Pazifismus, Leipzig 1918, S. 171/72; vgl. R. Meister, Ideen vom Weltstaat und der Weltgemeinschaft im Wandel imperialistischer Herrschaftsstrategien, Berlin 1973, S. 34.

[15] Vgl. H. Wehberg, Krieg und Eroberung im Wandel des Völkerrechts. Schriftenreihe Völkerrecht und Politik, Bd. 1, Frankfurt a. M. – Berlin (West) 1953, S. 102.

[16] Vgl. H. Sinzheimer, in: Die Justiz. Zeitschrift des demokratischen Richterbundes, 3/1927, S. 196ff.; hier zitiert nach: H. Sinzheimer/E. Fraenkel, Politica. Die Justiz in der Weimarer Republik. Eine Chronik, Neuwied – Berlin (West) 1968, S. 133.

[17] So allgemein war die Metamorphose bürgerlicher Weltstaatstheorien sicherlich nicht, und so schroff hat sie sich nicht vollzogen, wie mir das vor Jahren schien – vgl. R. Meister, Ideen vom Weltstaat und der Weltgemeinschaft im Wandel imperialistischer Herrschaftsstrategien, a. a. O., S. 19. – Daß sich gleiche und geradezu auswechselbare Aussagen bei bürgerlichen Theoretikern ganz unterschiedlicher Haltung und Motivation finden, bestätigt, daß Gründe und Begründungen oft auseinandergehen (Klenner), weil dem bürgerlichen Theoretiker die eigentlichen Triebkräfte, die ihn bewegen, unbekannt bleiben (Vgl. F. Engels, Brief an F. Mehring vom 14. 7. 1893, in: MEW, Bd. 39, S. 97).

heimers im Friedenskampf. Wenn es richtig ist – was mir ebenso sicher wie wichtig zu sein scheint –, daß bürgerliche Theorien nicht aus sich heraus zu differenzieren sind, der Differenzierungsmaßstab vielmehr in der politischen Wirkung dieser Theorien zu finden ist, dann gehört Sinzheimer zu den Verfechtern einer internationalen Friedensordnung. Scharf geißelte er die imperialistische Gewalt- und Kriegspolitik: Friede sei für diese immer nur eine Vorbereitung zum Krieg, der siegreiche Krieg „das soziale Ideal". Wer den Staat in der Durchführung dieses „heiligen Egoismus" störe, gelte als Verbrecher.[18] Mit gleicher Entschiedenheit wandte sich Sinzheimer (1930) gegen den friedensgefährdenden Antikommunismus jener Regierungen, die durch antisowjetische Fälschungen „die Kriegsstimmung ihrer Völker" nähren. So würden Keime künftiger Kriege gelegt.[19] Die Aktualität solcher Einsichten und Anklagen bedarf nicht des ausdrücklichen Nachweises. Daß die praktische Vernunft Sinzheimers und sein Humanismus der Tat die ihm gezogenen Schranken bürgerlichen Staatsdenkens schon fast durchbrachen, mag ein letzter Passus belegen: „Das bolschewistische Rußland ist am gefährlichsten für diejenigen kapitalistischen Staaten, deren Macht in der Herrschaft über die unterdrückten Völker Asiens und Afrikas wurzelt. Nicht mit Unrecht fürchten diese Staaten, daß den Freiheitsbestrebungen dieser Völker der Sowjetstern in irgendeiner Weise voranleuchtet." Deutschland möge sich hüten, den gleichen gefährlichen und verächtlichen Weg zu gehen.[20] Drei Jahre später verließ Sinzheimer als Flüchtling dieses Deutschland, dessen Aggressionsarmeen ihn einholten; die KZ-Hölle von Theresienstadt hat er nur kurze Zeit überlebt.

Vergleichbar war der Denkansatz, weiterreichend der theoretische Entwurf bei Arthur Baumgarten, jenem philosophischen Kopf, der die geistige und moralische Kraft aufbrachte, eigene Klassen-Beschränktheit im Denken und Handeln zu überwinden und zu einem führenden Staats- und Völkerrechtstheoretiker unseres Zeitalters zu werden. Wer sich die Zeit nimmt, einen Blick auf Baumgartens Weg zu richten, seine Umwege und Zwischenresultate eingeschlossen, wird das mit Gewinn für eigenes Nachdenken tun. Wenn Baumgarten (1922) im Völkerrecht „einen vorläufig noch wenig entwickelten Keim einer Rechtsordnung"[21] erkennt, so trifft er damit zu jener Zeit exakt den Punkt, auch wenn er noch in kosmopolitischen Vorstellungen befangen war. Durchaus nicht geradlinig, aber konsequent vollzieht er den Weg, der ihn die Dialektik von Völkerwille und Völkerrecht aufdecken läßt, „und dieser Wille empfing aus dem Elend, das der erste Weltkrieg über die Menschheit gebracht hatte, und aus den Hoffnungen, die die Oktoberrevolution erweckte, seine tiefsten Implikationen".[22]

[18] Vgl. H. Sinzheimer/E. Fraenkel, Politica, a. a. O., S. 133.

[19] Ebenda, S. 262. [20] Ebenda, S. 263f.

[21] A. Baumgarten, Die Wissenschaft vom Recht und ihre Methode, Bd. 2, Tübingen 1920/22, S. 527.

[22] A. Baumgarten, Die etatistische Auffassung des Völkerrechts, in: Staat und Recht im

Diese Betrachtungen über die geistigen Reflexionen des mit der Oktoberrevolution einsetzenden Zeitalters in der bürgerlichen Völkerrechtstheorie seien mit dem Hinweis auf einen Wissenschaftler beschlossen, der in seiner persönlichen Haltung und Entwicklung weit weniger konsequent als alle genannten war und der doch wesentliche Einsichten über den Einfluß der Oktoberrevolution auf die Entwicklung des Völkerrechts vermittelte: Rudolf von Laun. Er fühlte sich davon beeindruckt, daß das Selbstbestimmungsrecht der Völker „zum ersten Male von einem Staate als eine allgemeine, für und gegen alle gleichmäßig wirkende Rechtsregel eines künftigen neuen Völkerrechts" gefordert wurde.[23]

Überall klingt hier die Einsicht an, daß mit der Kriegsächtung – von der jungen Sowjetmacht verfochten und im Pariser Kriegsächtungspakt 1928 zum ersten Male als Grundsatz eines (tendenziell) universellen Völkerrechts normiert – die Vorgeschichte des Völkerrechts zu Ende geht und sich ein von Grund auf neues Völkerrecht herausbildet, das den Frieden zwischen den Staaten und die Freiheit und Selbstbestimmung der Völker zur Voraussetzung und zum Ziel hat.

In diesem Zusammenhang mag es beiläufiges Interesse verdienen, daß die „Unvollkommenheit des Völkerrechts", auf die bis zur Gegenwart bürgerliche Autoren immer erneut verweisen – wobei unter Unvollkommenheit nahezu ausschließlich das Fehlen einer über den Rechtssubjekten stehenden Zentralgewalt verstanden wird und in der Gegenwart überwiegend von imperialistischen Weltherrschaftsinteressen bestimmt ist –, vereinzelt eine höchst beachtliche Begründung findet. Ernst Zitelmann hatte in seiner zweiten Bonner Rektoratsrede „die Unvollkommenheit des Völkerrechts" ausdrücklich auch aus der „Schwäche des Völkerrechts" abgeleitet, die darin begründet sei, daß jeder Staat durch Kriegserklärung das Recht zu vorher verbotenen Handlungen erlange.[24] Allerdings werden die wenig prononcierten Formulierungen durch den Kontext dieser im

Lichte des Großen Oktober, Festschrift zum 40. Jahrestag der Großen Sozialistischen Oktoberrevolution, Berlin 1957, S. 76. – H. Klenner hat in einer vortrefflichen Weise den Lebens- und Erkenntnisweg bewußt gemacht, den Baumgarten durchschritten hat und „durchmachen" mußte, um die geistige Schallmauer durchbrechen zu können und seine Begeisterung für die bürgerliche Aufklärung in die Erkenntnis von Sozialismus und Kommunismus als dem realen Humanismus unserer Zeit aufzunehmen und in ihr aufzuheben. Vgl. H. Klenner, Arthur Baumgarten und die deutsche Rechtsphilosophie in der ersten Hälfte dieses Jahrhunderts. Zum 100. Geburtstag des Rechtswissenschaftlers, in: Staat und Recht, 3/1984, S. 202ff. – Zutreffend auch: W. Weichelt, Unbeugsamer Humanist, Kommunist und Rechtsgelehrter, in: E. Poppe/W. Weichelt, Arthur Baumgarten zum 100. Geburtstag, Berlin 1985, insbesondere S. 20 (Sitzungsberichte der AdW der DDR 15 G 1984).

23 R. v. Laun, Der Wandel der Ideen von Staat und Volk als Äußerung des Weltgewissens, Berlin – Barcelona 1933, S. 203.

24 Vgl. Zitelman, Die Unvollkommenheit des Völkerrechts, München – Leipzig 1919, S. 41/42.

Oktober 1918 gehaltenen, in ihrer politischen Konzeption zwielichtigen Rede weiter relativiert. Klarer und deutlicher war da ein fast vergessener Historiker und Jurist: Adolf Trendelenburg, der unter dem Titel „Lücken im Völkerrecht" (Leipzig 1870) zu der bemerkens- und bewahrenswerten Aussage gelangt: „Es ist die radikalste Lücke im Völkerrecht, daß überhaupt Krieg ausbrechen kann."[25] Fast ein halbes Jahrhundert später klingen bei dem großen Verwaltungsrechtler Otto Mayer, der zu dieser Zeit längst den Zenit seines geistigen Weges überschritten und die Adaption an die vorgefundenen Machtverhältnisse vollzogen hatte, Formulierungen an, die ihn (insoweit) deutlich von der herrschenden Lehre der Großbourgeoisie unterscheiden. Während des ersten Weltkrieges (1917) greift er das Thema „Lücke im Recht" auf und findet dessen „Hauptfall" im Kriege: Zwar gäbe es Regeln der Kriegsführung; für „das allerwichtigste aber haben wir keine Rechtsordnung: für die Heraufbeschwörung dieses ganzen Unheils".[26]

Gleichgültig indessen, wie einzelne bürgerliche Theoretiker einzuordnen sind: Mit dem Aggressionsverbot des frühen 20. Jahrhunderts wurde nicht nur eine radikale Lücke im Völkerrecht geschlossen; es wurde ein neues Völkerrecht begründet, und dieses Friedensvölkerrecht unserer Epoche drängt nach Universalität,[27] nach Überwindung der „anarchischen Organisationslosigkeit"[28] der Staaten als den Subjekten des Völkerrechts, auch wenn es – allen bürgerlichen Weltstaats- und Rule of Law-Theorien, allen Konvergenz- und Interdependenzkonzeptionen entgegen – *niemals zur Hierarchie der Rechtssubjekte* führen kann. Der damit zum (jeweiligen) innerstaatlichen Recht markierte Unterschied ist gravierend. Er wird durch die Herausbildung einer vom Inhalt unserer Epoche geprägten Völkerrechtsordnung zwar vielfältig modifiziert, nicht aber reduziert.

Mit anderen Worten: Es entstehen *neue Vergleichbarkeiten* zwischen Völkerrecht und (jeweiligem) innerstaatlichem Recht, z. B. im Hinblick auf den Charakter völkerrechtlicher Normen und deren Differenzierung. Indessen hat gerade diese Entwicklung, in der sich der Rechtsbildungsprozeß im Völkerrecht der

[25] A. Trendelenburg, Lücken im Völkerrecht, Leipzig 1870, S. 32. – Begreiflicherweise sieht der Verfasser in diesem seinem Alterswerk, unmittelbar vor dem Tode verfaßt, den Ausweg nicht. Seine Vorschläge über Schieds- und Krisengerichtsbarkeit fügen sich in das Denkschema des liberalen Bürgertums. Die eigene Familie der Trendelenburgs tat dann das Ihre, um das Bild des Vaters und Großvaters wieder in die deutschnationale Ahnengalerie einzupassen.

[26] O. Mayer, Völkerrecht und Völkermoral, in: Archiv des öffentlichen Rechts (Tübingen), 1./1918, S. 1ff. (29); – Mayer konstatiert „Symptome eines schleichenden Fiebers" (36), die er auf eine „entartete Vaterlandsliebe" zurückführt (34), ohne den sozialen Erreger zu erkennen.

[27] Vgl. G. Schirmer, Universalität völkerrechtlicher Verträge und internationale Organisationen, Berlin 1966.

[28] G. Radbruch, Einführung in die Rechtswissenschaft, a. a. O., S. 128.

friedlichen Koexistenz ausdrückt, die souveräne Gleichheit der Staaten zur unabdingbaren Voraussetzung. Im Souveränitätsbegriff – und im Souveränitätsprinzip des allgemeinen Völkerrechts der Gegenwart – findet diese Eigenart des Völkerrechts Ausdruck und Verdichtung. Das gilt auch für jene Besonderheit des Völkerrechts, die es wohl am deutlichsten vom innerstaatlichen Recht (eines jeden Staates und dort wiederum eines jeden Rechtszweiges) abhebt: Es sind die Staaten, die, kraft ihrer Souveränität, als Völkerrechtssubjekte zugleich die völkerrechtlichen Vereinbarungen (Normen) schaffen und an diese gebunden sind.

Kraft seiner Souveränität vollzieht sich auch die Vermittlung des – für den jeweiligen Staat geltenden – Völkerrechts und seines innerstaatlichen Rechts: die Transformation. Gerd Seidel hat darauf hingewiesen, daß dieser Begriff im eigentlichen Wortsinn nicht exakt ist: denn das alte völkerrechtliche Verhältnis besteht ja weiter und ein neues, innerstaatliches wird begründet.[29] Man wird hinzufügen dürfen, daß der übernommene – tatsächlich fest in unserem Sprachgebrauch wurzelnde – Begriff der Transformation nur auf die eine Seite der Vermittlung von Völkerrecht in innerstaatliches Recht verweist, zumal sich diese Vermittlung in exakt bestimmten (verfassungs-) rechtlichen Formen vollzieht. Gleichwohl sollte der Einfluß des innerstaatlichen Rechts auf das Völkerrecht nicht aus dem Blick verschwinden. Im Sozialismus hat diese „umgekehrte Transformation“ – dies nicht als Rechtsbegriff, sondern als Metapher verstanden – an Bedeutung gewonnen. Die ersten beiden Dekrete der Sowjetmacht – das Dekret über den Frieden und das Dekret über die Rechte des werktätigen und ausgebeuteten Volkes – stellen dafür die ersten und zugleich die wichtigsten Beispiele dar.[30]

Nicht nur horizontal, im politischen und rechtlichen Verkehr der (jeweiligen) Staaten untereinander, sondern auch im historischen Prozeß der den objektiven Gesetzmäßigkeiten folgenden Klassenkämpfe stellt das Souveränitätsprinzip eine Vermittlung dar: Denn die Achtung der staatlichen Hoheitsgewalt des – auf ein Staatsgebiet bezogenen – jeweiligen Staates schafft die Bedingungen dafür, soziale Erneuerungen der Nationen als deren innere Angelegenheit zu vollziehen. Damit ist der geschichtliche Weg zu einer internationalen Gemeinschaft angedeutet, in der das Friedensgebot des geltenden Völkerrechts erfüllt und der „Friede als internationales Prinzip“ gesichert sein wird, weil die Arbeit zum nationalen

[29] Vgl. G. Seidel, Verhältnis von Völkerrecht und innerstaatlichem Recht, Berlin 1985, S. 98.

[30] Ähnlich H. Klenner, der im Hinblick auf das Dekret über den Frieden von einer Rechtsnorm (nach innen) und einer Rechtsforderung (nach außen) spricht (vgl. ders., Frieden und Menschenrechte, in: DZfPh, 12/1982, S. 1473), die nach dem Zweiten Weltkrieg zu einer internationalen Rechtsforderung geworden sei (ders., Völkerrecht als zwischenstaatliches Verfassungsrecht . . ., in: New Directions in International Law, a. a. O., S. 489).

Ordnungs- und Gerechtigkeitsprinzip geworden sein wird (Marx), mit anderen Worten: weil weltweit die Kluft zwischen staatlicher Souveränität und Volkssouveränität geschlossen sein wird. In diesem Sinne ist die *Souveränität der Völker* zutreffend als „theoretischer Ausgangspunkt und praktisches Ziel des Völkerrechts in der von der Oktoberrevolution eingeleiteten Periode“[31] bezeichnet worden.

Für alle Überlegungen zur Herausbildung, Festigung und ständigen Entwicklung einer Völkerrechtsordnung gewinnt das Souveränitätsprinzip besondere Bedeutung. Die Einheit aller Grundprizipien des auf die UN-Charta gegründeten allgemeindemokratischen Völkerrechts der Gegenwart, die sich aus jedem der wechselseitig verbundenen Prinzipien ablesen läßt, drückt sich hier am unmittelbarsten aus;[32] denn Souveränität als staatliche Hoheitsgewalt nimmt ja alle anderen Prinzipien des Völkerrechts in sich auf: Es gibt kein Hoheitsrecht auf internationale Gewalt (Kolonialismus und Apartheid eingeschlossen); es gibt kein Hoheitsrecht auf Einmischung in die inneren Angelegenheiten anderer Staaten oder auf die Negation des Selbstbestimmungsrechts der Völker. Ausdrücklich wird die „Gründung eines souveränen und unabhängigen Staates“ – oder auch die freie Verbindung mit einem anderen Staat – zum Ziel und zum Inhalt des Selbstbestimmungsrechts der Völker, ihres Kampfes gegen „fremdes Joch, Fremdherrschaft und fremde Ausbeutung“ erklärt.[33] Entsprechend haben die Grundprinzipien der Zusammenarbeit der Staaten, der friedlichen Beilegung von Streitfällen und der Vertragstreue die souveräne Gleichheit der Staaten zur Voraussetzung. So erweist sich das Souveränitätsprinzip als „Verallgemeinerung des Völkerrechts“[34].

Mit dem Souveränitätsprinzip erfassen wir die *Einheit* der Prinzipien zugleich in ihrer *Bewegung*. Denn die Entwicklung des Rechtsbildungsprozesses im Völkerrecht verstärkt die integrierende und systembildende Wirkung der Prinzipien. Einem magnetischen Kraftfeld gleich wirken sie auf die unüberschaubare Fülle der Völkerrechtsnormen ein, geben ihnen inneren Zusammenhang und fügen sie zu einem System.[35] Erst die Völkerrechtsprinzipien, normatives

31 A. Steiniger, Oktoberrevolution und Völkerrecht, Berlin 1967, S. 230. – Vgl. auch H. Klenner, der unter „Souveränität“ staatliche Souveränität und Volkssouveränität in einem Artikel erfaßt und in ihrer Dialektik zeigt (in: M. Buhr/G. Klaus (Hrsg.) Philosophisches Wörterbuch, Bd. 2, 12. Aufl., Leipzig 1976, S. 1111f.).

32 Vgl. B. Graefrath, Zur Stellung der Prinzipien im gegenwärtigen Völkerrecht, Berlin 1968, S. 21 (Sitzungsberichte der AdW der DDR, 2/G/1968); R. Meister, Studie zur Souveränität. Eine Kritik bürgerlicher Theorien, Berlin 1981, S. 10.

33 Vgl. Deklaration über die Prinzipien des Völkerrechts, betreffend die freundschaftlichen Beziehungen und die Zusammenarbeit zwischen den Staaten in Übereinstimmung mit der Charta der Vereinten Nationen, in: Völkerrecht. Dokumente, Teil 3, Berlin 1973, S. 1164ff.

34 I. D. Levin, Suverenitet, Moskva 1948, S. 113.

35 Vgl. B. Graefrath, Zur Stellung der Prinzipien im gegenwärtigen Völkerrecht, a. a. O., insbes. S. 15ff.

Maß aller völkerrechtlichen Rechtssätze und normative Richtlinie ihrer Weiterentwicklung, ließen das Völkerrecht der Gegenwart zu einer Rechtsordnung werden, deren soziale Triebkräfte und Entwicklungstendenzen in ihnen ihren deutlichsten Ausdruck finden. In ihrer Gesamtheit bestimmen sie zugleich die völkerrechtliche Friedensordnung der Gegenwart und deren Entwicklung.

Dieses dynamische System des allgemeinen Völkerrechts gewinnt an demokratischer Substanz und struktureller Dichte.[36] Dabei wird die Kluft zwischen Sein und Sollen nicht überblendet; sie wird im Gegenteil am Maß des Gebotenen (des im doppelten Sinne des Wortes Normalen) bewußt und hilft als unverzichtbares Rüstzeug der sozialen Träger des Friedenskampfes tendenziell mit, diese Kluft zu verringern.

Es ist das Verdienst Bernhard Graefraths, schon frühzeitig den Prozeß der Systembildung im Völkerrecht, dessen Ausdrucksformen und Konsequenzen gezeigt zu haben.[37] Seither ist die Prinzipiendiskussion zu einer ergiebigen und einer der interessantesten Fragen unserer Völkerrechtswissenschaft geworden. In der Sowjetwissenschaft haben u. a. S. A. Malinin, A. S. Gaverdovski, E. I. Shakunov das Thema aufgegriffen und neue Akzente eingebracht.[38] Malinin hebt dabei den für den Völkerrechtsprozeß charakteristischen Aspekt hervor, daß die Auslegung völkerrechtlicher Prinzipien immer auch deren Entwicklung einschließt und nicht selten die Herausbildung neuer Normen einleitet.[39] Und D. Donskoi bringt den völkerrechtlichen Normbildungsprozeß auf die griffige Formel, daß die Erhaltung der Charta die Konkretisierung ihrer Prinzipien voraussetzt.[40]

Die Entwicklung des allgemeindemokratischen Völkerrechts im Prozeß friedlicher Koexistenz, der sich in der Herausbildung (tendenziell) universeller Kodifikationen ausdrückt, hat zu einer neuen Qualität und Differenzierung des völkerrechtlichen Normensystems geführt; eine „Hierarchie völkerrechtlicher Normen", die damit nicht aufhören, zwischenstaatliche Kooperationsnormen zu

36 Vgl. u. a.: E. Oeser, Das Prinzip der Gleichheit und der gleichen Sicherheit, in: Neue Justiz, 10/1983, S. 390ff.; B. Graefrath, Die Verpflichtung der Staaten zu effektiven Abrüstungsverhandlungen, in: Beiträge zur Souveränität. Wissenschaftliche Beiträge der Friedrich-Schiller-Universität Jena, Jena 1984, S. 103ff.; E. Oeser, Zur Arbeit des Gewaltverzichtskomitees der UNO, in: Ebenda, S. 113ff.

37 Auf den Rückstand, der hier aufzuholen war, verwies der Nestor der sozialistischen Völkerrechtstheorie, G. I. Tunkin: Das Völkerrecht der Gegenwart, Berlin 1963, S. 97f.

38 S. A. Malinin, O pravotvorčeskoi dejatel'nosti meždosudarstvennych organizacii, in: Sovetskii ežegodnik meždunarodnogo prava 1971, Moskva 1973, S. 181ff.; A. S. Shakunov, Osobennosti kodifikacii osnovnych principov meždunarodnogo prava, in: Sovetskoe gosudarstvo i pravo (Moskva) 6/1982, S. 121ff.; A. S. Gaverdovskij, Implementacija norm meždunarodnogo prava, Kiev 1980, S. 182.

39 Vgl. S. A. Malinin, ebenda, S. 181f.

40 D. Donskoi, Agressija – vne zakona. Ob obščepriznannom opredelenii agressii, Moskva 1976, S. 19.

sein, deutet sich an.[41] Darauf nachdrücklich zu verweisen, erscheint in neuer Weise dringlich und aktuell: denn im Prozeß internationaler weltwirtschaftlicher Beziehungen, der Vervielfältigung multinationaler Kooperation unter den Bedingungen des wissenschaftlich-technischen Fortschritts verstärken sich wechselseitige Abhängigkeiten und Verflechtungen. Durch die globalen Herausforderungen der Gegenwart erhalten sie neue Akzente. Man mag getrost, wie das (auch) in der sozialistischen Literatur üblich wird, von Interdependenzen sprechen, wenn die souveräne Gleichheit der Staaten unangefochten bleibt (weil notwendige Grundlage jeder friedlichen und konstruktiven Problemlösung), mit anderen Worten: wenn nicht supranationale Strukturmuster Nahrung und Wirkung finden. Daß die Differenzierung der (bürgerlichen) Interdependenztheorien unter diesem Aspekt an Bedeutung gewinnt, ist eine Folgerung aus dieser Entwicklung. Die Problematik wird deutlich, wenn auch progressive Juristen z. B. aus dem RIO-Bericht des Club of Rome (1977) durch internationale Organisationen eine internationale Vergesellschaftung der Produktion – langfristig auch der „Kultur etc." – erhoffen.[42]

Daß die strukturellen Veränderungen aus der sozialen Entwicklung des allgemeindemokratischen Völkerrechts folgen, von deren sozialen Triebkräften bestimmt sind, unterliegt keinem Zweifel. Es scheint die Folgerung zulässig, daß die Inhalt-Form-Dialektik im Völkerrecht der Gegenwart eine besondere Ausprägung findet. Sie bestimmt auch die in der sozialistischen Völkerrechtswissenschaft übliche Formulierung von den „Prinzipien und Normen des Völkerrechts", die nicht nebeneinander stehen, sondern aufeinander bezogen sind. Denn die Prinzipien des Völkerrechts sind nicht nur *auch* Normen; sie nehmen im Normensystem des Völkerrechts darüber hinaus den höchsten Rang und den stärksten Verallgemeinerungsgrad ein.[43] Im allgemeinen Völkerrecht setzt sich dieser Entwicklungsprozeß insbesondere über die Konventionen fort – z. B. die Diplomaten- und Konsularkonventionen oder die Vertragsrechtskonvention – bis hin zu ganz konkreten (und möglicherweise auf einmalige Anwendung und Erfüllung gerichteten) Rechtsgeboten, insbesondere in bilateralen Verträgen.

Besonderes Interesse und besonderer Reiz kommt schließlich der Frage zu, ob das vom Inhalt unserer Epoche geprägte und den Lebensbedingungen der Gegenwart gemäße Fundament des Völkerrechtssystems (oder der völkerrecht-

[41] Vgl. B. Graefrath, Elemente der völkerrechtlichen Friedensordnung, in: Neue Justiz, 5/1985, S. 167ff. (169).

[42] A. Studier, „Seerechtsreform – Vom gemeinsamen Menschheitserbe zur Territorialisierung der Meere", in Demokratie und Recht (Köln), 1/1985, S. 82. – „Es wird spannend, inwieweit es *Heritage*-Vertretern und Entwicklungsländern gegen die Reaganomics gelingt, diese Idee zu verwirklichen." (S. 83).

[43] Auch G. Seidel geht im Hinblick auf die Prinzipien vom „stärkeren Grad normativer Verallgemeinerung" aus. Vgl. ders.: Die Normen des Völkerrechts und das innerstaatliche Recht, in: Beiträge zur Souveränität, a. a. O., S. 150.

lichen Friedensordnung) durch einzelne (neue) Staaten in Frage gestellt werden kann. Hanna Bokor-Szegö hatte 1978 diese Frage unter einem rechtssystematischen Aspekt aufgeworfen: „The relations of new states to customary law."[44] In sachlicher Übereinstimmung mit jenen Autoren, die das Problem von vornherein in den Prozeß der Gesellschaft und des Völkerrechts gestellt haben, kommt auch Hanna Bokor-Szegö zu dem Schluß: „the existence and the content of these rules are determined first of all by extralegal factors, economic, historical, social factors".[45] Jedem Zweifel entzogen ist dabei, daß es sich nicht um überstaatliche Normen handeln kann, die die neuen Staaten vorfinden. Es gibt kein solches Einfallstor interventionistischer Konzeptionen zur Unterminierung der völkerrechtlichen Friedensordnung.[46]

Im Zentrum steht dabei das lebenswichtige Thema des Friedens. Ich halte es für richtig, wenn Hermann Klenner das Recht auf Frieden, wie das Recht auf Revolution auch, als eine von den objektiven Notwendigkeiten und Möglichkeiten der Geschichte abgeleitete historische Berechtigung bestimmt.[47] Dabei verbindet sich hier, ohne daß beide ineinander übergehen, das Recht auf Revolution (Engels) eng und unmittelbar mit dem Recht auf Frieden, weil es in unserer Zeit ohne Weltfrieden keinen historischen Lebens- und Entwicklungsprozeß mehr geben kann. Ungezählte Dokumente – mit der UN-Charta beginnend und auf diese gegründet – haben diesen Lebenssachverhalt beschrieben und zur Essenz der Völkerrechtsprinzipien werden lassen; und auch die wenigen Staaten, die (noch) nicht Mitglied der UNO sind, haben das Friedensgebot in völkerrechtlichen Verträgen oder staatlichen Dokumenten anerkannt. Auch droht ja die Gefahr eines atomaren Krieges am wenigsten von Staaten, die als Resultat jenes Geschichts- und Völkerrechtsprozesses, der mit der Oktoberrevolution begann, ihre nationale Freiheit und staatliche Unabhängigkeit erlangten, sondern von jener imperialistischen Hauptmacht, die zu den Gründern der UNO gehört und sich an den mitgeschaffenen Prinzipien messen lassen muß, zumal gerade auch im Völkerrecht die Mentalreservation unbeachtlich ist und der Rücktritt durch die Chartaprinzipien selbst ausgeschlossen wurde.[48]

[44] H. Bokor-Szegö, The Role of the United Nations in International Legislation, Budapest 1978, S. 46ff.

[45] Ebenda, S. 48.

[46] Vgl. dazu P. A. Steiniger, Wie effektiv ist das Völkerrecht?, Vortrag vom 16. 1. 1980 in: Urania im Funk, o. O. u. J., S. 4.

[47] Vgl. H. Klenner, Völkerrecht als zwischenstaatliches Verfassungsrecht am Beispiel der Menschenrechte, in: New Direction of International Law, a. a. O., S. 499.

[48] Dieser Tatbestand bleibt wesentlich, auch wenn er keine naive Beruhigung zuläßt. So wurde in einem Pamphlet, das im inneren Machtzirkel der USA die allerhöchste Billigung fand, „die Drohung mit einem Atomkrieg, um die Lebensader und das Lebensblut unserer Zivilisation zu schützen", zum legitimen Mittel „nationaler" Interessenverwirklichung erklärt, ohne daß die Frage nach dem Völkerrecht – und damit nach den

Trotzdem erscheint es nicht unwichtig, zu betonen, daß alle diese vertraglichen Vereinbarungen das Recht auf Frieden nicht geschaffen, sondern ausgeformt, konkretisiert, zur Konsequenz geführt haben. Deshalb gilt hier vor allem, was für die Ausprägung der völkerrechtlichen Friedensordnung gesagt wurde. Sie ist Grundlage für die gleichberechtigte Mitarbeit aller Staaten und die Selbstbestimmung aller Völker im weltweiten Prozeß internationaler Zusammenarbeit und Auseinandersetzung. Ihre Festigung und Entwicklung können nicht „von der Zustimmung des letzten Staates" abhängen,[49] wenn nicht das Fundament für die friedliche Entwicklung aller in Frage gestellt werden soll.

Die Entwicklung des allgemeindemokratischen Völkerrechts zu einem sich verdichtenden Ordnungssystem folgt den Gesetzen der Geschichte. Darin drückt sich die Dialektik der Klassenkämpfe unserer Zeit aus, die die Entwicklung und Wirkung des Völkerrechts bestimmt: Immer neu entstehen, auf jeweils höherer historischer Stufe (wenn auch nicht linear vorstellbar) neue Kompromisse, die von den Triebkräften unserer Epoche bestimmt sind. Notwendig sind sie auch Ausdruck geistiger Auseinandersetzungen: denn nur im Kampf gegen Rassismus und Revanchismus und die antikommunistischen Hysterien, die den Kalten Krieg zu schüren geeignet und bestimmt sind, können die politischen Bedingungen für friedliche Vereinbarungen auf der Grundlage der souveränen Gleichheit der Staaten, das heißt des gegenseitigen Vorteils (bei Handelsverträgen), der gleichen Sicherheit (bei Rüstungsbegrenzung und Abrüstungsabkommen) zustandekommen.[50]

Der Abschluß des europäischen Vertragssystems zu Beginn der siebziger Jahre

Rechten anderer Staaten und Völker – auch nur gestellt wurde. Vgl. N. Podhoretz, Der Riese taumelt, S. 66 (zit. nach: E. Hocke u. a., Die Philosophie des Friedens im Kampf gegen die Ideologie des Krieges, Berlin 1984). – Auch der Prozeßvertreter der damaligen Bundesregierung im KPD-Prozeß, Erich Kaufmann, konnte den völkerrechtlichen Sanktionen, wie sie im Potsdamer Abkommen in Übereinstimmung mit den allgemeinen Grundsätzen des Völkerrechts formuliert wurden, nicht dadurch ihre Verbindlichkeit nehmen, daß er die vermeintlich fehlende Bindungswirkung für die BRD behauptete. Und selbst die Sabotage des Potsamer Abkommens in der BRD und durch die BRD – wiederholt in ihren Ursachen und Formen beschrieben (u. a. in: K. H. Röder [Hrsg.], Das politische System der BRD, Berlin 1985) – hat nicht verhindern können, daß die Deutschlandbeschlüsse der Vereinten Nationen, die Nürnberger Kriegsverbrecherurteile, die Pariser Friedensverträge von 1947 und der Österreichische Staatsvertrag von 1955 das Völkerrecht der Gegenwart wesentlich mitgeprägt haben.

[49] Vgl. B. Graefrath, Elemente der völkerrechtlichen Friedensordnung, a. a. O., S. 170.

[50] Vgl. H. Klenner, Marxismus und Menschenrechte, Berlin 1982, insbesondere S. 159ff.; ders., Menschenrechte im Klassenkampf, in: Einheit, 2/1977, S. 156ff. (bes. S. 164); R. Meister, Studie zur Souveränität, a. a. O., insbes. S. 70ff., 89ff.; M. Haedrich, Das Prinzip der Gleichberechtigung und des Selbstbestimmungsrechts der Völker und die Menschenrechte im Prozeß der völkerrechtlichen Rechtsbildung, Dissertation (B), Jena 1985.

steht dafür als ein Beispiel. Vielfältig differenzierte Interessen der Teilnehmerstaaten waren, im Einklang mit dem Rechtsbewußtsein der Völker,[51] auf den Grundnenner der Entspannung und des gegenseitigen Vorteils gebracht – als Resultat und Mittel friedlicher Koexistenz von Staaten unterschiedlicher Gesellschaftsordnung. Für die DDR war das die Konsequenz und Bestätigung eines an der Seite zuverlässiger Freunde beschrittenen Weges; für die BRD erwies es sich als Befreiung von der Selbstfesselung der Hallstein-Doktrin.[52]

In neuer Weise hat die Gefährdung des Entspannungsprozesses durch die von den Herrschaftszirkeln der USA betriebene Konfrontations- und Hochrüstungspolitik neue Beunruhigung auch im eigenen Lande ausgelöst und zu neuen Differenzierungen bis in die Reihen der Senatoren geführt. Völkerrechtstheorie und political science spiegeln diese neue Polarisierung: Hans Morgenthau, der die Realistische Schule mitbegründet hatte, erkennt nun den Widersinn eines Bestrebens nach militärischer Überlegenheit. Und John H. Herz spricht vom Verlust an Wirklichkeitsgehalt eines Realismus, der nicht vom Überlebensinteresse aller ausgeht: „Wir werden bis an die Zähne bewaffnet sein und nichts mehr zu verteidigen haben."[53] Die sozialen Kräfte, die das allgemeindemokratische Völkerrecht tragen, sind mithin weiter angewachsen, breiter geworden; sie reichen bis hin zu kooperationsbereiten Kräften der Großbourgeoisie. Gerade dieser geschichtliche Tatbestand macht die Forderung nach einer Koalition der Vernunft tragfähig.

Kein Schritt auf dem Wege internationaler Entspannung und Friedenssicherung ist ohne geistige Auseinandersetzung zwischen Sozialismus und Imperialismus vorstellbar. Stets ist sie auf real mögliche Schritte auf diesem geschichtlichen Wege zu gesichertem, dauerhaftem Frieden zu richten, und stets sind dabei die basic principles des allgemeindemokratischen Völkerrechts Bewertungs- und Differenzierungsmaßstab. Ausdrücklich sei wiederholt: Weder von außen an die Völkerrechtsnormen herangetragene Wertkategorien, noch den Staaten vorgegebene Grundnormen vermögen das allgemeindemokratische Völkerrecht der Gegenwart zu fassen und zu erklären;[54] wohl aber sind diese Theorien geeignet und in aller Regel dazu bestimmt, die souveräne Gleichheit der Staaten und das Selbstbestimmungsrecht der Völker zu unterlaufen, daß heißt die Friedensordnung des allgemeindemokratischen Völkerrechts zu zerstören.

[51] Vgl. W. I. Lenin, Rede über den Frieden, in: LW, Bd. 26, S. 240.

[52] Vgl. F. R. Allemann, Der Weg aus der Sackgasse, in: Die neue Gesellschaft (Bonn), 12/1973, S. 922.

[53] H. Morgenthau, Der Friede im nuklearen Zeitalter, in: Grundelemente der Weltpolitik. Hrsg. G. K. Kindermann, München 1977, S. 174; J. H. Herz, Amerikanische Außenpolitik am Scheideweg, in: Aus Politik und Zeitgeschichte, Beilage zur Wochenzeitung Das Parlament (Bonn), 32/1981, S. 40

[54] Vgl. R. Meister, Studie zur Souveränität, a. a. O., S. 78.

Darin liegt andererseits auch eine Herausforderung: Im politischen und geistigen Kampf gegen Faschismus, Rassismus und Apartheid, gegen Kriegs- und Rassenhetze und die diese ahumane Politik verbrämenden Theorien und Mythologien können die vom Sozialismus geprägten Wertvorstellungen zu einer mobilisierenden Kraft werden.[55] Hermann Klenner hat daran einen besonderen Anteil, weil seine „moralischen Positionen"[56] stets auf den Beweis geschichtlicher Notwendigkeit und Überlegenheit des Sozialismus gegründet und damit jeder Verhimmelung entzogen sind.

Daß die Herausbildung der bürgerlichen Wissenschaft – und gerade auch der bürgerlichen Völkerrechtswissenschaft – zugleich die Befreiung von der feudalen Moraltheorie war, hat niemand überzeugender als Klenner gezeigt.[57] Das war ein notwendiger Prozeß der Entmythologisierung; auch die begriffliche Trennung von Völkerrecht und Moral ist objektiv geboten, um beide in ihrer Eigenart – und in ihrem Wechselverhältnis – zu erfassen. Deshalb würde ich die „zum Diskutieren, nicht zum Akzeptieren" bestimmte Formel von „einer amoralischen (oder wenigstens nichtmoralischen) Rechtswissenschaft" mindestens nicht für geeignet halten, das allgemeindemokratische Völkerrecht unserer Zeit und damit die Dialektik von Völkerwille und Völkerrecht zu erfassen.[58]

Mir scheint, als könnte Rosa Luxemburgs glänzender Artikel in der Leipziger Volkszeitung vom 19. August 1911 gegen Kriegstreiberei und Kolonialpolitik insoweit für die Gegenwart geschrieben sein: „Die moralische Empörung spielt in unserer Protestbewegung gegen die Weltpolitik freilich eine große Rolle. Sie wird aber nur dann zum politischen Faktor, wenn sie mit dem *Verständnis* der historischen Gesetze der Erscheinung verbunden ist, wenn sie sich nicht gegen äußere Formen, sondern gegen das Wesen, nicht gegen die Folgen, sondern gegen die Wurzel richtet ..."[59] Daß dieses Verständnis der historischen Gesetze im Klassenkampf nicht vorausgesetzt wird, sondern sich in ihm formiert („Die Revolution erzieht die Revolutionäre"), darf dabei als gesichert gelten. Auf die

[55] Vgl. K. Hager, Gesetzmäßigkeiten unserer Epoche – Triebkräfte und Werte des Sozialismus. Rede auf der Gesellschaftswissenschaftlichen Konferenz des ZK der SED am 15. und 16. 12. 1983, Berlin 1983, insbes. S. 12.

[56] Die Anführungszeichen deuten nur den vermuteten Widerspruch Hermann Klenners an.

[57] Vgl. H. Klenner, Fragen eines Rechtswissenschaftlers an die Liebhaber der Moral unter den Juristen, in: Wert und Recht. Wissenschaftliche Zeitschrift der Friedrich-Schiller-Universität Jena, 1/1979, S. 23; ders., „... und das Gerede verstummt vor den ernsten Wiederholungen der Geschichte", in: H. Holz/H. Sandkühler (Hrsg.), Dialektik, 4: Für den Frieden – Aufgaben der Philosophie und der Wissenschaften, Köln 1982, S. 39ff.(42); ders., Völkerrecht als zwischenstaatliches Verfassungsrecht am Beispiel der Menschenrechte, in: New Directions in International Law, a. a. O., S. 484ff.

[58] Vgl. H. Klenner, Fragen eines Rechtswissenschaftlers ..., ebenda, S. 23.

[59] R. Luxemburg, Gesammelte Werke, Bd. 3, Berlin 1973, S. 30/31.

Zielgerichtetheit dieses Kampfes allerdings kommt es an: Wo Friedensbekenntnisse, mögen sie auch von unterschiedlichen Beweggründen bestimmt sein, nicht zum aktiven Handeln gegen die Akteure der Kriegspolitik motivieren, verstiebt ihre friedensbewahrende, weltverändernde Energie. Die weltanschauliche – und die moralische – Wertung muß vielmehr zu politischen Schlußfolgerungen geführt werden und sich an den Kriterien des Völkerrechts messen lassen.[60]

In einem antikommunistischen, gegen die UNO-Charta und das von ihr geprägte Völkerrecht gerichteten Pamphlet findet sich der aus der Feder Gerd Klaus Kaltenbrunners stammende Satz: Im „Jahrhundert des Aufruhrs" (Stefan Posony), „das 1917 einsetzte, kämpfen mehr die Völker als die Regierungen".[61] Diese Feststellung enthält ein bemerkenswertes Eingeständnis. Zwar beruht das allgemeindemokratische Völkerrecht unserer Zeit auf der souveränen Gleichheit der Staaten und damit auf der Zusammenarbeit der Regierungen, und keine Kraft verficht diesen Grundsatz friedlicher Koexistenz konsequenter als die sozialistische Staatengemeinschaft. Aber diese Zusammenarbeit vollzieht sich nicht im geschichtsleeren Raum, sondern unter den konkreten Bedingungen unserer Epoche. Mit dem Dekret über den Frieden, das sich an alle Regierungen und alle Völker gleichermaßen wandte, hatte Lenin die Dialektik von Völkerwille und Völkerrecht (oder auch: von Selbstbestimmungsrecht der Völker und Völkerrecht) unserer Geschichtsperiode erfaßt und theoretisch vorweggenommen.[62]

Tatsächlich war das Jahr 1917 das Jahr der geschichtlichen Wende, und tatsächlich hängt vom Aufbruch der Völker gegen die Kräfte, die Krieg, Kolonialismus und Völkermord hervorgebracht haben und in der Gegenwart die Existenz der Menschheit bedrohen, auch der Stellenwert des Völkerrechts als eines unverzichtbaren Mittels im weltweiten Ringen für eine stabile Friedensordnung ab.

[60] Vgl. G. Ch. Schachnasarow, Die politische Logik des Nuklearzeitalters, in: Sowjetwissenschaft, Gesellschaftswissenschaftliche Beiträge, 5/1984, S. 451 ff. (457).

[61] Absurdes Welttheater. Das Ärgernis UNO, hg. von G. K. Kaltenbrunner, München 1981, S. 50.

[62] W. I. Lenin, Rede über den Frieden, in: LW, Bd. 26, S. 242; dazu: H. Klenner, Völkerrecht als zwischenstaatliches Verfassungsrecht am Beispiel der Menschenrechte, in: New Directions in International Law, a. a. O., S. 488.

Hans Jörg Sandkühler (Bremen)

Das einzige Ziel der Wissenschaft – Galilei und Zeiten der Schwäche des Friedens

1. Galilei zur Warnung

Ich halte dafür, daß das einzige Ziel der Wissenschaft darin besteht, die Mühseligkeit der menschlichen Existenz zu erleichtern. Wann jemals zuvor in der Geschichte der Wissenschaften hat diese Maxime so viel selbstverpflichtende Anerkennung auf sich vereinigen können wie heute? Naturwissenschaftler – sie vor allem – und Gesellschaftswissenschaftler bilden in immer größerer Zahl ein kollektives *Wir*, eine Bewegung zur Erleichterung menschlicher Existenz. Doch ohne die personale Entscheidung „*Ich* halte dafür" bliebe diese Bewegung ein fiktionales Subjekt, dem Verpflichtung und Verantwortung nur zugerechnet wären. Wann immer wir über humane Existenz und Frieden reden, – sinnvoll ist die Rede nur als Rede über uns. Uns verpflichtet das Menschenrecht auf Leben zum Frieden. Wir wissen dies. Und doch: zu Selbstgerechtigkeit besteht kein Anlaß. Unser Wissen ist eine Möglichkeit. Zu spät oft erreicht uns das Wissen: es sei zu spät und die Möglichkeit vertan.

Was wir denken, sagen wir nicht selten in Sätzen historischer Zeugen. Historisches Bewußtsein kann anzeigen, daß wir Lehren gezogen haben aus Erfolgen und Mißerfolgen; es kann auch Grenzen unserer Handlungsbereitschaft und Fähigkeit zum verändernden Eingriff anzeigen. Das Zitat wird zum Signal, man wolle sich vertreten lassen. „Ich halte dafür, daß . . ." ist ein Satz, den Bert Brecht seinen Calileo Galilei sprechen läßt. In der Wissenschaftlerbewegung für den Frieden wird er zitiert, und dies ist gut immer dann und nur dann, wenn das Ich des Zitierenden sich auf sich selbst bezieht und begreift, was es mit Galilei sagt. Zur beruhigenden Selbstvergewisserung taugt der Satz nicht. Er enthält zu spätes Erschrecken. Daß der Fall Galilei der Fall des Wissenschaftlers und der Wissenschaft ist, ist wahr, und diese Wahrheit soll erschrecken: es muß endlich gebrochen werden mit der Wahrheit, daß der Fall Galilei der Fall der Wissenschaft ist.

Das *Leben des Galilei* ist nicht geschrieben zum Wohlgefallen derer, die, sich darauf berufend, die Ambivalenz des Möglichen verkennen. Der Wissenschaftler kann sich unterwerfen oder widerständiges Denken – das Begreifen dessen, was ist, gegen alle Denkverbote – zu intellektuellem und politischem Eingreifen bringen. Die in Galilei verwirklichte Möglichkeit besteht; an der Wirklichkeit der Schwäche des Friedens gemessen, ist sie für den Wissenschaftler das Unmögliche. „Wofür arbeitet ihr? Ich halte dafür, daß das einzige Ziel der Wissenschaft darin besteht, die Mühseligkeit der menschlichen Existenz zu erleichtern. Wenn Wissenschaftler, eingeschüchtert durch selbstsüchtige Machthaber, sich damit begnügen, Wissen um des Wissens willen aufzuhäufen, kann die Wissenschaft zum Krüppel gemacht werden, und eure neuen Maschinen mögen nur neue Drangsale bedeuten. Ihr mögt mit der Zeit alles entdecken, was es zu entdecken gibt, und euer Fortschritt wird doch nur ein Fortschreiten von der Menschheit weg sein. Die Kluft zwischen euch und ihr kann eines Tages so groß werden, daß euer Jubelschrei über irgendeine neue Errungenschaft von einem universalen Entsetzensschrei beantwortet werden könnte." Dies alles – laut Brecht – von „GALILEI *akademisch, die Hände über dem Bauch gefaltet*". Auch dies: „Ich habe zudem die Überzeugung gewonnen, daß ich niemals in wirklicher Gefahr schwebte. (...) Ich habe meinen Beruf verraten."[1]

Der *Galilei* ist als Vorbild nicht zitierbar. Als Bild der Unterdrückung und gedemütigter Wissenschaft verstanden, fordert er auf, das für die Menschen Richtige nicht in Schlußmonologen zu sagen, sondern zur rechten Zeit, als Anfang allen wissenschaftlichen Handelns. Das Plädoyer für das Recht auf Widerstand bereits im Denken geht gegen den Verrat des Intellektuellen. Es gibt keine Instanz, die legitimiert wäre, das Schweigen der Vernunft zu gebieten und das Wissen zu unterdrücken. Das Gegenargument des Relativismus, der – von Verantwortung entlastend – auf ungewisses Für-wahr-Halten verweist und selbstverschuldeter Unmündigkeit das Wort redet, ist nicht triftig. Es geht um einfache wahre Sätze: Die Menschen haben ein Recht auf Leben. Ohne Frieden ist Leben unmöglich. Die Menschen haben ein Recht auf Frieden. Die Menschen haben ein Recht auf Widerstand gegen den Krieg und alle, die ihn betreiben. Niemand kann zur Behauptung des Gegenteils verpflichtet werden. Jeder ist verpflichtet, nach dem Maß des Friedens zu handeln.

2. *Kein Frieden der Wissenschaft mit dem Krieg*

Der Friedensschluß der Wissenschaft mit dem Krieg gehört zu den bitteren Erfahrungen, aus denen man lernt, daß Wissenschaft nicht voraussetzungslos ist. Der Mangel an vernünftigen, also humanen, also Frieden bedingenden Voraussetzungen macht den Waffenstillstand von Intellektuellen mit Kriegführenden möglich. Der Mangel besteht gesellschaftlich, sowohl im Wissen wie im Verhalten der Akteure. Was Intellektuelle leicht übersehen: Selbst unter friedenswidrigen gesellschaftlichen Verhältnissen ist der Mangel an Wissen behebbar. Dies macht Denkverzicht und Sprachlosigkeit unentschuldbar, auch in der Philosophie, um die es hier gehen soll.

[1] B. Brecht, Leben des Galilei. In: Ders., Gesammelte Werke in 20 Bd., Bd. 3, Frankfurt a. M. 1967, S. 1339–1341.

Mit einem Erstaunen, wie es keineswegs zum Anfang des Philosophierens gehört, muß man feststellen, daß die Philosophie im Westen[2] die Frage Frieden oder Nicht-Frieden auch in den Jahren erklärten Friedenswillens breitester Bevölkerungsmehrheiten, seit dem NATO-Aufrüstungsbeschluß, weitgehend verfehlt hat. Diese Fragestellung geht nicht etwa von dem beschränkten Mißverständnis aus, die Philosophie beweise ihre Fähigkeit zum Begreifen des Friedens nur dort, wo sie ihn und die Bedrohung durch Krieg unmittelbar zu ihrem Gegenstand mache; es geht vielmehr um das verbreitete Versagen, sich der philosophischen Grundlegung des alltagsverständigen und wissenschaftlich-theoretischen Arguments für den Frieden zu entziehen. Ohne die Ausnahmen vergessen machen zu wollen, – im Ganzen genommen fehlt dem bürgerlichen, aber auch dem sozialistisch interessierten Philosophieren das Maß, das der Frieden für den Frieden darstellt. „Aber daß Frieden ein Ziel ist, das uns als unwidersprechliches, unabdingbar forderndes, vor dem inneren Auge steht, das können wir wissen und müssen wir aussprechen, auch wenn es uns geschichtlich den Atem verschlägt. Zwischen vermutetem Ursprung und verkündetem Ziel liegt in diachronischer Länge unsere seit eh und je von Unfrieden gezeichnete geschichtliche Herkunft und in der synchronen Breite die friedlose Vielfalt unserer jeweiligen Ansichten, Standpunkte, Theorien, Strategien und Maßnahmen, unserer Ängste und Leidenschaften, unserer Wünsche und Verwünschungen; quer zu allen Wissenschaften von der Natur, der Gesellschaft, vom Menschen, und inmitten der widersprüchlichen Expertisen von Politikern, von militärischen Spezialisten und ökonomischen Sachverständigen liegt ‚am Boden‘ der Singular FRIEDEN, verkannt, verletzt und verleumdet, im Plural der ‚Wirklichkeiten, in denen wir leben‘.“[3] Der pluralistischen Ermächtigung zur Beliebigkeit der Strategien zum Frieden und dem Verkommen von Vernunft und Wahrheit zum Opportunen hat I. Pape entgegengehalten, das Maß des Friedens sei der Frieden selbst. Sie zeigt, was der Philosophie möglich ist.

Die Philosophie? Ist sie mehr als das genutzte oder verkannte Erkenntnis*mittel* von erkennenden *Subjekten*, von Philosophen und Philosophierenden? Der Hinweis, die Philosophie tue selbst nichts, ist nur scheinbar trivial, denn ihm folgt der Hinweis auf die Praxis des Philosophen. Er – nicht die Philosophie – erkennt, weiß und handelt; oder: erkennt nicht, weiß nicht, handelt nicht. Es ist der Philosoph – nicht einmal in erster Linie der Berufsphilosoph, viel häufiger jeder, der in ihren Kategorien zu denken gelernt hat –, der offen ist für ein Begreifen und Verändern, oft auch Verteidigen, der Wirklichkeit. Die Philosophie

[2] Die vorliegenden Überlegungen beschränken sich auf die Funktion der Philosophie in kapitalistischen Ländern, in erster Linie in der BRD.

[3] I. Pape, Das Maß des Friedens. In: DIALEKTIK. Beiträge zu Philosophie und Wissenschaften, Heft 4: Für den Frieden – Aufgaben der Philosophie und der Wissenschaften, Köln 1982, S. 75.

selbst als vernünftige Erkenntnisform eröffnet dem Philosophen keineswegs die Alternative, die er allzu voreilig wählt, fühlt er sich vor das Scheinproblem der „schmutzigen Hände“ gestellt: die Alternative zwischen Begreifen der Wirklichkeit und Eingreifen in die Wirklichkeit; sie ist anti-philosophisch. Was für jeden Intellektuellen gilt und für jeden Wissenschaftler, gilt auch für den Philosophen: die Rede, die vor einer „Politisierung“ warnen zu müssen glaubt, hat sich auf die Trennung zwischen Literatur, Kunst, Wissenschaft, Philosophie einerseits und menschlichem Leben andererseits eingelassen. Wer sich dem Kampf gegen den Krieg verweigert, ist nicht weniger politisch als jener, der sich in diesen Kampf einreiht. Intellektuelle Tätigkeit ist politisch, indem sie in der Polis, in der Organisation aller Tätigkeiten, ist, und sie ist sozial, indem sie in Gesellschaft stattfindet. Nicht anders steht es mit dem Selbstentlastungs-Argument der Ohnmacht und Folgenlosigkeit der Philosophie angesichts der atomaren Gefährdung von Entwicklung, Leben und Geschichte. Der Philosoph, der es zur Rechtfertigung seiner intellektuellen und praktischen Untätigkeit anführt, scheint – oberflächlich besehen – nur darüber zu entscheiden, ob er für sich selbst das ihm angediente Ohnmachtsgefühl akzeptiert und damit aus der Tradition sowohl der Aufklärung wie der Philosophie der Praxis ausschert. Ihm ist entgegenzuhalten: er ist nicht legitimiert, stellvertretend für das Ganze in selbstverschuldete Unmündigkeit zurückzukehren. Der Philosoph hat ein öffentliches Amt, und er ist rechenschaftspflichtig. Die Öffentlichkeit weiß heute: der Krieg ist die maß-lose Gefährdung der menschlichen Existenz, und diese nimmt ihr Maß am Frieden. Der Philosoph, der diesem – sei es spontanen, sei es in Formen von Religion und Kunst auftretenden oder in wissenschaftlicher Analyse vorkommenden – Wissen seine spezifischen Möglichkeiten es in Kategorien des Zusammenhangs und des Ganzen zum Begreifen der Wirklichkeit voranzutreiben, entzieht, hat sein Amt aufgegeben. Von einigen der Möglichkeiten einer Philosophie für den Frieden und gegen den Krieg soll die Rede sein. Möglichkeiten und vertane Chancen aber bilden einen für die heutige Philosophie so auffälligen Gegensatz, daß zunächst von Philosophie in kritischer Absicht zu reden ist.

Nicht mehr die „Ideen von 1914“ sind repräsentativ für das bürgerliche Philosophieren,[4] auffällig ist das mehrheitliche vielsagende Schweigen. Sucht man nach Erklärungen, dann ist auch an die Verfolgung und Exilierung der jüdischen und marxistischen philosophischen Intelligenz durch den Faschismus zu erinnern,[5]

[4] Zu einer philosophischen und wissenschaftstheoretischen Begründung des Begriffs „bürgerliches Philosophieren“, der nicht denunziatorisch ist, vgl. v. Verf.: Philosophie – Zur Aufgabe, ihre Geschichte zu schreiben. In: DIALEKTIK. Beiträge zu Philosophie und Wissenschaften, Heft 11: Wahrheiten und Geschichten – Philosophie nach ’45, Köln 1985.

[5] Vgl. A. Kamlah, Die philosophiegeschichtliche Bedeutung des Exils (nicht marxistischer) Philosophen zur Zeit des Dritten Reichs. In: DIALEKTIK. Beiträge zu Philoso-

dieses willkürliche Zerbrechen von Erkenntnisgeschichte. Zum andern hat die Unfähigkeit, Erinnerungsarbeit als Selbstkritik zu gestalten ein komplizenähnliches Schweigen sich ausbreiten lassen, in dem Faschismus – z. B. mit Arnold Gehlen und Martin Heidegger[6] – ex post das Wort nehmen durfte. Andere Erscheinungen verweisen auf wesentlichere Ursachen der gebrochenen Beziehung der Philosophie zur Wirklichkeit. Bezogen auf die Bundesrepublik Deutschland[7] und symptomatische Tendenzen, die gewiß nicht einfach allen individuellen Denkanstrengungen zugerechnet werden dürfen, ist vom Verlust einer die Philosophie auszeichnenden Kompetenz zu sprechen: sie hat die Kompetenz, die Mannigfaltigkeit der Wirklichkeit, die in alltäglicher Erfahrung und in einzelwissenschaftlicher Erkenntnis in Fragmenten wahrgenommen wird, als Gesamtzusammenhang begreiflich zu machen; mit anderen Worten: Von der Philosophie können ohne Zumutung totalisierende Kategorien und Theorien über die Wirklichkeit erwartet werden. Nicht mehr verlangt sind spekulative Konstruktionen; verlangt sind rationale Weltbilder, an denen die Skepsis des Alltagsverstands, seine Teil-Welt-Erfahrungen könnten täuschen und objektive Kriterien der Überprüfung von Wahrheit und Falschheit seien nicht gegeben, als haltlos zerrinnt. Die Philosophie befähigt dazu, das Einzelne und Besondere zum Netzwerk des Ganzen zu koordinieren. Der systematische Zusammenhang ihrer Begriffe läßt eine Topographie zu, in der man sich sicher bewegen kann. Fehlt diese kategoriale Topographie, dann ist Frieden nicht *das* Maß, sondern *ein* Maß oder auch keines.

Die Beziehung vieler Philosophen zur Wirklichkeit ist gestört. Fünf Gründe will ich anführen:

1. Bereits das Stunde-Null-Denken der ersten Jahre nach 1945 bedeutete eine Verdrängung, zunächst der Realität der Philosophie selbst; das Alte, die Kontinuität der Philosophie, wurde in Vergessen abgeschoben, umsponnen mit dem Kokon des scheinbar radikal Neuen; was aber an Vorwärtsweisendem aufzugreifen gewesen wäre, ist oft bis heute unabgegolten; wer erinnert schon noch, daß mit dem Antifaschisten Otto Neurath wie mit anderen des Wiener Kreises der logische Empirismus in erster Linie anti-irrationalistische Ziele hatte?

2. In der Phase der Restauration hat die Mehrheit der Philosophen nicht nur zustimmend geschwiegen, sondern – als sei man in geistiger Exterritorialität – das Philosophische nachdrücklich als das zum Politischen Ganz-andere definiert.

phie und Wissenschaften, Heft 7: Antifaschismus oder Niederlagen beweisen nichts als daß wir wenige sind, Köln 1983.

[6] Vgl. W. Rügemer, Philosophische Anthropologie und Epochenkrise. Studie über den Zusammenhang von allgemeiner Krise des Kapitalismus und anthropoligischer Grundlegung der Philosophie am Beispiel Arnold Gehlens, Köln 1979; W.-D. Gudopp – v. Behm, „Zum Fallen geneigt“ – Anmerkungen zu Heideggers Politik. In: M. Buhr/H. J. Sandkühler (Hrsg.), Philosophie in weltbürgerlicher Absicht und wissenschaftlicher Sozialismus, Köln 1985, S. 106ff.

[7] Vgl. insgesamt: Dialektik, Heft 11, a. a. O.

3. Die Fähigkeit zur Wirklichkeitserkenntnis ist auch kognitiv verkümmert; die Wirklichkeit im Bewußtsein der Philosophie ist oft nur geliehene Wirklichkeit, Realität second hand, eine Wirklichkeit der Ideen und des Wissens anderer: die Philosophie schickte sich an, nicht mehr das Einzelne und Besondere *als* Tatsache und Realität im allgemeinen Begriff zu erfassen, sondern sich mit der Rolle des bloßen *Verallgemeinerns* einzelwissenschaftlichen Wissens zu begnügen oder die Geschichte des „Geistes" zu schreiben.

4. Die immer deutlichere Tendenz zur Auflösung der Philosophie in Wissenschaftstheorie hat diese Entwicklung verschärft; die Philosophen nehmen in der Regel an der Erzeugung wissenschaftlichen Wissens nicht teil; es kann nicht verwundern, daß heute viele der interessantesten Denkanstöße und Erkenntnisse von philosophierenden Wissenschaftlern, vor allem Naturwissenschaftlern ausgehen; die Logik wissenschaftlicher Erkenntnis aber, welche die Wissenschaftsphilosophen studieren, ist nur selten noch die Logik wissenschaftlicher Erkenntnis *über Realität.*

Und 5., gewiß nicht abschließend: Zu einem der Hauptfelder philosophischer Tätigkeit ist die Philosophiegeschichte geworden; diese höchst begrüßenswerte Entwicklung, die – zum Beispiel bei den großen Editionen – zu hohem philologischem Niveau geführt hat, kehrt sich freilich meist gegen *Geschichte*; der Pluralisierung der Wirklichkeit zu Wirklichkeiten entspricht die Pluralisierung der Geschichte zu Geschichten: Die historischen Entwicklungsstufen philosophischen Denkens erscheinen als Chaos beliebiger Lehrmeinungen, und ein Entwicklungs- und Fortschrittsbegriff, der hier Struktur erkennen ließe, fehlt; Angaben zum Ort der Philosophie in den jeweiligen Ensembles der geschichtlichen Verhältnisse, der sozialen, ökonomischen, politischen und kulturellen Strukturen, werden als wesensfremd gemieden; nicht zuletzt aber zeichnet sich das imaginäre Museum der Philosophien dadurch aus, daß kaum jemand seinem Besucher Hinweise gibt auf die großartige Weite, die vergangene Philosophien enthalten, – die Weite ihrer Zukunftsentwürfe, in denen das Philosophieren die Fixierung auf das jeweils Bestehende, den Status quo, antizipierend überwunden hat; die scheinbar verwissenschaftlichte, in Wirklichkeit aber nur schlecht positivierte Philosophie gefällt sich darin, in hochmütiger Kritik an Utopischem sich ihrer Würde als Wissenschaft zu vergewissern.

Was immer gerechterweise an Leistungen der Philosophie anzuerkennen ist in Logik und Wissenschaftstheorie, archivalischer Forschung und Ideengeschichtsschreibung, in Hermeneutik und Lexikalik und in anderen Bereichen, – es genügt nicht, die Philosophie vor einer überwiegend kritischen Bilanz zu bewahren. Die Philosophie hat – was ihren Zustand in der BRD angeht – ihre Fähigkeiten zum System, zum geschichtlichen Entwicklungsdenken, zu Wahrheitskriterien, zur Einheit von Begreifen und Eingreifen, zur Antizipation von objektiv Möglichem, kurz: zur begrifflichen Aneignung der ganzen Wirklichkeit in ihren geschichtlichen, gegenwärtigen und zukünftigen Dimensionen weitgehend verloren. Die

Philosophie ist akademische Disziplin. Dies müßte kein Nachteil sein. Die Philosophie hat sich disziplinieren lassen, und die Philosophen disziplinieren sich selbst. Dies ist ein Nachteil. Er besteht – ich werde darauf zurückkommen – nicht zuletzt in folgendem: Die Philosophen haben ihre Öffentlichkeit verloren; ihr vermeintliches Privileg, frei von Anforderungen der Öffentlichkeit, frei vom Politischen zu sein, erweist sich als das Gegenteil; kaum jemandem noch fällt die Sprachlosigkeit der Philosophie zu den Fragen von Krieg und Frieden auf. Die Philosophen versäumen es heute mehr denn je, der Selbst-Anforderung Diderots zu folgen: „Beeilen wir uns, die Philosophie unter den Menschen zu verbreiten."

Die kritische Bilanz soll nicht zum Verzicht auf Philosophie auffordern, wo Wissen und Argumente gegen den Krieg verlangt sind. Was hätte die Philosophie unter den Menschen zu verbreiten? Nicht der Verweis auf die in der BRD benennbaren Ausnahmen von der Regel macht diese Frage beantwortbar; sondern: *daß* Philosophen zu *dem* Problem unserer geschichtlichen Zeit Stellung beziehen, beweist die Möglichkeiten der Philosophie; und berechtigt um so mehr zu Kritik, wenn sie schweigen. Zeugnisse philosophischer Kompetenz zum Frieden sind Hans-Bert Reuvers *Philosophie des Friedens gegen friedlose Wirklichkeit* – eine Geschichte der Philosophie, gegen den Strich des Krieges gebürstet[8] –, und die Argumente von Hans Heinz Holz, Dieter Henrich, Ernst Tugendhat[9] u. a. dafür, daß der Frieden eine Frage der Wahrheit ist und nicht irrationaler Wertsetzung. Diese Wahrheitsfrage verträgt keinen leichtfertigen Umgang mit den Tatsachen. Es geht um Fakten. Fakt und wahr ist, daß nicht die Technik im Selbstlauf Kriege erzeugt; Fakt und wahr ist, daß nicht sozialökonomische Systeme an sich, daß nicht die staatliche Verfaßtheit des gesellschaftlichen Lebens an sich zum Krieg tendiert, sondern daß nur ein bestimmtes soziales System bzw. eine Minderheit von Menschen dieses Systems von Rüstung und Krieg profitiert; Fakt und wahr ist, daß sich Wahlbevölkerungen einen Präsidenten leisten, der in der Annahme, ein Mikrophon sei noch ausgeschaltet, sagt, was er bezüglich der Sowjetunion träumt.

Doch diese Fakten allein, und würden sie um vieles vermehrt, summieren sich nicht unmittelbar zu dem, was Dieter Henrich unter dem Titel *Nuklearer Frieden* als Philosoph begreiflich machen kann: Wir haben „allen Grund, die Einsicht für unumstößlich zu halten, daß von nun an zu den die Existenz der Menschheit definierenden Bedigungen ihre Kapazität zum selbstgewirkten und dann nicht

[8] Vgl. H.-B. Reuvers, Philosophie des Friedens gegen friedlose Wirklichkeit. „Gerechter" Krieg und „Ewiger" Friede im Zeitalter der bürgerlichen Revolution, Köln 1983.

[9] Vgl. H. H. Holz, Zur Logik der Koexistenz. In: Dialektik, Heft 4, a. a. O.; D. Henrich, Nuklearer Frieden. In: Ebenda; E. Tugendhat, Rationalität und Irrationalität der Friedensbewegung und ihrer Gegner. In: Philosophie und Frieden. Hrsg.: Die Friedensinitiative am philosophischen Institut der Freien Universität Berlin (West), Berlin (West), o. J. (1983).

umwendbaren Sog hinein in den Weg gehört, auf dem sie entweder sogleich zerstört oder aber auf Dauer in Schwundform ihrer Möglichkeiten niedergehalten wird. Und wir haben ebenso viel Grund, die Folgen von Lagebeurteilungen zu fürchten, die – aus welchen wohlformulierten Gründen immer – dieser grundlegenden Diagnose nicht stattgeben wollen. Die Möglichkeit der apokalyptischen Wendung gehört von nun an zu den Grundtatsachen des Menschseins. Die Frage ist, wie in der Anerkennung und im durchgängigen Bewußtsein dieser Tatsache ein anderes Leben zu führen ist als nur im Zeichen dessen, beängstigt und gerade noch davongekommen zu sein." [10] Es kann kein Zweifel daran bestehen, daß mit der Stationierung der amerikanischen Erstschlagwaffen, der militärstrategischen Antwort der UdSSR und der mit dem Namen „Krieg der Sterne" verbundenen Unverwundbarkeits- und Aggressionsmöglichkeit der USA die Wahrscheinlichkeit eines vernichtenden Krieges exponentiell zunimmt und die Wahrscheinlichkeit der Friedensbewahrung mathematisch gegen Null tendiert. Ein Topos, mit dem sich einst die Hoffnung auf den befreienden Bruch mit Tradition und Autorität und die Hoffnung auf das radikal Neue menschlichen Bewußtseins verbunden haben, der Topos vom „Brand der Bibliotheken", ist sinnlos geworden. Der mögliche Brand der Menschen, der Städte und der Bibliotheken, vernichtet mit der Geschichte auch die Zukunft.

Nuklearer Frieden. – Dieter Henrich fordert, weil seine Analyse nicht als pessimistische Vision verstanden werden will: „Die Philosophie, die auf das universale Denken verpflichtet ist, muß sich selbst und alle, die sie erreichen kann, zunächst einmal auf diesen ganz einfachen, darin aber gerade ganz grundlegenden Sachverhalt konzentrieren. Es ist schwer vorzustellen, welches andere Geschehen in der Erkenntnis- und Erfahrungsgeschichte der Menschheit in gleichem Maße ein Potential für ausdrucksvolles Einverständnis freisetzen könnte. Ihm nachzugehen und die Weisen der Einsicht, die sich so ergeben, der Lebensform und Lebensführung der Menschheit zuzuordnen und sie dann in sie einwachsen zu lassen, ist eine Aufgabe, die Denker wie Hobbes, Kant und Hegel, wären sie unsere Zeitgenossen, sicherlich nicht anders als für all ihr Denken zentral genommen hätten. Gedanken können eine akute Bedrohung nicht abwenden. Sie sind aber unentbehrlich dafür, daß sich überhaupt eine Zukunft wahrhaft erschließt." [11] Was hier angemahnt wird, ist eine Philosophie, die sich jener Aufgabe wieder annimmt, die sie groß und nützlich gemacht hat, Philosophie als *Kritik* im umfassenden Sinne des Wortes, als Analyse also der Bedingungen der Möglichkeit und der Notwendigkeit von Erkenntnis – so mit Kant – und als entsprechende Analyse der Praxis, so mit Marx.

Aktualisiert die Philosophie den ganzen Reichtum ihrer Erfahrung und ihres Wissens, dann ist sie in der Lage, eine der Prämissen von Dieter Henrichs Be-

[10] D. Henrich, Nuklearer Frieden, a. a. O., S. 13.
[11] Ebenda, S. 19

standsaufnahme der geschichtlichen Situation in Frage zu stellen. Henrich bezieht sich auf die Erfahrungs- und Erkenntnisgeschichte der Menschheit, *und doch* spricht er vom „selbstgewirkten" Sog in die Katastrophe als Möglichkeit der Menschheit. Ich halte diese Annahme für nicht begründet und die gegenwärtig grassierenden Ideologeme vom möglichen „*Selbst-Mord*", möglicher „*Selbst*-Vernichtung" usw., für eine gefährliche Täuschung. Sie lenken ab von der Tatsache, daß die Menschen nicht etwa einem geheimen biologischen Exterminismus gehorchen, sondern in Verhältnissen leben, die sie sich nicht selbst und frei gewählt haben, Verhältnissen, die es nicht zulassen, die menschliche Gattung als einheitlich geschichtsmächtiges Subjekt zu unterstellen, Verhältnissen vielmehr des Kampfes widersprüchlicher Interessen. Der Skandal unserer geschichtlichen Lage besteht nicht in der Möglichkeit zum kollektiven Selbstmord, sondern in der Macht weniger, ganze Völker dem atomaren Mord auszuliefern. Von einer Philosophie unserer Geschichte, unserer Entwicklung und unserer Zukunft ist deshalb zu verlangen, daß sie auf dem Niveau der Natur- und Gesellschaftswissenschaften *und* auf dem Niveau der Erfahrungen gesellschaftlicher Bewegungen für Freiheit und menschliche Würde die Möglichkeiten erklärt, wie die Mehrheit der Menschen vor der Minderheit jener, die den Mord an der Gattung ins Kalkül ziehen, zu bewahren ist. Mit anderen Worten: es sind die Bedingungen zu klären, unter denen der Satz wahr ist „Die Menschen machen ihre Geschichte selbst". Im Rahmen der materialistischen Dialektik argumentierend, könnte ich auch sagen: zu erklären ist die Dialektik der Geschichte; notwendig ist eine Dialektik oder Kritik des Friedens. Diese Dialektik hat sich in den Erfahrungen derer zu bewähren, die Frieden gebieten wollen und sich politisch und ökonomisch interessierten Friedensverboten ausgesetzt sehen; und sie hat sich in den Wissenschaften zu bewähren, welche die Ursachen des Interesses am Krieg zu erklären in der Lage sind. Diese philosophische Kritik des Kriegs und des Friedens hätte ihre Chance, unter den Menschen verbreitet zu werden. Denn die Träger dieser Philosophie verlassen die Bunker der Esoterik und „Wertneutralität", um innerhalb der Antikriegsbewegung tätig zu werden. Wer dies tut, läuft gewiß Gefahr, die Anerkennung seiner Wissenschaftsgemeinschaft zu verlieren. Unter Fachphilosophen gilt Günther Anders nicht als Philosoph. Der Vietnam-Krieg war kein Thema der Fachphilosophie, der Atom-Krieg ist es für die Mehrheit noch immer nicht. Sätze von Günther Anders wie: „Wer uns gefährdet, soll das auf eigene Gefahr hin tun müssen ... Unser Mut muß weiterlangen, weiter hinauslangen. Das Zeitalter der Intermezzi hat aufzuhören. Die Wirklichkeit hat zu beginnen. Das bedeutet: Die Blockierung der Zugänge zu den kontinuierlich bestehenden Mordinstallationen muß ebenfalls kontinuierlich stattfinden ... Freunde, Fremde und Feinde, wer nicht mit uns ist, ist gegen sich selbst... Sabotieren wir die Friedenssabotierer!" [12] – dies sind keine philosophischen Sätze, sondern Sätze eines Philo-

12 G. Anders, Schinkensemmelfrieden. In: KONKRET (Berlin [West]),11/1983, S. 54.

sophen, für dessen Handeln philosophische Sätze die Grundlage bilden. Der Preis, daß der Philosoph wegen seiner Praxis als Nicht-Philosoph gebrandmarkt wird, ist gering im Vergleich zum Preis, den Philosophen zahlen, deren philosophische Sätze zu keiner Praxis des Friedens tauglich sind.

Kein Frieden der Wissenschaft mit dem Krieg! Die Zufriedenheit der Philosophie mit einer kriegsfähigen Wirklichkeit, die bereits Hegel als Friedhofsruhe verurteilt hat, ist eine Blockade des möglichen Wegs zum notwendigen Frieden. Eine andere ist die Ruhe der Angst, das Erstarren vor der Apokalypse. Hermann Klenner setzt ihr entgegen: „Wer immer sich mit keiner apokalyptischen Vision unserer Zukunft zufrieden gibt und es nicht über seinen Verstand bringt, zum Krieg Distanz zu halten als zu einem Schauspiel einer ohnehin auslaufenden Welt, wird keine Ruhe geben, bis der Mensch, der Schöpfer seiner selbst, die Selbstvernichtungsvariante ausgeschlossen und von allen biblischen Visionen jedenfalls die eine verwirklicht hat, die des Jesaja (2,4): dann werden sie ihre Schwerter zu Pflugscharen und ihre Spieße zu Sicheln machen, denn es wird kein Volk wider das andere ein Schwert aufheben und werden hinfort nicht mehr Kriegen lernen."[13]

3. *Prolegomena einer Philosophie des Friedens*

Die Prolegomena einer Philosophie des Friedens, zu der wichtige Beiträge vorliegen,[14] haben ihren Ort in der Theorie des Wirklichen, des objektiv Möglichen und der Zukunft. Perspektiven sollen skizziert werden, mehr nicht. Sie betreffen das Wissen der Philosophie und das Verhalten des Philosophen. Philosophie ist nicht allein Form des Erkennens und Wissens; ernstgenommen, ist sie eine Art und Weise, sich in der Wirklichkeit zu verhalten, indem man sich zum Möglichen und zu erhoffter Zukunft verhält. Die vier benannten Perspektiven gehören zwar zum Katalog der Fragen, die der Philosoph sich sinnvoll stellen kann, aber die Liste seiner Problemstellungen ist weit umfangreicher. Auch dies ist wichtig: Der Vorrang, der dem Frieden als Maß auch der Philosophie zukommt, darf niemals als Grenze ihrer Erkenntnisanstrengungen mißverstanden werden; mit dem Frieden als Maß verliert die Philosophie keinen ihrer Gegenstände; sie gewinnt Orientierungen ihrer Kreativität. Im Mittelpunkt der *Kritik* des Friedens und des Krieges steht – mit Kant – die Frage „Was können wir wissen?", steht – mit

[13] H. Klenner, „. . . und das Gerede verstummt vor den ernsten Wiederholungen der Geschichte", in: Dialektik, Heft 4, a. a. O., S. 49f.

[14] Zu erinnern ist bereits an das Friedensdenken der klassischen bürgerlichen Philosophie des 18. und beginnenden 19. Jh.; vgl. hierzu H.-B. Reuvers (a. a. O.). Zur neueren marxistischen Diskussion vgl. W. Eichhorn I/H. Schulze (Hrsg.), Philosophie im Friedenskampf, Berlin 1983; M. Buhr, Friedenskampf und Philosophie. In: DZfPh, 11/1984; K.-H. Lohs, Von der humanistischen Verantwortung der Naturwissenschaftler für die Erhaltung des Friedens. In: Wissenschaftliche Welt, 1/1985.

Brecht – das Wissen, daß wir nur eingreifend begreifen. Fragen wir also nach Bedingungen der Möglichkeit, Frieden zu erfahren und für Frieden zu handeln.

3.1. Geschichte der Philosophie ist ein Laboratorium des Friedens

Es gibt eine Geschichte der Philosophie des Friedens. Sie kann als *Entwicklung* verstanden werden. In ihr ist der Widerspruch sichtbar: Es wäre Schönfärberei, die Geschichte der Philosophie allein als die ihres Beitrags zum Frieden zu schreiben. Philosophen haben den Krieg als Motor der Kultur verherrlicht, und diese „Philosophen" gibt es noch und schon wieder, wie André Glucksmanns *Philosophie der Abschreckung*[15] zeigt. Aber die Philosophie selbst hat sich in Krieg und Frieden verändert, hat Fortschritte gemacht, und wer sie nicht nutzt, verhält sich reaktionär. Es *ist* möglich, die Probleme des Überlebens unter den Bedingungen der Koexistenz unterschiedlicher gesellschaftlicher Systeme geschichtsphilosophisch, ethisch und logisch zu erfassen. Es *ist* möglich, jenseits des Relativismus eine Ethik zu begründen, deren Maß der Frieden ist. Es *ist* notwendig, die Möglichkeit der Reversibilität der Geschichte, der Umkehrung des Fortschritts, zu begreifen. Und es *ist* möglich und notwendig, sich erkenntnistheoretisch dem Problem zu stellen, daß unser Erkennen entweder *zu spät* kommt oder aber das Neue antizipiert, als Tagtraum, Phantasie, als Utopie und als objektiv Mögliches.

Die Philosophie hat in ihrer Entwicklung besondere Fähigkeiten der Erkenntnis herausgebildet, die zu Mitteln jeden Bewußtseins werden können: die Fähigkeit zur Zusammenschau des verwirrend Mannigfaltigen, zur Synthese; die Fähigkeit zur Abstraktion vom Unwesentlichen; die Fähigkeit zur allgemeinen Entwicklungsgesetz-Aussage; die Fähigkeit, das Verwirrspiel von Niederlage und Sieg als Fortschritt zu durchschauen. Die Philosophie ist keine empirische Wissenschaft. Kein Zweifel, daß Realität ihr Gegenstand ist; aber sie ist nicht auf Beobachtungsdaten fixiert. Ihr innerer Zustand ist *theoretisch*: Wenn Theorie nicht Abschied von der Wirklichkeit heißt, bietet die Philosophie den Vorzug eines allgemein nutzbaren Speichers historischer Erfahrung und allgemeinen Wissens. Nicht-empirische Theorie, dies bedeutet: hinausgreifen zu können über den Status quo; bedeutet freilich auch die Gefahr der Weltflucht. Die Gefahr der Begriffsspielerei kann gemeistert werden: wenn die Geschichte der Philosophie als *Laboratorium* des Friedens angeeignet wird, als Entwicklung der intellektuellen

[15] Vgl. A. Glucksmann, Philosophie der Abschreckung, Stuttgart 1984. – Dieses Buch wurde mit dem „Kriegs-Preis" der Gewerkschaft Handel, Banken und Versicherungen „ausgezeichnet"; vgl. die „Anti-Laudatio" von H. J. Sandkühler: Apologie der Erpressung. In: KONSEQUENT, 4/1984.

Arbeit für den Frieden und gegen den Krieg; und wenn historische Aneignung, geschichtliches Begreifen, das *Eingreifen* zum Ziel hat. Die der Philosophie oft rechtens, oft aber ganz zu unrecht vorgeworfene Allgemeinheit ihres Wissens über Leben und Tod, Fortschritt und Regression, Notwendigkeit, Möglichkeit und Freiheit, ist ihre Chance – konkrete, auf die Realität verpflichtete Allgemeinheit, so und nur so können sich die Philosophen rehabilitieren.

3.2. Philosophie muß auch sozial allgemein sein

Der Fall Galilei ist der Fall Philosophie. Was die Philosophen erkennen, ist oft genug in Widerspruch zum Anerkannten, zu Autorität und Zeitgeist. Es gilt als gefährlich und unterliegt der Zensur. Sich nicht zensieren zu lassen, ist Pflicht. Und ein zweites: Die Philosophen haben keine gesellschaftliche Verantwortung für den Frieden, die sie über die Menschen stellen würde, mit denen sie gegen den Krieg kämpfen. Wie jeder andere aber haben sie die Verantwortung für das, was ihr Eigentümliches ist: sie sind – mit Lucien Sève[16] – „Verantwortliche der Kategorien“. Gegen die Verantwortungslosigkeit, in welcher der seinerzeit amtierende Bundeskanzler Helmut Schmidt im Bundestag am 21. 12. 1983 erklärte, der „NATO-Doppelbeschluß“ sei die „Philosophie“ des westlichen Bündnisses, ist mit Kant, auf den er sich zu berufen pflegte, für den uneingeschränkt öffentlichen Gebrauch der Vernunft zu plädieren: denn auf dieses Recht zu verzichten, „sei es für seine Person, mehr noch aber für die Nachkommenschaft, heißt die heiligen Rechte der Menschheit verletzen und mit Füßen treten“.[17] Die Wahrnehmung dieses Rechts setzt Aufklärung, Mündigkeit und den Mut zu Rationalität voraus, zu deren Verbreitung die Philosophie, selbst unter vernunftwidrigen gesellschaftlichen Bedingungen, beitragen kann. Das Mißverständnis, die Philosophie sei wegen ihrer Fachsprache nur Ausnahmemenschen zugänglich, und gerade in ihrer Esoterik sei sie vor gesellschaftlicher Beanspruchung geschützt, ist verbreitet. Dagegen muß gesagt werden: Die Philosophie ist exoterisch, weltzugewandt also, oder sie ist nichts. Philosophisches Wissen *ist* nützlich, und es gibt keinen Grund, die Menschen von diesem Nutzen fernzuhalten. Wie alle Wissenschaften muß auch die Philosophie allgemein sein bzw. werden; das heißt, die Philosophie muß aktiv eine Entwicklung vorantreiben, in der das Wissen ein Element der allgemeinen Befreiung der Individuen wird. Sie selbst befreit sich in dem Maße von Unterdrückung und Zensur, wie sie ihr Wissen zum Wissen aller

[16] L. Sève, Wissen und Verantwortung. In: M. Buhr/H. J. Sandkühler (Hrsg.), Philosophie in weltbürgerlicher Absicht und wissenschaftlicher Sozialismus, a. a. O., S. 242.
[17] I. Kant, Beantwortung der Frage: Was ist Aufklärung? In: Gesammelte Schriften Akademie-Ausgabe, Bd. VIII, Berlin 1912, S. 39.

macht. Voraussetzung ist, daß die Philosophie die Kluft zur Erfahrung und zum Wissen der Nicht-Wissenschaftler überwindet. Die Verachtung des Wissens der Menschen ist der Tod der Philosophie, die von den Menschen verachtet wird. Der Form nach allgemeine Erkenntnis, muß Philosophie auch sozial allgemein sein.

3.3. Für eine menschlich zumutbare Ethik des Friedens

Philosophen fühlen sich oft falsch verstanden, wenn Normen des Verhaltens von ihnen erwartet werden. Doch die philosophische Idee der bewußten Gestaltbarkeit der Geschichte schließt die Frage nach Zurechenbarkeit, Schuld, Verantwortung und verantwortbaren Zielen des Handelns in sich ein. Heute befaßt sich die Philosophie vorrangig mit der Frage, ob und wie Sätze und Normen der Ethik rational begründbar sind. Dies ist wichtig, aber es genügt nicht. Orientierungen in der Wirklichkeit atomarer Bedrohung sind notwendig, und Orientierungen am Frieden als Maß setzen sich nicht spontan durch. Die Spontaneität des Willens zum Frieden wird machtvoller, wenn Vernunft das Handeln leitet. Zu wissen, was ethisch vernünftig ist, macht den Kampf gegen Unvernunft wirksamer.

Einer besonderen Ethik angesichts atomarer Bedrohung bedarf es nicht. „Was wir brauchen, ist eine gediegene, umfassende Information über die Gefahren des friedlichen und des militärischen Einsatzes der Atomenergie. Die ethische Entscheidung ist – in bezug auf den Atomkrieg – sehr einfach und bedarf keiner eigenen Theorie. Es geht lediglich darum, ob wir die totale Zerstörung (von Menschen, Tieren, Kulturen, Landschaften) verantworten können oder nicht. Das sollte jeder normalsinnige Mensch –ohne philosophische Theorie – selbst entscheiden können.“ [18] Zur Entscheidungsfähigkeit trägt ein klares Bewußtsein der Verantwortlichkeit der Individuen bei. Lucien Sève hat als Grundsatz formuliert: „Vom ethischen Standpunkt aus bin ich für alles verantorwtlich, worauf ich einwirken kann. Nur für dieses, aber für dieses alles.“ [19] Eine uneingeschränkte Verantwortungsethik würde die Individuen unzumutbar überfordern und in Ohnmacht stürzen. Wir wissen, warum der sittliche Wille der Individuen *noch nicht* frei ist, und eine unbegrenzte Verantwortungszuweisung würde ablenken von der tatsächlichen Verantwortung der wenigen, die in kapitalistischen Ge-

[18] M. Gatzemeier, Betroffenheit und rationaler Diskurs. Möglichkeiten und Grenzen philosophischer Argumentation über Krieg und Frieden. In: Verantwortung für den Frieden. Vorlesungsreihe mit Hochschullehrern an der RWTH Aachen. Hrsg.: Forum Wissenschaftler für Frieden und Abrüstung, Aachen 1984, S. 207.

[19] L. Sève, Wissen und Verantwortung, a. a. O., S. 234; vgl. auch R. Rilling, Wissenschaft, Krieg, Verantwortung. Erfahrung und Aufgabe: In: Wissenschaftler zu Frieden und Abrüstung. Mit Beiträgen von C. Almeyda u.a ., hg. v. R. Lison, Duisburg 1985.

sellschaften die „Freiheit“ haben, im partikulären ökonomischen Interesse und in Widerspruch zum Recht auf Leben und Frieden den Krieg zu wollen. Die ethische Beschränkung der Verantwortung auf das Verantwortbare verlangt aber bereits mehr, als viele Menschen sich zutrauen. Kein einzelner hat die Stationierung der US-Erstschlagwaffen verhindern können. Jeder aber kann mit guten Gründen mit der Frage konfrontiert werden, ob er das ihm Mögliche getan hat.

3.4. Die Intellektuellen müssen wissen, wer sie sind und sein können

Als Künstler, Wissenschaftler, Philosophen, Politiker, handeln wir in der gesellschaftlichen Funktion von Intellektuellen. Wir müssen wissen, wer wir sind, um zu wissen, was wir sein können. Wenn wir eine Ortsbestimmung als Intellektuelle versuchen, dann muß vom möglichen Frieden die Rede sein und von der historischen Schuld, diese konkrete Möglichkeit zunichte gemacht zu haben und sie noch immer zu vernichten. Man mißt uns zu Recht nicht allein daran, was wir als Individuen wünschen. Ob wir es wollen oder nicht, gehören wir zur sozialen Gruppe derer, die mehr zum Krieg beiträgt als zum Frieden. Millionen von Intellektuellen stehen im Dienst von Rüstung und Krieg. Die auf der Seite des Friedens sind in der Minderheit. Aber es werden mehr, und wir erinnern uns, eine Tradition des Kampfes für Freiheit und Solidarität, für menschliches Glück und Zukunft auf unserer Seite zu haben.

Es gibt im Westen in der Bewegung gegen den Krieg noch keine Einigkeit über die Strategie und einzelne Ziele. Es gibt eine Pluralität der Motivationen und der Begründungen. Wie könnte es anders sein? Die Bewegung der Intellektuellen ist ein Element der Volksbewegung, und diese Volksbewegung hat keinen „archimedischen Punkt“ außerhalb ihrer Gesellschaft. Nicht außerhalb, sondern mitten in den Widersprüchen unserer Gesellschaft ist unser Platz. Im Widerspruch wird eine Intellektuellen noch fremde Erfahrung gewonnen: Solidarität.

Intellektuelle konstruieren ihre Theorien und Weltsichten selten direkt auf der Basis alltäglicher Erfahrung. Ihr Bezug zur Wirklichkeit ist vielfach theoretisch gebrochen, und die Gefahr, die zu ihrer Existenz gehört, heißt: Isolation in selbstreflexiven theoretischen Welten; dies heißt auch: Isolation gegenüber den sozialen Bewegungen in den Völkern. Diese Isolation und die Fiktion der Exterritorialität im Widerspruch durchbrechen wir nicht oder nicht nur aus eigener Kraft, sondern durch Teilnahme am allgemeinen Kampf. Die den Intellektuellen oft fremden Kampfformen wie die Blockade oder die Menschenkette – gerade von Intellektuellen belächelt – sind Ausdruck einer neuen politischen Kultur, einer Ästhetik des Widerstandes, die mit dem Widerspruch anders umzugehen lernt. Wollen sich die Intellektuellen in Denken und Praxis auf den möglichen Krieg und den notwendigen Frieden beziehen, dann ergibt sich aus ihrer Funktion, über

Wissen zu verfügen und es auf das Ganze der Wirklichkeit, auf die Einheit und Dialektik des Wirklichen beziehen zu können, eine Norm, die sowohl kognitiv bedeutsam ist wie praktisch. Es ist weder die Norm der Neutralität noch die des faden Pluralismus, vor dem der Verteidiger des Friedens und der Betreiber des Kriegs gleichermaßen Recht behält. Diese Norm ist vielmehr *Toleranz* der Individuen gegenüber den Individuen. Toleranz bringt den Widerspruch nicht zum Schweigen, sondern sie führt zu Bündnissen in Existenzfragen.

Existenzfragen? Wir Intellektuellen sind nüchtern geworden. Gegenüber der Angst von Menschen wären große Worte sinnlos. Aber sollten wir uns auch die starken Worte abgewöhnen lassen, in denen eine menschliche Zukunft antizipiert wird? Sollten wir uns nicht gegen die Trivialisierung unserer Sprache wehren, in der Humanität, Glück und menschliche Würde zum Tabu erklärt werden? Gewiß, wir müssen als Wissenschaftler realistisch sein, konkret und exakt. Doch der Frieden, den wir brauchen, ist nicht experimentell simulierbar und nicht empirisch erhebbar. Die Erklärung des Krieges aus Ursachen ist noch nicht der erklärte Frieden. Die Befriedigung über die Erklärung des Status quo darf nicht umschlagen in die Zufriedenheit mit dem Status quo. Wissenschaft und Philosophie müssen heute im umfassenden Sinne wieder *Kritik* sein, deren erste Folge der Mut zur Wahrheit ist. Wir müssen ohne diplomatische Reserven die Wahrheit sagen über die Ursachen des Krieges. Sie sind bekannt.

Zugleich gehört zu dieser Kritik viel intellektuelle Phantasie. Die Gegenwart werden wir nur gestalten helfen, wenn wir sie nicht als Grenze unserer Erkenntnis mißverstehen, sondern als Aufforderung, das zu verwirklichen, was in ihr vorwärts drängt. Diese intellektuelle Phantasie muß sich schulen an der Geschichte, darf nichts verdrängen und vergessen. Zu den wichtigsten Erfahrungen, aus denen wir zu lernen haben, gehört das zu späte Erschrecken. B. Brecht hat 1952 gegenüber dem Wiener Völkerkongreß für den Frieden darauf aufmerksam gemacht: „Die weltweiten Schrecken der vierziger Jahre scheinen vergessen. Der Regen von gestern macht uns heute nicht naß, sagen viele. Diese Abgestumpftheit ist es, die wir zu bekämpfen haben, ihr äußerster Grad ist der Tod." Dieses Zu-Spät ist immer wieder als sinnloses Wissen aufgetreten: genau zu dem Zeitpunkt, in dem es zu spät war, zu welchem der Nicht-Krieg in Krieg umgeschlagen war. Deshalb ist mit Realismus für das Maß an Phantasie zu plädieren, welches notwendig ist, damit unser Wissen dem schrecklichen Zu-Spät vorauseilt. Diese Phantasie hat die Scheu davor überwunden, mehr zu sein als ein Analytiker des Status quo. Als Intellektuelle können wir eine aus Erfahrung, Erinnerung und Wissen geborene Beziehung zur Zukunft und zum Fortschritt entwickeln helfen. Die meisten von uns sind keine „Manhattan"-Wissenschaftler, die nicht wissen, wozu ihre Tätigkeit beiträgt. Gerade das Wissen der Philosophen ist nicht arbeitsteilig aufgespalten: zwar ist niemand Spezialist für alles, aber das Ganze der Wirklichkeit, denkbar als übergreifendes Allgemeines, ist Gegenstand unserer Erkenntnis. Nichts berechtigt uns zur Annahme, wir könnten nicht genug wissen.

Deshalb sollten wir im intellektuellen und sozialen Bündnis mit allen, die ihr Maß am Frieden nehmen, die Zeit der Schwäche des Friedens überwinden helfen. Der erste Satz einer internationalen Bewegung gegen Angst und Krieg kann nur lauten: Ich halte dafür, daß das einzige Ziel des Wissens und Handelns darin besteht, die Mühseligkeit der menschlichen Existenz zu erleichtern. Jeder Intellektuelle ist frei, ihn zu sprechen.

Bernhard Graefrath (Berlin)

Das Ende einer Legende
Marginalie zur Rule of Law im Völkerrecht

Der Prozeß Nikaraguas gegen die USA vor dem Internationalen Gerichtshof (IGH) in Haag hat bereits in seiner ersten Phase,[1] in der es noch nicht um Sachfragen, sondern um die Zuständigkeit des Gerichts und die Zulässigkeit der Klage ging, eine Reihe grundlegender völkerrechtlicher Fragen aufgeworfen und wichtige Erkenntnisse vermittelt. Er hat insbesondere bewirkt, daß sich die Selbstdarstellung der USA als eines Vorkämpfers für die internationale Gerichtsbarkeit endgültig als Legende erwiesen hat. Zugleich wurde überzeugend bewiesen, daß die Herrschaft des Rechts im Völkerrecht nicht von einer internationalen Gerichtsbarkeit, sondern davon abhängt, daß die Staaten die grundlegenden Prinzipien des Völkerrechts in den internationalen Beziehungen respektieren.

Die Entwicklung des Völkerrechts nach dem II. Weltkrieg ist durch die Herausbildung allgemein anerkannter Völkerrechtsprinzipien gekennzeichnet. In ihrem Mittelpunkt steht das Gewaltverbot und die Hinwendung zur Universalität. Sie wird durch die Anerkennung des Selbstbestimmungsrechts aller Völker und die souveräne Gleichheit aller Staaten gekennzeichnet. Damit sind grundlegende Veränderungen im Verhältnis zum „klassischen" Völkerrecht, dem Völkerrecht der bürgerlichen Gesellschaft, eingetreten, das auch als „europäisches Völkerrecht" oder als Völkerrecht der „christlichen" oder „zivilisierten" Staaten bezeichnet wurde. Diese Benennungen waren nicht zufällig. Sie sollten nicht in Vergessenheit geraten, da sie die exklusive, nichtuniverselle Anlage des bürgerlichen Völkerrechts deutlich zum Ausdruck bringen.[2] Es wurde durch das Recht zum Kriege charakterisiert, das als Kriterium der Souveränität galt, und es sanktionierte den Kolonialismus, wie die imperialistische Machtpolitik überhaupt.

Die grundlegenden Veränderungen im Völkerrecht wurden dank der Veränderungen in den internationalen Beziehungen möglich, die mit der Oktoberrevolution eingeleitet worden sind und nach dem Sieg über den Faschismus zur Ent-

[1] Case concerning military and paramilitary activities in and against Nicaragua, Nicaragua v. United States of America, in: I. C. J. Reports 1984, S. 169ff., Order of 10 May 1984; S. 215ff., Order of 4 October 1984; S. 392ff., Judgement on Jurisdiction of the Court and Admissibility of the Application, 26 November 1984.

[2] Vgl. dazu G. Schirmer, Universalität völkerrechtlicher Verträge und internationale Organisationen, Berlin 1966, S. 35f.

stehung des sozialistischen Weltsystems und zum Zusammenbruch des Kolonialismus führten. Mit den allgemein verbindlichen Völkerrechtsprinzipien wurde erstmals die Universalität des Völkerrechts auf der Grundlage der souveränen Gleichheit der Staaten durchgesetzt. Sie fanden ihren Niederschlag in der Charta der Vereinten Nationen und sind inzwischen zur Grundlage für zahlreiche allgemeine multilaterale Verträge geworden. Darin haben die Staaten solche Regeln vereinbart, die für die friedliche Zusammenarbeit aller Staaten wichtig sind und die übereinstimmenden Interessen der Völker zum Ausdruck bringen. Gleichzeitig gibt es eine weitgehende Einigung über die wesentlichen Normen, die das Vertragsrecht und die völkerrechtliche Verantwortlichkeit betreffen. Damit ist erstmals nicht nur als Rechtsvorstellung, sondern als geltendes Recht ein System völkerrechtlicher Regeln entstanden, das das Völkerrecht als Friedensordnung zwischen gleichberechtigten Subjekten möglich macht.[3] Daß dies die wesentliche Funktion des Völkerrechts unserer Zeit ist, wird heute weitgehend anerkannt.[4] Jedoch ist es, wie gerade die US-Intervention in Zentralamerika beweist, nach wie vor schwierig, die Funktionsfähigkeit dieser internationalen Rechtsordnung gegen imperialistische Willkür und Machtpolitik durchzusetzen.

Die sozialistischen Staaten haben den Prozeß der Herausbildung grundlegender Völkerrechtsnormen, die das friedliche Zusammenleben der Völker gewährleisten sollen und den übereinstimmenden Interessen aller Völker entsprechen, entscheidend beeinflußt. Sie kämpfen darum, die Einhaltung dieser Normen in den internationalen Beziehungen durchzusetzen, eine stabile Friedensordnung zu gewährleisten. Sie erfüllen damit eine Aufgabe, die zutiefst im Wesen des Sozialismus liegt, dessen internationales Prinzip der Frieden[5] ist. Bereits 1864 hatte Marx darauf hingewiesen, daß es zur Verwirklichung dieses Prinzips in den internationalen Beziehungen der Herausarbeitung und Durchsetzung grundlegender Rechtsnormen bedarf. Er hatte es als Aufgabe der Arbeiterklasse bezeichnet, „die einfachen Gesetze der Moral und des Rechts, welche die Beziehungen von

[3] Vgl. ebenda, S. 93; B. Graefrath, Zur Bedeutung der grundlegenden Prinzipien für die Struktur des allgemeinen Völkerrechts, in: K. A. Mollnau (Hrsg.), Probleme einer Strukturtheorie des Rechts, Berlin 1985, S. 159–195.

[4] Vgl. G. I. Tunkin, Das Völkerrecht der Gegenwart, Berlin 1963, S. 164f.; ders., Teorija meždunarodnogo prava, Moskva 1970, S. 40f.; ders., Pravo i sila v meždunarodnom sisteme, Moskva 1983, S. 28f. – Vgl. auch Qu. Wright, Rule of law in controlling international conflict. Recht im Dienste der Menschenwürde, Würzburg 1964, S. 359f.; O. Kimminich. Das Problem des Friedens im Völkerrecht des 20. Jahrhunderts, in: Frieden und Völkerrecht, Stuttgart 1973, S. 295f.; A. Boyle/R. Falk u. a., International Lawlessness in Grenada, in: American Journal of International Law (im folgenden: AJIL), vol. 78 (Washington), 1984, S. 172ff.; O. Schachter, The legality of pro-democratic invasion, in: Ebenda, S. 645ff.

[5] K. Marx, Erste Adresse des Generalrats über den Deutsch-Französischen Krieg, in: MEW, Bd. 17, S. 7.

Privatpersonen regeln sollten, als die obersten Gesetze des Verkehrs von Nationen geltend zu machen".[6] Gerade darum geht es in der gegenwärtigen Entwicklung des Völkerrechts.

Die Bindung der internationalen Beziehungen an allgemeine verbindliche Normen, die für das Verhalten der Staaten Maßstab und Richtlinie sind, ist ein wesentliches Element der friedenssichernden Funktion des Völkerrechts. Diese Normen sind sowohl ein Ergebnis der Bestätigung staatlicher Souveränität als auch ein Instrument zur Regelung ihrer gleichberechtigten Ausübung. Ohne solche Regeln wäre eine friedliche Koexistenz von Staaten unterschiedlicher Gesellschaftsordnung undenkbar, wäre das Selbstbestimmungsrecht der Völker völlig der Willkür und Macht des internationalen Finanzkapitals untergeordnet, wäre das Völkerrecht als Friedensordnung zwischen gleichberechtigten Subjekten nicht denkbar. Angesichts der tiefgreifenden Veränderungen, die die gesellschaftliche Entwicklung und die technische Revolution bereits bewirkt haben und täglich bewirken, ist heute in vielen Bereichen der internationalen Beziehungen ohne die Schaffung und Einhaltung konkreter Regeln eine gleichberechtigte Ausübung der Souveränität gar nicht mehr möglich.

Der Prozeß der Überwindung imperialistischer Willkür in den internationalen Beziehungen und ihre Gründung auf rechtliche Normen, die für alle Staaten verbindlich sind, sind häufig als die Einführung der rule of law, der Herrschaft des Rechts, in die zwischenstaatlichen Beziehungen bezeichnet worden. Besonders im Zusammenhang mit der Kodifikation der grundlegenden Völkerrechtsprinzipien ist deshalb immer wieder betont worden, daß es darum gehe, die rule of law in den internationalen Beziehungen zu fördern.

Bereits in dem Resolutionsentwurf der ČSSR zu den Prinzipien der friedlichen Koexistenz, der auf der XVII. Tagung der UN-Vollversammlung 1962 eingebracht wurde und bedeutenden Einfluß auf die Ausarbeitung der Prinzipiendeklaration erlangte, wurde in der Präambel festgestellt[7]: „daß das Völkerrecht und seine strikte und stetige Einhaltung durch alle Staaten unter den gegenwärtig in der Welt bestehenden Bedingungen eine wachsende Bedeutung erlangt". Es wurde die Verpflichtung aller Staaten betont, „das allgemeine Völkerrecht und seine in der heutigen Gesellschaft gültigen Prinzipien strikt zu achten und einzuhalten, damit Frieden und Sicherheit nicht gefährdet werden". Diese Grundgedanken sind auf der gleichen Vollversammlung in die Resolution 1815 (XVII) aufgenommen worden, mit der die Arbeiten an der Kodifikation der grundlegenden Völkerrechtsprinzipien eingeleitet wurden.[8] Darin wurde die Bedeutung der Charta der

[6] K. Marx, Inauguraladresse der Internationalen Arbeiter-Assoziation, in: MEW, Bd. 16, S 13.
[7] Dt. Text in: Zu den völkerrechtlichen Prinzipien der friedlichen Koexistenz, Potsdam-Babelsberg 1964, S. 175 (Aktuelle Beiträge der Staats- und Rechtswissenschaft, H. 7).
[8] Dt. Text ebenda, S. 203.

Vereinten Nationen und der grundlegenden Prinzipien des Völkerrechts „für die fortschreitende Entwicklung des Völkerrechts und die Förderung der Herrschaft des Rechts zwischen den Nationen“ ausdrücklich hervorgehoben. Daß es sich dabei um eine prinzipielle Orientierung handelte, läßt sich daraus entnehmen, daß der Hinweis auf die rule of law auch in die Resolution 2625, mit der 1970 die Deklaration über die Prinzipien des Völkerrechts von der XXV. Vollversammlung einmütig verkündet worden ist, ausdrücklich aufgenommen wurde. In der Präambel dieser Resolution heißt es,[9] daß die Vollversammlung zutiefst davon überzeugt ist, „daß die Annahme der Deklaration über die Prinzipien ... zur Stärkung des Weltfriedens beitragen wird und einen Markstein in der Entwicklung des Völkerrechts und der Beziehungen zwischen den Staaten darstellt, indem sie die Herrschaft des Rechts in den Beziehungen zwischen den Völkern ... fördert“.

Nun entstammt der Begriff „rule of law“ zweifellos dem Arsenal der bürgerlichen Rechtsideologie. Er diente ursprünglich dazu, die Überwindung feudaler, absolutistischer Willkürherrschaft zu kennzeichnen. Inzwischen ist er zu einer abstrakten Formel geworden. Tumanov hat zu Recht darauf hingewiesen,[10] daß der Begriff nach dem zweiten Weltkrieg von bürgerlichen Ideologen dazu benutzt wurde, den Entwicklungsländern das kapitalistische Gesellschaftsmodell aufzuzwingen und imperialistische Weltherrschaftskonzeptionen zu bemänteln. „Die Ideen von Lafayette und Washington wurden zu trojanischen Pferden, aus denen amerikanische Geschäftsleute und Bankiers schlüpften.“[11] Mit Mitteln der Ford Foundation wurde eine Kampagne entfacht, die unter der Losung „Frieden durch Herrschaft des Rechts“ den Versuch unternahm, die bürgerliche Vorstellung vom Rechtsstaat zum Weltrecht zu erheben. Damit sollte das Konzept der Weltherrschaft des Kapitals als Voraussetzung des Weltfriedens wieder hoffähig gemacht werden, das durch die Geschichte, insbesondere den Faschismus und seine Niederlage im zweiten Weltkrieg gründlich widerlegt worden war.

Wie die zitierten Resolutionen der UN-Vollversammlung zeigen, war in der völkerrechtlichen Entwicklung nach dem zweiten Weltkrieg der Begriff rule of law bereits zur Rechtsforderung des antikolonialen Kampfes und einer breiten internationalen Bewegung geworden, in der es darum ging, „das Recht im Dienst des Friedens“ zu begreifen und zu entwickeln.[12] Hier wurde der Begriff rule of law dazu benutzt, einen gesellschaftlichen Prozeß zu unterstützen, der darauf gerichtet ist, die internationalen Beziehungen „gerecht“ zu regeln d. h. auf rechtliche Regeln zu stützen, die nicht durch imperialistische Willkür, sondern durch

[9] Dt. Text in: Deutsche Außenpolitik (DAP) 3/1971, S. 608.

[10] Vgl. V. A. Tumanov, Čto skr yvaetsja za losungom „gospodstva prava“, in: Sovetskoe gosudarstvo i pravo (Moskva), 9/1963, S. 50f.

[11] Ebenda, S. 56.

[12] Vgl. Le droit au service de la paix. Deux conceptions, Bruxelles 1963.

Vereinbarungen auf gleichberechtigter Grundlage zustande gekommen sind und den übereinstimmenden Interessen der Völker, der Sicherung des Friedens und einer geregelten friedlichen internationalen Zusammenarbeit dienen. „Das Recht ist untrennbar mit der Erhaltung des Friedens in der Welt verbunden. Im gesellschaftlichen Bewußtsein stellt es sich dem groben Diktat der Politik der Stärke, der Aggression, der Eskalation des Abenteuertums und ähnlichen Erscheinungen der imperialistischen Politik entgegen. Erscheinungen, die offenkundig der Stärke des Rechts das Recht der Stärke vorziehen.“ [13]

Die rule of law – Gesetzlichkeit oder Herrschaft des Rechts in den internationalen Beziehungen – bedeutet, daß die Staaten als die hauptsächlichen Völkerrechtssubjekte sich in ihren gegenseitigen Beziehungen an die als grundlegend erkannten und vereinbarten Rechtsprinzipien halten. Das wurde in der Prinzipiendeklaration der Vereinten Nationen unmißverständlich zum Ausdruck gebracht. Sie schließt mit der Feststellung, daß es sich bei diesen Prinzipien um Grundprinzipien des Völkerrechts handelt, und „ersucht folglich alle Staaten, sich in ihrem internationalen Auftreten von diesen Prinzipien leiten zu lassen und ihre gegenseitigen Beziehungen auf der Grundlage der strikten Einhaltung der genannten Prinzipien zu entwickeln“. [14]

Nicht willkürliche Machtausübung, wie sie durch den Begriff der absoluten Souveränität im Völkerrecht sanktioniert wurde, sondern das Verbot der Gewalt und die Anwendung allgemein anerkannter rechtlicher Regeln sollen die Aktionen gleichberechtigter Staaten, die Ausübung der Souveränität kennzeichnen. Ob Recht oder Willkür in den internationalen Beziehungen herrschen, ist keine Frage der Rechtstheorie oder der Existenz einer internationalen Gerichtsbarkeit, sondern des internationalen Klassenkräfteverhältnisses. Davon ist abhängig, ob es gelingt, entsprechende rechtliche Regeln zwischen den Staaten zu vereinbaren, und ob die Staaten bereit sind oder in Übereinstimmung mit den völkerrechtlichen Regeln veranlaßt werden können, sie einzuhalten. Es sind die Staaten, die über Inhalt und Durchsetzung völkerrechtlicher Regeln entscheiden, auch derjenigen, die die friedliche Streitbeilegung im allgemeinen sowie die Zuständigkeit internationaler Gerichte im besonderen betreffen.

Internationale Gerichte können dazu dienen, Streitigkeiten zwischen Staaten über Sachverhalte oder rechtliche Regeln zu klären. Ob die Staaten dafür Gerichte in Anspruch nehmen oder aber ihre Streitigkeiten mit anderen Mitteln beilegen, ist prinzipiell ihrer Entscheidung überlassen.[15] Wenn sie jedoch die

[13] W. A. Tumanow, Bürgerliche Rechtsideologie, Berlin 1975, S. 15.

[14] Dt. Text in: Völkerrecht. Dokumente, Teil 3, Berlin 1980, S. 709 (714).

[15] Vgl. E. Oeser, Das Völkerrechtsprinzip der friedlichen Streitbeilegung und die internationale Gerichtsbarkeit, in: Neue Justiz, 11/1976, S. 325f.; dies., Obligatorische Schiedsgerichsbarkeit – keine allgemein annehmbare Methode der friedlichen Streitbeilegung für Europa, in: Staat und Recht, 10/1979, S. 921f.; D. B. Lewin, Das Prinzip der friedlichen Regelung internationaler Streitigkeiten, Berlin 1977, S. 81f.

Entscheidung einem Gericht übertragen, die Gerichtsbarkeit zum Beispiel des IGH allgemein anerkennen, wozu es einer besonderen Erklärung bedarf (Art. 36 Abs. 2 des Statuts), dann bedeutet das eben, daß sie die Entscheidung des Gerichts, und zwar sowohl über die Zuständigkeit (Art. 36 Abs. 6) als auch in der Sache als verbindlich anerkennen (Art. 59).[16] Das heißt, auch die Verbindlichkeit der Entscheidungen internationaler Gerichte ist eine vereinbarte völkerrechtliche Regel, deren Wirksamkeit davon abhängt, daß die Staaten sie respektieren.

Weder kann die Existenz einer völkerrechtlichen Regel vom Bestehen einer internationalen Gerichtsbarkeit abhängig gemacht werden, noch gibt es eine völkerrechtliche Verpflichtung der Staaten, ihre Streitigkeiten einer internationalen Gerichtsbarkeit zu unterwerfen. Zweifellos aber gibt es eine eindeutige Verpflichtung nach allgemeinem Völkerrecht, Gerichtsentscheidungen, denen man sich einmal durch Anerkennung der Gerichtsbarkeit unterworfen hat, auszuführen. Sie werden völkerrechtlichen Verpflichtungen gleichgestellt. Das ist im Artikel 94 der UN-Charta ausdrücklich formuliert worden: „Jedes Mitglied der Vereinten Nationen verpflichtet sich, in jedem Streitfall, in dem es Partei ist, sich der Entscheidung des Internationalen Gerichtshofes zu fügen." Diese Verpflichtung ist allgemein für so wesentlich gehalten worden, daß von Nichtmitgliedstaaten der UN, wie z. B. der Schweiz, die das Statut des IGH – und damit nicht etwa seine obligatorische Zuständigkeit nach Art. 36 Abs. 2 – anerkennen wollten, eine ausdrückliche Erklärung verlangt wurde, daß sie die Verpflichtungen gemäß Artikel 94 der Charta anerkennen.[17] Man war sich völlig klar darüber, daß im Bereich des Völkerrechts, d. h. der Beziehungen souveräner Staaten, die Gerichtsbarkeit nicht ohne eine entsprechende Vereinbarung der Staaten begründet werden kann und die Verbindlichkeit des Urteils nur auf der Verpflichtung der Staaten beruht, sich dem Urteil entsprechend zu verhalten. Im Grunde ist das nur eine spezifische Form der Verpflichtung zur Respektierung einer vereinbarten Regel.

Demgegenüber haben bürgerliche Völkerrechtler und westliche Staaten häufig versucht, den Begriff der rule of law im Völkerrecht einzuengen, ihn von der Anerkennung einer obligatorischen Gerichtsbarkeit abhängig zu machen.[18] So verlangte der USA-Vertreter im Spezialkomitee für die Ausarbeitung der Völker-

[16] Vgl. dazu S. Rosenne, The Law and Practice of the International Court, vol. 1, Leyden 1965, S. 126f.; S. 301f.; ders., The World Court – what it is and how it works, Leyden 1973, S. 39, 76.

[17] Vgl. Rosenne, The Law and Practice of the International Court, a. a. O., S. 123; entsprechende Erklärungen in: AJIL, vol. 50, 1956, S. 16f.

[18] Vgl. E. Suy, Die Zukunft der internationalen Gerichtsbarkeit, in: Archiv für Völkerrecht (Tübingen), Bd. 8, 1959/60, S. 245; dazu auch H. Mosler/R. Bernhardt, Judicial Settlement of International Disputes, Heidelberg 1974; vgl. dazu: R. Meister, Die friedliche Streitbeilegung und die bürgerliche Konzeption einer „Rule of Law", in: Staat und Recht, 12/1976, S. 1281f. (1285).

rechtsprinzipien unter Berufung auf die Bedeutung der rule of law als wesentliche Grundlage der internationalen Gemeinschaft, besonders die Rolle des Internationalen Gerichtshofes hervorzuheben und die obligatorische Gerichtsbarkeit zu stärken.[19] Der Vertreter Dänemarks behauptete sogar, daß „obligatorische Verfahren für die Existenz einer universellen rule of law unerläßlich seien“[20].

Besonders die USA haben sich damit gebrüstet, daß sie die obligatorische Gerichtsbarkeit des IGH anerkannt haben und „one of the foremost supporters of the ICJ“ sind.[21] Es wurde die Legende aufgebaut, daß die USA an der Spitze derjenigen Staaten stehen, die für die rule of law in den internationalen Beziehungen eintreten, was nicht zuletzt durch ihre Anerkennung der obligatorischen Gerichtsbarkeit des IGH bewiesen werde. Zugleich wurde der Versuch unternommen, die sozialistischen Staaten, die zwar entschieden für die Schaffung und Respektierung völkerrechtlicher Regeln eintreten, jedoch eine allgemeine obligatorische Gerichtsbarkeit des IGH nicht akzeptieren, als Gegner der rule of law in den internationalen Beziehungen zu verleumden.

Die Behauptung, die rule of law im Völkerrecht hänge von der Anerkennung der obligatorischen Gerichtsbarkeit des IGH oder eines anderen Gerichts ab, widerspricht der Struktur und dem Wesen des Völkerrechts.[22] Sie ist von den sozialistischen Staaten immer als eine unzulässige Einengung der Rolle des Rechts in den internationalen Beziehungen und als ein Vorwand der imperialistischen Mächte verstanden worden, der Festlegung neuer Regeln auszuweichen, bürgerliche Völkerrechtsvorstellungen zu konservieren und die Freiheit der Staaten bei der Wahl der Mittel zur friedlichen Streitbeilegung einzuengen.[23]

[19] Vgl. UNO-Doc.: A/AC 119/SR 22, S. 18; A/AC 125/SR 74, S. 11; A/C 6/SR 814, S. 182; vgl. auch Kanada A/C 6/SR 753, S. 95; Japan A/C 6/SR 754, S. 10; Großbritannien A/C 6/SR 761, S. 137; vgl. zu dieser Debatte M. Potočný/S. Myslil, Legal Principles of Peaceful Co-existence, Prag 1968, S. 175.

[20] UNO-Doc.: A/C 6/SR 756. S. 111.

[21] So heißt es – ausgerechnet – in der Erklärung der USA „on the U. S. withdrawal from the proceedings initiated by Nicaragua in the International Court of Justice“ (January 18, 1985): „As one of the foremost supporters of the International Court of Justice, the United State is one of only 44 of 159 member States of the United Nations that have accepted the Court's compulsory Jurisdiction at all. Furthermore, the vast majority of these 44 states have attached to their acceptance reservations that substantially limit its scope.“ Von den Vorbehalten der USA wird nichts gesagt. Vgl. International Legal Materials, vol. XXIV, January 1985, S. 246 (247). Vgl. auch die Rede von R. Nixon, Developing the Rule of Law for the Settlement of International Disputes, in: The Department of State Bulletin, Washington 1959, Nr. 1036, S. 624.

[22] Vgl. dazu R. Higgins, in: Proceedings of the American Society for International Law 1983, S. 157.

[23] Vgl. z. B. UdSSR UNO-Doc.: A/AC 119/SR 20, S. 6; A/AC 125/SR 75, S. 4; ČSSR A/AC 125/SR 32, S. 17; vgl. auch Mexiko A/C 6/SR 998, S. 11; R. Meister, Die friedliche Streitbeilegung und die bürgerliche Konzeption einer „Rule of Law“, in: Staat

Die Legende von der amerikanischen Führungsrolle im Kampf um die rule of law in den internationalen Beziehungen und um die obligatorische Gerichtsbarkeit des IGH ist durch die Klage Nikaraguas gegen die USA vor dem IGH und das Verhalten der USA zu diesem Prozeß gründlich zerstört worden.

Der Prozeß begann am 9. 4. 1984 mit der Einreichung der Klage Nikaraguas beim IGH, nachdem offenkundig geworden war, daß die USA-Regierung direkt für das Minenlegen vor nikaraguanischen Häfen verantwortlich ist, und nachdem am 4. 4. 1984 eine Resolution des Sicherheitsrates, die zur sofortigen Einstellung der Verminung nikaraguanischer Häfen und der damit verbundenen Völkerrechtsverletzungen aufforderte, am Veto der USA gescheitert war.[24] Nikaragua beantragte, daß das Gericht feststellen und erklären soll:[25]
– daß die USA durch die Unterstützung und Organisierung militärischer und paramilitärischer Aktionen gegen Nikaragua Verpflichtungen der UN-Charta und anderer völkerrechtlicher Verträge sowie des allgemeinen Völkerrechts verletzen;
– daß die USA unter Verletzung allgemeinen Völkerrechts sich in die inneren Angelegenheiten Nikaraguas einmischen;
– daß die USA unter Verletzung des allgemeinen Völkerrechts die Freiheit des offenen Meeres und des friedlichen Seehandels verletzten;
– daß die USA unter Verletzung allgemeinen Völkerrechts nikaraguanische Bürger verletzen, töten und entführen;
– und daß der Gerichtshof die USA auffordern soll;

und Recht, 12/1976, S. 1285, der auch auf Versuche der USA hinweist, den IGH als Instrument der amerikanischen Politik zu mißbrauchen (S. 1283).

[24] Vgl. z. B. die New York Times vom 9. 4. 1984 und vom 11. 4. 1984; Text der Klage Nikaraguas mit ausführlichem Beweismaterial, in: I. C. J. Pleadings, Military and Paramilitary Activities in and Against Nicaragua, 1984, S. 2 (20); zur Debatte im Sicherheitsrat vgl. UNO-Doc.: S/PV 2529 sowie den Resolutionsentwurf S/16463, darin hieß es im operativen Teil: The Security Council,
1. *Condemns and calls for* an immediate end to the mining of the main ports of Nicaragua, which has caused the loss of Nicaraguan lives and injuries to nationals of other countries as well as material damage, serious disruption to its economy and the hampering of free navigation and commerce, thereby violating international law;
2. *Affirms* the right of free navigation and commerce in international waters and calls on all States to respect this right by refraining from any action which would impede the exercise of this right in the waters of the region;
3. *Reaffirms* the right of Nicaragua and of all the countries of the region to live in peace and security and to determine their own future free from all foreign interference and intervention;
4. *Calls on* all States to refrain from darrying out, supporting or promoting any type of military action against any State of the region as well as any other action that hinders the peace objectives of the Contadora Group; ..."

[25] I. C. J. Reports 1984, S. 170ff.

1. sofort jegliche Androhung oder Anwendung von Gewalt gegen Nikaragua einzustellen;
2. sofort jegliche Einmischung in die inneren Angelegenheiten Nikaraguas einzustellen;
3. sofort jegliche Unterstützungen militärischer und paramilitärischer Aktivitäten gegen Nikaragua einzustellen;
4. sofort alle Beschränkungen, Blockademaßnahmen oder Gefährdungen des Zugangs zu nikaraguanischen Häfen einzustellen;
5. sofort jegliche Verletzung, Tötung oder Entführung nikaraguanischer Bürger einzustellen und
6. festzustellen, daß die USA für den durch die völkerrechtswidrigen Akte Nikaragua und seinen Bürgern entstandenen Schaden schadensersatzpflichtig sind.

Nikaragua beantragte außerdem eine einstweilige Verfügung gegen die völkerrechtswidrigen Aktivitäten der USA, die am 10. Mai 1984 erging.[26]

An dieser Stelle wollen wir nicht auf die inhaltlichen Fragen eingehen, die bereits jetzt in diesem Verfahren aufgeworfen worden sind. Wir begnügen uns damit, das Verhalten der USA gegenüber dem Gericht darzustellen. Es macht in eindrucksvoller Weise deutlich, daß die Herrschaft des Rechts im Völkerrecht nicht von der obligatorischen Zuständigkeit des IGH, sondern von der Bereitschaft der Staaten abhängt, die Regeln des Völkerrechts, d. h. z. B. auch das Statut des IGH, das ein Teil der UN-Charta ist, zu achten.

Die USA haben zunächst versucht, eine Klage Nikaraguas vor dem Internationalen Gerichtshof dadurch unmöglich zu machen, daß sie am 6. April 1984 ihre Anerkennung der obligatorischen Gerichtsbarkeit für alle Zentralamerika betreffenden Streitigkeiten für die nächsten zwei Jahre aufhoben.[27] Unter Berufung auf diese Erklärung bestritten sie, daß der IGH in diesem Fall Gerichtsbarkeit ausüben könne, da die Klage Nikaraguas erst am 9. April, also drei Tage nach der amerikanischen Erklärung, beim Gericht eingereicht worden war. Sie verlangten die Einstellung des Verfahrens. Das wurde vom Gericht einstimmig abgelehnt.[28] Der Gerichtshof entschied, daß die Rücknahme keine sofortige Wirkung haben könne, da die USA in ihrer ursprünglichen Erklärung über die Anerkennung der Zuständigkeit des Gerichtshofes sich verpflichtet hätten, die Rücknahme der Anerkennung sechs Monate vorher anzukündigen.[29]

In seiner einstweiligen Verfügung forderte das Gericht die USA einstimmig auf, sofort jede Aktion – insbesondere das Legen von Minen – einzustellen und zu unterlassen, wodurch der Zugang von und zu den Häfen Nikaraguas beschränkt, blockiert oder gefährdet wird. Ausdrücklich wird weiterhin mit 14 gegen

[26] Ebenda, S. 186ff.
[27] Vgl. ebenda, S. 174.
[28] Vgl. ebenda, S. 186.
[29] Vgl. ebenda, S. 421.

1 Stimme (USA) verlangt, daß das Recht auf Souveränität und politische Unabhängigkeit, das Nikaragua wie jeder andere Staat der Region oder der Welt besitzt, in vollem Umfange respektiert und nicht in irgendeiner Weise durch militärische und paramilitärische Aktivitäten gefährdet wird, die durch die Prinzipien des Völkerrechts verboten sind, insbesondere durch das Prinzip, daß sich die Staaten in ihren internationalen Beziehungen der Anwendung oder Androhung von Gewalt gegen die territoriale Integrität oder die politische Unabhängigkeit eines Staates enthalten sollen, sowie das Prinzip, das die Pflicht der Staaten betrifft, sich nicht in die inneren Angelegenheiten eines anderen Staates einzumischen.

Die einstweilige Verfügung enthält ferner – was in diesem Fall wegen der durch die USA-Intervention verursachten akuten Gefahren besonders wichtig ist – die üblichen und einstimmig angenommenen Anordnungen, daß beide Parteien sicherstellen sollen, daß nichts geschieht, was den Streit verschärfen oder ausweiten könnte oder die Rechte der anderen Partei im Hinblick auf die Ausführung der Entscheidung des Gerichtshofes beeinträchtigt.[30] Das hat die USA nicht im geringsten bewogen, die Aktionen des CIA gegen Nikaragua einzustellen. Im Gegenteil, Präsident Reagan brach einseitig die Verhandlungen mit Nikaragua ab, verkündete offen, daß es ihm um den Sturz der Regierung in Nikaragua gehe, setzte sich unverhüllt für die Unterstützung der militärischen und paramilitärischen Banden ein und verkündete schließlich ein totales Wirtschaftsembargo gegen Nikaragua. Diese Mißachtung des Gerichtshofes durch die USA ist selbst eine Verletzung des Völkerrechts.[31] Sie beweist nachdrücklich, daß die rule of law im Völkerrecht eben nicht von der Existenz einer Gerichtsbarkeit, sondern davon abhängt, daß die Staaten die von ihnen übernommenen Verpflichtungen einhalten.

In seiner Entscheidung vom 26. November 1984 hat der IGH die Einwände der USA gegen die Zuständigkeit des Gerichts und die Zulässigkeit der Klage zurückgewiesen und damit die Phase der Verhandlung zur Sache eröffnet.[32] Die Zuständigkeit des Gerichtshofes ist nur gegeben, wenn beide Staaten die Gerichtsbarkeit anerkannt haben. Da beide Staaten aufgrund des Artikels 36 Abs. 2 des Statuts allgemeine Erklärungen abgegeben hatten, in denen sie die Zuständigkeit

[30] Vgl. ebenda, S. 187. – Am 4. Oktober 1984 hat der IGH den Antrag El Salvadors, im Verfahren über die Zuständigkeit des Gerichts als Intervenient zugelassen zu werden, mit 14 gegen 1 Stimme (USA) abgelehnt (I. C. J. Reports 1984, S. 216); vgl. zur Problematik auch: W. Fritzemeyer, Die Intervention vor dem Internationalen Gerichtshof, Baden-Baden 1984, S. 163f.

[31] Vgl. dazu T. L. Stein, Contempt, Crisis and the Court: The World Court and the Hostage Rescue Attempt, 76 AJIL 1982, S. 499ff.; S. Rosenne, The World Court – what it is and how it works, a. a. O., S. 75: „The Court is entitled to rely on the general good faith of the parties not to exacerbate a dispute with which it is dealing."

[32] Vgl. I. C. J. Reports 1984, S. 392ff.

des Gerichtshofes anerkennen, war zu entscheiden, ob diese anwendbar sind. Nikaragua hatte 1929 die allgemeine Zuständigkeit des StIGH anerkannt und das Statut des Ständigen Internationalen Gerichtshofes 1939 ratifiziert. Die Tatsache der Ratifikation war im November 1939 dem Völkerbund telegraphisch mitgeteilt worden, jedoch ist die Ratifikationsurkunde nie beim Gerichtshof eingegangen. Die USA behaupteten, daß infolgedessen auch keine verbindliche Anerkennung der Zuständigkeit des IGH durch Nikaragua vorliege. Der Gerichtshof entschied jedoch am 26. November 1984, daß Nikaragua seine Zuständigkeitserklärung gegenüber dem Ständigen Internationalen Gerichtshof durch seine Unterzeichnung und Ratifikation der UN-Charta bekräftigt habe und daß sie demgemäß nach Art. 36 Abs. 5 des Statuts bindend sei.[33]

Die Zuständigkeit des Gerichtshofes war von den USA 1946 u. a. unter zwei Bedingungen anerkannt worden: daß es sich nicht um eine nach ihrer Meinung innere Angelegenheit der USA handelt und daß im Falle eines multilateralen Vertrages alle von der Entscheidung betroffenen Parteien am Prozeß teilnehmen. Die USA behaupteten, daß, da sich die Klage u. a. auf die UN-Charta, die Charta der OAS und die Konvention über Rechte und Pflichten der Staaten im Falle eines Bürgerkrieges (Havanna 1928) stütze, Honduras, Kostarika und El Salvador von der Entscheidung im vorliegenden Fall notwendig betroffen würden und daß daher der Vorbehalt der USA gegenüber der obligatorischen Gerichtsbarkeit Anwendung finden müsse, der die Teilnahme aller Staaten des betreffenden multilateralen Vertrages zur Bedingung mache. Das erfordere in diesem Fall zumindest die Teilnahme von Honduras, Kostarika und El Salvador am Verfahren. Der Gerichtshof entschied, daß im derzeitigen Stadium des Prozesses nicht klar sei, ob diese Staaten von der Entscheidung betroffen würden und man daher die Zuständigkeit nicht verneinen könne, daß es aber möglich sei, auf dieses Argument später zurückzukommen.[34]

Der Gerichtshof wies eine Reihe weiterer Einwände der USA gegen die Zulässigkeit der Klage ab,[35] so:

1. daß Honduras, Kostarika und El Salvador in diesem Fall „unentbehrliche Parteien" seien;
2. daß Streitigkeiten, die die rechtswidrige Anwendung bewaffneter Gewalt betreffen, ausschließlich vom Sicherheitsrat und nicht vom Gerichtshof behandelt werden sollten;
3. daß ein andauernder bewaffneter Konflikt nicht einer gerichtlichen Entscheidung unterliege;
4. daß Nikaragua aufgefordert werden sollte, zunächst regionale Rechtsbehelfe auszuschöpfen, wie zum Beispiel den Cantadora-Prozeß.

33 Vgl. ebenda, S. 412.
34 Vgl. ebenda, S. 425.
35 Vgl. ebenda, S. 430 ff.

Insgesamt entschied der IGH mit 15 gegen 1 Stimme (USA), daß er in diesem Fall Gerichtsbarkeit habe, und einstimmig, daß die Klage zulässig sei.[36]

Die Zuständigkeitsentscheidung des IGH war kaum ergangen, da erklärten die USA am 18. Januar 1985 die Entscheidung für falsch und teilten mit, daß sie deshalb nicht weiter am Verfahren teilnehmen werden.[37] Das wird den Fortgang des Verfahrens ebensowenig verhindern wie die Nichtteilnahme des Iran am Prozeß der USA gegen den Iran. Artikel 53 des IGH-Statuts sieht für solche Fälle ausdrücklich ein Verfahren in Abwesenheit der Partei vor, die nicht bereit ist, an den Verhandlungen teilzunehmen. Das Verhalten der USA zeigt jedoch ihre wirkliche Position gegenüber dem Internationalen Gerichtshof und gegenüber der rule of law im Völkerrecht. Sie läuft darauf hinaus, daß die USA nicht gewillt sind, gegenüber Nikaragua die allgemein anerkannten Prinzipien des Völkerrechts zu respektieren, und auch nicht bereit sind, sich an die rechtlichen Verpflichtungen zu halten, die sie mit ihrer Unterwerfung unter die obligatorische Gerichtsbarkeit des IGH übernommen haben. Diese schließen insbesondere ein, daß sie anerkennen, daß im Zweifel der IGH über seine Zuständigkeit entscheidet, und zwar verbindlich.

Besonders aufschlußreich ist in diesem Zusammenhang die ausführliche Begründung, die die USA ihrer Entscheidung beigefügt haben. Sie läßt sich in wenigen Punkten zusammenfassen:

1. Die Entscheidung sei falsch;
2. es handele sich um einen politischen Konflikt, der überhaupt nicht justiziabel sei;
3. die Hast, mit der das Gericht zu einer Entscheidung über seine Zuständigkeit gelangt ist, bekräftige den Eindruck, daß das Gericht entschlossen sei, zugunsten Nikaraguas zu entscheiden;
4. der Fall berühre Souveränitätsrechte, weil es sich um das Recht auf Selbstverteidigung der USA handele, das nicht der Beurteilung durch das Gericht unterliege;
5. die Klage enthalte die absurde Forderung von Hunderten Millionen Dollar Schadenersatz;
6. die Haltung des Gerichts komme der gegen die Interessen der westlichen Demokratien gerichteten Politisierung internationaler Organisationen gleich.

Zusammenfassend wird gesagt – und das kann nur als unverhohlener Zynismus verstanden werden –, daß die USA gerade wegen ihrer Verpflichtung ge-

[36] Der Gerichtshof entschied mit 11 gegen 5 Stimmen, daß er auf Grund der Erklärungen beider Staaten gemäß Art. 36 Abs. 2 Gerichtsbarkeit ausüben könne. Er stützte seine Zuständigkeit außerdem mit 14 gegen 2 Stimmen auf den Freundschaftsvertrag zwischen Nikaragua und den USA von 1956, der vorsieht, daß Streitigkeiten aus dem Vertrag dem IGH vorgelegt werden können.

[37] Vgl. dazu die Erklärung, in: International Legal Materials, vol. XXIV, 1985, S. 246ff.

genüber der rule of law vor dem Kurs warnen müßten, den der IGH mit seiner Entscheidung eingeschlagen habe.[38]

Das heißt, die USA behalten sich vor, selbst zu entscheiden, welche Zuständigkeitsentscheidung des Gerichts sie anerkennen und welche nicht. Das aber ist eine klare Verletzung der von ihnen übernommenen Verpflichtung gemäß Artikel 36 Abs. 6 des IGH-Statuts.[39] Darin heißt es: „Ist die Zuständigkeit des Gerichtshofes bestritten, so entscheidet der Gerichtshof über diese Frage." Das bedeutet, daß die Entscheidung für die Parteien verbindlich ist. Der hier formulierte Grundsatz ist allgemein anerkannt. Er ist, wie Lauterpacht gelegentlich gesagt hat, „one of the most firmly established principles of international arbitral and judicial practice", so daß Art. 36 Abs. 6 im Grunde nur deklaratorische Bedeutung hätte.[40] Wenn ein Staat nicht bereit ist, dem IGH die Entscheidung über seine Zuständigkeit zu überlassen, dann kann er eben nicht die obligatorische Gerichtsbarkeit des IGH anerkennen.

Wie eingangs betont, kann man sicher nicht sagen, daß die rule of law im Völkerrecht die Anerkennung der obligatorischen Gerichtsbarkeit erfordert.[41] Wenn ein Staat jedoch die Gerichtsbarkeit des IGH anerkannt hat, dann hat er eben einer Regel zugestimmt, die das Gericht ermächtigt, über seine Zuständigkeit und in der Sache verbindlich zu entscheiden. Dann ist es den beteiligten Staaten eben nicht mehr überlassen, die Entscheidung anzuerkennen oder nicht anzuerkennen. Dabei ist es gleichgültig, ob sie sie für falsch oder richtig halten. Gerade diese Entscheidung haben sie mit der Anerkennung der Gerichtsbarkeit aus der Hand gegeben. In diesem Fall besteht die rule of law gerade darin, daß

[38] Ebenda, S. 249: „because of our commitment to the rule of law, we must declare our firm conviction that the course on which the Court may now be embarked could do enormous harm to it as an institution and to the cause of international law".

[39] Ausdrücklich heißt es bei Rosenne (The Law and Practice of the International Court, a. a. O., S. 133): „Noncompliance with the decision of the International Court . . . is an international wrong, a breach of various obligations arising ex contracta, and of a duty imposed by customary international law. The injured State has the same rights as it would have when faced by any other international wrong."

[40] I. C. J. Reports 1959, S. 104; ebenso Rosenne (The Law and Practice of the International Court, a. a. O., S. 438): „The fundamental principle of international law governing these aspects is that an international tribunal is master of its own jurisdiction. It is today an established principle of international law that every international tribunal has jurisdiction to determine its own jurisdiction."; S. 440 (Art. 36 Abs. 6 und Art. 53 Abs. 2): „. . . have simply enunciated in statutory form what is a well-established general principle . . ."

[41] Von 161 Staaten, die das Statut des IGH anerkannt haben, hatten 1984 nur 47 Erklärungen gemäß Art. 36 Abs. 2 abgegeben. Viele davon enthalten weitgehende Vorbehalte, die den Staaten praktisch gestatten, im Einzelfall zu entscheiden, ob sie die Gerichtsbarkeit anerkennen. Von 1946 bis 1984 hat der IGH insgesamt 43 Urteile ausgesprochen und 18 Gutachten erstattet.

das Gericht und nicht eine der Parteien verbindlich entscheidet, was im konkreten Fall rechtens ist. Kein Staat ist verpflichtet, sich der Gerichtsbarkeit des IGH zu unterwerfen. Wenn er es jedoch tut, dann besteht der Sinn dieser Unterwerfung gerade darin, daß er die Verpflichtung übernimmt, der Entscheidung des Gerichts Folge zu leisten. Das ist der wesentliche Inhalt einer solchen Erklärung. Die Begründung der USA-Regierung für ihre Mißachtung des Gerichts kann daher nicht darüber hinwegtäuschen, daß die Nichtrespektierung der Zuständigkeitsentscheidung eine schwerwiegende Völkerrechtsverletzung ist. Sie stellt die Gerichtsbarkeit als Mittel der friedlichen Streitbeilegung überhaupt in Frage.

Die Erklärung der USA-Regierung beweist auch, daß die USA nicht bereit sind, an einem Verfahren teilzunehmen, wenn sie den Eindruck haben, daß der Gegner gewinnt oder die Schadensersatzforderung ihrer Meinung nach zu hoch ist. Das zeigt, daß sie überhaupt nicht bereit sind, eine Entscheidung durch Dritte anzuerkennen, wenn sie nicht zu ihren Gunsten ergeht. Darüber hinaus sind sie auch nicht bereit, eine internationale Einrichtung zu respektieren, wenn diese nicht der Politik „der westlichen Demokratien" dient. Das heißt, die erpresserische Politik, die sie gegenüber der ILO und der UNESCO angewandt haben und die die Vertreterin der USA, Kirkpatrick, allgemein gegenüber der UNO und ihren Spezialorganisationen angedroht hat, wird nun auch gegenüber dem IGH praktiziert. Das ist ein offener Rückfall in unverhüllte Machtpolitik.

Das Verhalten der USA gegenüber dem IGH im Nikaragua-Fall ist nicht überraschend. Die USA haben nie das Statut des Ständigen Internationalen Gerichtshofes ratifiziert, und sie haben zu keiner Zeit ihren Anspruch aufgegeben, von Fall zu Fall zu entscheiden, ob sie die Zuständigkeit des IGH anerkennen. Sie haben das im Grunde dadurch sichergestellt, daß sie in ihrer Erklärung 1946 die Anerkennung der obligatorischen Zuständigkeit von weitgehenden Vorbehalten abhängig gemacht haben. Im allgemeinen reichte dafür schon der Vorbehalt, daß sie in jedem Fall selbst bestimmen, ob es sich um eine innere Angelegenheit der USA handelt oder nicht.[42] Das ist nicht erst durch das Connally Amendment eingeführt worden. Entsprechende Klauseln gab es in fast allen Schiedsverträgen der USA. Das Connally-Amendment hat diese praktisch lediglich auf den IGH ausgedehnt. Es handelt sich um eine beständige Politik der USA.[43]

[42] Vgl. dazu L. Henkin, The Connally Reservation Revisited and, hopefully, Contained, in: AJIL 1971, vol. 65, S. 374ff; vgl. auch H. Lauterpacht, in: I. C. J. Reports 1957, S. 52 und I. C. J. Reports 1959, S. 106: „a purported undertaking in which one party reserves for itself the exclusive right to determine the extent or the very existence of its obligation is not a legal undertaking". Lauterpacht hält deshalb – und weil im Widerspruch zu Art. 36 Abs. 6 – die Unterwerfungserklärung der USA für nichtig (vgl. ebenda, S. 111).

[43] Vgl. dazu die ausführliche Darstellung bei Lauterpacht, in: I. C. J. Reports 1959,

Sie wird seltsamerweise häufig nicht beachtet, weil sie hinter der allgemeinen Propaganda für eine internationale Gerichtsbarkeit, zu deren Sprecher sich die USA gemacht haben und für die sich viele Juristen in den USA ehrlich einsetzen,[44] völlig verschwindet.

Die Besonderheit des Nikaragua-Falles liegt darin, daß in diesem Fall eine Berufung auf innere Angelegenheiten nichts genutzt hätte. Minen legen in fremden Gewässern, Gefährdung der Schiffahrt in internationalen Gewässern, Finanzierung, Ausbildung und Ausrüstung terroristischer Banden, die offen erklärte Intervention zum Zwecke, die gewählte Regierung eines anderen Landes zu stürzen, all das kann man niemandem als innere Angelegenheit der USA vorstellen. Deshalb versuchten die USA, in diesem Fall die Zuständigkeit des Gerichts auf andere Weise auszuschließen. Da das nicht gelang, blieb kein anderer Weg als die offene Mißachtung des Gerichts. Die USA nehmen für sich das Recht in Anspruch, selbst zu entscheiden, ob ein Urteil richtig oder falsch ist, und ob sie eine Entscheidung ausführen oder nicht. Das aber führt jede Gerichtsbarkeit ad absurdum und stellt – wenn man die Gerichtsbarkeit des IGH einmal anerkannt hat – selbst eine Völkerrechtsverletzung dar. Es beweist, daß es den USA zu keiner Zeit ernst war mit der Anerkennung der obligatorischen Gerichtsbarkeit des IGH. Es ist das Ende der Legende vom Eintreten der USA für eine obligatorische internationale Gerichtsbarkeit.

Schon in diesem Stadium des Verfahrens im Prozeß Nikaraguas gegen die USA hat die Mißachtung des Gerichts durch die USA dreierlei bewirkt:

– zu zeigen, daß das kleine Nikaragua im Recht ist,

– zu zeigen, daß die rule of law im Völkerrecht von der Bereitschaft der Staaten abhängt, das Völkerrecht zu respektieren, und nicht von der obligatorischen Zuständigkeit des IGH;

– die Legende zu zerstören, daß die USA für eine obligatorische Zuständigkeit des IGH sind und daß die Aufrechterhaltung ihres Vorbehalts zu den inneren Angelegenheiten „sich neuerdings aus der negativen Einstellung der afroasiatischen und der kommunistischen Staaten zur obligatorischen internationalen Gerichtsbarkeit" erkläre.[45]

S. 107ff.: „The principle as expressed in the automatic reservation of the Declaration of the United States of America must be regarded as representing the consistent and deliberate position of that country." (S. 111); vgl. auch die Darstellung von S. B. Jacoby, Towards the Rule of Law?, in: AJIL 1958, vol. 52, S. 107; Ph. C. Jessup, The Development of a United States Approach towards the International Court of Justice, in: Vanderbilt Journal of Transnational Law, vol. 5, 1971, S. 1.

[44] Vgl. z. B. W. Briggs, Towards the Rule of Law, in: AJIL 1957, vol. 51, S. 517; ders., Reservations to the Acceptance of compulsory Jurisdiction of the I. C. J., in: Recucil des Cours de l'Académie de droit international, vol. 93, Haag – Boston – London 1958, I, S. 223.

[45] So G. Doeker, Das Connally Amendment und die obligatorische internationale Gerichtsbarkeit, Archiv des Völkerrechts, Bd. 11, Tübingen 1963/64, S. 155 (166).

Offenbar haben die USA die Gerichtsbarkeit des IGH nur anerkannt, weil sie davon überzeugt waren, sie als Instrument ihrer Machtpolitik einsetzen zu können. Verhalten und Begründung der USA für die Nichtbeteiligung am weiteren Prozeß Nikaraguas gegen die USA dokumentieren, daß ihrer Vorstellung von der rule of law im Völkerrecht eine Konzeption zugrunde liegt, die davon ausgeht, der Welt das westliche Gesellschaftsmodell aufzwingen zu können. Eine dementsprechende Politik, die gerade Gegenstand der Klage Nikaraguas ist, ist aber mit der Verbindlichkeit der allgemein anerkannten Völkerrechtsprinzipien längst zu einer Verletzung der rule of law im Völkerrecht geworden.

В. А. Туманов (Москва)

Идеология и Право (о влиянии идеологии на право)

I

Право и идеология относятся к числу важнейших социальных явлений; их роль в жизни современного общества трудно переоценить. Какова взаимосвязь между ними как элементами надстройки, в какой мере они взаимодействуют и влияют друг на друга? Ответ на этот вопрос, имея самостоятельное научное значение, важен еще и потому, что в буржуазной литературе марксизму нередко приписывается взгляд на право как идеологию и не более чем идеологию. А поскольку идеология понимается при этом как система смещенных, ложных, подогнанных под политические цели идей и установок, то и „право по марксизму" предстает в достаточно непривлекательном виде в отличие от того почетного ореола, которым наделяют право буржуазные авторы.

В общей проблеме „Право и идеология" можно выделить несколько ракурсов.

Первый – это воздействие идеологии на право или, несколько детализируя это положение, на правотворчество и правоприменительную деятельность.

Второй – воздействие права на идеологию, которое может иметь целью как борьбу с определенной идеологией, так и наоборот, и поощрение идеологических установок.

Третий – идеологическая функция права, то есть, та идеологическая роль, которую играет право, выступая в качестве носителя идей, установок, представлений господствующих классов и фактора, активно воздействующего на все важнейшие сферы жизни общества, в том числе, духовную.

Наконец, четвертый, (и здесь мы переходим в другую плоскость) – это место, которое занимает право в различных идеологиях и какое значение они отводят ему. Когда речь идет об идеологии господствующего класса – это важный фактор, влияющий на правовые параметры жизни общества. История знает различные идеологии в их отношении к праву от юридико-нигилистических до гипертрофировавших роль права в жизни общества (юридическое мировоззрение). Следует отвергнуть попытки буржуазных и леворадикалистских авторов отнести марксизм к числу юридико-нигилистических учений. Именно марксизм, отрицая крайности юридико-нигилистических взглядов, с одной стороны, и юридико-мировоззренческих, с другой, показал реальные и достаточно значимые место и роль права в системе общественных отношений.

Пожалуй этот четвертый ракурс проблемы получил наибольшее освещение в социалистической юридической литературе. Третий в определенной мере переплетается с вопросом о воспитательной роли права, которому эта литература уделяет большое внимание. Что же касается первых двух, то есть проблемы соотношения, взаимодействия и взаимовлияния права и идеологии, то она не относится к числу детально разработанных. Одним из первых на ее значимость в современных условиях обратил внимание Г. Кленнер[1]. В последние годы число публикаций по этой проблеме возросло[2].

В данной статье мы рассмотрим лишь некоторые стороны первого аспекта проблемы, а именно – воздействие идеологии на право, а еще более точно – воздействие идеологии на правотворчество, процесс развития права.

Однако, прежде чем перейти непосредственно к теме, необходимы два предварительных замечания.

Первое касается понятия идеологии, на котором основано дальнейшее изложение. Исходя из формулы: „идеология – теоретическое классовое самосознание" мы определяем ее как систему социальных идей, оценок, требований определенного класса (в его рамках значимой социальной группы) а) опирающуюся на определенные теоретические установки; б) выражающую общественное положение, интересы и программные цели данного класса (социальной труппы); в) играющую практическую роль в функционировании политической системы. Идеология, таким образом, это лишь часть общественного сознания. Ее стержень, основу – во всяком случае в современном мире – составляют социально-экономические и общественно-политические идеи и установки. Больше чем с каким-либо другим компонентом надстройки идеология связана с политикой, ее можно даже назвать идейно-теоретическим аспектом политики. Основное содержание такой характерной для современной эпохи формы выражения идеологии как партийные программы и платформы, правительственные декларации и тому подобные „квази-официальные" идеологические документы составляет проблематика социально-экономического и политико-правового плана, а основные вопросы жизни общества

[1] „Staat und Recht im Lichte des Großen Oktober", Berlin 1957.

[2] См. например: Г. В. Мальцев, Право как идеологическое явление. – „Советское государство и право", 3/1973; Stojan Tomic, Ideologia i pravo. – Archiv, za Ideologija i pravo, Beograd, 3/1983; В. А. Туманов, Идеология и право: некоторые аспекты взаимодеиствия. – „Советское государство и право", 4/1984.

рассматриваются по преимуществу в плане отношения к ним политической власти, государства.

Мы не разделяем распространенного в западной литературе взгляда, будто идеология — это всегда система недостоверных, искаженных взглядов, пренебрегающих истиной ради политических целей и установок. Такие идеологии возможны и они не раз встречались в истории. Но бывают и другие идеологии, в правильном или приближающемся к истине свете отражающие реальное положение вещей. Все зависит от того, из каких теоретических посылок исходит идеология, каковы общественное положение и цели данного класса (социальной группы).

Второе предварительное замечание связано с вопросом о правопонимании. Нас интересует сейчас лишь один из аспектов этой проблемы, а именно, встречающаяся в социалистической юридической литературе характеристика права как формы общественного сознания и даже формы идеологии.

Мы не имеем в виду те формулировки, авторы которых говорят о праве как форме общественного сознания лишь для того, чтобы подчеркнуть его действительно тесные связи с идеологией, философией, социальной психологией, правосознанием и т. д. Речь идет о тех авторах, у которых формула „право — форма общественного сознания“ предстает как сущностная характеристика права и оно оказывается „специфической нормативной формой общественного сознания“[3], „нормативной идеологией“[4], „разновидностью идеологии“[5] и т. д. Эти определения вызывают возражения.

Когда в первые годы существования советской юридической науки М. А. Рейснер объявил право формой идеологии и утверждал, что „марксист может изучать право лишь как один из подвидов общего вида идеологии“. Е. Б. Пашуканис, возражая ему, справедливо писал: „Признание идеологичности тех или иных понятий вообще не избавляет нас от труда отыскания объективной, т, е. во внешнем мире, а не только в сознании существующей, реальности“[6].

Несомненно, что право испытывает на себе сильнейшее воздействие общественного сознания и идеологии как теоретического классового самосознания, в особенности. В этом плане оно полностью подпадает под

[3] Г. Чернобель, Некоторые аспекты взглядов Энгельса на право, — „Советское государство и право“, 2/1980.

[4] Peschka, V., A jog mint ideologia — „Allam és jogtudomany“, Budapest 1981.

[5] П. М. Рабинович, Право как явление общественного сознания. — „Правоведение“, 2/1972.

[6] Е. Б. Пашуканис, Избранные произведения по общеи теории права и государства. Москва, 1980, с. 67.

формулу Д. Лукача, из которой исходит В. Пешка в трактовке права как „нормативной идеологии“. Эта формула гласит: все что происходит в общественном бытии подвержено воздействию идеологии[7]. Но отсюда еще не следует, что все то, что подвержено воздействию идеологии может рассматриваться как ее форма или составная часть. Идеология воздействует и на такие, например, надстроечные явления как государство, партии и т. п. Но на этом основании никто не объявляет их формой идеологии, как это делает В. Пешка с правом. Другими словами активное и значимое влияние идеологии на право, большая степень идеологизированности права, высокий идеолого-воспитательный потенциал права – все эти важные характерные черты права не дают тем не менее никаких оснований видеть в нем форму (разновидность) идеологии как особого социального явления. То же самое можно сказать и применительно к более широкому понятию – общественное сознание.

Очевидно, что в основе трактовки права как „нормативной формы общественного сознания“ лежит представление о праве лишь как системе фиксированных правил поведения, норм, взятых сами по себе.

Стоит, однако подойти к праву более широко – как функционирующей системе, назначение которой не в существовании норм самих по себе, а в воздействии особыми, юридическими методами и свойствами на социальную действительность, как сразу появляется ряд вопросов, на которые сторонники отнесения права к форме общественного сознания и идеологии вряд ли смогут дать удовлетворительные ответы.

Можно ли, например, государственное принуждение, без которого нет права, отнести к общественному сознанию? Является ли формой общественного сознания институт прав и свобод личности или правовое положение предприятия? Как быть с правосудием – считать ли его тоже „специфической формой общественного сознания“? Такого рода вопросы могут быть продолжены и ответы на них показывают, что как практически функционирующая система права, активно взаимодействуя с общественным сознанием, идеологией, общественной психологией, является формой общественного бытия, формой движения социальной материи, функционирования социальных институтов, динамики общественных отношений[8].

[7] Peschka V., op. cit. S. 29.

[8] По мнению В. Кнаппа, считающего право компонентом общественного сознания, право „нельзя признать категорией бытия“. В бытие, по его мнению, входят только материальные общественные отношения. – Knapp V., Filosoficke Problémy Socialistickoho Prava. – Praha 1967, S. 270. – Однако, при таком подходе в категорию социального бытия не попадает также государство и многие другие компоненты политической системы общества.

Даже если взять право в его узконормативном аспекте то и тогда оно имеет иной онтологический статус, чем общественное сознание и идеология. Наивно было бы полагать, что процесс превращения взглядов и идей в государственную волю, их возведение в закон не придает результату этого процесса новые качественные характеристики. С. Н. Братусь справедливо отмечал в этой связи, что как только закон вступил в силу он становится объективной социальной реальностью[9]. Да и сам процесс правотворчества — это не просто „облачение" в нормативную форму взглядов и идей, а достаточно сложный и многоаспектный процесс принятия государственных решений.

II

Воздействие идеологии на право обусловлено прежде всего тем, что и у той и у другого одна и та же исходная социальная позиция — а именно положение, цели и интересы господствующего класса. Социальная позиция класса порождает определенную систему идей, взглядов, установок. Когда же этот класс получает возможность возвести свою волю в закон, то его идеология с необходимостью находит свое выражение в праве.

Способ выражения в праве этих идеологических установок может быть двояким. Это прежде всего — прямое воспроизведение в нормативном материале идеологических формул, идей, лозунгов. Большинство развитых правовых систем знает положения (статьи) идеологического по преимуществу значения, которые, как правило, содержатся в правовых декларациях, конституциях, преамбулах крупных законодательных актов, решениях конститутционных судов и т. п.

Другой способ выражения идеологических установок в праве — это такое нормативное решение, которое даже в абстрактно юридической, внешне идеологически нейтральной форме представляет собой по существу реализацию определенной идеологической установки. При этом идеологическое влияние оказывается скрытым за юридической мехникой, но даже если представить себе полностью формализованную правовую систему, то и в этом случае право по-прежнему не избежит воздействия идеологии.

Не все в праве идеологично или одинаково идеологично. Можно говорить о более идеологичных и менее идеологичных отраслях права,

[9] См. „Вопросы современного развития советскои юридическои науки", Ленинград 1968, с. 16. См. также Д. А. Керимов, Философские проблемы права, Москва 1972, с. 345.

о более идеологичных и менее идеологичных институтах и проблемах в рамках отраслей права. Так, очевидно, что конституционное право идеологичнее отраслей частного права. В семейном праве по сравнению с идеологичностью института развода институт усыновления выглядит идеологически нейтральным. В уголовном праве регламентация преступлений против государтства или вопрос о смертной казни как высшей мере наказания подвержены куда большему воздействию идеологических установок, чем такие составы как грабеж или причинение телесных повреждений и меры наказания в виде денежного штрафа. Такого рода примеры можно было бы продолжать.

Изучая „механику" воздействия идеологии на право, нетрудно заметить, что особо значимо это воздействие в процессе правотворчества. Чем шире по масштабам правотворческий акт, тем большую роль играет идеология. Принятие конституций, крупные кодификации, значительные правовые реформы — вот те моменты правового развития, когда особенно ощутимо влияние идеологии на право. Своего кульминационного пункта это влияние достигает при революционной смене старого типа новым историческим типом права. В этой ситуации в обществе нет еще сложившейся, прочной системы новых общественных отношений, и право, способствуя созданию этой системы, в значительной мере представляет ее на основе идеологических установок и моделей революционно го класса.

Однако и при наличии уже сложившейся правовой системы, функционирующей в стабильных условиях, идеологические факторы оказывают немалое влияние и на законодательную политику в целом и на процесс принятия конкретных правотворческих актов.

В отношении всего сказанного выше о влиянии идеологии на право нужно сделать некоторые оговорки.

Во-первых, речь шла о влиянии на право идеологии господствующего класса (или классов), социальных сил, в руках которых находится государственная власть. Большой и сложный вопрос — вопрос о влиянии на право идеологии противостоящих господствующему классу социальных сил-остается за рамками этой статьи.

Во-вторых, влияние идеологии на право — это всегда лишь один из многих совместно действующих социальных факторов при определяющей, в конечном счете, роли базисных отношений. В этом взаимодействии идеология особенно тесно переплетена с политикой.

Наконец, в -третьих, следует особо оговорить то обстоятельство, что как ни значительно влияние идеологии на право, оно имеет свои объективные пределы. Это влияние оказывается реальным и осуществимым лишь тогда, когда оно находится в соответствии с иными и прежде всего материальными факторами и условиями. А между тем идеология как система идей всегда содержит программные положения, установки, обращенные в будущое. Отсюда возможность неоправданного, опережающего реальное развитие общественных отношений, сближение желаемого и действительного. Такого рода забегание вперед, преждевременное стремление осуществить на практике идеологические установки (в том числе законодательным путем) не раз демонстрировала история. Но она же показывала и несостоятельность такого „идеологизированного законодательства".

Отражение идеологии в праве может столкнуться с рядом трудностей. Норма далеко не всегда способна передать выраженную идею во всей ее полноте и то, что в идеологии подано доказательно, в праве звучит декларативно. Стремление идеологизировать законодательный акт может отрицательно сказаться на его юридико-технических качествах и следовательно снизить его практическую эффективность. Трудности могут порождаться различием языка и стиля (категоричного, предписывающего, строгого) правовых норм, с одной стороны и — идеологических документов (убеждающего, доказывающего, иллюстрированного примерами), с другой. Нередки и такие идеологические призывы и установки, которые по содержанию своему не могут быть закреплены законом, ибо их реализация невозможна с помощью юридических мер и санкций.

Фактором, ограничивающим воздействие идеологии на право, может выступать и само право. Вообще не следует недооценивать роль сложившейся, более или менее длительно функционирующей правовой системы в ее собственной последующей эволюции. Поясним сказанное примером. Закрепление во многих современных буржуазных конституциях демократических принципов, например, равенство всех перед законом — мешает иным реакционным кругам законодательно оформить многие свои антидемократические установки. Когда же это удается, на свет появляется так называемое „правонарушающее законодательство", которое тотчас же обнаруживает свою неправомерность не только в общественно-политическом, но и собственно юридическом плане.

Особо следует указать на такую форму действия идеологии на право, которая может быть условно названа „негативное влияние". В отличие от описанных выше аспектов воздействия идеологии на право здесь речь идет о тех ситуациях, когда законодатель отказывается по идеологическим мотивам от принятия новых актов, проведения кодификации или каких-либо иных правотворческих новелл. Другими словами, идеология выступает здесь как фактор, препятствующий изменению действующего права. Хотя мы назвали эту ситуацию „негативное влияние", это не значит, что отказ от законодательных новелл по идеологическим мотивам всегда представляет собой отрицательное, консервативное социальное явление. Все зависит от конкретно-исторической ситуации и от того, о какой по содержанию законодательной инициативе идет речь. В определенном контексте „негативное влияние“ может иметь и позитивное значение. Однако, значительно чаще встречается иной вариант, когда сугубо по идеологическим мотивам сдерживаются назревшие в социальном плане законодательные мероприятия.

Весьма значительно воздействие идеологии и на правоприменительный процесс, что нетрудно увидеть на примере правосудия. Речь идет не о влиянии идеологии на правосудие через содержание самого применяемого закона — это очевидный факт — а о прямом воздействии на правоприменительный процесс; роль идеологического фактора в выборе применяемой нормы, ее толковании, квалификации доказательств, определении санкции и т. д. Суммарно можно выделить три „канала“ влияния идеологии на правоприменительную деятельность: идеологические ориентации, господствующие в судейском корпусе; юридическая политика, проводимая высшими государственными органами, в том числе судебными; влияние доктрины.

В буржуазной литературе широко распространен тезис об „идеологической нейтральности судей“. Однако, анализ деятельности буржуазного суда, в особенности его высших звеньев, дает обширный материал для выводов обратного порядка. Так, например, при неизменной конституционно-нормативной основе Верховный Суд США знает в послевоенный период как периоды неприкрытого служения маккартизму (суд Винсона), так и повороты в сторону либерализма (суд Уоррена). Многие решения федерального Конституционного суда ФРГ не только проникнуты идеологическими мотивами, но и содержат развернутую „идеологическую аргументацию“.

III

Воздействие идеологии на право — закономерность любого классового общества, любого исторического типа права, каждой развитой правовой системы. Однако характер, масштабы и конечно содержание этого воздействия различны в зависимости от социальных позиций и установок класса (или классов), которому принадлежит государственная власть. Поэтому влияние идеологии на право в социалистическом обществе имеет особые черты, принципиально отличающие его во многих отношениях от воздействия господствующей в буржуазном обществе идеологии на право этого общества.

I. Буржуазное право как в своем текстуальном выражении, так и в официальной (правотворческими и правоприменительными органами) и в доктринальной его интерпретации стремится предстать в качестве идеологически нейтрального инструмента[10]. Оно скрывает свою тесную связь с господствующей идеологией, хотя и претендует на представительство некоторых общечеловеческих духовных ценностей.

В отличие от буржуазного права социалистическое право открыто говорит о том, что оно сложилось и развивается в соответствии с положениями и установками марксистско-ленинской идеологии. В Преамбуле Конституции СССР 1977 г. говорится, что конституция создана в соответствии с идеями научного коммунизма.

2. В ходе развития буржуазного права в рамках господствующей идеологии на него оказывали влияние различные формы этой идеологии — светские и религиозные, консервативные и либеральные и т. д. Их соотношение и влиятельность варьировались в разных конкретно-исторических ситуациях. Это дает основание западным авторам говорить об „идеологическом плюрализме" буржуазного права, во всяком случае „позднекапиталистического права". И хотя этот „плюрализм" и относителен в том смысле, что речь идет о разночтениях в рамках господствующей буржуазной идеологии при сохранении ее общих принципиальных установок и черт, тем не менее он сказывается на содержании правовых систем, например, в том, что здесь с принципами и нормами буржуазно-демократического плана сосуществуют законы и прецеденты реакционного свойства.

В отличие от этого социалистическое право возникает на четкой идеологической основе — учении марксизма-ленинизма — и в своем развитии неразрывно связано только с этой научной идеологией. Цельность и последовательность этой идеологии находит отражение в действующей правовой системе, обеспечивают ее развитие на единой идеологической и одновременно научной основе.

3. Основоположники марксизма характеризовали буржуазную идеологию как в значительной мере искаженное, извращенное изображение действительности. Это происходит, главным образом потому, что буржуазия „выдает свои особые интересы за всеобщие интересы"[11]. Это свойство буржуазной идеологии восприняло и буржуазное право, которое тщательно маскирует свой классовый характер и цели и регламентирует важнейшие общественные отношения в такой форме, которая камуфлирует их реальное социально-экономическое и политическое содержание, но в таких, разумеется, пределах, чтобы не мешать функционированию этих отношений.

В отличие от этого, в соответствии с принципиальными установками

[10] Особый случай представляют правовые системы государств, конституционно провозгласивших свой религиозный характер и соответственно закрепивших правом религиозную идеологию, например, мусульманская республика Иран.

[11] К. Маркс/Ф. Энгельс, полн. собр. соч., т. 3, с. 167.

марксистско-ленинской идеологии, социалистическое право, как и сама эта идеология, открыто говорит о своих классовых позициях и целях и отражает реальные общественные отношения в том виде как они есть а не в их неадекватном, извращенном и в этом смысле „идеологизированном“ виде. Это в свою очередь увеличивает социальный созидательный потенциал права, препятствует такому опасному явлению как фиктивность права, т. е. несоответствие его норм реальным общественным отношениям и процессам.

4. Способ выражения идеологии в праве бывает двояким: прямое воспроизведение в нормативном материале ее ведущих идей, установок, формул и такое нормативное решение, которое, будучи выражено даже в строгой юридической форме, представляет собой по существу реализацию определенной идеологической установки. В отличие от современного буржуазного правотворчества, которое весьма сдержанно относится к первой из названных форм (в отличие от революционных эпох становления буржуазного права) социалистический законодатель широко использует в праве формулы идеологического звучания, призванные разъяснить мотивы, которыми руководствовался законодатель и цели, которые он преследует. „В социалистическом обществе основной формой воздействия права на поступки людей является осознание ими смысла и значения требований норм права и готовность людей содействовать реализации этих требований в жизни . . . Из этого вытекают и требования, предъявляемые и к правотворчеству и к мероприятиям по обеспечению реализации правовых норм. Очень важное значение имеет такая формулировка правовых норм, при которой цель, преследуемая созданием той или иной нормы права, была бы ясна для самых широких масс населения. Отсюда — возросшее значение преамбулы в законодательных актах последних лет“[12]. Это правильное положение С. А. Голунского, сформулированное более двух десятилетий назад, подтверждено последующим развитием советского законодательства.

5. Буржуазная теория и практика стремятся представить как „неидеологическое явление“ не только само право, но и деятельность по его применению и в первую очередь правосудие. О лицемерии этой формулы писал еще Маркс: „Какой глупой и непрактичной является вообще иллюзия, будто возможен беспристрастный судья, когда законодатель пристрастен.“[13] К этому следует добавить и также каналы влияния идеологии на правоприменительную деятельность как идеологические ориентации, господствующие в судейском корпусе; юридическая политика высших государственных органов, в том числе судебных; влияние доктрины.

[12] „Советское государство и право“, 10/1961, с. 47.
[13] К. Маркс/Ф. Энгельс, полн. собр. соч., т. 1, с. 158.

В отличие от буржуазных позиций советская теория и практика открыто констатируют и влияние идеологии на правоприменительный процесс. Советский закон прямо говорит о том, что „судьи и народные заседатели разрешают гражданские дела на основе закона, в соответствии с социалистическим правосознанием, в условиях, исключающих постороннее воздействие на судей“ (статья 9 Основ гражданско-процессуального законодательства Союза ССР и союзных республик). О важности правильной политико-идеологической ориентации судебной практики не раз говорилось в Руководящих разъяснениях Верховного Суда СССР по общим вопросам судебной деятельности. В западной юридической советологии цитированную статью закона изображают как наделение суда правом решать дела не по закону, а по идеологическим основаниям. Это поддержка. Закон говорит о влиянии социалистического правосознания на правосудие только в рамках законности, в целях правильного понимания содержания и целенаправленности подлежащего применению закона, для того, чтобы избежать механического применения этого закона.

Мы отметили выше черты, характеризующие корреляцию идеология-право в социалистическом обществе в отличие от аналогичного соотношения применительно к буржуазному праву. Однако, самым главным в данном аспекте является, разумеется, различие в самом содержании идеологического воздействия, т. е. тех принципах, идеях, целях, которые составляют содержание социалистической идеологии и находят свое выражение в правовой системе социалистического общества. Социалистическая идеология и буржуазная идеология, эти две противостоящие и противоборствующие идеологии, отличны друг от друга по всем основным параметрам. Подходя к рассматриваемой проблеме в этом содержательном плане можно в самом общем виде сказать, что буржуазная идеология в целом ныне является консервативной негативной силой на путях реальных преобразований действующего права в том направлении, в каком этого требует ход исторического развития. Марксистско-ленинская идеология — это идеология поступательного развития социалистического общества. С этим ее свойством и программными установками и требованиями неразрывно связана творческая роль социалистического права как фактора последовательного развития и совершенствования общественных отношений. Связью социалистического права с марксистско-ленинской идеологией определяется тот факт, что оно обладает значительными возможностями опережающего отражения достигнутого уровня развития общественных отношений, что говорит в свою очередь о его более высоком, чем когда-либо в истории творческом потенциале.

Таким образом, в социалистическом обществе связь идеологии и права достигает более высокого уровня, предстает в новом качественном виде. В этом смысле можно говорить о высокой степени идеологичности социалистического права. Для буржуазного юриста – это негативная характеристика права. Юрист-марксист, наоборот, видит в этом один из важных источников эффективности социалистического права.

Heinz Wagner (Berlin [West])

Juristische „Leerformeln“ oder: Die leere Ideologiekritik

Sume quod debes, operare ut
debes et habebis quod optas.[1]

I

1. In den 60er Jahren entwickelten Kritische Rationalisten eine eigentümliche Form der Ideologiekritik: Sie beschuldigten alle anderen, überwiegend in Leerformeln (Ln.) zu reden. Sie glaubten erkannt zu haben, „daß bestimmte sprachliche Formeln durch die Jahrhunderte als belangvolle Einsichten oder sogar als fundamentale Prinzipien des Seins, Erkennens und Wertens anerkannt wurden und es noch heute werden – nicht obwohl, sondern gerade weil und insofern sie keinen oder keinen näher angebbaren Sach- oder Normgehalt besitzen“[2]. Nach diesem Raster wurden vor allem gesellschaftstheoretische und -politische Bestände überprüft und ihre Begriffe, Prinzipien, Theoreme und Normen vielfach als Ln. erwiesen. Der Begriff „Leerformel“ (L.) ist „auch in die politische Umgangssprache eingewandert, wo er – zur Verteidigung beliebiger Positionen – als Angriffswort gegen die Begriffswelt beliebiger Positionen dient: der Begriff ‚L.‘

[1] Nimm, was du nehmen mußt, tue damit, was du damit tun mußt, und du wirst erhalten, was du wünschst. So der Spott von *Leibniz* gegen den höchst obskuren 4. methodischen Grundsatz von *Descartes*: Faire partout des dénombrements si entiers et des revues si générales que je fusse assuré de ne rien omettre (Discours de la méthode, 2. Teil, 1637); übliche Übers.: „Überall so vollständige Aufzählungen und so allgemeine Übersichten aufstellen, daß ich versichert bin, nichts zu übersehen“; *mögliche* moderne interpretative Übers.: „Durch vollständige Analyse und erschöpfende Induktion vergewissere ich mich, daß ich nichts übersehen habe.“ Genauso gut, spottet *Leibniz*, könnte man einem Chemiker diesen (Motto-) Satz als Methode empfehlen (wahrscheinlich 1692 geschrieben); vgl. Die philosophischen Schriften von G. W. Leibniz (Hrsg. Gerhard), Bd. 4, 1980, S. 329.

[2] Vgl. E. Topitsch „Über Leerformeln“ (nachstehend: Ln.): Zur Pragmatik des Sprachgebrauchs in Philosophie und politischer Theorie, in: Ders. (Hrsg.), Probleme der Wissenschaftstheorie. Festschrift für Viktor Kraft, Wien 1960, S. 233f.; ähnlich in: Ders., Sprachlogische Probleme der sozialwissenschaftlichen Theoriebildung, in: Ders. (Hrsg.), Logik der Sozialwissenschaften, 2. Aufl., Köln – Berlin (West) 1965, S. 17 (11. Aufl.: Königstein/Taunus 1984).

wird selbst zur L."[3] Aber der Ausdruck zeigt vor allem die analytische Leere positivistischer Ideologiekritik. Doch der Reihe nach!

2. Den Ausdruck „L." hat vor allem Topitsch 1958 in die Diskussion gebracht.[4] Bei seiner Erörterung trennt man am besten die von Topitsch ersonnene Genese der Ln. von ihrer vorgeblichen logisch-semantischen und funktionalen Analyse.

Entstanden seien derartige Ln. aus einem vorwissenschaftlichen, mythischen Denken: Damals hätten sich die Menschen Natur, Kosmos und Geschichte aus ihrem unmittelbaren Lebensumkreis erklärt. Mit „biomorphen" (z. B. Zeugung), „technomorphen" (z. B. handwerkliche Vorgänge) und „soziomorphen" (z. B. Kosmos als hierarchisch geordneter Staat) Modellen hätten sie das ihnen Unbekannte erklärt und zudem werthaft gedeutet. Diese werthafte Deutung von Kosmos und Geschichte habe zu einer „intentionalen" Weltauffassung mit Rückbezug geführt: Die in Natur, Kosmos, Geschichte projizierten sozialen Modellvorstellungen seien wieder in dieselben unmittelbaren Lebensumstände zurückprojiziert (Topitsch: „reflektiert") worden, von wo der Deutungsprozeß seinen Ausgang genommen habe. So seien nach der Projektion gesellschaftlicher Verhältnisse in den Kosmos die normativen Prinzipien eben dieser Verhältnisse als nunmehr kosmologisch begründete Normen gewonnen und diese Verhältnisse metaphysisch legitimiert worden; was in der Literatur üblicherweise als petitio principii gesehen wird, bezeichnet Topitsch mit diesem Projektion-Reflexion-Mechanismus. In weiteren Schriften läßt er darüber hinaus die Ln. aus sonstigen „Grundformen archaischen Denkens" herrühren: aus schamanistischen, eschatologischen, gnostischen, mantischen, asketischen, magisch-kabbalistischen, ekstatisch-kathartischen Vorstellungen, Seelenerlösungen, Magierekstatiken, Reinigungs- und Erlösungsmysterien.[5]

3. Die *logisch-semantische Analyse* dieser Ln. zeige zweierlei:

a) Ln. seien *inhaltlich leer.* Die entwickelte Form der L.-theorie[6] unterscheidet inhaltsleere Ausdrücke (z. B. „das Absolute", „die Gerechtigkeit") und Sätze; leere Sätze werden der sprachanalytischen Sicht folgend vor allem als pseudokognitive (oder -deskriptive) und als pseudo-normative (oder -präskriptive) Sätze unterschieden. Pseudo-kognitive Sätze gäben nur vor, etwas über die Wirklichkeit auszusagen, daher seien sie in ihrer Hauptform pseudo-empirische Sätze. Nach ihrer logisch-semantischen Struktur seien sie überwiegend Sätze mit

[3] O. *Marquard*, „L." in: Historisches Wörterbuch der Philosophie (Hrsg. J. Ritter und K. Gründer), Bd. 5, Basel – Stuttgart 1980, Sp. 159/160.

[4] E. Topitsch, Vom Ursprung und Ende der Metaphysik. Eine Studie zur Weltanschauungskritik, Wien 1958 (2. Aufl. 1972). Um „Ln." geht es in fast allen Schriften von Topitsch. Eine vollständige Aufzählung seiner Schriften bis 1976 gibt J. Kahl, Positivismus als Konservatismus. Eine philosophische Studie zur Struktur und Funktion der positivistischen Denkweise am Beispiel von Ernst Topitsch, Köln 1976, S. 283.

[5] Z. B. in: „Über Ln.", a. a. O., S. 234.

[6] Ln. haben vor allem untersucht: Degenkolbe, Über logische Struktur und gesellschaftliche Funktionen von Ln., in: Kölner Ztschr. f. Soziologie und Sozialpsychologie, 17/1965, S. 327; M. Schmid, Ln. und Ideologiekritik, Tübingen 1972.

mehrdeutigen bzw. vagen Prädikaten; sie seien – in Anwendung des Popperschen Falsifikationskriteriums – „leer“, weil sie empirisch unwiderlegbar seien. Den pseudo-normativen Sätzen sei keine Information über konkrete Verhaltensweise zu entnehmen. Ihre Leere rühre meist daher, daß ihre entscheidenden Begriffe mehrdeutig bzw. vage seien, für die sie keine operationalen Definitionen gäben (z. B.: „Tue das Gute und meide das Böse.“).

Dieser Leere verdanken die Ln. ihre *funktionale Brauchbarkeit* für jede Situation. Die empirische Unwiderlegbarkeit pseudo-empirischer Ln. werde als Immunisierungsstrategie gegen Falsifizierungsversuche aus der Wirklichkeit bewußt eingesetzt von Magiern, Orakeln, Scharlatanen und, man ahnt es, von Geschichtstheorien wie dem Historischen Materialismus. Die Leere der pseudonormativen Sätze begründe ihre legitimatorische und manipulative Brauchbarkeit für alle jweiligen Herrschaftsstrukturen: Wer wolle sich schon gegen derart evidente Normen, unmittelbar aus „dem Sein“ (Gott, das Absolute, Kosmos, Natur, Wesen des Menschen o. ä.) folgend und durch die Jahrtausende geheiligt, auflehnen?

b) Ihr *semantischer Status* sei verworren, weil sie, wie im vorwissenschaftlichen Denken üblich, deskriptive und wertende Elemente in einem Satz vereinten; eine derartige Vermengung von Sein und Sollen sei wissenschaftstheoretisch unzulässig. Mit einem tiefen Griff bis in die Jungsteinzeit sieht Topitsch hier ein ekstatisch-kathartisches usf. (s. o. Ziff. 2) Erbe, von dem gerade die persuasive Funktion dieser Ln. herrühre.

4. Mit diesem Blick führt Topitsch einen „antimetaphysischen Kreuzzug“ gegen nahezu alle Produkte des menschlichen Denkens: gegen Religionen, gegen die verschiedenen Philosophien, gegen Ethiken und Staatstheorien. Vor allem will er die Gesellschaftstheorien entideologisieren und sie von den „werthaft-normativen Elementen“ reinigen. So sollen sie zu rein deskriptiv-informatorischen Sprachsystemen werden, die als axiomatisch-deduktive falsifizierbare nomologische Hypothesen aufgefaßt werden. Wenig entgeht seinem Verdikt, nicht die traditionelle Metaphysik, nicht die Gesellschaftstheorien, nicht Hegel, nicht Kant und natürlich nicht Marx.

Eigentlich speziell für den Marxismus faßt Topitsch zu den üblichen Satzarten eine zusätzliche Kategorie von Ln., die Wesensaussagen, welche statt Erklärung und Prognose des tatsächlichen Verhaltens von Dingen oder Menschen die Erkenntnis ihres Wesens anstreben; im Anschluß an Popper nennt er sie „essentialistische Ln.“; „Wesen“ sei ein auszumerzender metaphysischer Restbestand; mit dieser Mischform aus Definition und Werturteil werde der Wirklichkeit ein notwendiger ontischer Sinn zugeschrieben, aus dem wiederum ein Maßstab für politische Entscheidungen gezogen werde. Als Beispiel für derartige Ln. gilt etwa der Satz: „Die Wirtschaft ist auf die Bedürfnisbefriedigung der Konsumenten angelegt“; daraus ergebe sich die maßstabheischende Frage: „Dient eine bestimmte ökonomische Maßnahme dem wesensmäßigen Ziel der Wirtschaft?“ Man könnte dies für eine vernünftige Frage halten. Aber nach Topitsch ist jede sogenannte Wesenserkenntnis in sich verfehlt. Das Verdikt für nahezu alle Theoreme des Marxismus, der auf Wesenserkenntnis besteht, ist klar: er ist eine Ansammlung von deskriptiv-werthaften Ln. Zusammengerührt wird der Marxismus anschaulich vorgeführt: seine Theoreme sind leer; sein Geschichtsverständnis ist eine säkularisierte Eschatologie einer Weltgeschichte als Heilsgeschehen im Sinne eines messianischen Judentums (die alte Löwith-These), ist ekstatisch-karthatisch usw.; die Dialektik[7] ist eine Ansammlung von Ln. (97), ein „nutzloses Sprachritual" (54), ein „erstarrter Überhang vorwissenschaftlicher Überlieferungen" (98); die dialektischen Kategorien sind „nichts anderes ... als mythische oder halbmythische Leitvorstellungen werthafter Weltdeutung, die durch spekulative Hochstilisierung gegen die Kritik im allgemeinen und besonders gegen das moderne wissenschaftliche Denken abgesichert werden sollten" (61).

5. Über Topitsch's Genese-Spekulationen ist hier nicht zu verhandeln,[8] über seine Marxismus-„Beschreibung" kann man nicht verhandeln; hier geht es nur um die *pseudo-normativen Ln.* Hätte sich Topitsch begnügt, auf den geringen Informationsgehalt vieler alt-ehrwürdiger Prinzipien hinzuweisen, so wäre dies zwar keine neue Einsicht, wohl aber in der Situation der 60er Jahre ein wichtiger Hinweis gewesen (vgl. IV.). Die pseudo-genetische Totalerklärung aller Ln. mittels einer hochspekulativen Schau von der Jungsteinzeit bis heute ist nicht nachvollziehbar. Daß der Mensch mittels Strukturen, Intentionen und bedürfnisgeleiteter Wünsche aus seinem Lebenskreis umfangreiche metaphysische Gebäude errichtet hat, ist schon in der Antike gesehen worden, und Feuerbach hat es expliziert. Bekannt war auch, daß der Mechanismus von Projektion-Reflexion vielfach in dialektischen Formen erfolgt ist und daß gerade auch in mystischen Gedankengängen vielfach dialektische Formen entwickelt worden sind.[9] Und daß die Inhalte der naturrechtlichen Normen zu allen Zeiten zirkelschlüssig gewonnen wurden, hat jeder Ethik- und Rechtsphilosoph zumindest den jeweils von ihm bekämpften Richtungen nachgewiesen. Auch der westdeutsche Jurist konnte (wenn er wollte) bei Welzel[10] nachlesen, daß allemal in „Urbilder", „Ideen", in „Weltnormen", in „Natur" oder „Vernunft" alle jeweils gewünschten werthaften Inhalte hineingelegt und mit dem Anspruch auf Geltung wieder herausdeduziert wurden.

[7] Die folgenden Zitate aus: E. Topitsch, Die Sozialphilosophie Hegels als Heilslehre und Herrschaftsideologie, Neuwied 1967 (auch: München 1981).

[8] Die zahlreichen marxistischen Stellungnahmen zum Kritischen Rationalismus brauchen hier nicht nachgewiesen zu werden; speziell zu Topitsch vgl.: J. Kahl, Positivismus als Konservatismus, a. a. O.

[9] Vgl. etwa J. Schreiter, Wahrheit, Wissenschaftlichkeit, Gesellschaftswissenschaften, Berlin 1979, S. 87.

[10] Vgl. H. Welzel, Naturrecht und materiale Gerechtigkeit, Göttingen 1980.

II

Das Gute, dieser Satz steht fest,
Ist stets das Böse, das man läßt.
(W. Busch)

6. *Normative Sätze* wollen, modern gesprochen, Handlungen, Einstellungen, Emotionen usw. beeinflussen. Beschränkt auf normative Sätze bzgl. Verhaltensweisen werden sie auch dann „Ln.“ genannt, wenn sie zwar nicht völlig leer sind, aber nur einige außer Frage stehende extreme Positionen ausschließen, nicht jedoch die situationellen tatsächlichen Möglichkeiten. Die regulative Funktion wird ihnen abgesprochen, weil sich aus ihnen keine konkreten Handlungsanweisungen ableiten ließen. Als derartige Ln. hat Topitsch in verschiedenen Schriften vor allem die Bestände an normativen Prinzipien der traditionellen Ethiken, der Staatslehren und vor allem des *Naturrechts* anaysiert. Hier folgt er weitgehend *Kelsens* Schrift „Was ist Gerechtigkeit?“,[11] die die bekannten Gerechtigkeitsvorstellungen und -prinzipien (Ausdrücke und Sätze) als leer erweise: die Ethik Platons, die Lehre Jesu, das ciceronisch-ulpinianische „Jedem das Seine“, die Gerechtigkeit als Gleichheit, die Goldene Regel, Aristoteles' Mesotes-Lehre, wonach Tugend die Mitte zwischen zwei Lastern und speziell Gerechtigkeit die Mitte zwischen Unrecht-Tun und Unrecht-Leiden sei; der Satz neminem laedere vor allem die bekannten Formeln des Naturrechts. Man denke an den obersten Grundatz der thomistischen Naturrechtslehre: „Tue das Gute, meide das Böse“ oder an Postulate wie „stets vernunftgemäß zu handeln“. Derartige pseudo-normative Sätze seien ohne regulative Funktion; sie gäben jedoch ihre altehrwürdige Weihe beliebigen positiven Normen, legitimierten also bestehende Herrschaftsstrukturen. Der L.-Vorwurf wurde zunehmend den meisten Begriffen des gesellschaftspolitischen Diskurses gemacht („Demokratie“, „Würde“).

7. a) Daß die genannten normativen Formeln *für sich allein genommen*, d. h. aus allen geschichtlichen und gesellschaftlichen Handlungs- und Sprechsituationen gelöst, weitgehend leer sind, muß nicht erst umständlich dargelegt werden. Selbstverständlich ist eine „Norm“ wie „Tue das Gute und meide das Böse“ (die lex aeterna von Stoa und Scholastik) oder „Handle vernunftgemäß“ so lange leer, wie Bestimmungen für „gut“, „böse“, „vernünftig“ fehlen.
b) Aber die *Leere dieser Ideologiekritik* ist mit Händen zu greifen. Sowenig wie die ungeschichtliche, kontextlose Tradierung isolierter Naturrechtssätze, sowenig kennt die Ln.-Kritik geschichtliche und gesellschaftliche Bezüge; ihr fehlt gleichfalls jede sozio-historische situationelle Bestimmtheit. Sprachwissenschaftlich gesprochen: Die pragmatische Dimension fehlt völlig, also die Dimension, in

[11] Vgl. H. Kelsen, Was ist Gerechtigkeit, Wien 1953; und: ders., Reine Rechtslehre, 2. Aufl., Wien 1960, Anhang: Das Problem der Gerechtigkeit.

der es um die Beziehungen zwischen Zeichen (Worten) und Zeichenbenutzern (Sprechern und Adressaten) geht; die semantische Dimension (hier geht es um die Beziehung zwischen Worten und Bedeutetem) kann sie nicht einmal angehen, weil es in der Ethik mehr als sonst auf das von der Pragmatik Untersuchte ankommt. Es genügt eben nicht, den geringen Gehalt von inhaltsarmen Termini nachzuweisen, die man zuvor aus allen inhaltsbestimmenden Bezügen gelöst hat.[12] Eine Methode ist kaum ideologiekritisch, wenn sie naiv und wie selbstverständlich eben den Fehler der kritisierten Position fortschreibt: Gleichlautende Ausdrücke (Begriff, Einzelnorm, Normenkomplex) aus allen geschichtlichen und gesellschaftlichen Bezügen gelöst, isoliert und für sich allein zu nehmen – so verfährt die traditionelle Naturrechtslehre, die die Normen als inhaltlich gehaltvoll und inhaltlich gleichbleibend behandelt[13], und so macht es die L.-Kritik, die sie als durchgehend inhaltsleer denunziert. Eine Ideologiekritik des Naturrechts hat vielmehr aufzuzeigen, was seine Normen in konkreten geschichtlich-gesellschaftlichen Situationen inhaltlich bedeutet und bewirkt haben (und sie sollte diese Inhalte gesellschaftlich erklären).

8. Das haben marxistische Theoretiker am Naturrecht und jedem seiner Begriffe oft gezeigt. Es ist nachgerade bekannt, daß damit seit der Antike durchgehend die Position eines überpositiven Rechtssystems behauptet wurde, dessen weitgehend gleich- oder ähnlichlautende Normen unterschiedliche, ja gegensätzliche Herrschaftsstrukturen legitimiert haben. In der Begrifflichkeit des Historischen Materialismus hat „das Naturrecht" nacheinander Sklavenhalter-, Feudal- und bürgerlich-kapitalistische Staats- und Rechtsordnungen legitimiert. Das war nur möglich, weil die sprachliche Form des jeweiligen Naturrechts und seine einzelnen Normen (z. B. neminem laedere) von allen geschichtlichen und gesellschaftlichen Zusammenhängen ablösbar waren – wie insgesamt eben die Sprache. So lassen sich Tradierungslinien, läßt sich „das friedfertige Bild eines einheitlichen Ideenstromes" (*Klenner*) von der Antike über das christlich-scholastische zum Vernunftnaturrecht der Aufklärungszeit und weiter zu „Mater et magistra" und zum Grundrechtsteil des Bonner Grundgesetzes ersinnen. Und diese Tradierung bezugsloser Ideenströme hat ihren klassenspezifischen Sinn, denn Rechte dürfen ja nicht aus gesellschaftlichen Konstellationen herrühren, sondern von überall sonstwoher, nur nicht aus den Klassenverhältnissen.[14]

9. Für das Ungenügen einer ungeschichtlichen Kritik nur ein Beispiel: Verschiedene Normen des Naturrechts stellen alles ab auf *Vernunft*, *Natur*, *Mensch* u. ä. Daß diese Termini für sich allein genommen wenig hergeben, daß allemal aus ihnen herausgeholt, was vorher hineingelegt wurde, daß die Gewin-

[12] Vgl. hierzu etwa: H. Klenner, Marxismus und Menschenrechte. Studien zur Rechtsphilosophie, Berlin 1982, S. 17.

[13] Das „Geschichtliche Naturrecht mit wechselndem Inhalt" kann ich hier nicht behandeln.

[14] Vgl. H. Klenner, Marxismus und Menschenrechte, a. a. O., S. 33.

nung der Norminhalte zirkulär war – das sollte heute auch bei Nichtmarxisten nicht mehr beweisbedürftig sein. Erklärungsbedürftig sollte nur noch sein, welche Inhalte in „Vernunft", „Natur", „menschliche Natur" u. ä. gelegt wurden, woher diese Inhalte kamen, wessen Klasseninteressen sie entsprachen, welche Folgen sie jeweils für die Gesellschaft und für ihre Klassen hatten.

Aber was ist denn z. B. mit „Vernunft" und „vernünftig" anzufangen? Nun, bekanntlich dachte sich die Antike den Kosmos von einer Weltvernunft bestimmt. In allen mythischen Verbrämungen sieht hier der Marxist den rationalen Kern, der erst ein wissenschaftliches Denken ermöglicht hat: Wie hätten sonst die antiken Denker darauf kommen können, nach *Gesetzmäßigkeiten* zu suchen (die Mythe hätte ja auch meinen können, die Welt sei nur der wirre Traum eines Gottes)?
Und weil „Vernunft" im Mittelalter als göttliche Vernunft verstanden wurde, an der der Mensch aber teil hatte – wenn diese sozusagen nur passive Vernunft auch nur die ohnehin geoffenbarten Wahrheiten rational zu rekonstruieren hatte –, so war dieses restringierte Vernunftverständnis nun einmal der Rahmen, in dem Denken und Fortschritt sich bewegen konnten: auf diesem *rationalen* Kern der Scholastik insistiert der Marxist. Daß sich schließlich in der Aufklärung der Vernunftbegriff von einer kosmologischen und göttlichen Vernunft langsam zu einer menschlichen Vernunft wandelte, wird in der Philosophie als Übergang zur Bewußtseinsphilosophie oder, noch moderner, zum mentalen Paradigma immerwährend beschrieben. Und daß sich folglich im Vernunftnaturrecht bei weitgehend gleichlautendem Normbestand die Wandlung vom klerikal-feudalen zum bürgerlichen Recht vollzog – das eine Mal so zirkulär begründet wie das andere Mal –, gehört zum Kernbestand jeder marxistischen Geschichte der Philosophie und Rechtsphilosophie.[15] Ebenso differenziert müssen die einzelnen Begriffe dieser Normen oder der Ethik insgesamt erörtert werden, wie etwa „Gerechtigkeit"[16], „Gleichheit" usw.

Gegenüber dem emphatischen Verständnis von „Vernunft" (und den übrigen Schlüsselbegriffen der Aufklärung), auf dem der Marxist besteht, ist das Gerede von den Ln. nur flach. Und nichts ist flacher als die flache Meinung Topitsch's, diese Formeln hätten allemal die Herrschaftsstrukturen des status quo legitimiert: Bekanntlich müssen sich auch neu aufkommende Kräfte zunächst der alten Denkweisen bedienen. Und so haben in der ganzen uns bekannten Geschichte reaktionäre und progressive Kräfte und Klassen ihre geschichtlichen und gesellschaftlichen Kämpfe auch in der Begrifflichkeit von Bibel und Naturrecht ausgetragen; haben Bauer und Adliger ein und dieselbe Begründungsquelle

[15] Vgl. etwa: M. Buhr, „Vernunft", in: G. Klaus/M. Buhr (Hrsg.), Philosophisches Wörterbuch, 11. Aufl., Berlin 1975; M. Buhr/G. Irrlitz, Der Anspruch der Vernunft (1968; 1976). Speziell zum Naturrecht: H. Wagner, Die Politische Pandektistik (1985), Teil III; H. Klenner (außer in zahlreichen Aufsätzen), in: Marxismus und Menschenrechte, a. a. O.
[16] Siehe hierzu die sehr differenzierte Untersuchung von H. Klenner, Gerechtigkeit – eine rechtsphilosophische Kategorie?, in: Deutsche Zeitschrift für Philosophie, 7/1979, S. 792.

für ihre entgegengesetzten Positionen benutzt; haben reaktionäre und progressive Klassen mit dem Naturrecht die bestehenden Zustände legitimiert oder revolutioniert, kurz: „die Durchsetzung von Klasseninteressen geschah ... in einer sprachlichen Maskerade ohnegleichen“ [17]. Kants pathetischer Aufruf zum Gebrauch der Vernunft war damals weder eine L. noch status-quo-wahrend; ob der Kategorische Imperativ wirklich nur formal war oder ist, mag strittig sein; daß er um 1800 gerade keine L. war, wie *Kelsen* und T. meinen, sondern daß er gegenüber den feudalrechtlichen Ungleicheiten höchst revolutionär war, ist oft dargestellt worden.[18]

Von all dem weiß die L.-These wenig. Sie vermittelt das Bild, daß vor und außerhalb des Kritischen Rationalismus recht konfus gedacht wurde und wird. Bewußt überspitzt meinen wir: Von einem gesellschaftlichen Ansatz her gibt es keine Ln.; zu solchen werden Normen erst, wenn sie aus allen geschichtlichen und gesellschaftlichen Bezügen gelöst und als isolierte Sätze „analysiert“ werden.

III

10. Es ist stiller geworden um die „Ln.“. Zwar haut man sich im politischen Alltag die „L.“ allseitig um die Ohren. Aber gegen das Naturrecht wird „L.“ kaum noch in ideologiekritischer Manier vorgebracht, um so ausgiebiger gegen alle Grundsätze und Kategorien des Marxismus. Hierfür nennen wir nachstehend wissenschaftsimmanente (A.) und wissenssoziologische (B.) Gründe, d. h. also, wir lassen die in der gesellschaftlichen Entwicklung liegenden Gründe dahingestellt.

A

11. Auch die *positivistischen Wissenschaftstheorien* sind andere Wege gegangen, als die Popper-Kelsen-Topitsch'sche Einweisung vermuten ließ; deren Unvereinbarkeiten zum Topitsch'schen Sprachverständnis lassen sich in der Eile gar nicht alle aufzählen. Gemeinsam ist diesen Wegen, daß auf ihnen nirgends mehr einzelne Ausdrücke (Begriffe, Sätze) aus allen denkbaren Bezügen, selbst aus den von der Sprache gebildeten Kontexten („Sprachwelten“), herausgelöst und dann als „leer“ verschrieen werden. Dieser unzulänglichen Kritik lag das falsche Sprachverständnis des Logischen Positivismus zugrunde, wonach im wissenschaftlichen Sprechen Worte eindeutig und „ideologiefrei“ (d. h. ohne theoretischen Rahmen) die „unmittelbaren Gegebenheiten“ zu bezeichnen hätten. In dieser – zu Unrecht – an der Sprache der Naturwissenschaften abgelesenen Konzeption war

[17] H. Klenner, Marxismus und Menschenrechte, a. a. O., S. 30.
[18] Siehe etwa: H. Wagner, Die Politische Pandektistik, a. a. O.

(weil die Sprechersituation nicht in das Konzept einfloß) für die Ethik ohnehin kein Raum. Aber nicht einmal für die „empirischen Wissenschaften" ließ sich dieses Sprachverständnis halten, wie das Scheitern der Grundkonzeptionen vom Logischen Positivismus, vom Physikalismus, vom Konventionalismus und vom Phänomenalismus gezeigt hat: Die unhintergehbare „Theoriegeladenheit" (besser: „Theoriegebundenheit") aller sprachlichen Ausdrücke, sei es der Beobachtungs-, sei es der Theoriesprache, ist heute anerkannt. Damit besteht zur Begrifflichkeit der „moralischen Sprache" – die zunächst aus dem „wissenschaftlichen Sprechen" mangels „Wahrheitsfähigkeit" verbannt blieb – nur noch ein gradueller Unterschied. Des weiteren sind alle Versuche, die „normativen Ln." näher zu bestimmen, an eine entsprechende Anbindung an das Poppersche Falsifikationskriterium gebunden,[19] das heute allgemein als überholt gilt: Die Forschungen von Toulmin, Lakatos, Kuhn und Feyerabend haben gezeigt, daß kein Forscher jemals mit diesem Kriterium gearbeitet hat.

12. Auch in den gegenwärtigen *nichtmarxistischen Ethiken* wäre der L.-Vorwurf ohne Stellenwert. Diese Ethiken sind von *sprachanalytischen Ansätzen* her bestimmt. So unterschiedlich diese zeitgenössischen Ethiken sind (z. B. ordinary-language-Philosophie, Logik des moralischen Argumentierens, Sprachpragmatik), gemeinsam ist ihnen, daß in ihrem Denken der L.-Vorwurf nicht einmal mehr verstanden würde: das L.-Konzept ist ihnen inkompatibel. Wir nennen nur vier Gründe der Inkompatibilität:

– Der Vorwurf, „gut"/„böse" seien leer, macht nach der 80jährigen angelsächsischen Diskussion um Naturalismus, Emotivismus, Neonaturalismus keinen Sinn mehr, weil diese Ausdrücke nur funktional auf ein gegebenes System und auf ein wertendes Subjekt hin verwendbar sind; logisch gesprochen: „gut" ist kein zwei-, sondern ein dreistelliges Prädikat.[20]

– Die absolut gesetzte Dichotomie von deskriptiven und wertenden Ausdrücken – dieses angelsächsisch-wissenschaftstheoretische Pendant zum deutschen Werturteilsstreit[21] – macht nach den sukzessiven Positionen in der angelsächsischen Metaethik um Naturalismus und Emotivismus keinen Sinn mehr: Die Ausdrücke der moralischen Sprache enthalten (in unterschiedlichem Ausmaße,

[19] Z. B. bei: M. Schmid, in Ln. und Ideologiekritik, a. a. O., S. 158: Zwar lasse sich die pseudonormative L. nicht parallel zur deskriptiven L. bestimmen (weil auch derartige Ln. meist zumindest extreme, wenn auch gar nicht in Frage stehende Verhaltensweisen ausschlössen), aber eine inhaltlich gehaltvolle Norm müsse hinreichend viele Handlungsalternativen eliminieren, wobei „hinreichend" durch die spezielle Handlungssituation definiert werde.

[20] Das habe ich versucht darzulegen für die „Analyse der Moralsprache" und für eine marxistische Position, in: H. Wagner, Normenbegründungen. Einführung in die spätbürgerliche Geltungsdiskussion, Köln 1982, Kap. V, VI.

[21] Ebenda, V.

aber stets) deskriptive und normative Momente (was allerdings in einer höchst differenzierten, mitunter persönlich-eigenwilligen Begrifflichkeit ausgedrückt wird).

– Die letztlich von deskriptiven Urteilssätzen der „empirischen Wissenschaften“ abgezogene Ansicht, daß Sprache überwiegend „unmittelbare Gegebenheiten“ „bezeichne“, ist der Einsicht gewichen, daß mit Sprechen auch etwas im gesellschaftlichen Bereich bewirkt wird: Sprachanalyse und besonders die „moralische Sprache“ wird zu einem Teil der Handlungslehre.[22]

So verschieden diese Ansätze sind: sie beschränken die Wissenschaftstheorie nicht länger auf eine sogenannte Syntaktische Dimension, für die der semantische Aspekt problemlos wäre: „*Bedeutung*“ wird zu einem hochkomplexen Problem und verweist auf „sprachweltliche“ und „lebensweltliche“ Kontexte. Wir Marxisten meinen, daß unsere Klassiker dies schon vor fast 150 Jahren klarer gesagt haben; immerhin: Zwangsläufig rückt auch für die Sprachanalytische Ethik die *pragmatische Dimension* in den Vordergrund, ohne die aber auch die semantische Dimension sich gar nicht bestimmen läßt. Wir merken nur an, daß diese pragmatische Dimension von der Analytischen Ethik ungesellschaftlich bestimmt wird und sich überwiegend auf einen ungesellschaftlichen „Sprecher“ konzentriert; wir monieren nur, daß diese Vernetzung ins Pragmatische noch gänzlich unzureichend ist,[23] wie auch Nichtmarxisten sehen, denn: „Man spart sich nach wie vor die ‚principia media‘, d. h. die *sozialen* und *politischen* Probleme aus.“ [24] Aber, und allein darauf kommt es im Rahmen dieses Abschnittes an: selbst mit dieser restringierten positivistisch-sprachanalytischen Form ist die L.-Konzeption, weil von einem schon immer falschen Sprachverständnis ausgehend, unvereinbar. Daher kann sie selbst in den positivistischen Entwicklungsgang, wie er sich nach dem „linguistic turn“ darstellt, nicht mehr eingebracht werden: das zeigt der gescheiterte Versuch von *Schmid*,[25] der konturenlos von Logik, Semantik, Wissenssoziologie und allem sonst noch Denkbaren reden muß.

13. In der *Rechtstheorie* geht es schon zwiespältiger zu.

a) Zunächst: In der bundesrepublikanischen Rechtswissenschaft geht es nicht mehr um ein unmittelbar anwendbares Naturrecht; das neo-thomistische Natur-

[22] Daß diese Positionen nur den Erkenntnissen einer Widerspiegelungstheorie entsprechen, die die geschichtliche, gesellschafts- und klassenmäßige Situation des Sprechers, seine Bedürfnisse und seine objektiven Interessen einbeziehen, habe ich in: H. Wagner, Recht als Widerspiegelung und Handlungsinstrument, Köln 1976, und in: H. Wagner, Normenbegründungen, a. a. O., darzulegen versucht.

[23] Von dem Abdriften in Sprachpragmatiken und Diskurstheorien, die Diskurs-Grammatiken als gesellschaftliche Apriori und als Gesellschaftstheorien empfehlen, ganz zu schweigen; auch dazu: H. Wagner, Normenbegründungen, a. a. O., V 2 b.

[24] W. Schulz, Philosophie in der veränderten Welt, 2. Aufl., Pfullingen 1972 (hier zitiert nach: 2. Aufl. 1974, S. 78).

[25] Vgl. M. Schmid, Ln. und Ideologiekritik, a. a. O.

recht west nur noch in einer „Sonderkultur". Es geht um Rechtsprinzipien und allgemeine Rechtsgrundsätze, deren Formulierungen sich z. T. schon im Naturrecht finden.
b) Auf der wissenschaftlich-methodologischen Ebene bringt die L-.These keine Erkenntnis mehr, die erst noch zu vermitteln wäre. Auch soweit die bundesrepublikanische Rechtswissenschaft die Diskussion der Wissenschaftstheorie und der Sprachanalytischen Ethik nicht aufgenommen hat, ist nicht mehr umständlich darzutun, daß viele normative Formulierungen, *nähme man sie für sich allein*, oder, gerierte man sich so, als sei man außerhalb aller Kontexte, von geringem regulativem Gehalt wären. Aber niemand nimmt sie mehr für sich allein oder geriert sich so. Unsere Methodenlehren betonen übereinstimmend, daß praktisch *jede* Norm interpretationsbedürftig ist; alle führen sie aus, wie unvollkommen das Schema des Justizsyllogismus ist und daß sich die Arbeit des Juristen in der Bestimmung der „Fallnorm" zentriert. Das gilt in besonderem Maße für Grundrechte, für Generalklauseln, für generalklauselartige Begriffselemente vieler Normen, und es gilt für allgemeine Rechtsprinzipien oder -grundsätze verschiedenster Art und Denomination. Daß alle diese normativen Formeln nicht allein aus sich heraus unmittelbar anwendbar oder nicht unmittelbar subsumtionsfähig sind, muß nicht mehr dargetan werden. Die einzelnen Autoren drücken dies, je nach ihrer methodologischen Anbindung, verschieden aus: vage Prädikate müßten ausgefüllt werden, es bedürfe für die entscheidenden Begriffe der operationalen Definition usw. Diese Formeln bedürfen – wie alle Normen! – der *Konkretisierung*, und es ist unstrittig, daß diese inhaltgebende Konkretisierung aus irgendwelchen weiteren (d. h. den Wortlaut der Norm transzendierenden) Kontexten erarbeitet werden und an die Norm herangebracht werden muß. Vor allem die Rechtsprinzipien (z. T. aus dem früheren Naturrecht stammende Formulierungen) werden eher als gemeinsam akzeptierte argumentative Ausgangspunkte angesehen, von denen aus zur Konkretisierung fortzuschreiten ist. Die Konkretisierungsnotwendigkeit ist also nicht mehr strittig.

14. Unsere Probleme sind heute eher die folgenden:
a) Das Angebot an Konkretisierungskonzepten ist übergroß, und die einzelnen Ansätze sind schon in sich oft so diffizil, daß die Praxis sie nur insgesamt ignorieren kann. Der Aufwand an Menge der Ansätze und an deren Komplexität, steht in überhaupt keinem Verhältnis zum Ertrag – und kann es auch nicht sein, wie aus b) ersichtlich. Schon die Menge der Ansätze und die Beliebigkeit des gewählten Ansatzes führen in die Ausweglosig- und Beliebigkeit. Dabei geht vielfach aus dem Blick verloren, daß die mit großem Aufwand erreichte scheinbare innersystematische Richtigkeit sich mit anderen Ansätzen, verbunden mit ähnlichem Aufwand, genauso stimmig erreichen ließe; kurz: Der Aufwand für den Begründungs- und Darstellungszusammenhang steht in keinem Verhältnis zum Aufwand für die Begründung der Prämissen, von denen aus interpretiert wird (z. B. könnten zahlreiche Problembereiche, in denen ein exzessiver Schutz des

Privateigentums aus Art. 14 Abs. 1 Grundgesetz die Entscheidung bestimmt, genauso „stringent“ von anderen Grundrechtsnormen [etwa Art. 2 I: „Freie Entfaltung der Persönlichkeit“] her strukturiert werden).
b) Alle diese Konzepte leiden daran, daß sie versuchen, „rein objektiv“, d. h. „ideologiefrei“, ohne Gesellschaftstheorie und ohne Thematisierung der gesellschaftlichen Kräfte, diese Konkretionsleistung zu erbringen. Am weitesten gehen noch die Forderungen, den eigenen Standpunkt, das eigene „Vorverständnis“ offenzulegen; meist schrecken sie vor einer solchen Thematisierung zurück und prätendieren, eben diesen Einsatz wiederum aus anderen Rechtsprinzipien, meist aber „aus der Verfassung“ zu begründen – als ließen sich nicht recht verschiedene Verfassungsgrundsätze und Grundrechte als Einsatzpunkt hernehmen.
c) Die Bedenken gegen das bundesrepublikanische Umgehen mit Normen resümieren sich also nicht im Vorwurf „Ln.“, sondern auf das ungesellschaftliche Rechtsverständnis. Die weitestgehenden Erkenntnisse, etwa daß unterschiedliche Grundrechtstheorien zu ganz verschiedenen Ergebnissen führen, unsere Topoi-Kataloge, die „in heiterem Durcheinander“ (Klenner) alle Gemeinplätze unserer Sprache aufführen, die sozialisationstheoretischen Bestimmungen, wer denn die Menschen der jeweiligen Dezisions- und Konkretisierungsinstanzen sind (allerdings weitgehend abgeblockter Ansatz) und schließlich die Einsicht, daß das „Vorverständnis“ die Methodenwahl bestimmt – immerhin eine bedenkliche Nähe zur „Parteilichkeit“ –: sie alle sind bereits dem Vorwurf der Traditionalisten ausgesetzt, die vermeinen, ausschließlich vom Gesetz, der Methodenlehre und dem für Objektivität bürgenden Judiz determiniert zu sein. In Wahrheit aber ist all diesen Ansätzen von einem gesellschaftlichen Verständnis des Rechts aus vorzuhalten, daß sie von der Fehlvorstellung ausgehen (und diese wieder als Illusion verbreiten), als stünde es dem Rechtsanwender frei, welche Grundrechtstheorie er im Entscheidungsfall heranzieht; als sei es bei ihm, welchen topos er prävalieren läßt; als hänge es davon ab, wie seine persönliche Sozialisation abgelaufen ist; als könne sein (eventuell systemkritisches) Vorverständnis zum Zuge kommen. Unthematisiert bleibt dabei, daß sich dann „in letzter Instanz“, sagen wir z. B. bei Berufsverboten, insoweit eben nicht das liberale Grundrechtsverständnis durchsetzt, eben nicht der topos „in dubio . . .“ prävaliert, eben nicht eine gewerkschaftliche Sozialisation des Richters entscheidungsbestimmend ist und eben nicht ein beliebiges Vorverständnis (etwa der Autoren des „Alternativkommentars zum Grundgesetz“) die ergebnisbestimmende Methodenwahl anleitet – und dies nicht nur, weil hier eventuell das Bundesverwaltungsgericht die juristische „letzte Instanz“ ist. Aber . . . das ist ein zu weites Feld.

B

15. **Vor allem aber sind Topitsch und die Seinen Wege gegangen, auf denen es zu einem renversement des alliances kommen mußte: Von nun an gemeinsam gegen links! heißt die Marschrichtung, und da wäre selbst die milde L.-Kritik am Naturrecht eine falsche Schußrichtung.**

Statt umfangreicher Nachweise zeigen wir den Zielwechsel am „Club Voltaire. Jahrbuch für kritische Aufklärung". Die vier erschienenen Bände 1963–1970 nebst ihrem Folgeband 1975, in denen Topitsch stets vertreten ist, zeigen paradigmatisch, ja karikaturhaft, das Verkommen von ehedem gesellschaftskritischen Ansätzen. An diesem von G. Szczesny herausgegebenen Jahrbuch arbeiten zunächst Autoren verschiedener Richtungen mit, deren Denken „sich außerhalb der christlichen Vorstellungswelt vollzieht" (I 11); als maßgebliche Aufklärer werden Marx (!), Nietzsche, Freud, Einstein, Whitehead und Wittgenstein genannt (I 12). Das war 1963. Bd. IV (1970) zeigt die Truppen mitten im Alliancenwechsel: Der Band hat zwei Teile und nur Teil 2 druckt wohl noch bestellte, aber unzeitgemäß eingelaufene Beiträge über die „noch bestehenden Privilegien der beiden christlichen Großkirchen" (IV 9). Aber um die geht es nicht mehr. Denn inzwischen hatten Studenten tatsächlich Marx als Aufklärer entdeckt, wenn auch eigentlich nur in den ästhetisierenden Formen der Frankfurter Schule, und hierauf war das Feuer zu konzentrieren. Denn: „wenn also, wie es heute der Fall ist, ein dogmatischer und terroristischer Politizismus viele Funktionen der religiösen Erlösungslehren übernommen hat, wird er bevorzugter Gegenstand der Erörterung sein müssen" (IV 9). Denn „die Aufklärungsphilosophie der Neuen Linken ist natur- wie geschichtsblind und damit menschenfeindlich. Ihre Tabula-rasa-Programme – wenn man ihre Verwirklichung zuließe –, zerstörten nicht nur diese oder jene Überlieferung, sie zerstörten den Menschen" (IV 12). Es hat auch keinen Sinn mehr, das Christentum ... zu attackieren (IV 14). Nun schreiben dieselben Aufklärer der vorherigen Bände unter eindeutigen Titeln (Albert, Amery, Kilian, Plack, T. u. a.). Und der Folgeband 1975[26] läßt schon im Titel gar keinen Zweifel. Dem Herausgeber ist der Marxismus „suspekt und unsympathisch" (Vorbemerkung). Ich zitiere das Buch, habe aber nur das „Einleitende Referat" von Topitsch (S. 8) gelesen. Der Leser erfährt ein Doppeltes: bei Marx finden sich „cäsarischer Machtwille, unbändige destruktive Gelüste, unverkennbare Tendenz zur Selbstvergottung", Marx selbst war „schroff, autoritär, absolut intolerant, bedingungslose Unterwerfung fordernd". Aus jüdischem Messianismus und gnostisch-idealistischen Selbstvergottungsspekulationen baut sich Marx seine Theorien auf, während er sich des von ihm verachteten Proletariats zynisch zur persönlichen Machtpolitik bedient. Der Marxismus selbst ist dann durch all die oben unter 2. genannten Irra

[26] Siehe: Marxismus ernstgenommen. Ein Universalsystem auf dem Prüfstand der Wissenschaften, Hrsg.: (wiederum) G. Szczesny, Verlag: (wiederum) Rowohlt (1975); Szczesny schreibt dann in: Die Zukunft des Unglaubens (1972) Postskriptum 1972, daß die von Marx entwickelte universale „Ersatzreligion" einen Perfektionswahn entwickelt habe, der „gewalttätiger und gefährlicher ist, als es jemals religiös bestimmte Totalitarismen sein konnten".

tionalismen zusammengesetzt. Machtwille und Zerstörungslust schaffen sich so ihre Mythen, die dann wieder zerstörend und rechtfertigend auf den Machtwillen und die Zerstörungslust zurückwirken (dies alles auf wenigen Seiten!).

Der Leser wird zugeben: Meinungs- und Veröffentlichungsfreiheit reichen im Verlagswesen der BRD weit. Aber wozu sollte er das Buch nach *dieser Einleitung* noch lesen? Soll er einen umfangreichen Testbericht lesen über ein perpetuum mobile, das ein anscheinend verrückter Psychopath mit gnostisch-kabbalistischen Ln. konstruiert hat?

IV

16. Bleibt noch zu erklären, wie eine so verkürzte Analyse während einer Dekade als Ideologiekritik durchgehen und tatsächlich ideologiekritisch sein konnte. Ein Blick auf die ideologische Situation der frühen BRD mag dies zeigen.

Etwas vereinfacht läßt sich die frühe bundesrepublikanische Ideologie als restaurativ und affirmativ charakterisieren; kritische Ansätze gab es hierzu kaum. Die BRD begriff sich als das Andere zum Faschismus und zum Marxismus (Totalitarismusthese), ohne auch nur Begriffe zuzulassen, die ihre kapitalistischen Strukturen kritisch zu sehen erlaubten: die herrschende existentialistisch-hermeneutische Philosophie war rundherum ungesellschaftlich (einer „kritischen" Kategorie wie der „Seinsvergessenheit" konnte jeder folgenlos zustimmen); die Frankfurter Schule war noch ein esoterischer Zirkel. Die Gesellschaftslehre nahm in der Form der Politologie eine idealisierte „Westliche Demokratie" als absolutes Maß; in der Form der Soziologie wurden gerade erst die empirischen Methoden übernommen mit dem Credo der strikten Trennung von Deskription und Wertung. Die Ökonomie ging anachronistisch, aber bewußt von einem ordo-Denken aus, dem für volkswirtschaftliche Zusammenhänge die aristotelisch-thomistische Zusammenschau werthafter Seinsbezüge eigen war: In abstruser Begriffsmischung wurde der ordo nun allerdings in kapitalistisch-liberalistischen Strukturen gesehen. Dem ordo-Denken entsprach es, daß man mit höchst irrealen Modellen arbeitete (Modell Freie Marktwirtschaft contra Modell Zentralverwaltungswirtschaft), auf die man alles Gute und Böse säuberlich verteilte.[27] In dieser Situation war der Kritische Rationalismus, etwa Alberts Nachweis marktwirtschaftlicher Mythen, eine Form der Aufklärung.

17. Auch auf staatstheoretischem und juristischem Felde wurden raum-zeitlose Ln. als ewig gültige Normen herumgereicht, von allen Bezügen gelöst und in Form einer philosophia perennis als durchgängige Entwicklung abendländisch-christlichen Denkens und als durchgehaltene Realität gehandelt: traditionelle Grundrechtsformeln, staats- und verwaltungsrechtliche und zivilrechtliche Gene-

[27] Man denke an damalige Kultbücher (z. B. Hayek, Wege zur Knechtschaft, oder Röpke, Gegen die Brandung).

ralklauseln aller Art („Gemeinwohl", „öffentliches Interesse", „Treu und Glauben" usf.). Nicht die Existenz dieser Formeln erscheint uns als fragwürdig – wir haben sie (unter III/13.) als unerläßlich bezeichnet –, sondern ihre fraglose Hinnahme und der Glaube, der diese Formeln inhaltlich auffüllende Jurist wende nichts als diese Normen an; genauso aber war das juristische Selbstverständnis. Versteht man, daß in dieser Situation bereits der Aufweis eines ideologischen „Vorverständnisses"[28] befreiend wirkte, wenn auch dieses Vorverständnis keinerlei gesellschaftliche Kräfte benannte, die es inhaltlich bestimmten? Daß die Kelsensche Interpretationslehre *insoweit* ideologiekritisch war, als sie den eigenen Entscheidungsraum des Normanwenders benannte (den sie konsequent als Rechtsetzer qualifizierte), wenn sie auch weder thematisierte, woher dem Anwender die Inhalte zukamen, noch, welche Inhalte ihm überhaupt zukommen durften? Und die gleiche begrenzte kritische Funktion muß man auch der Kelsen-Topitsch'schen *Naturrechtskritik* zuerkennen. Wurden doch die altehrwürdigen Formeln als raum- und zeitlose, gleichwohl aber als inhaltlich präzise Formeln gehandhabt, die – vor allem in der frühen Rechtsprechung des Bundesgerichtshofes auf weltanschaulichen Gebieten – paßgenau mit den restaurativen Tendenzen übereinstimmten. Aristoteles und Thomas v. Aquin, ja Gottvater persönlich über dem Sinai, zumindest aber Natur (der Sache) und Vernunft hatten eigentlich schon immer die BRD gemeint und auf sie verwiesen. Eine solche Jahrtausend-Ideologie war natürlich nur mit Ln. aufzubauen, und die BRD hat sich zunächst „jede ernsthafte Auseinandersetzung mit dem Faschismus in Deutschlands Geschichte mittels eines Heiligenscheines erhabener Ln. erspart".[29]

18. Ist es verwunderlich, daß angesichts eines derart in Form abgelöster Satzkonglomerate tradierten Naturrechts bereits eine Kritik, die gleichfalls ganz auf der Satzebene blieb, befreiend wirkte? Erwies doch die Kelsensche und Topitsch'sche Kritik diese Normen zum einen als leer und wagte sie zum anderen auszusprechen, daß schon mit diesen Naturrechtsformeln Sklaverei, Leibeigenschaft, Ketzerverbrennungen, koloniale Zwangsarbeit u. ä. legitimiert wurden.[30] Im Vergleich zu Blinden sehen eben Einäugige – zwar noch nicht tiefenscharf – aber doch etwas mehr.

[28] Der Begriff wurde in die rechtswissenschaftliche Diskussion (1970) eingebracht von J. Esser, vgl. ders., Vorverständnis und Methodenwahl in der Rechtsfindung, Frankfurt a. M. 1972.

[29] H. Klenner, Rechtsphilosophie in der Krise, Berlin 1976, S. 9.

[30] Z. B.: E. Topitsch, Atheismus und Naturrecht, in: Club Voltaire. Jahrbuch für kritische Aufklärung, Bd. 3, München 1967, S. 344; und in: Mythos, Philosophie, Politik, Freiburg 1969, S. 121; ferner: Sachgehalte und Normsetzungen, in: Archiv für Rechts- und Sozialphilosophie, Bd. 44, Neuwied – Berlin (West) 1958, S. 189, und in: Sozialphilosophie zwischen Ideologie und Wissenschaft, Neuwied 1961 (2. Aufl. 1962), S. 53 (auch: Neuwied 1966 und 1971, 3. Aufl.).

Werner Grahn (Leipzig)

Zum Verhältnis zwischen Gerechtigkeit und Ungerechtigkeit

Die Kategorien Gerechtigkeit und Ungerechtigkeit und insbesondere ihre Anwendung auf das Recht und andere gesellschaftliche Erscheinungen gehören zu den strittigsten und am meisten verwickelten Problemen, die seit Jahrtausenden in der Wissenschaft, aber auch in Alltagsgesprächen erörtert werden. Obwohl es unübersehbar viele Publikationen gibt, in den belletristisch, publizistisch und theoretisch (und hier philosophisch, ethisch, historiographisch, rechtstheoretisch etc.) unterschiedliche Aspekte der Problematik angesprochen werden, ist der erreichte Forschungsstand unbefriedigend, bestehen doch fast mehr Meinungsgegensätze und -unterschiede als übereinstimmende Ansichten. Diese Situation resultiert nicht allein aus der Kompliziertheit der Thematik, sondern auch und vor allem aus den unterschiedlichen sozialen Interessen, die die Ansichten mitprägen. Der Kampf um Gerechtigkeit und gegen Ungerechtigkeit tritt meist als Interessenauseinandersetzung in Erscheinung, wodurch die Fragestellung nach der wahren Erkenntnis von Gerechtigkeit und Ungerechtigkeit ihre Motivation und zugleich ihren parteiischen Charakter erhält. Die Einheit von Vernunft und Gerechtigkeit – von wahrer Erkenntnis und berechtigtem Interesse – gelingt in der Regel nur von der Position der progressiven Klasse. In jüngster Zeit wandte sich in der DDR besonders Hermann Klenner den Gerechtigkeitsproblemen zu und präzisierte Ansatzpunkte, die für die folgenden Überlegungen Bedeutung besitzen.[1] Da es bisher in der DDR noch keine umfassende, monographische Darstellung zum Verhältnis Gerechtigkeit – Ungerechtigkeit gibt, sollen hier konzeptionelle Vorstellungen zu einer solchen Arbeit erörtert werden.

1. Die gegenwärtigen Forschungen zur Gerechtigkeit und Ungerechtigkeit dürfen nicht esoterisch konzipiert werden, sondern haben den gesellschaftlichen Umwälzungen unserer Epoche Rechnung zu tragen; sie sind selbst ein Teil dieser Veränderungen. Antagonistische Widersprüche prägen derzeit noch den größeren Teil der Welt und erfordern eine Wertung mittels der Kategorien Gerechtigkeit und Ungerechtigkeit. Die Gefahr der Vernichtung der Menschheit in einem Krieg, der mit nuklearen Waffen geführt wird, führt zu einer weltweiten Verurteilung

[1] Vgl. H. Klenner, Gerechtigkeit – eine rechtsphilosophische Kategorie?, in: DZfPh, 7/1979, S. 792ff.; H. Klenner, Marxismus und Menschenrechte. Studien zur Rechtsphilosophie, Berlin 1982, S. 147ff.

eines solchen Krieges und damit zur Verdammung von Rüstungseskalation, Rüstungsgewinnen, Kriegstreiberei, Antikommunismus, Aggression und Vergeudung menschlicher Arbeit etc. Die überwiegende Mehrheit der Menschen verurteilt Handlungen, die auf die genannte Gefahr hinauslaufen, als inhuman, als ungerecht und beurteilt als gerecht all das, was geeignet ist, dieser Gefahr zu entgehen – die Abrüstung, den Rüstungsstopp, völkerrechtliche Verträge über Nichtangriff und über gute ökonomische, politische und sonstige Beziehungen zwischen den Staaten etc. Da es das große Privateigentum an den Produktionsmitteln, verbunden mit dem Profitstreben, ist, welches Ausbeutung des Menschen durch den Menschen ermöglicht, welches die Armen ärmer und die Reichen reicher macht, welches Hunger, Arbeitslosigkeit und Entfremdung hervorruft, wird dieses Eigentum von den Werktätigen und Geistesschaffenden in der ganzen Welt zunehmend als ungerecht und als Ungerechtigkeit herbeiführend betrachtet. In vielen Ländern der Erde besitzen die großen Eigentümer der Produktionsmittel auch die politische Macht und nutzen diese für ihre Interessen, für das Gewinnstreben, die Erhaltung ihrer ökonomischen, politischen und ideologischen Machtpositionen sowie zur Unterdrückung der Arbeitenden. Daß Letztere solche gesellschaftlichen Verhältnisse als ungerecht empfinden müssen, ist ganz natürlich und führt zum Kampf für eine gerechtere Gesellschaftsordnung, den Sozialismus/Kommunismus, der in einigen Ländern der Welt bereits erfolgreich aufgebaut wird. Die Völker betrachten faschistische Diktaturen, Militärregimes und ähnliche undemokratische Herrschaftsformen als maßlose Ungerechtigkeit. Sie verurteilen ebenso jeden Rassismus, Apartheid sowie Kolonialismus und Neokolonialismus. Es ist gerecht, wenn alle Völker, Nationen und Länder eine Chance zur eigenen Gestaltung ihres Schicksals verwirklichen können.

Wie andere gesellschaftlichen Erscheinungen unterliegt auch das Recht einer wertmäßigen Beurteilung und verdient als gerecht oder ungerecht gekennzeichnet zu werden. Man muß konstatieren, daß die gesellschaftliche Realität der Gegenwart ohne die Kategorien Gerechtigkeit und Ungerechtigkeit nicht im Interesse der Menschen – unter Beachtung der sozialen und sonstigen Unterschiede – gewertet werden kann. Dabei geht es um eine Bewertung, die das Handeln orientiert und mobilisiert.

Der Kampf um Gerechtigkeit und gegen Ungerechtigkeit erstreckt sich auf unterschiedliche Objekte, er erfolgt auf vielen Ebenen, besitzt viele Gesichter und führt unterschiedliche Traditionen fort. Seine Mannigfaltigkeit ist aufzuzeigen, ebenso seine Ursachen, Bedingungen und Ziele. Vor allem aber sind jene Kräfte zu analysieren, die den Kampf führen, die sich im Kampf gegenüberstehen oder verbünden, wobei Niederlagen und Siege gleichermaßen zum Kampf gehören. Dieser Kampf findet seine Widerspiegelung auch im politischen, rechtlichen, moralischen, künstlerischen und religiösen Denken über Gerechtigkeit. Nicht selten spielen Verkennungen der Interessen und Werte eine Rolle. Das Gerechtigkeitsdenken – als theoretisches und als alltägliches Denken – bedarf einer genauen Untersuchung. Seine Ursachen, Beweggründe, Traditionen, Ziele, Modifikationen, Differenzen und Wirkungen sind wissenschaftlich zu erforschen, um im ideologischen Klassenkampf die Positionen der Arbeiterklasse als der stärksten und progressivsten Klasse zu verdeutlichen und angemessene Handlungsstrategien und -programme zu entwickeln, die geeignet sind, über mehr Gerechtigkeit in einzelnen Situationen zu einer gerechten Gesellschaftsordnung – dem Kommunismus – zu führen. Der Kommunismus als die Gesellschaft des von sozialen Fesseln befreiten Menschen ist die gerechte Gesellschaft.

2. Die Erforschung des Verhältnisses zwischen Gerechtigkeit und Ungerechtigkeit wirft auch methodische Probleme auf. Das Problem der Gerechtigkeit entstand in der Urgesellschaft mit den großen Arbeitsteilungen und den dadurch bedingten Austauschverhältnissen.[2] Die ersten Vorstellungen von Gerechtigkeit und Ungerechtigkeit waren ohne Klassencharakter und ohne Abstraktheit. Beginnt die Forschung bei der Herausbildung der Klassengesellschaft, dann bleibt der historische Anfang unbeachtet.

Mit dem Übergang zur Klassengesellschaft begannen auch die Klasseninteressen, das Gerechtigkeitsdenken und das Gerechtigkeitsstreben zu prägen. Karl Marx und Friedrich Engels haben darauf hingewiesen.[3] Nur wenn man materialistisch und dialektisch in der Forschung vorgeht, kann der Zusammenhang zwischen den gesellschaftlichen Verhältnissen, den Interessen und den Wertkategorien Gerechtigkeit und Ungerechtigkeit aufgedeckt werden. Dialektisches Herangehen führt zu der Erkenntnis, daß sich die Maßstäbe, an denen gemessen wurde, was gerecht oder ungerecht ist, daß sich die Vorstellungen von der Gerechtigkeit im historischen Wandel veränderten. Marx und Engels polemisierten gegen Vorstellungen von einer „ewigen“ bzw. gleichbleibenden Gerechtigkeit, wie sie z. B. P.-J. Proudhon vertrat.[4] Dialektisches Vorgehen bedeutet aber auch die Beachtung der dialektischen Widersprüche. Deshalb kann man die Gerechtigkeit nur zusammen mit der Ungerechtigkeit erforschen, wie es beispielsweise P. Lafargue und H. Klenner demonstrierten. Die materialistische Komponente der Forschung zeigt sich darin, daß die Wertvorstellungen und ihr Wandel mit den Interessen und gesellschaftlichen Verhältnissen im Sinne des Determinismus in Beziehung gesetzt werden.

Im Unterschied zu einigen bürgerlichen Strömungen der Rechtsphilosophie, kann von marxistischer Position aus eine Geschichte von Gerechtigkeit und

[2] Erste Ansätze in dieser Richtung findet man bei: Ch. Darwin, Die Abstammung des Menschen und die geschlechtliche Zuchtwahl, Leipzig 1949, S. 132; P. Lafargue, Vom Ursprung der Ideen. Eine Auswahl seiner Schriften von 1886 bis 1900, Dresden 1970, S. 5f.; Z. A. Berbeškina, Spravedlivost kak socialnofilosofskaja kategorija, Moskva 1983, S. 22.

[3] Vgl. K. Marx, Das Kapital. Erster Band, in: MEW, Bd. 23, S. 99; F. Engels, Zur Wohnungsfrage, in: MEW, Bd. 18, S. 277.

[4] Vgl. K. Marx, Das Elend der Philosophie, in: MEW, Bd. 4, S. 138, 161.

Ungerechtigkeit geschrieben werden. Rechtsphilosophen, die in der Gerechtigkeit nur ein Scheinproblem (eine Leerformel) sehen – wie A. Ross[5] –, die nicht wissen, was Gerechtigkeit ist – wie H. Kelsen[6] –, die die Problemstellung verlagern – wie R. Dreier, wenn er Gerechtigkeit als „gute Ordnung der Verteilung und des Ausgleichs von Gütern und Lasten“[7] bestimmt und damit gerecht als „gut“ charakterisiert –, dürften nicht fähig sein, eine tragfähige Konzeption für die Geschichtsschreibung des Gerechtigkeit-Ungerechtigkeit-Verhältnisses zu gestalten.

Bei der wissenschaftlichen Analyse dieser Problematik müssen die Grunderkenntnisse der marxistischen Philosophie, der marxistischen Politischen Ökonomie, des Wissenschaftlichen Kommunismus, der marxistischen Staats- und Rechtstheorie sowie der Geschichtswissenschaft Berücksichtigung finden. Dadurch erfährt das Gerechtigkeits-Ungerechtigkeits-Verhältnis einerseits seine Einordnung in die gesellschaftlichen Gesamtzusammenhänge, und andererseits können so die in diesen Wissenschaften erarbeiteten spezifischen Erkenntnisse, soweit sie für das Thema relevant sind, ausgewertet werden.

Das Gerechtigkeitsdenken ist an Klasseninteressen gekoppelt und deshalb eine Erscheinung des ideologischen Klassenkampfes. Daraus ergibt sich auch die Notwendigkeit der Auseinandersetzung mit nichtmarxistischen Auffassungen. Die Parteilichkeit der unterschiedlichen Konzeptionen ist also aufzuzeigen und vom Standpunkt der Arbeiterklasse und ihrer Perspektive eine Parteilichkeit in der Forschung zu verwirklichen, die zu konsequenter Wissenschaftlichkeit führt. Auf diese Weise erhält der gegenwärtige Kampf der Werktätigen für Gerechtigkeit eine wissenschaftliche Fundierung.

Konzeptionell sollte zwischen der Gerechtigkeit bzw. Ungerechtigkeit als Eigenschaft sozialer Realität, als Wertbewußtsein (im Alltagsdenken und in der theoretischen Literatur) sowie als Verkörperung im Recht (der prägnantesten Ausprägung von Gerechtigkeit/Ungerechtigkeit im Politischen) unterschieden werden, wobei natürlich auch die Zusammenhänge und Widersprüche aufzuzeigen sind. Das Problem von Gerechtigkeit/Ungerechtigkeit steht in allen Gesellschaftsformationen, und das sollte in seinen typischen Zügen (umfassend ist das nicht möglich) dargestellt werden.[8] Ausführlicher sind der Imperialismus und der Sozialismus/Kommunismus zu behandeln, da durch sie die Gegenwart ihr Gesicht erhält.

3. In der Literatur zum Gerechtigkeitsproblem finden sich zahlreiche und teilweise sehr unterschiedliche Bestimmungen der Gerechtigkeit. Es gilt, nicht

[5] A. Ross, On Law and Justice, London 1958, S. 269.
[6] H. Kelsen, Aufsätze zur Ideologiekritik, Neuwied 1964, S. 230.
[7] R. Dreier, Funkkolleg Recht, Studienbegleitbrief 2, Weinheim – Basel, o. J., S. 20.
[8] F. Engels deutet ein solches Vorhaben skizzenhaft an; vgl. ders., Zur Wohnungsfrage, a. a. O., S. 277.

nur diese Vielfalt aufzuzeigen, sondern auch die Ursachen, die ihr zugrunde liegen. Verschiedenartige Interessen bedingen unterschiedliche Gerechtigkeitsauffassungen und Begriffe. Verwirrung der Begriffe erfüllt insofern auch eine Funktion. Es kann aber auch nicht darum gehen, das gesamte vormarxistische und nichtmarxistische Denken zur Gerechtigkeit zu verurteilen, denn im marxistischen Gerechtigkeitsbegriff muß das positive geistige Erbe der Menschheit aufgehoben sein. Von marxistischer Position aus ist darzulegen, wie die Begriffe Gerechtigkeit und Ungerechtigkeit, Gerechtigkeitsbewußtsein und Gerechtigkeitsstreben bestimmt werden müssen. Damit werden die begrifflichen Voraussetzungen für die Forschungen erschlossen.

Was gewöhnlich mit dem Begriff Gerechtigkeit erfaßt wird, scheint mir ein Komplex von Erwartungen, Forderungen, Werten, Rechtfertigungen, Begründungen und Maßstäben zu sein. So werden gesellschaftliche (rechtliche) Entscheidungen als gerecht empfunden und begriffen, wenn sie eine Entfaltung der menschlichen Persönlichkeit – die abhängig ist von den gesellschaftlichen Verhältnissen und ihrer Entwicklung, von der Klasssenzugehörigkeit, von der Einbeziehung in die Gemeinschaft etc. – ermöglichen. Es scheint mir nicht zu genügen, soziale Gerechtigkeit eigentlich nur in der Übereinstimmung (bzw. Angemessenheit) von gesellschaftlichen Erscheinungen mit einer bestimmten Produktionsweise zu sehen.[9] Der Mensch selbst kann wohl nicht außer Betracht bleiben. Das revolutionäre Postulat von K. Marx: „Die Kritik der Religion endet mit der Lehre, daß der Mensch das höchste Wesen für den Menschen sei, also mit dem kategorischen Imperativ, alle Verhältnisse umzuwerfen, in denen der Mensch ein erniedrigtes, ein geknechtetes, ein verlassenes, ein verächtliches Wesen ist . . .“,[10] orientiert auf eine gerechtere Gesellschaft, in der gesellschaftliche Verhältnisse herrschen, in denen der Mensch eben kein unterdrücktes, entfremdetes Wesen ist. Und in diesen Überlegungen spielt kein abstraktes oder ewiges Wesen des Menschen eine Rolle, sondern der ebenfalls von Marx formulierte Gedanke, „. . . daß die ganze Geschichte nur eine fortgesetzte Umwandlung der menschlichen Natur ist“[11].

Mir scheint, H. Klenner geht es in seinem Beitrag zur Gerechtigkeit nicht so sehr um diese selbst, sondern um die Berechtigung. Obgleich die Wertung einer gesellschaftlichen Erscheinung als gerecht immer auch zur Rechtfertigung ihrer Existenz dient, also zu ihrer Berechtigung etwas aussagt, ist damit nicht der ganze Inhalt einer Gerechtigkeits-Wertung erfaßt, denn, wie schon angedeutet, Gerechtigkeit umfaßt einen Komplex von Erwartungen, Forderungen, Rechtfertigungen, Maßstäben etc.

[9] Vgl. H. Klenner, Gerechtigkeit – eine rechtsphilosophische Kategorie?, a. a. O., S. 798.
[10] K. Marx, Zur Kritik der Hegelschen Rechtsphilosophie, Einleitung in: MEW, Bd. 1, S. 385.
[11] K. Marx, Das Elend der Philosophie, a. a. O., S. 160.

4. Viel ausführlicher, als es bisher geschah, muß m. E. die Gerechtigkeit und die Ungerechtigkeit in der Klassengesellschaft untersucht werden. Wie prägte die Herausbildung der Klassengesellschaft das Gerechtigkeitsdenken? Welche sozialen Verhältnisse und anderen sozialen Erscheinungen in der Sklaverei waren gerecht, welche ungerecht, und wie veränderte sich die Bewertung? Wie steht es mit der Gerechtigkeit bzw. Ungerechtigkeit des sich historisch entwickelnden Rechts in der Sklaverei? Wie veränderte sich das Alltagsdenken der Menschen zu Gerechtigkeit und Ungerechtigkeit (hier sind die Quellen sicherlich nur beschränkt vorhanden, aber zusammen mit der Literaturwissenschaft und der Nutzung weiterer Möglichkeiten läßt sich schon etwas sagen)? Zugleich ist die Geschichte des wissenschaftlichen Denkens zur Forschungsthematik aufzuzeichnen und auszuwerten. Analoge Fragestellungen sind auch bezogen auf die anderen Gesellschaftsformationen zu untersuchen.

5. Über das Verhältnis zwischen Gerechtigkeit und Ungerechtigkeit im Sozialismus sind weitergehende Überlegungen anzustellen. In Gegenüberstellung zum Kapitalismus/Imperialismus erweist sich der Sozialismus als eine historisch weit gerechtere Gesellschaft. Dabei treten die realen und möglichen Vorzüge des Sozialismus in den Vordergrund. Zugleich ist der reale Sozialismus an seinen eigenen Maßstäben zu messen und differenziert nach der Gerechtigkeit und Ungerechtigkeit (im Sinne eines Maßes der Gerechtigkeit und einer Anwendung dieses Maßes auf die gesellschaftlichen Entwicklungsprozesse) seiner einzelnen gesellschaftlichen Verhältnisse, Entscheidungen, Auffassungen, Bedürfnisse etc. zu fragen. Dialektisch betrachtet, ist nicht nur nach dem Alten und Neuen im Gang des Sozialismus zu fragen, sondern natürlich auch nach gerecht oder ungerecht zu differenzieren. Die Widersprüchlichkeit der sozialistischen Gesellschaft wird so umfassender erkannt und damit eine Voraussetzung für das Fortschreiten im Sozialismus besser erfüllt.

Hinsichtlich des Verhältnisses zwischen dem Leistungsprinzip, dem Verteilungsprinzip sowie dem Prinzip der Gerechtigkeit im Sozialismus liegen bisher nur sehr prinzipielle Erkenntnisse vor. Diese genügen aber nicht, wenn es um die konkrete Gestaltung sozialistischer Beziehungen in der Produktion, in der Konsumtion und um die rechtliche Regelung der gesellschaftlichen Beziehungen geht. Sozialistische Gerechtigkeit ist an die Verwirklichung des Prinzips gebunden, jeder produziert nach seinen Fähigkeiten und konsumiert nach seiner Leistung. Die Durchsetzung des Leistungsprinzips und der Kampf für gewissenhafte Arbeit überhaupt dienen der Verwirklichung der sozialistischen Gerechtigkeit. Kommunistische Gerechtigkeit wird an die Verwirklichung des Grundsatzes gebunden sein, jeder produziert nach seinen Fähigkeiten und konsumiert nach seinen Bedürfnissen. Damit bestehen im Sozialismus und Kommunismus keine formalen und inhaltslosen Kriterien für die Gerechtigkeit, wie dies in der Formel des Suum cuique jahrtausendelang Ausdruck fand.

Selbstverständlich müssen die inhaltlichen Kriterien sozialistischer Gerechtigkeit auch auf das sozialistische Recht bezogen werden. Dieses kann aber nicht schon dann als gerecht qualifiziert werden, wenn es der sozialistischen Produktionsweise entspricht. Eine solche Übereinstimmung besagt nur, daß es sich um Rechtsnormen der sozialistischen Gesellschaft handelt, die der ökonomischen Basis angemessen sind. Die eigentlichen Aspekte des Prinzips der Gerechtigkeit – wie oben dargestellt – sind damit aber noch nicht angesprochen. Ein Zugang zur Untersuchung der Gerechtigkeit oder Ungerechtigkeit des Rechts wird auch verfehlt, wenn man wie K. A. Mollnau zwar die Erforschung der Gerechtigkeit als Werteigenschaft des sozialistischen Rechts akzeptiert, aber verständnislos fragt: „Was ist eigentlich gewonnen, wenn wir die Aussage: ‚Das sozialistische Recht bringt die Interessen der Arbeiterklasse zum Ausdruck' durch die Aussage: ‚Das sozialistische Recht ist Ausdruck der Werte des Sozialismus' ersetzen . . .?"[12] Über das Gemeinsame von Interessen und Werten der Arbeiterklasse hinausgehend, muß man eben auch ihre qualitativ unterschiedliche Spezifik beachten; Interesse und Wert *können* einander angemessen sein, sind aber *nicht* identisch. Gerechtigkeit des Rechts bedeutet nicht, einfach Ausdruck von Interessen zu sein. Die Dinge liegen komplizierter; und wenn dann vereinfachte Vorstellungen noch mit unadressierten und unbelegten ideologischen Vorwürfen gekoppelt werden,[13] ist kaum zu erwarten, daß die wissenschaftliche Erforschung des Gerechtigkeits/Ungerechtigkeits-Verhältnisses so gefördert wird. Im Interesse der Entwicklung des sozialistischen Rechts und der Erhöhung seiner Wirksamkeit, auch seiner Annehmbarkeit durch die Bürger muß die Gerechtigkeitsproblematik des sozialistischen Rechts weiter untersucht werden. Das dürfte von besonderer Bedeutung für die gesetzmäßige demokratische Gestaltung unseres sozialistischen Rechts sein, aber auch für die weitere Ausgestaltung der subjektiven Rechte der Bürger und ihrer Organisationen.

[12] K. A. Mollnau, Nachwort, in: V. W. Glasyrin/W. N. Kudrjawzew/W. I. Nikitinskij/I. S. Samoschtschenko, Effektivität der Rechtsnormen, Theorie und Forschungsmethoden, Berlin 1982, S. 247.
[13] Vgl. ebenda, ab S. 245 (durchgängig).

Uwe-Jens Heuer (Berlin)

Vom Nutzen rechtlichen Maßstabs

Es gibt wohl niemanden, der heute gleich Hermann Klenner mit solchem Nachdruck und solcher Kenntnis von Geschichte und Gegenwart der Rechtsphilosophie die Stimme des materialistischen Gewissens gegen jegliche Versuche erhebt, das Recht – auch das sozialistische Recht – idealistisch zu verhimmeln. Kein Marxist wird seiner Feststellung, daß geltendes Recht nicht als höchstes Maß genommen werden dürfe, widersprechen, wird seiner Auseinandersetzung mit der positivistischen Einengung auf de-lege-lata-Fragestellungen die Unterstützung versagen. Seine Widerlegung der Illusion vom Gesetzgebungsideal eines in sich geschlossenen Normativsystems eindeutigen Inhalts und vollständigen Umfangs, das die Rechtsanwendung auf bloße Subsumtion reduziert, hat schon heute zu fruchtbaren Diskussionen in unserer Staats- und Rechtswissenschaft geführt.

Auch bei Hermann Klenner ist – wie könnte es anders sein – rechtsphilosophische Positionsbestimmung auch immer Positionsbestimmung zum Recht der Gegenwart. Sie regt mich – aus meiner Sicht, aus meiner Erfahrung – neben grundsätzlicher Zustimmung auch zum Widerspruch, jedenfalls zum Vorschlag einer Ergänzung an, einer Ergänzung, die meine Freude an seinen Werken noch erhöhen könnte.

Entwicklung der Gesetze, so schreibt Hermann Klenner, sei – ungeachtet ihres unbedingten Befolgungsanspruchs – unmöglich ohne eine Kritik der Gesetze; er zitiert dann Brechts Vorschlag, Gesetze nur als Fingerzeig zu betrachten, als sehr unvollkommene Richtlinien, als vorläufige und fortwährend zu ändernde Vorschläge, und beruft sich auf Lenins Charakterisierung der Dekrete als „Instruktionen, die die Massen zum praktischen Handeln aufrufen“.[1]

Es ist richtig, für Marxisten sind die Maßstäbe des Rechts, wie alle anderen Festlegungen der sozialistischen Gesellschaft, Klassenwerk, Menschenwerk, überprüfbar und überprüfungswürdig durch die gesellschaftliche Praxis, auch

[1] H. Klenner, Vom Recht der Natur zur Natur des Rechts, Berlin 1984, S. 179, S. 13, S. 150, S. 203, S. 215; LW, Bd. 29, S. 195. Zur Diskussion vgl.: Einflüsse des Wirkens des Rechts und seiner gesellschaftlichen Wirksamkeit auf den sozialistischen Rechtsbildungsprozeß. Materialien des IV. Berliner rechtstheoretischen Symposiums, hg. von K. A. Mollnau, Berlin 1982 (Konferenzmaterialien des Instituts für Theorie des Staates und des Rechts der AdW der DDR).

durch die Theorie. Der Anspruch des Rechts auf Einhaltung ist mit tatsächlicher Einhaltung nicht identisch. Ein Recht, das nicht mehr befolgt wird, das seine Wirksamkeit gänzlich verloren hat, ist „totes Recht", hat aufgehört, Recht zu sein. Normen, die immer freiwillig befolgt werden, die völlig in die Gewohnheiten übergegangen sind, bedürfen des Rechtscharakters nicht mehr. Dazwischen liegt das Wirkungsfeld des Rechts, seine innere Widersprüchlichkeit, unbedingte Geltung zu verlangen und zugleich Ausdruck von Widersprüchen zu sein, die dieser unbedingten Geltung entgegenstehen.

Vom Positivismus unterscheidet uns das Wissen um die sozialökonomischen Grundlagen des Rechts, um die Notwendigkeit seiner Überprüfung an der gesellschaftlichen Wirklichkeit, die Bereitschaft, die Relativität dieser wie jeder anderen gesellschaftlichen Erscheinung anzuerkennen. Zugleich aber wird von uns, wird von der Staats- und Rechtswissenschaft gefordert, die Grundlagen des rechtlichen Maßstabs, seiner Verbindlichkeit deutlich zu machen, nicht zuletzt die praktisch tätigen Juristen, die einen unermüdlichen und nicht immer einfachen Kampf um die Nutzung des Rechts, seiner ordnungs- und initiativfördernden Potenzen führen, in diesem Kampf zu unterstützen.

Es geht nicht nur um Änderung des Rechts, sondern auch um die Durchsetzung bestehender Verhaltensregeln, von der Einhaltung der Arbeitszeit, des Arbeitsschutzes bis zur Straßenverkehrsordnung, um den Schutz und die Verteidigung subjektiver Rechte von der Anerkennung berechtigter Ansprüche der Neuerer und Erfinder, der Auseinandersetzung mit Bürokratismus in der Verwaltung bis zur Durchsetzung wirtschaftsvertraglicher Ansprüche. Wir müssen uns nicht nur mit dem bürgerlichen Positivismus und seinen Nachwirkungen auseinandersetzen, sondern auch mit denjenigen, die, unter Berufung auf antipositivistische Haltungen, sich selbst von der Einhaltung unseres Rechts befreien wollen.

Die Theorie muß ihre schwierige Doppelaufgabe jeweils unter konkreten Bedingungen erfüllen. Wohin die Hauptrichtung ihrer Überlegungen zielt, ist nicht abstrakt, losgelöst von Raum und Zeit zu bestimmen. Hermann Klenner hatte Lenins Charakterisierung der Dekrete vom März 1919 zitiert. Aber drei Jahre später, auf dem XI. Parteitag, erklärte derselbe Lenin, daß die Zeit der Propaganda durch Dekrete vorbei sei. Je mehr wir in Verhältnisse eintreten, die sichere Machtverhältnisse sind, so hatte Lenin wenige Wochen vorher auf dem IX. Gesamtrussischen Sowjetkongreß gesagt, „je stärker sich der Warenumlauf entwickelt, desto nachdrücklicher muß die entschiedene Losung der Verwirklichung größerer revolutionärer Gesetzlichkeit in den Vordergrund gerückt werden"[2].

Das Recht kann, wie Marx in seiner Kritik des Gothaer Programms schrieb, „seiner Natur nach nur in Anwendung von gleichem Maßstab bestehn", der an

[2] LW, Bd. 33, S. 291, 161.

ungleiche Individuen angelegt wird.[3] Es ist insoweit notwendig abstrakt, einseitig, erfaßt die geregelten gesellschaftlichen Verhältnisse nur von derjenigen Seite her, deren rechtlich-normative Regelung notwendig und möglich ist. Hierauf hat Hermann Klenner bereits sehr früh hingewiesen.[4] Diese Begrenztheit des Rechts führt immer wieder zu dem Wunsch, die rechtliche Einseitigkeit durch allseitige Betrachtung zu ersetzen, den „bürgerlichen Rechtshorizont" zu überwinden. Solange aber die materiellen Voraussetzungen des Rechts vorliegen, solange die fortbestehende Ungleichheit zwischen den Klassen, vor allem aber auch innerhalb der Klassen, das Recht als Maßstab fordert, so lange würde die Abschaffung dieses Maßstabs Ersetzung der Einseitigkeit nicht durch Allseitigkeit, sondern durch Willkür bedeuten.

Das Recht fällt weg, schrieb Lenin im Anschluß an die Kritik des Gothaer Programms, soweit es den Schutz des Privateigentums an Produktionsmitteln betrifft. „Es bleibt jedoch in seinem anderen Teil bestehen, es bleibt als Regulator (Ordner) bei der Verteilung der Produkte und der Arbeit unter die Mitglieder der Gesellschaft."[5] Die Durchsetzung gesellschaftlicher Gesamtinteressen, die Austragung von Widersprüchen zwischen gesellschaftlichen, kollektiven und individuellen Interessen bedarf allgemeiner Verhaltensmaßstäbe. Durchsetzung als berechtigt anerkannter individueller und kollektiver Interessen bedarf der Rechte des einen und der Pflichten des anderen, nur so können Entscheidungsfelder gesichert, Handlungsrahmen bestimmt werden. Die Ausgestaltung menschlicher Beziehungen als Rechtsbeziehungen, die Behandlung von Individuen und Kollektiven als Rechtssubjekte ist im Sozialismus nicht nur Einschränkung, sondern auch Bedingung der Freiheit.[6]

Damit ist aber nur die allgemeinste Begründung für die Fortexistenz des rechtlichen Maßstabs gegeben. Sein Platz, seine Rolle in der sozialistischen Gesellschaft überhaupt, in unserer heutigen Gesellschaft kann nur bestimmt werden, wenn die materiellen und sonstigen Bedingungen dieser Gesellschaft bestimmt und aus ihnen der Platz des juristischen Maßstabs abgeleitet wird. Auch hier ist die Wahrheit immer konkret. Hier soll dazu ein Versuch, ein Diskussionsangebot des Wirtschaftsrechtlers gemacht werden.

Der erste Schritt muß die Bestimmung des heutigen Entwicklungsstandes des Sozialismus sein. Die Erfahrungen des sozialistischen Aufbaus führten nach langwierigen Diskussionen in einer Reihe sozialistischer Länder in den siebziger Jahren zur Konzeption der entwickelten sozialistischen Gesellschaft. Dabei wur-

[3] MEW, Bd. 19, S. 21.

[4] Vgl. H. Klenner, Der Marxismus-Leninismus über das Wesen des Rechts, Berlin 1954, S. 73.

[5] LW, Bd. 25, S. 481.

[6] Vgl. hierzu: R. Schüsseler, Zu den Grundfragen der Theorie des sozialistischen Rechts in Marx' „Kritik des Gothaer Programms", in: Staat und Recht, 5/1975, S. 746, sowie U.-J. Heuer, Recht und Wirtschaftsleitung im Sozialismus, Berlin 1982, S. 86 ff.

den Vorstellungen überwunden, als ob nach der Übergangsperiode der Kommunismus in relativ kurzer historischer Frist erreicht werden könnte. „Die Gestaltung der entwickelten sozialistischen Gesellschaft ist ein gesetzmäßiger und lang andauernder Prozeß in der Entwicklung der kommunistischen Gesellschaftsformation und bildet den Hauptinhalt ihrer ersten Phase . . . Die Konzeption der entwickelten sozialistischen Gesellschaft bildet das feste theoretische Fundament unserer Gesellschaftsstrategie.“ [7]

Mit der Gestaltung der entwickelten sozialistischen Gesellschaft entfaltet sich der Sozialismus auf der Grundlage der bereits geschaffenen gesellschaftlichen Voraussetzungen und Bedingungen weitgehend gemäß seinen eigenen immanenten Gesetzmäßigkeiten, kommt es darauf an, die Vorzüge und Triebkräfte dieser Gesellschaft voll zur Geltung zu bringen. Hatte in der Übergangsperiode der Klassenkampf die Haupttriebkraft gebildet, ging es damals entscheidend darum, mittels Staat und Recht die Klassenverhältnisse umzuwälzen, die sozialistischen Produktionsverhältnisse durchzusetzen, so treten seitdem zunehmend die inneren Triebkräfte der neuen Gesellschaft in den Vordergrund, werden Staat und Recht an ihrer Freisetzung gemessen. Diese grundlegende Änderung mußte sich nicht nur auf die Rolle des juristischen Maßstabs auswirken, sie mußte auch zu einer Umorientierung der Staats- und Rechtswissenschaft führen. Es hatte dem Charakter der Übergangsperiode entsprochen, daß die Durchsetzung des Neuen nur in relativ geringem Umfang über größere Kodifikationen traditioneller Art erfolgte. Die Gesetzlichkeit mußte in erster Linie Instrument gegen den Widerstand der gestürzten Ausbeuterklassen und zur Schaffung der Grundlagen des Sozialismus sein. Dem entsprach in der Theorie der Vorrang der Unterdrückungsfunktion des Staates. Die Betonung des Klassencharakters und des daraus abgeleiteten Zwangscharakters des Staates war auch für die Wesensbestimmung des Rechts vorherrschend, entscheidend.[8]

Die Perspektive des Rechts war damit sehr eng mit der Perspektive des Staates und diese wiederum mit der Perspektive des Klassenkampfes verbunden. Auf dieser Grundlage konnte sich nur sehr schwer eine eigene, auf der Spezifik des Rechts aufbauende Konzeption der Rolle des juristischen Maßstabs im Sozialismus entwickeln. Der Übergangsperiode entsprach gleichsam ein Übergangsrecht.

Gerade in herausragenden theoretischen Werken der Übergangsperiode wird das sehr deutlich. Exemplarisch seien die Arbeiten von Paschukanis und Polak genannt. Der sowjetische Rechtswissenschaftler Paschukanis hatte in der So-

[7] K. Hager, Gesetzmäßigkeiten unserer Epoche – Triebkräfte und Werte des Sozialismus, Berlin 1983, S. 28.

[8] Vgl. Marxistisch-leninistische Staats- und Rechtstheorie, Lehrbuch, Berlin 1975, S. 232 ff.; H. Klenner, Der Marxismus-Leninismus über das Wesen des Rechts, a. a. O., S. 8, S. 88; dazu: Sowjetische Beiträge zur Staats- und Rechtstheorie, Berlin 1953, S. 76.

wjetunion der zwanziger Jahre dem Recht keine große Perspektive eingeräumt. Er sah die objektiven Grundlagen des Rechts im Sozialismus im Fortbestand der Ware-Geld-Beziehungen, die er gleichsam als Restbestand der alten Gegensätzlichkeit privater Interessen betrachtete. „Der Tauschakt konzentriert wie in einem Brennpunkt die sowohl für die politische Ökonomie als auch für das Recht wesentlichsten Momente.“ In dem Maße, in dem „ein in naturalwirtschaftlichen Kategorien verlaufendes Wirtschaftsleben und eine in vernünftiger, unmaskierter Form (d. h. nicht in Warenform) auftretende gesellschaftliche Verbindung zwischen den Produktionseinheiten“ die Ware-Geld-Beziehungen verdränge, in dem Maße verschwinde auch die Rechtsform, würde sie durch administrativtechnische Leitung ersetzt. Entweder inhaltlich technisch-wissenschaftlich bestimmte Festlegung oder formale, an die Reste der bürgerlichen Gesellschaft gebundene, dem Rechtsfetischismus verhaftete Rechtsform, fortwährend wechselndes Programm oder allgemeiner Maßstab, Eisenbahnfahrplan oder Haftungsbestimmungen, das war die Alternative für Paschukanis.[9]

Karl Polak geht – Jahrzehnte später – von ganz anderen Positionen aus, nicht der Eisenbahnfahrplan, sondern die Pariser Kommune bildete das Modell seiner Zukunftsvorstellungen. Der allgemeine, abstrakte Maßstab des Rechts allerdings ist – im Ergebnis – mit dieser sowenig vereinbar wie mit jenem. Immer wieder wird das abstrakte Gesetz als Pendant der Spontaneität charakterisiert, ihm die Fähigkeit abgesprochen, Gesetzmäßigkeit der Entfaltung eines bewußt gesellschaftlichen Handelns zu sein, werden „feste juristische Formen“ als rückwärts gewandt charakterisiert, wird das „Wer . . .“ des bürgerlichen Strafrechts kritisiert, wird die Notwendigkeit subjektiver Rechte geleugnet, wird in einer Polemik mit Heinz Such die „Spezifik“ des Rechts bestritten.[10]

Ganz wie einst bei Paschukanis wird „die abstrakte Normativität“ für bürgerlich erklärt. Der abstrakte Rechtsbegriff verliere seinen Fetischcharakter. Er sei „Ausdruck eines bestimmten historischen Entwicklungsstadiums der menschlichen Gesellschaft, ein bestimmtes Moment innerhalb des Geschichtsprozesses, innerhalb der Entwicklung der Ökonomie . . . Es geht hier ähnlich wie mit der Warenform in der kapitalistischen Produktion“. Die alten Verhältnisse sind, so schreibt Polak weiter und bezieht sich dabei auch auf das Leistungsprinzip, „wie Marx . . . sagt, ‚Mißstände‘, also Negativitäten der sozialistischen Gesellschaftsordnung, die es zu überwinden gilt“.[11] Auch hier wird die Zukunft in die Gegenwart hineingenommen, aber eben dadurch werden die Widersprüche der Gegenwart, gerade jene, die dem sich entwickelnden Sozialismus selbst eigen sind, nicht deutlich. Solange der Widerspruch von Staat und Massen, Staat und

[9] Vgl. E. Paschukanis, Allgemeine Rechtslehre und Marxismus, Wien – Berlin 1929, S. 100, S. 111 ff., S. 53 ff.

[10] Vgl. K. Polak, Zur Dialektik in der Staatslehre, Berlin 1963, S. 401, S. 310, S. 443, S. 252, S. 387.

[11] K. Polak, Reden und Aufsätze, Berlin 1968, S. 424 ff.

Individuum gelöst,[12] der Kommunismus relativ nahe schien, blieb kein Raum für eine entsprechende Theorie des sozialistischen Rechts.

Mit dem Abschluß der Übergangsperiode in der DDR wurde ein gesamtgesellschaftlicher Prozeß eingeleitet, in dessen Rahmen der sozialistische Staat und sein Recht wesentliche Veränderungen erfuhren, die von der Rechtswissenschaft widergespiegelt, eingeleitet oder auch nur zögernd nachvollzogen wurden. Der Prozeß verlief und verläuft sowohl in der Praxis als auch in der Theorie nur schrittweise, widersprüchlich, zeitweise sogar rückläufig. Es gibt eine Reihe von Ursachen für diesen Verlauf. Vor allem muß in Betracht gezogen werden, daß sich die neuen Züge von Staat und Recht objektiv begründet nur schrittweise herausbilden. Die Frage „Wer – Wen?" ist zwar im Inneren des Sozialismus, aber nicht im Weltmaßstab entschieden; der Sozialismus entwickelt sich unter den Bedingungen eines heftigen internationalen Klassenkampfes, der nicht ohne Einfluß auf die innere Entwicklung des Sozialismus, auch auf die Nutzung seiner Vorzüge und Triebkräfte bleiben kann. Neue Fragestellungen müssen stets auch unter dem Gesichtspunkt ihrer Wirkung im internationalen Klassenkampf, nicht zuletzt auch in der Auseinandersetzung mit der BRD, gesehen werden. Die lange Dauer der vollen Entfaltung des Sozialismus bezieht sich auch auf seinen rechtlichen Bereich. Wir stehen – welthistorisch gesehen – erst am Anfang dieses Prozesses. Speziell auf die theoretische Entwicklung wirkten die längerdauernden Diskussionen um den Inhalt der neuen Periode, um die Dauer der sich vollziehenden Prozesse, wirkten auch auf dem Gebiet des Rechts konservative Praktiken und entsprechende Anschauungen ebenso wie illusionäre Vorstellungen.

Trotz aller dieser Umstände scheint mir aber heute die Möglichkeit heranzureifen, eine der entwickelten sozialistischen Gesellschaft adäquate Rechtstheorie zu schaffen, den Platz des rechtlichen Maßstabs in dieser Gesellschaft zu bestimmen. Das ist sicher nicht auf einen Schlag möglich, erfordert vielfältige theoretische Überlegungen, verschiedene Angebote, den Ausbau der empirischen Basis u. a. m.

Einen wesentlichen Ansatz für die Bestimmung des Platzes des rechtlichen Maßstabs im entwickelten Sozialismus bildet der vor allem mit dem Leistungsprinzip verbundene dialektische Widerspruch von sozialer Gleichheit und Ungleichheit. Aus der Konzeption der entwickelten sozialistischen Gesellschaft ergibt sich die Konsequenz, daß es heute darum geht, das Leistungsprinzip als ein Grundprinzip dieser Gesellschaft voll auszunutzen und auszugestalten, Verletzungen dieses Prinzips immer mehr einzuschränken. Der entscheidende Weg zur Verbindung der gesellschaftlichen, kollektiven und individuellen Interessen ist die Verteilung des Teils des gesellschaftlichen Produkts, der für die individuelle Konsumtion bestimmt ist, entsprechend der Quantität und Qualität der geleisteten Arbeit, also entsprechend der Leistung. Das Leistungsprinzip wurzelt im

12 Vgl. K. Polak, Zur Dialektik in der Staatslehre, a. a. O., S. 252.

sozialistischen Eigentum an den Produktionsmitteln, es ist Ausdruck und zugleich Lösungsform der Widersprüche dieses Eigentums.[13] „Der entwickelte Sozialismus kann zwar jedem *soziale Sicherheit und Entwicklungsmöglichkeiten* gewährleisten, aber noch nicht die freie, d. h. allseitige, universelle Entwicklung aller Individuen und damit auch vollständige soziale Gleichheit.“ [14]

Der Übergang zur intensiv erweiterten Reproduktion, das Vorantreiben der wissenschaftlich-technischen Revolution, die Zunahme der Bedeutung der schöpferischen lebendigen Arbeit, das wachsende Gewicht der sozialen Unterschiede *innerhalb* der Klassen und Schichten zwingen zu neuen Fragestellungen in bezug auf das Leistungsprinzip. Es wird z. B. die Frage aufgeworfen, wieweit und unter welchen Umständen soziale Unterschiede eine progressive Rolle spielen können.[15] Dabei ist augenfällig, daß eine solche Beurteilung des Entwicklungsstandes zu einer Aufwertung des juristischen Maßstabs führt. Die im Sozialismus notwendige Differenzierung im Dienst der vollen Entfaltung seiner Triebkräfte und Vorzüge bedarf allgemeiner juristischer Maßstäbe, solcher nämlich, die die Einheit gesellschaftlicher, kollektiver und individueller Interessen bei Dominanz der gesellschaftlichen Interessen gewährleisten.

Am eindeutigsten kann dieser Prozeß heute schon in bezug auf die Rechte des Individuums verallgemeinert werden. Der Sozialismus bedarf in wachsendem Maße der Kreativität des einzelnen. Im Gegensatz zum Kapitalismus ist hier innovatorisches Verhalten in Wissenschaft und Produktion notwendig mit Teilnahme an politischen Entscheidungen, mit einem entsprechenden aktivitätsfördernden Klima verbunden. Es bedarf zugleich einer auch rechtlich zu sichernden materiellen Stimulierung des einzelnen. Auf dem letzten Philosophiekongreß hat Erich Hahn von einem tiefgreifenden Wandel in den Beziehungen zwischen Individuum und Gesellschaft im Verlauf der sozialistischen Revolution gesprochen. Es handele sich hierbei um ein Schlüsselproblem für die Aufdeckung und Erschließung der historischen Vorzüge, Gesetzmäßigkeiten und Triebkräfte der neuen Gesellschaft.[16]

[13] Vgl. dazu: A. Butenko, Widersprüche der Entwicklung des Sozialismus als Gesellschaftsordnung, in: Sowjetwissenschaft, Gesellschaftswissenschaftliche Beiträge, 2/1983, S. 286; W. Schließer, Die Konzeption des entwickelten Sozialismus in der Lehre der politischen Ökonomie des Sozialismus, in: Wirtschaftswissenschaft, 5/1983, S. 647 f.

[14] E. Hahn/A. Kosing, Aktuelle Probleme der Dialektik des Sozialismus, in: DZfPh, 4/1984, S. 295.

[15] Vgl. ebenda, S. 296; M. Lötsch, Soziale Strukturen als Wachstumsfaktoren und als Triebkräfte des wissenschaftlich-technischen Fortschritts, in: DZfPh, 6/1982, S. 723ff.; I. Lötsch/M. Lötsch, Soziale Strukturen und Triebkräfte. Versuch einer Zwischenbilanz und Weiterführung der Diskussion, in: Jahrbuch für Soziologie und Sozialpolitik 1985, Berlin 1985, S. 159.

[16] Vgl. E. Hahn, Individuum und Gesellschaft im Sozialismus, in: Einheit, 12/1984, 1077 ff.

Mit der im Volksentscheid vom 6. April 1968 bestätigten Verfassung wurden erstmalig *sozialistische* Grundrechte und Grundpflichten verfassungsmäßig verankert. Ihr folgten in den siebziger Jahren das Zivilgesetzbuch sowie die Zivilprozeßordnung vom 19. Juni 1975 und das Arbeitsgesetzbuch vom 16. Juni 1977. Das Zivilgesetzbuch brachte die erste geschlossene Regelung des sozialistischen Zivilrechts, die von der Persönlichkeit, ihren Rechten und Pflichten ausging. Am 2. Juli 1982 wurde ein neues LPG-Gesetz beschlossen.

Die zeitweilige Abwertung oder gar Negierung subjektiver Rechte ist heute längst überwunden, die Bedeutung allgemeiner, abstrakter Maßstäbe für die Festlegung von Handlungsräumen der Individuen, für die Entfaltung ihrer Freiheit allgemein anerkannt.[17] Die subjektiven Rechte erscheinen – auch unter Verarbeitung sowjetischer Forschungsergebnisse[18] – als notwendiger Bestandteil sozialistischer Rechtsordnung, wenn auch ihr Bereich in den einzelnen Rechtszweigen noch umstritten ist.[19] Auch in der Auseinandersetzung mit der imperialistischen Menschenrechtskampagne wird die Position zu den Grundrechten schrittweise ausgebaut. Dabei wird wachsende Bedeutung dem juristischen Garantieinstrumentarium der Grundrechte, bis hin zu gerichtlichen Verfahren, beigemessen.[20] Das gilt auch für das Verwaltungsrecht. Nächst dem Arbeits- und dem LPG-Recht werden hier die für das Verhältnis der Bürger zu ihrer Gesellschaft, ihrem Staat wichtigsten Verhältnisse geregelt.[21]

[17] Vgl. zu diesem Problemkreis: Wissenschaftliche Zeitschrift der Karl-Marx-Universität Leipzig, Gesellschafts- und Sprachwissenschaftliche Reihe, 3/1981, insbesondere die Beiträge von W. Grahn, I. Wagner und G. Baranowski speziell zur „Kategorie ‚subjektives Recht' im Meinungsstreit der DDR-Rechtswissenschaft der 60er Jahre" (S. 207, S. 124, S. 280).

[18] Vgl. insbesondere: L. S. Javič, Obščaja teorija prava, Leningrad 1976. Er bezieht die subjektiven Rechte als juristische Möglichkeit des konkreten Rechtssubjekts, entsprechend dem eigenen Willen und den eigenen, den gesellschaftlichen nicht widersprechenden Interessen zu handeln, sogar in den Rechtsbegriff ein. Er sieht gerade in der mit ihrer Hilfe gewährleisteten Aktivität und freien Initiative der Individuen den besonderen sozialen Wert der Rechtsnormen (S. 172, S. 110, S. 124).

[19] Vgl. T. Schönrath, Zur staatlich-juristischen Gewährleistung des sozialistischen Rechts in der entwickelten sozialistischen Gesellschaft, in: Staat und Recht, 2/1984, S. 91.

[20] Grundrechte des Bürgers in der sozialistischen Gesellschaft, Berlin 1980, S. 67 f., S. 93; H. Klenner, Marxismus und Menschenrechte. Studien zur Rechtsphilosophie, Berlin 1982, S. 136 ff.

[21] Vgl. W. Bernet, Verwirklichung der sozialistischen Gesetzlichkeit in der staatlichen Leitung durch Rechtsmittel, in: Staat und Recht, 1/1980, S. 13; K. Bönninger, Zu theoretischen Problemen eines Verwaltungsverfahrens und seiner Bedeutung für die Gewährleistung der subjektiven Rechte der Bürger, in: Staat und Recht, 10/1980, S. 931; W. Bernet, Gerichtliche Nachprüfbarkeit von Verwaltungsakten für die DDR?, in: Bürger im sozialistischen Recht, Wissenschaftliche Beiträge der Friedrich-Schiller-

Komplizierter gestalten sich die Prozesse der Herausbildung des juristischen Maßstabs bei den Wirtschaftseinheiten und den örtlichen Gemeinschaften. Wenn wir von Beziehungen zwischen Gesellschaft und Individuum sprechen, dann bilden sie in gewisser Weise Mittelglieder zwischen Staat und Individuum. Sie werden in der Verfassung einerseits als eigenverantwortliche Gemeinschaften im Rahmen der zentralen staatlichen Leitung und Planung charakterisiert, die die Wahrnehmung der Grundrechte der Bürger, die wirksame Verbindung der persönlichen mit den gesellschaftlichen Interessen sichern, und in dieser Funktion unter den Schutz der Verfassung gestellt (Art. 41). Andererseits werden sie als Gegenstand der staatlichen Leitungstätigkeit des Ministerrats erfaßt (Art. 78, Art. 79). Sie repräsentieren in gewisser Weise gegenüber dem Staat die Bürger und gegenüber dem Bürger den Staat.

Welchen Platz nimmt nun hinsichtlich der Gemeinschaften der rechtliche Maßstab ein, wie ist ihre Rolle als Rechtssubjekt zu beurteilen? Ich beschränke mich dabei auf die Wirtschaftseinheiten, die Kombinate und Betriebe. Die Stellung der örtlichen Gemeinschaften, der Städte und Gemeinden, für die vieles ähnlich gilt, wurde gerade jetzt durch das Gesetz über die örtlichen Volksvertretungen vom 4. Juli 1985 (GBl. I S. 213 ff.) neu gestaltet.

Auffällig ist zunächst, daß im Gegensatz zur Mehrzahl der Rechtszweige das Wirtschaftsrecht trotz mancher Vorschläge der Wissenschaft[22] bisher zu keiner Gesamtkodifikation gelangt ist. Während die horizontalen Vertragsbeziehungen wiederholt, zuletzt im Vertragsgesetz vom 25. März 1982 auf der Ebene des Gesetzes geregelt wurden, finden wir im übrigen nur eine Vielzahl von Verordnungen und Anordnungen. Die Bilanzierung, die die reale Stellung des Vertrages im hohen Grade bestimmt, wird durch Verordnung (zuletzt am 15. November 1979) und das Gesamtsystem der Planung sogar nur durch eine Anordnung (zuletzt am 7. Dezember 1984) geregelt.

Wenn wir darüber hinaus die juristische Qualität der Regelung, die eindeutige Bestimmung von Rechten und Pflichten bis hin zur Regelung der Konfliktentscheidung in entsprechenden Verfahren ins Auge fassen, wird der Unterschied noch gravierender. Die Rolle des juristischen Maßstabs ist bei den horizontalen Beziehungen zwischen den Wirtschaftseinheiten in etwa der in anderen Rechtszweigen vergleichbar, bei den vertikalen Beziehungen nicht.[23]

Die theoretische Analyse dieser Situation und die richtige Bestimmung der

Universität Jena, Jena 1983, S. 48; ders., Sozialistische Verwaltungsrechtswissenschaft und Bürger, in: Staat und Recht, 6/1984, S. 480. Kritisch zu Bönninger: H. Pohl/G. Schulze, Wachsende Rolle des Verwaltungsrechts beim Schutz der Rechte der Bürger, in: Staat und Recht, 5/1981, S. 397.

22 Vgl. U.-J. Heuer, Wirtschaftsrecht am 30. Jahrestag der DDR – Bilanz und Aufgabe, in: Wirtschaftsrecht, 4/1979, S. 183.

23 Vgl. dazu U.-J. Heuer, Recht und Wirtschaftsleitung im Sozialismus, a. a. O. S. 168 f.

Entwicklungstendenzen müssen auch hier vom sozialistischen Eigentum ausgehen. Das gesellschaftliche Eigentum bedarf eines organisierenden Zentrums. Es verlangt, wie dies Marx formulierte, daß die Produktionsagenten die ökonomischen Gesetze mittels ihres assoziierten Verstandes begreifen und ihrer gemeinsamen Kontrolle unterwerfen.[24] Planmäßige und proportionale Entwicklung ist undenkbar ohne ein entsprechendes Zentrum. Unter den Bedingungen des Sozialismus kann dieses Zentrum nur der Staat sein. Er ist deshalb als politisches Zentrum der von der Partei der Arbeiterklasse geführten Gesellschaft notwendig auch ökonomisches Zentrum. Seine Organe üben, soweit sie entsprechende Aufgaben erfüllen, ohne ihren politischen Charakter im geringsten aufzugeben, zugleich produktive Tätigkeit aus.[25]

Unmittelbar produktivkraftbezogene Entscheidungen und deren Durchsetzung, von grundlegenden Programmen bis hin zu gebrauchswertbezogenen Bilanzentscheidungen, sind notwendiger Bestandteil der staatlichen Leitung der Volkswirtschaft. Heute können die wissenschaftlich-technische Revolution, die mit ihr verbundenen Innovationen auf der Grundlage des gesellschaftlichen Eigentums nur gemeistert werden, wenn der Strukturwandel durch grundlgende politische Entscheidungen fixiert und in seinen Konsequenzen und Verflechtungen innerhalb des Landes und nach außen abgesichert ist. Strukturpolitik ist unabdingbare Domäne des sozialistischen Staates.

Diese Wirkungsrichtung der staatlichen Wirtschaftsleitung erscheint rein technischer Natur. Hier wird kein gleicher Maßstab an Ungleiches angelegt, hier werden konkrete Programme festgelegt und durchgesetzt, es handelt sich in gewisser Weise um jenen „Eisenbahnfahrplan" von Paschukanis. Sie ist von sich aus der rechtlichen Regelung nicht bedürftig.

Aber es gibt noch eine zweite Wirkungsrichtung staatlicher Wirtschaftsleitung. Die Entwicklung des Sozialismus hat gezeigt, daß das gesamtgesellschaftliche Eigentum objektiv notwendig strukturiert sein muß, daß es unmöglich ist, dieses Eigentum wie das Eigentum eines einzigen Betriebes zu behandeln. Aus dem Entwicklungsstand der Produktivkräfte und den ihnen entsprechenden Produktionsverhältnissen ergibt sich notwendig die Existenz ökonomisch (relativ) selbständiger Wirtschaftseinheiten mit eigenem Handlungsspielraum, eigener Bewegungsform, eigenem Fondskreislauf und eigenen kollektiven Interessen,[26] die ihren

[24] Vgl. MEW. Bd. 25, S. 267.

[25] Die Diskussion um diese Frage ist keineswegs abgeschlossen. Zur Begründung des hier eingenommenen Standpunktes und zum Meinungsstreit vgl.: U.-J. Heuer, Recht und Wirtschaftsleitung im Sozialismus, a. a. O., S. 46 ff.

[26] Vgl. dazu: Die Wirtschaftliche Rechnungsführung, Berlin 1981, S. 8, S. 13; H. Richter/W. Schließer, Die Warenproduktion im Sozialismus, Berlin 1981, S. 26 f. – In der DDR wird überwiegend von Eigenverantwortung gesprochen. Der Begriff der Selbständigkeit findet sich beispielsweise bei G. Mittag, in: Ökonomische Strategie der Partei – klares Konzept für weiteres Wachstum, Berlin 1983, S. 31, S. 45, sowie in der

Ausdruck in der wirtschaftlichen Rechnungsführung findet und notwendig mit den Ware-Geld-Beziehungen der Wirtschaftseinheiten verbunden ist. Sind aber die Wirtschaftseinheiten nicht nur technische Produktionsstätten, sondern auch ökonomische Einheiten mit eigenen Interessen, sind ihre Beziehungen als Ware-Geld-Beziehungen gestaltet, so stellt sich notwendig die Frage der Leistungsbewertung, des Maßstabs. „Wer entsprechend den volkswirtschaftlichen Erfordernissen handelt, soll selbst ökonomische Vorteile haben, und umgekehrt wird sich eine Verletzung volkswirtschaftlicher Interessen nachteilig auf die ökonomischen Kennziffern der Kombinate und Betriebe auswirken.“[27]

Je gewichtiger mit voranschreitender Intensivierung die Frage der Effektivität auf der Ebene der Wirtschaftseinheiten wird, je mehr die Rolle der wirtschaftlichen Rechnungsführung und des Geldes wächst,[28] desto mehr nimmt die Rolle des juristischen Maßstabs zu. Je schärfer im Betrieb gerechnet werden muß, je mehr sich schlechte Ergebnisse auswirken, desto bedeutsamer werden Anforderungen an andere Betriebe, aber auch an das eigene Kombinat, an Bilanz- und Staatsorgane.

Das eigentliche Charakteristikum sozialistischer Planung ist also die Verbindung von gebrauchswertmäßigen und auf die wirtschaftliche Rechnungsführung zielenden Festlegungen, von „direkten“ und „indirekten“ Methoden. Gerade weil beides in den sozialistischen Produktionsverhältnissen begründet ist, kann keine sozialistische Volkswirtschaft auf eine der beiden Wirkungsrichtungen voll verzichten. Ihre Relation ist allerdings unterschiedlich und wird von den verschiedensten Faktoren bestimmt. Sie findet ihren Ausdruck im System der Leitung, Planung und wirtschaftlichen Rechnungsführung oder – wie es in anderen sozialistischen Ländern heißt – im Wirtschaftsmechanismus. Es ist ganz offensichtlich, daß die Gestaltung dieses Wirtschaftsmechanismus von ausschlaggebender Bedeutung ist für den Grad der Selbständigkeit der Wirtschaftseinheiten, für die Wechselbeziehungen zwischen Staatsorganen und Wirtschaftseinheiten und damit auch für den Platz des rechtlichen Maßstabs.

Gegenwärtig werden in den sozialistischen Ländern vielfältige Fragen der Gestaltung des Wirtschaftsmechanismus diskutiert. Eine zentrale Rolle spielt dabei die Reaktionsfähigkeit der Volkswirtschaft auf die Anforderungen der

Kombinatsverordnung vom 8. 11. 1979, § 4, Abs. 2. – In der UdSSR wird durchgängig von Selbständigkeit gesprochen. K. Tschernenko sprach von zwei untrennbar verbundenen Grundsätzen: „*größere Selbständigkeit* und *größere Verantwortung*“ (vgl. ders., Den Anforderungen des entwickelten Sozialismus entsprechen, in: Einheit, 2/1985, S. 118).

[27] G. Mittag, Ökonomische Strategie der Partei . . ., a. a. O., S. 57 f.; vgl. dazu noch: K. Gloede/S. Mechler, Theoretische Probleme des Leistungsprinzips im Sozialismus, in: Wirtschaftswissenschaft, 11/1982, S. 1648, sowie: Leistungsbewertung – Leistungsvergleich – Leistungssteigerung, Berlin 1982.

[28] Vgl. G. Mittag, Ökonomische Strategie der Partei . . ., a. a. O., S. 56.

wissenschaftlich-technischen Revolution und des Weltmarktes. Es wird nach Wegen gesucht, die Dynamik der Wirtschaft zu erhöhen. Für die Entwicklung des Wirtschaftsmechanismus, für den Platz des juristischen Maßstabs scheint mir die Beantwortung folgender Fragen entscheidend: Wie weit ist es möglich und notwendig, Flexibilität und Dynamik auf der Ebene der Wirtschaftseinheiten zu erhöhen; inwieweit bleibt die detaillierte zentrale Bilanzierung unabdingbar oder muß sogar weiter entwickelt werden;[29] welche Konsequenzen werden die Fortführung des Vergesellschaftungsprozesses im Kombinat einerseits und die Nutzung der Potenzen der Kombinatsbetriebe andererseits für die Abgrenzung der Aufgaben und folglich auch der Rechte und Pflichten von Kombinat und Kombinatsbetrieb haben?

Für die Selbständigkeit der Wirtschaftseinheiten ist noch ein weiterer Gesichtspunkt von Bedeutung. Je mehr die schöpferische lebendige Arbeit an Bedeutung gewinnt, desto gewichtiger werden die demokratischen Bedürfnisse und ihre Befriedigung. Für Eigentümerbewußtsein und Eigentümerverhalten ist die tatsächliche Beeinflußbarkeit von Entscheidungen von wesentlicher Relevanz. Deshalb besteht zwischen dem Eigentümerverhalten und dem Aktionsrahmen, dem Entscheidungsfeld, dem Grad an Selbständigkeit der Wirtschaftseinheiten ein Zusammenhang – Analoges gilt übrigens auch in bezug auf die örtlichen Gemeinschaften. Die Erfahrungen der LPG zeigen, daß eine stärkere Verbindung materieller kollektiver und individueller Interessen ebenfalls zwingend mit entsprechenden Formen der Demokratie verbunden ist.

Es ist schwierig, jetzt schon generelle Schlußfolgerungen zu ziehen. Offenbar ist, daß die Ersetzung des rechtlichen Maßstabs durch den „Eisenbahnfahrplan" im Sozialismus nicht erfolgt und daß damit auch für absehbare Zeit nicht zu rechnen ist. Nicht nur für die Individuen, auch für die Wirtschaftseinheiten ist der juristische Maßstab nach wie vor unentbehrlich. Bei aller Widersprüchlichkeit geht die allgemeine Tendenz in die Richtung einer höheren Rolle des rechtlichen Maßstabs.

Gleichzeitig wird dieser rechtliche Maßstab im Rahmen des Wirtschaftsmechanismus stets mit den Maßnahmen direkter Leitung und Planung verbunden sein. Sein Wirken wird also stärker als im Zivil-, aber auch als im Arbeitsrecht mit der staatlichen Leitung verflochten, an die Entwicklungstendenzen des

[29] Auf dem X. Parteitag wurde gefordert: „Diese großen Wirtschaftseinheiten müssen in der Lage sein, flexibel auf die Anforderungen der eigenen Volkswirtschaft, des Exports und der Versorgung der Bevölkerung zu reagieren." (Bericht des ZK der SED an den X. Parteitag der SED, Berichterstatter: Gen. E. Honecker, Berlin 1981, S. 79.) – Auf die Bedeutung des Zeithorizonts der wirtschaftlichen Rechnungsführung für die Effektivitätsrechnung auf der Ebene der Wirtschaftseinheiten machen C. Biefeld/K. Hesse/R. Schüsseler aufmerksam. Vgl. dies., Vervollkommnung der wirtschaftlichen Rechnungsführung und Entwicklung des Wirtschaftsrechts, in: Staat und Recht, 8/1984, S. 636 f.

Wirtschaftsmechanismus im ganzen gebunden sein. Die Relativität der Selbständigkeit der Wirtschaftseinheit schlägt somit auf ihre Stellung als Rechtssubjekt durch.

Gradmesser für eine wachsende Rolle des juristischen Maßstabs wird die Entwicklung der Gesetzgebung, die Erhöhung der juristischen Qualität der Regelung der vertikalen Beziehungen, der Schritt zu umfassenderen Kodifikationen sein. Damit im Zusammenhang wird die Diskussion um die Möglichkeit und Notwendigkeit subjektiver Rechte der Wirtschaftseinheiten auch in vertikalen Beziehungen und um den Einsatz entsprechender Verfahren fortgeführt werden müssen. Auch beim Verfahren muß ein dem Charakter des Wirtschaftsrechts entsprechender Weg gefunden werden. Vor allem kommt es darauf an, zu prüfen, in welchen Fragen der spezifisch juristische Konfliktlösungsmechanismus den anderen in der Wirtschaft heute schon wirksamen Mechanismen überlegen ist. Ein juristisches Verfahren muß hier weit enger in den Leitungsprozeß eingebunden sein. Dennoch bleibt aber die Einheit von materiellem Recht und Verfahrensrecht auch für das Wirtschaftsrecht, für seine Wirksamkeit unverzichtbar.[30]

In letzter Zeit bahnt sich eine neue Sicht der Bewertungsbegriffe an. Hermann Klenner hat im Zusammenhang mit seiner Widerlegung der Illusion eines in sich geschlossenen Normativsystems eindeutigen Inhalts und vollständigen Umfangs auf die Unentbehrlichkeit derartiger Begriffe hingewiesen.[31] In jedem Fall aber muß ein juristischer Maßstab, mehr oder weniger konkretisierungsbedürftig, bleiben, in jedem Fall muß, und das ist für unseren Bereich besonders wichtig, jemand existieren, der diesen Maßstab als *juristischen* Maßstab benutzt und notfalls anlegt. Kann die innere Übereinstimmung der Planentscheidungen (wert- und gebrauchswertbezogen) – Planungsordnung Teil A, Abschnitt I 1. (a. a. O.) – nirgends eingefordert werden, so kann von eigentlich juristischem Maßstab wohl nicht mehr gesprochen werden. Ähnliche Fragen stellen sich in bezug auf die wachsende Rolle innerkombinatlicher Ordnungen und ihre juristische Gewährleistung.[32]

Die Bestimmung der Möglichkeiten, aber auch der Grenzen des juristischen Maßstabs in der Wirtschaft erfordert ein immer tieferes Eindringen in die Entwicklungstendenzen der Volkswirtschaft selbst, ihres Leitungsmechanismus einerseits und in die Wirkungsmöglichkeiten des Rechts andererseits. Sie kann

30 Vgl. hierzu U.-J. Heuer, Recht und Wirtschaftsleitung im Sozialismus, a. a. O., S. 206 ff.

31 Vgl. H. Klenner, Vom Recht der Natur zur Natur des Rechts, a. a. O., S. 204 f.; vgl. dazu besonders: R. Svensson, Konkretisierung von Rechtsnormen, Berlin 1982.

32 Vgl. S. Bergmann/H. Brandt/H.-U. Hochbaum, Zu Erfahrungen der Kombinate bei der Arbeit mit Ordnungen, in: Wirtschaftsrecht, 1/1984, S. 43ff.; und allgemeiner: L. Lotze/H. Richter/L. Schramm, Normative Entscheidungen der Rechtssubjekte als Entfaltungsform der Vorzüge und Triebkräfte des Sozialismus. Wesen, Rechtmäßigkeit, Gestaltung, in: Staat und Recht, 4/1985, S. 288.

nur erfolgreich sein, wenn bei aller Einheit eindeutig zwischen der direkten staatlichen Wirtschaftsleitung und der Gestaltung wirtschaftlicher Beziehungen mittels des Rechts unterschieden wird (vgl. Art. 12, Abs. 2 der Verfassung der DDR). Die Einbeziehung staatlicher Pläne und Planaufgaben in den Rechtsbegriff scheint mir gerade dieser Aufgabenstellung entgegenzustehen.[33]

Es ist wohl deutlich geworden, daß für das Wirtschaftsrecht eine Reihe von Fragen, die für andere Rechtszweige längst gelöst sind, noch in Angriff genommen werden muß. Erst der Sozialismus hat die Frage der gesamtgesellschaftlichen Planung gestellt, erst im Sozialismus ergibt sich die Aufgabe ihrer rechtlichen Regelung. Vieles ist noch in Entwicklung, in vielem hat das sozialistische Wirtschaftsrecht noch kein eigenes System geschaffen, sich noch nicht im Dienste der Ökonomie ihr gegenüber relativ verselbständigt. Das Wirtschaftsrecht hat – aber das gilt wohl für unser gesamtes Recht – seine Klassizität noch keineswegs erreicht. Gerade weil dies richtig ist, müssen wir immer wieder darum ringen, den Wert des juristischen Maßstabs, seine Unersetzlichkeit herauszuarbeiten.

Es hat in der Entwicklung der DDR Perioden gegeben, in denen es hauptsächlich um den Kampf gegen juristischen Formalismus und bürgerlichen Positivismus ging. Mit der Herausbildung der entwickelten sozialistischen Gesellschaft und des ihr adäquaten Rechts muß wohl die zentrale Aufgabe darin bestehen, bei aller immer wieder erforderlichen Einsicht in die Abgeleitetheit des Rechts, das Bewußtsein der Einhaltung und Durchsetzung des eigenen Rechts zu festigen, seine Höherentwicklung, die Herausbildung seiner „Klassizität" zu fördern. Gerade im Bereich des Wirtschaftsrechts, doch ebenso in anderen Bereichen geht es um die Festigung des sozialistischen Rechtsbewußtseins des Volkes, aber auch und besonders der Leiter, der Partei- und Staatsfunktionäre, deren Verhältnis zum Recht von ausschlaggebender Bedeutung für die Entwicklung des Rechtsbewußtseins der Massen ist. Verständnis für das Recht, seine Spezifik, seine „Einseitigkeit", ja auch für seine besondere Sprache ist Voraussetzung seiner Wirksamkeit, der besseren Nutzung seiner gesellschaftsorganisierenden Kraft.

Hermann Klenner hatte Brechts Sicht der Gesetze als sehr unvollkommene Richtlinien, als vorläufige Vorschläge aufgenommen. Im Interesse der Dialektik, die ja Widerspruch heißt, darf ich Brecht, dem späten Aufklärer, Diderot, den frühen Aufklärer, entgegenhalten. In einem Dialog zwischen Vater und Sohn, in dem es um die Gefahr ging, sich über das Gesetz zu stellen, bemerkte der Sohn: „Streng genommen gibt es für den Weisen keine Gesetze." Der Vater entgegnete ihm: „Ich wäre nicht böse, wenn in einer Stadt ein oder zwei Bürger lebten wie Du. Aber ich würde auswandern, wenn sie alle so dächten."[34]

Mir scheint unsere gemeinsame Aufgabe darin zu liegen, nichts vom Materialis-

[33] Vgl. zu dieser Problematik: U.-J. Heuer, Recht und Wirtschaftsleitung im Sozialismus, a. a. O., S. 163 ff., und die dort angegebene Literatur.

[34] D. Diderot, Erzählungen und Gespräche, Leipzig 1953, S. 59 f.

mus abzustreichen, das Recht als Produziertes und Produzierendes[35] zu sehen, als eine Kraft unter vielen, aber als die Kraft, für die wir eine theoretische Verantwortung tragen, für deren volle Nutzung wir streiten müssen, und so – um noch einmal ein Wort des frühen Hermann Klenner aufzunehmen – seine „späte Blüte“[36] fördern.

[35] Vgl. H. Klenner, Vom Recht der Natur zur Natur des Rechts, a. a. O., S. 9.
[36] H. Klenner, Zur ideologischen Natur des Rechts, in: Staat und Recht im Lichte des Großen Oktober, Berlin 1957, S. 83.

Л. С. Мамут (Москва)

Право как отношение

Положение о том, что право является особого рода отношением, складывающимся между людьми, выдвинуто и обосновано отнюдь не современной юриспруденцией. Оно имеет свою историю. Еще И. Кант в „Метафизических началах учения о праве» писал: «Понятие права . . . касается лишь внешних и притом практических отношений между лицами, поскольку их поступки как действия могут иметь (непосредственное или опосредственное) влияние друг на друга“[1]. Более определенное утверждение на сей счет мы находим в опубликованных чуть ранее «Основах естественного права согласно принципам учения о науке» И. Фихте: «Понятие права есть понятие отношения между разумными существами. Наличествует оно только тогда, когда такие существа мыслятся во взаимоотношениях друг с другом»[2]. Трактовку права в этом ключе продолжил Гегель. В «философской пропедевтике» он прямо указал: «*Право* представляет собой отношение людей друг к другу, поскольку они суть абстрактные лица»[3]. Тезис о праве как об отношении достаточно отчетливо выражен и в гегелевской «философии права»; в данной связи уместно воспроизвести хотя бы широкоизвестную формулировку заповеди права: «*будь лицом и уважай друдих в качестве лиц*»[4].

Рассматриваемая здесь концепция развивалась на первых порах в границах идеалистического мировоззрения. Соответствующую философскую интерпретацию получал характер тех отношений, которые образовывали право. Также и печать индивидуализма лежала на этой концепции. Отношения права изображались в ней в лучшем случае межличностными связями, их общественная природа оставалась большей частью в тени. Слабо акцентировался момент историзма, столь присущий жизни права. Последнее оценивалось преимущественно как надвременной феномен, не подверженный качественным изменениям . . .

[1] Immanuel Kant, Gesammelte Schriften (Akademie-Ausgabe), Bd. 6, Berlin 1907, S. 231.

[2] Johann Gottlieb Fichte, Werke (Gesamtausgabe der Bayerischen Akademie der Wissenschaften), Bd. 3, Stuttgart – Bad Cannstatt 1963, S. 319.

[3] G. W. F. Hegel, Philosophische Propädeutik, Stuttgart 1927, S. 217.

[4] G. W. F. Hegel, Grundlinien der Philosophie des Rechts, herausgegeben und mit einem Anhang versehen von Hermann Klenner, Berlin 1981, S. 73.

Знать несовершенства, изъяны, историческую ограниченность первоначальных вариантов концепции права как отношения безусловно необходимо. Однако не менее важно видеть и учитывать все то ценное, позитивное, объективно истинное, что в них содержалось. «Отношенческий» подход направлял мысль к верному пониманию права как такого явления, которое возникает и существует внутри самого взаимодействия индивидов, а не привносится в него откуда-то извне, со стороны. Названный подход резонно ориентировал на изучение социальных ролей участников отношений права, ибо роли эти полагались фактором, влиявшим на облик данных отношений. В рассматриваемой концепции обоснованно подчеркивалось свойство права быть одним из аспектов практически происходящих контактов между людьми, свойство быть нормативом внешнего (исключительно внешнего!) поведения человека. Ее особенная и значительная заслуга — истолкование права в качестве отношения свободно изъявляющих свою волю (формально друг от друга не зависящих) индивидов, которые в этой ипостаси свободы выступают как равные субъекты.

Позднейшее социально-философское и юридико-теоретическое знание ассимилировало кратко обрисованные выше и иные, подобные им, плодотворные взгляды. Марксизм тоже воспринял их. Но в состав марксистского учения о праве они вошли принципиально переосмысленными, пройдя сквозь призму диалектико-материалистического мировоззрения, классово-пролетарской идеологии.

Чаще всего право в качестве специфического общественного отношения К. Маркс квалифицировал в «Капитале» и других произведениях, тематически примыкавших к главному марксову сочинению. Исследователи точно подметили, что К. Маркс, говоря в этих трудах об отношениях права (правоотношениях), имеет в виду именно право как таковое[5]; терминам «право», «правоотношение» он придает там широкое, философское значение: значение формы экономических отношений, и даже — правовой формы вообще.[6] Спрашивается, почему К. Маркс в своих политико-экономических работах (и не только в них) многим категориям, возможным для аттестации права, обычно предпочитает категорию «отношение»? Одна из вероятных причин — приверженность ряду установившихся традиций (в частности, языку) немецкой классической философско-правовой мысли. Вторая причина, притом вполне достоверная, — адекватность, «сродство» в методологическом плане категории «правоотношение» (право как отношение) категории

[5] См. А. А. Пионтковский, К вопросу о взаимоотношении объективного и субъективного права — „Советское государство и право", 1958, № 5, с. 29–30.
[6] См. В. В. Лапаева, Вопросы права в „Капитале" К. Маркса, М., 1982, с. 50.

«производственное отношение», являвшейся исходной в марксовых политико-экономических штудиях. Достойна внимания та гипотеза, что К. Маркс охотно оперировал категорией »отношение«, характеризуя ею право, ибо считал эту категорию способной быть надежным объяснительным принципом, позволяющим развернуть логически стройную систему понятий и охватить единой последоватеьно научной теорией все многообразие реалий сферы права.

Рамки настоящей статьи слишком узки, чтобы подвергнуть детальному углубленному анализу совокупность марксовых суждений, касающихся права как отношения, хотя потребность в указанном предметном анализе чрезвычайно велика и актуальна.[7] К уже сделанным наблюдениям добавим еще одно. Констатированную тут марксову оценку права разделял, естественно, и Ф. Энгельс. В полемике с Е. Дюрингом он, например, резко осудил попытку берлинского приватдоцента уразуметь такие «общественные отношенния, как мораль и право»[8] при помощи робинзонад и sub specie aeternitatis.

Творцы марксизма раскрыли в первую очередь социальную природу отношений права. По их убеждению, эти отношения не есть отношения того или иного отдельного индивида (выступающего простым репрезентантом рода человеческого) к другому такому же индивиду. Они показали, что право строится как отношение между субъектами-носителями суммы определенных социальных качеств, занимающими известное место в структуре общества и действующими сообразно своему общественному положению. Сущность такого отношения заключена не во взаимодействиях конкретных индивидуальностей (чьей практической активностью оно, правда, реализуется), а во взаимодействиях конкретных социальных ролей и стоящих за ними общественных интересов, содержание которых объективно задается самим обществом.

Утверждая историко-материалистическое понимание социальной жизни, К. Маркс и Ф. Энгельс развили фундаментальный тезис о зависимости права (правоотношений) от системы господствующих в обществе экономических, производственных отношений. Эта зависимость мыслилась ими как очень сложная связь, включающая в себя моменты обусловливания и порождения права, факты определения его основных параметров, детерминации его движения и т. д. Отношения права трактовались как выражение, проявление, форма экономических отношений.

[7] Удачным шагом на пути решения задач, вытекающих из потребности в проведении данного анализа, надо признать, в частности, составление Г. Кленнером антологии высказываний К. Маркса и Ф. Энгельса о природе права – см. Hermann Klenner, Von Recht der Natur zur Natur des Rechts, Berlin, 1984, S. 79–138.
[8] MEW, Bd. 20, S. 141.

Подобная трактовка ничуть не преуменьшает значение права. Она только рельефно оттеняет его производный, вторичный (по сравнению с экономическим строем) характер. Отметим попутно, что К. Маркс и Ф. Энгельс усматривали в праве форму не одних лишь экономических, но также других общественных отношений (демографических, политических, межгосударственных и пр.). Отсюда, однако, совершенно не следует, будто эти другие общественные отношения служат материнским лоном права, выступают его материальным базисом и т. д. Отсюда следует тот вывод, что право весьма неодинаковым образом опосредствует различные виды общественных отношений. Как данное обстоятельство отражается на социально-онтологическом статусе права – проблема, которая требует специального изучения.

Энергичные усилия приложили К. Маркс и Ф. Энгельс для доказательства историчности отношений права. Причем они выделяли несколько взаимосвязанных аспектов такой историчности. Согласно их концепции, право не есть вещь, однажды возникшая и затем застывшая в неподвижности, оставшаяся в неизменном тождестве самой себе. К. Маркс наглядно продемонстрировал несостоятельность намерения П.-Ж. Прудона зачислить отношения права в разряд вечных установлений, как бы исторгнутых из потока времени и избегших качественных метаморфоз[9]. Право – явление историческое и потому, что постоянно испытывает воздействие динамичных конкретно-исторических общественных условий[10], которые преломляются в нем и изменяют его. Оно всегда развивается, существенно преобразуясь от эпохи к эпохе: „каждая форма производства порождает свойственные ей правовые отношения . . .»[11]. Высказанные соображения не колеблет формула «Немецкой идеологии»: «. . . право . . . не имеет своей собственной истории . . .»[12]. Эта формула органично вписывается в контекст приведенных соображений; ее подлинный и единственный смысл – идея отсутствия у права такой своей собственной истории, которая изолирована и независима от истории общества в целом.

К. Маркс и Ф. Энгельс первыми дали историко-материалистическое освещение вопроса о праве как специфическом общественном отношении, наметили магистральные вехи его дальнейшей разработки. В последующем правоведы-марксисты неоднократно обращались к нему, исследуя этот вопрос в духе того анализа, который был осуществлен К. Марксом и Ф. Энгельсом. Упомянем сейчас важные труды П. И. Стучки „Револю-

9 См. MEW, Bd. 23, S. 99–100.
10 См. MEW, Bd. 20, S. 141.
11 MEW, Bd. 42, S. 23.
12 MEW, Bd. 3, S. 62.

ционная роль права и государства»[13] и Е. Б.Пашуканиса „Общая теория права и марксизм»[14], созданные на заре Советской власти. На нынешнем этапе социально-политического развития государственно-организованного общества роль права значительно возрастает. Вот почему настоятельно требуется серьезно повысить теоретический и методологический уровень науки о праве, основательно приумножить ее практический потенциал. Чтобы добиться соответствующего результата, необходимо всемерно интенсифицировать научно-исследоветельскую деятельность по многим направлениям. В том числе нужно, конечно, продолжить работу по тщательному изучению проблемы права как отношения, выявляя своеобразие его содержания, особенности конституирования, структуру и функции, масштабы, связи с другими социальными институтами, «выходы» в общественно-историческую практику и т. д. Нижеследующее изложение – опыт конкретизации некоторых пунктов возможной программы такого изучения.

Если отношения права коренятся в «материальных жизненных отношениях», составляющих ядро всего общественного производства, то складываются и оформляются интересующие нас отношения в качестве правовых непосредственно в сфере социального обмена. Размеры и организация обмена, фонд циркулирующих в нем предметов и пр. определяются состоянием развития производства. Ось механизма обмена – общественные отношения, которые завязываются между вступающими в обмен субъектами (индивидами, группами, общностями). В актах обмена фигурируют блага материальные и духовные, продукты деятельности и сама деятельность, роли, информация и т. п. Очевидным является то, что пространственные рамки и способы организации социального обмена, круг втягиваемых в него предметов и иные его черты всегда исторически-конкретны. Происходящие в обмене процессы предоставления (отчуждения) и получения (присвоения) потребных субъектам ценностей обеспечивают им нормальное (по стандартам каждой данной социокультуры) существование.

Однако не всякое отношение социального обмена есть право. Чтобы стать правовым, такое отношение должно приобрести и сохранять несколько отличительных признаков. Их разбор начнем с пояснений признака равенства. Он имеет два аспекта. Первый – равенство участников отношений права. Вступление в эти отношения непременно сопровождается «уходом за кулисы» всех индивидуальных социально обуслов-

[13] См. П. И. Стучка, Избранные произведения по марксистско-ленинской теории права. Рига, 1964, особенно с. с. 110–131.

[14] См. Е. Б. Пашуканис, Избранные произведения по общей теории права и государства. М., 1980, особенно с. с. 78–98.

ленных особенностей субъекта; всех — кроме той одной, что служит в обществе решающим критерием оценки (признания) личности. Общественные субъекты жизнедействуют в отношениях права лишь какой-то одной своей (но притом присущей им всем) социальной ипостасью и тем самым соизмеряются одной и той же равной для всех социальной мерой. Неизбежно наступающая при завязке правового отношения абстракция от массы индивидуально-социальных особенностей субъекта есть проявление «односторонней *сущности права*»[15] (К. Маркс). К. Маркс показал, почему закономерно совершается в сфере права нивеллирование субъектов. «По свой природе право может состоять лишь в применении равной меры; но неравные индивиды они не были бы различными индивидами, если бы не были неравными а могут быть измеряемы одной и той же мерой лишь постольку, поскольку их рассматривают под одним углом зрения, берут только с одной *определенной* стороны ,. . . отвлекаются от всего остального»[16]. Итак, в сфере права субъекты взаимодействуют как равные друг другу. Вне отношений права участники последних сплошь и рядом находятся далеко не в равном классовом, имущественном, политическом, семейном, профессиональном, общекультурном и т. д. положении. Ошибочно судить о всех этих гранях фактического положения субъектов в обществе, руководствуясь лишь знанием правовых связей между ними.

Нет какого-то унверсального, одинакового для всех времен и народов «угла зрения», под которым в истории рассматриваются данные субъекты. В античных государствах они берутся как свободные люди, граждане (рабы исключаются, в принципе, из правового общения). При феодализме с его сословной, корпоративной, конфессиональной, территориальной дифференциацией населения участники правовых отношений берутся уже как представители определенного общественного слоя, сословия, цеха, региона, города и т. д. Поэтому, например, в западноевропейском средневековье можно встретить параллельно существующими право феодалов и право городское, каноническое, обычное и др.[17]. В условиях капитализма люди вступают в отношения права в качестве товаровладельцев, собственников (презюмируется, что вид и объем собственности значения не имеют). «Угол зрения» социализма на субъекта правового общения — рассмотрение его как труженика (либо коллектива

[15] MEW, Bd. 2, S. 101.

[16] MEW, Bd. 19, S. 20: Вслед за К. Марксом В. И. Ленин писал: „Всякое право есть применение *одинакового* масштаба к различным людям, которые на деле не одинаковы, не равны друг другу“ (В. И. Ленин, Полн. собр. соч., т. 33, с. 93).

[17] Подробнее см.: Raoul C. vom Caenegem, Das Recht im Mittelalter, in: Entstehung und Wandel rechtlicher Traditionen. Hrsg. von W. Fikentscher, H. Franke und O. Köhler, Freiburg – München, 1980, S. 612–613.

тружеников). Подведем итог. Равенство участников правовых отношений заключается в том (и лишь в том!), что к ним прилагается один и тот же (одинаковый для них всех) социальный критерий: свободный человек, член общности (сословной, корпоративной, территориальной), товаровладелец — собственник, труженик. Подсоединение к указанному критерию каких-либо иных измерений субъекта несовместимо с природой права, состоящего только в применении равной меры.

Второй аспект равенства, имманентного праву как специфическому общественному отношению, — сбалансированность обмениваемых в правовом общении предоставлений и получений. В норме тот обмен, который реализуется через отношения права, есть полагание эквивалентов. В перипетиях эмпирической повседневности могут, конечно, случаться отдельные отклонения от этой нормы. Такие спорадически случающиеся факты отнюдь не укрепляют систему правовых отношений. Но сами по себе они еще не ставят под угрозу ее существование. Если же принцип эквивалентности начинает постоянно и грубо нарушаться, если его вытесняет принцип обмена неравноценными благами, то право разрушается и исчезает. Жизнь общества от этого не прекращается. Она «только» становится гораздо жестче и примитивней.

Равенство, о котором шла речь в предыдущем абзаце, представляет второе лицо права — справедливость. Оговоримся сразу. Тут подразумевается не социальная справедливость вообще, означающая соответсвие, адекватность общественных форм действующим объективным экономическим законам, способу производства, обмена и распределения материальных благ. Справедливость как модус права имеет иные приметы, нежели социальная (классовая, экономическая, политическая и т. д.) справедливость. Это различие было отмечено Ф. Энгельсом. Он, в частности, указал, что несправедливое «в социальном плане» может оказаться справедливым «с точки зрения морали или даже права»[18]. Подчеркнем вновь: эквивалентность, сбалансированность тех взаимных предоставлений и получений, которыми обмениваются между собой находящиеся в отношениях права общественные субъекты есть воплощение его (права) справедливости.

Прежде, чем продолжить обзор специфических признаков права как определенного типа социальной связи, напомним самым недвусмысленным образом о том, что помимо собственных специфических признаков оно имеет еще одну группу столь же органичных, внутренне присущих ему признаков. Эта другая группа — «общие кооперативные свойства», «совокупные системные качества» права. Общественное целое необходимо наделяет ими право как свою органическую часть; социальная

[18] MEW, Bd. 19, S. 253.

макросистема не может не «вращивать» эти признаки в право как в свою подсистему. К. Марксом открыты «такие *сверхкачества*, которые принадлежат не предмету, а *системе* предметов и которые в предмете обнаруживаются только в силу их принадлежности к данному системному целому»[19].

В свете этого марксова открытия отчетливо вырисовываются «сверхкачества», интегральные признаки права: способность возникать и развиваться естественноисторически, классовость, полиморфный характер устройства, свойство нормативности; в социальной макросистеме и благодаря ей приобретает право «ранг» надстроечного института и т. д. «Общие кооперативные свойства» изначально присутствуют в отношениях права, диалектически взаимодействуя с его собственными специфическими признаками. К числу последних принадлежит и такой ведущий признак права, как свобода.

Она представляет собой нечто большее, чем только возможность для каждого участника отношений выражать свою волю без каких-либо внешних вмешательств и принуждения, независимо от других участников этих отношений проводить в праве свою линию поведения (кстати, момент свободного волеизъявления делает отношения права волевыми).

Данная возможность есть одновременно отражение и необходимый момент достигнутого обществом в целом уровня социально-исторической свободы. Вовсе не случайно К. Маркс отождествлял право с положительным бытием свободы[20], исключающим самоуправство, своеволие, подавление личности и т. п. «Ценность права как раз и состоит в том, что оно обозначает сферу, границы и структуры свободы, выступает как форма, норма и мера свободы, получающей благодаря законодательному признанию официальную государственную защиту. Свобода эта (и, разумеется, соответствующая мера свободы), согласно историческому материализму обусловлена способом производства и имеет социально-классовый характер»[21].

К тем отличиям, которые выделяют право из всей совокупности общественных отношений, принадлежит также особая структура опредмечивающей его деятельности. Эту деятельность следует квалифицировать как притязательно-обязательную. Внутри права общественных субъектов связывает комплекс взаимозависимых, корреспондирующих друг другу моделей поведения. Одна модель — поведение, направленное

19 В. П. Кузьмин, Принцип системности в теории и методологии К. Маркса. Изд. 2-ое, М., 1980, с. 93.
20 См. MEW, Bd. 1, S. 58.
21 Нерсесянц В. С. Свобода, право, закон. В: Конституция СССР и дальнейшее развитие государствоведения и теории права. М., 1979, с. 71.

на присвоение (либо предоставаление) некоего блага. Вторая модель — должное поведение, подчиненное задаче практической реализации соответствующего притязания. Причем в праве имеет место не просто взаимозависимость этих моделей поведения. Главное, что обе они присутствуют в деятельности каждого из участников правового общения. Антиподом права является ситуация, при которой один субъект отношения привилегирован и выступает только с притязаниями, а его контрагент несет лишь бремя обязанностей по их удовлетворению. Зафиксированное отличительное свойство права свидетельствует о симметричности составляющих его отношений. Если пренебречь некоторыми неудобствами тавтологического словоупотребления, это свойство можно выразить формулой: неразрывное единство взаимных, обоюдных прав (притязаний) и обязанностей.

Право по своей архитектонике полиморфно и с этим надо считаться. Отношение в нем есть определенный порядок общественных связей, складывающихся между субъектами классового, государственно-организованного строя. Но оно же вместе с тем представляет собой выражение таких собственных социальных качеств[22] субъектов, которые ориентированы преимущественно на общественное целое. Эти качества возникают и формируются как естественный результат включенности субъектов в структуры различных общественных связей: экономических, политических, этнических, демографических, профессиональных и др. Социальные качестве, о которых здесь говорится, суть притязания субъектов, адресуемые в итоге общественному целому. Своим ближайшим предметом такие притязания имеют ту долю материальных, духовных и прочих ценностей, присвоение (освоение) коей обеспечивает возможность нормально жизнедействовать в условиях конкретной общественно-исторической среды. Отмеченные социальные качества субъектов столь же неотъемлемый, весомый и значимый компонент права, как и воплощаемый в нем (праве) определенный порядок общественных связей, устанавливающихся между людьми. Следует признать, что диалектика этих двух важнейших компонентов права остается пока что не изученной в должной степени.

В классовом обществе отношения права и осуществляющиеся в них социальные притязания (а равно общественный долг) субъектов несут на себе печать огромного влияния государственности как таковой, аппарата государства — в частности. Государственность «питает» содержание и формирует набор политических качеств (притязаний и обязанностей) участников отношений права. На нее, как на политикоргани-

[22] Взаимоотношение вещей, своиств/качеств/, отношений прослежено в монографии: А. И. Уемов. Вещи, свойства и отношения. М., 1963, особенно с. с. 54–89.

зационное воплощение целостности классового общества, устремлены в конце концов основные социальные притязания общественных субъектов. Аппарат государства с помощью публично-властных общеобязательных предписаний (законодательства) регламентирует поведение тех, кто вступает в отношения права. Государственный аппарат старается упорядочить эти отношения и приспособить их к потребностям господствующих в обществе (руководящих обществом) классов; он строго контролирует процесс присвоения общественными субъектами достающейся им доли социальных благ. Без принятия в расчет всех подобного плана обстоятельств понять реальное бытие права невозможно.

Каждый из лаконично описанных основных признаков права одновременно выполняет функцию норматива поведения, который диктуется субъектам, участвующим в отношениях права. Эти субъекты не могут себе позволить (если они желают оставаться в рамках именно правового общения) не уважать в контрагенте свободное и равное им лицо, не соизмерять получаемое и предоставляемое, не выполнять вытекающие из удовлетворяемых притязаний обязательства и т. д. и т. п. Нормативность права и есть действие этих объективно существующих нормативов того поведения, которое должно быть в правовой сфере.

Еще одна кардинальная особенность признаков права заключается в том, что они суть единая система. Поэтому нельзя на базе анализа того или иного отдельно взятого признака (будь то равенство сторон, свобода субъектов, эквивалентность обмениваемых ценностей и др.) получить адекватное представление о собственном содержании права, составить истинное понятие о праве в целом. Только все вместе и в системе они образуют, по-видимому, ту самую субстанцию, которую К. Маркс именовал «правовой природой вещей»[23] и без раскрытия которой весь мир права остается непознанным в его действительном своеобразии.

Умелое, компетентное использование категории «отношение» наряду с надлежащим применением арсенала остальных, соответствующих предмету нашего интереса методологических и иных научных средств, расширяет благоприятную перспективу как для продуктивных исследований действительности права во всей ее многосложности, так и для построения подлинно отражающей эту действительность развернутой целостной теоретической системы историко-материалистического знания о праве.[24]

[23] MEW, Bd. 1, S. 112.

[24] Наряду с изложенной в статье авторской позицией в советской юридической науке имеются и иные подходы к интерпретации права как социального института. См.: Р. О. Халфина, „О понимании советского права", в: „Советское государство и право", 7–8/1979.

Gerhard Haney (Jena)

Die objektive Formbestimmtheit des Rechts

Das in unserer Literatur hauptsächlich leitende Selbstverständnis verweist zutreffend auf die Tatsache, daß das Recht niemals aus sich selbst heraus erklärt werden kann, sondern daß es objektiv materiell determiniert und klasseninteressiert „erzeugt“ ist. Um dieses Erzeugtsein geht es in den vorliegenden zur Diskussion geschriebenen Zeilen; deshalb die auf die Fragestellung verweisenden Anführungszeichen.

Es sind die Bemühungen nicht zu übersehen, die materielle Determination des Rechts nicht in einem allgemeinen Beschworensein zu belassen, sondern sie näher nachzuweisen, um ihre vermittelnden Glieder aufzufinden.[1] Die Frage nach diesen Vermittlungen läßt zwangsläufig die darin notwendig enthaltenen widerspruchsvollen Beziehungen hervortreten, womit zugleich monokausalen und mechanistischen Annahmen beweiskräftig entgegengetreten wird. Umgekehrt: Wird nach den Widersprüchen gefragt, müssen damit zugleich die Vermittlungen und Übergänge aufgehellt werden.[2]

Was veranlaßt die Rechtsform in ihren wesentlichen Erscheinungen, was prägt deren Veränderungen? Ist dies allein eine Frage der Erkenntnistätigkeit, von Erkennen und Entscheiden, von zu gewinnenden Aussagen und deren Transformation ins Normative? Inwiefern werden z. B. die Rechtsinhalte durch die Gesetzgebung gestaltet, wie für heutige Prozesse einschränkungslos angenommen zu werden scheint?[3] Es interessieren hier also grundlegende genetische Fragen

[1] Vgl. hierzu z. B.: H. Klenner, Marxismus und Menschenrechte, Berlin 1982; ders., Vom Recht der Natur zur Natur des Rechts, Berlin 1984; ders., Grundsatzprobleme im Vorfeld einer Rechtsbildungstheorie, in: K. A. Mollnau (Hrsg.), Probleme einer Rechtsbildungstheorie, Berlin 1982, S. 20 ff. ;U.-J. Heuer, Recht und Wirtschaftsleitung im Sozialismus, Berlin 1982; W. Grahn/I. Wagner u. a., in: Das Recht als Widerspiegelung, Leipzig 1979 (Schriftenreihe Methodologie der marxistisch-leninistischen Rechtswissenschaft, H. 7); H. Wagner, Recht als Widerspiegelung und Handlungsinstrument, Köln 1976; K. A. Mollnau (Hrsg.), Komponenten der Rechtsbildung und ihr Einfluß auf die gesellschaftliche Wirksamkeit des Rechts (Materialien des III. Berliner rechtstheoretischen Symposiums), Berlin 1980.

[2] Vgl. hierzu die Beiträge zu „Recht und Widerspruch“, in: Wissenschaftliche Zeitschrift der Friedrich-Schiller-Universität Jena, Gesellschaftswissenschaftliche Reihe, 6/1983, S. 617ff.

[3] Vgl. K. A. Mollnau (Hrsg.), Probleme einer Rechtsbildungstheorie, a. a. O., S. 16.

des Rechts, die offenbar nicht ohne seine soziale Funktionsweise erklärbar sind. Diese kann wiederum nicht ohne das jeweilige Verhältnis von Objektivität und Subjektivität aufgeklärt werden.

Das Diktum, wonach „Recht aus Nichtrecht entsteht“,[4] ist in dieser Allgemeinheit gewiß unbestreitbar, ebenso wie es richtig ist, daß kein Imperativ ohne Imperator existiert.[5] Damit ist aber noch nicht hinreichend sinnfällig, warum bestimmte soziale Sachverhalte rechtshervorbringend und wie sie rechtsbestimmend wirken, welche Rechtsformen unter bestimmten Bedingungen notwendigerweise erzeugt werden müssen. Diejenigen, die das Recht auf den bloßen Willen gründen, auf die Gewalt oder ein anders bezeichnetes bloßes Autoritätsverhältnis, die es aus dem Sozialisationsbedürfnis, dem Leben schlechthin oder aus anderen nichtrechtlichen Sachverhalten hervorgehen lassen, würden einer solchen allgemeinen Aussage gewiß auch zustimmen. (Es muß hier wahrscheinlich nicht besonders betont werden, daß die zitierten Autoren dabei nicht stehenbleiben. Die Verkürzung dient ganz einfach der Zuspitzung, um schneller des zu diskutierenden Problems habhaft zu werden.)

Es geht hier nicht schlechthin um die Problemstellung, daß das Recht materiell determiniert ist, daß also Recht aus Nichtrecht entsteht, sondern wie aus Nichtrecht das Recht entstehen muß, darum, daß und wie bestimmte reale soziale Sachverhalte ebenso bestimmte Rechtsformen erfordern, wie Imperative erzeugt, angeeignet und verändert werden. Erst dann wird eigentlich der Materialismus hinsichtlich des Rechts voll ausgeschritten.

In ihrer Kritik an Stirner fordern Marx und Engels, „zu erklären und nachzuweisen, wie bestimmte industrielle und Verkehrsverhältnisse notwendig mit einer bestimmten Gesellschaftsform, damit einer bestimmten Staatsform . . . verbunden sind“.[6] Diesen Gedanken führt Marx später noch einmal wie folgt aus: „Darwin hat das Interesse auf die Geschichte der natürlichen Technologie gelenkt, d. h. auf die Bildung der Pflanzen- und Tierorgane als Produktionsinstrumente für das Leben der Pflanzen und Tiere. Verdient die Bildungsgeschichte der produktiven Organe des Gesellschaftsmenschen, der materiellen Basis jeder besondren Gesellschaftsorganisation, nicht gleiche Aufmerksamkeit? Und wäre sie nicht leichter zu liefern, da, wie Vico sagt, die Menschengeschichte sich dadurch von der Naturgeschichte unterscheidet, daß wir die eine gemacht und die andre nicht gemacht haben? Die Technologie enthüllt das aktive Verhalten des Menschen zur Natur, den unmittelbaren Produktionsprozeß seines Lebens, damit auch seiner gesellschaftlichen Lebensverhältnisse und der ihnen entquellenden geistigen Vorstellungen. Selbst alle Religionsgeschichte, die von dieser materiellen Basis abstrahiert, ist unkritisch. Es ist in der Tat viel leichter, durch Analyse

[4] H. Klenner, Vom Recht der Natur zur Natur des Rechts, a. a. O., S. 181.
[5] Vgl. H. Wagner, Normenbegründungen, Köln 1982, S. 35 ff.
[6] K. Marx/F. Engels, Die deutsche Ideologie, in: MEW, Bd. 3, S. 137.

den irdischen Kern der religiösen Nebelbildungen zu finden, als umgekehrt, aus den jedesmaligen wirklichen Lebensverhältnissen ihre verhimmelten Formen zu entwickeln. Die letztre ist die einzig materialistische und daher wissenschaftliche Methode."[7] Es versteht sich wohl von selbst, daß die Religion hier als Paradigma für jede wesentliche Überbauerscheinung und damit auch für das Recht steht.

Dieser Schritt, aus den jeweiligen realen Verhältnissen heraus die notwendig entstehenden Staats- und Rechtsformen zu erklären, zu begründen und damit sichtbar zu machen, daß sie unter bestimmten Umständen sich so entwickeln mußten, stellt doch eine gewisse Umkehrung gegenüber der vorherrschenden Methode dar, die fast ausschließlich nur den sozialen Kern bestehender Formen herauszufinden sucht. Sie ist und bleibt daher im wesentlichen ideologischer Natur, was hier nicht im pejorativen Sinne gemeint ist, sondern darauf verweisen soll, daß damit in erster Linie eine solche Auffassung über die Entstehung und Veränderung des Staates und des Rechts geltend gemacht wird, die deren natürlichen materialistischen Ursprung gegenüber verklärenden idealistischen Auffassungen ins Feld führt. Das ist nicht wenig, sondern viel und natürlich nötig. Das ist aber nicht hinreichend, weil damit nur die Herkunft des Rechts nachgewiesen wird, seine Abstammung, seine materielle Determiniertheit, die entscheidende Frage aber zunächst noch ungelöst bleibt: warum bestimmte Bedingungen bestimmte Rechtsformen erfordern.

Allein diese Fragestellung, wie aus Nichtrecht bestimmtes Recht entsteht, vermag auch die Bemühungen um eine Rechtsbildungstheorie zu fundieren, die, das weisen die entsprechenden Arbeiten aus, mit ihren Erwägungen über Regelungsnotwendigkeit, Regelungsobjekt und Regelungsgegenstand sich einer solchen Sichtweise durchaus nähert, letztlich aber doch nicht die entscheidende Frage ausgehend von den konkreten sozialen Verhältnissen stellt, welche Rechtsformen für sie erfordert sind.

Im Grunde ist diese Methode durch Marx und Engels vollauf demonstriert worden. In seiner nunmehr hundertjährigen Schrift „Der Ursprung der Familie, des Privateigentums und des Staats" hat Engels nicht von entstandenen staatlichen und rechtlichen Formen auf deren materielle Veranlassung geschlossen, sondern nachgewiesen, welche sozialen Elemente diese Formen notwendigerweise hervorbringen mußten, wie sich soziale Beziehungen änderten, Bedürfnisse und Interessen hervorkamen, Konflikte aufbrachen und wie hieraus schließlich der Staat entsprang.[8] „Nach dem Warenkauf kam der Geldvorschuß, mit diesem der Zins und der Wucher. Und keine Gesetzgebung späterer Zeit wirft den Schuldner so schonungs- und rettungslos zu den Füßen des wucherischen Gläubigers wie die altathenische und altrömische – und beide entstanden spontan, als Gewohnheits-

[7] K. Marx, Das Kapital. Erster Band, in: MEW, Bd. 23, S. 392/393.

[8] Vgl. F. Engels, Der Ursprung der Familie, des Privateigentums und des Staats, in: MEW, Bd. 21, S. 164.

rechte, ohne andern als den ökonomischen Zwang“, lautet eine der resümierenden Feststellungen.[9]

Das gleiche Vorgehen ist in den ökonomischen Untersuchungen durch Marx feststellbar. Nachdem er im „Kapital“ Ware und Wert analysiert hat, stellt er die Frage nach den notwendigen juristischen Formen des Austausches, nachdem er Warenproduktion und entwickelte Warenzirkulation untersucht hat, die Verwandlung von Geld in Kapital, den Kauf und Verkauf der Ware Arbeitskraft, kommt das erforderliche juristische Moment hinzu; ähnlich ist das beim absoluten und relativen Mehrwert, der Kooperation, der Entwicklung der großen Industrie, dem Arbeitslohn, dem Akkumulationsprozeß des Kapitals und in anderen Fragen. Aus der Analyse der sich entwickelnden sozialökonomischen Verhältnisse wird auf die hierfür erforderten juristischen Formen geschlossen. Es sei nur auf das unterschiedliche Herangehen von Marx in der „Judenfrage“ und im „Kapital“ verwiesen, zwischen denen ein mehr als zwanzigjähriger Entwicklungsunterschied liegt. Dort ging er, veranlaßt durch Bruno Bauers Illusion, die menschliche Befreiung sei durch juristische Gleichheit mit entsprechenden Rechten vollzogen, von diesen Rechten aus und kam dabei zu der bekannten Feststellung der notwendigen Rücknahme des Staatsbürgers in den individuellen Menschen, daß dieser in Erkenntnis und Organisation seiner eigenen Kräfte als gesellschaftlicher Kräfte in seiner individuellen Arbeit, in seinen individuellen Verhältnissen Gattungswesen geworden, die gesellschaftliche Kraft nicht mehr in Gestalt der politischen von ihm getrennt sein müsse, damit die menschliche Emanzipation vollbracht werde.[10] Aber hierbei liegt schon die Erkenntnis vor, daß nur in der Illusion das bürgerliche Leben vom Staat, „während umgekehrt in der Wirklichkeit der Staat von dem bürgerlichen Leben zusammengehalten wird“.[11]

Dieses notwendige Ausgehen vom „bürgerlichen Leben“, also dem produktiven Zusammenhang,[12] um von ihm zu Staats- und Rechtsformen zu gelangen, wird im „Kapital“ demonstriert. Die eben berührte Schlußsentenz aus der „Juden-

[9] Ebenda, S. 162.

[10] Vgl. K. Marx, Zur Judenfrage, in: MEW, Bd. 1, S. 370; siehe hierzu auch K. Marx/F. Engels, Die heilige Familie, in: MEW, Bd. 2, S. 112ff. mit ihren präzisierenden Feststellungen.

[11] K. Marx/F. Engels, Die heilige Familie, in: Ebenda, S. 128.

[12] Dem sich ab und zu einschleichenden heutigen Fehlverständnis der Benutzung des Wörtchens „Bürgerlich“ bei Marx, das sich von den Anfangsschriften bis hin zur „Kritik des Gothaer Programms“ findet und das Lenin in „Staat und Revolution“ im V. Kapitel im Marxschen Sinne verwendet, sei mit dem Hinweis auf die Feststellung von Marx aus dem „Vorwort zur Kritik der Politischen Ökonomie“ (MEW, Bd. 13, S. 8) begegnet, daß es sich hierbei um die materiellen Lebensverhältnisse handelt. Vgl. hierzu auch K. Marx/F. Engels, Die deutsche Ideologie, a. a. O., S. 36, ferner F. Engels, Ludwig Feuerbach und der Ausgang der klassischen deutschen Philosophie, in: MEW, Bd. 21, S. 300.

frage" wird in ihm vollends auf die Füße gestellt und findet sich nicht bloß schlechthin verbessert z. B. in dem Satz wieder, daß das Ziel sozialer Entwicklung ein „Verein freier Menschen" sein müsse, „die mit gemeinschaftlichen Produktionsmitteln arbeiten und ihre vielen individuellen Arbeitskräfte selbstbewußt als eine gesellschaftliche Arbeitskraft verausgaben".[13]

So unbestreitbar verdienstvoll es ist, aus den Werken von Marx und Engels ihre Äußerungen zum Recht zusammenzustellen, die rechtlichen Bezüge in ihren Schriften aufzufinden, so ist dies noch nicht hinreichend. Es stellt einen richtigen und wichtigen notwendigen Anfang dar,[14] bei dem jedoch nicht stehengeblieben werden kann. Ähnlich wie Lenin in „Staat und Revolution" die Genesis der Auffassungen von Marx und Engels zur Diktatur des Proletariats als einen Prozeß wissenschaftlich analysierter Erfahrung darstellt, müßte dies auch in methodologischer Hinsicht zum Verhältnis von materiellen Lebensbedingungen und Staats- und Rechtsformen getan werden. Lenin hat das auch in seiner Imperialismus-Schrift vollzogen. Er kommt darin aufgrund seiner umfassenden ökonomischen Analyse zu der Schlußfolgerung, daß sich infolge der ökonomischen Veränderungen ein neues „Herrschaftsverhältnis" mit einer damit verbundenen Gewalt[15] herausgebildet hat. Nicht Herrschaftsformen bilden seinen Ausgangspunkt, nicht politische Formen, und er steht hierin im Gegensatz zu Kautsky, der den Imperialismus als Form der Politik erklärt. Auch er sucht also nicht etwa nur nachzuweisen, wie die staatlichen und rechtlichen Formen als Erscheinungsformen des Überbaus, der Subjektivität, der Klassenherrschaft ihre materielle Ursache besitzen, sondern macht beweiskräftig, wie die objektive geschichtliche Tendenz der kapitalistischen Akkumulation die „Kapitalisten ohne ihr Wissen und gegen ihren Willen in eine Art neue Gesellschaftsordnung" hineinzieht, daß sie sich die „Welt nicht aus besonderer Bosheit unter sich" aufteilen, „sondern weil die erreichte Stufe der Konzentration sie zwingt, diesen Weg zu beschreiten, um Profit zu erzielen".[16]

Eine ausschließlich geübte Methode, die Aussagen der Klassiker über Staat und Recht zu nehmen, um deren Auffassungen hierzu für den Nachweis der materiellen Determiniertheit von Staat und Recht schlechthin zu benutzen, übersieht zweierlei. Es wird *erstens* die Historizität dieser Auffassungen selbst übersehen, so z. B. ganz augenfällig dann, wenn immer und immer wieder aus den Marxschen Anfangsschriften mit ihren rechtlichen Aussagen, die den Hegelschen objektiven Geist noch spüren lassen, wie in den Debatten über das Holzdiebstahlsgesetz, weitreichende Schlußfolgerungen wie solche gezogen werden, daß darin „das

13 MEW, Bd. 23, S. 92.

14 Siehe hierzu I. Szabó, Karl Marx und das Recht, Berlin 1981; (Rez. in: DZfPh, 1/1984, S. 87); H. Klenner, Vom Recht der Natur zur Natur des Rechts, a. a. O., S. 79ff.

15 W. I. Lenin, Der Imperialismus als höchstes Stadium des Kapitalismus, in: LW, Bd. 22, S. 211.

16 Siehe ebenda, S. 209, 257.

Klassenwesen des bürgerlichen Rechts und im besonderen das des Strafrechts" entlarvt worden sei.[17] Das scheint zugleich auch so, als brauchte dieses Wesen nur im Sinne einer endgültigen kriminalistischen Identifikation nachgewiesen zu werden, als gäbe es keinerlei soziale Veränderungen, die sich dann auch nicht dem Recht mitteilen würden. Das enthebt dann auch einer konkreten geschichtlichen Analyse. Wie sehr ein solches Verfahren gegen die Geschichtlichkeit aller Existenz streitet, sei hier nur angemerkt. – Und *zweitens* verstellt dies den Weg dazu, aus den – sagen wir es so – nichtjuristischen Untersuchungen von Marx methodische Schlüsse für die Rechtsformen zu ziehen. Als ein scheinbares Paradoxon hierzu sei formuliert, daß Marx vor allem dort etwas zum Recht aussagt, wo er direkt nichts darüber verlautet. Denn: Können ohne die Kenntnis und Verwertung des „Kapital" und der „Grundrisse" die bürgerliche Produktionsweise aufgeklärt werden und ohne diese die bürgerlichen Staats- und Rechtsformen? Wohl kaum. Es muß die „bestehende Gesellschaft (und das gilt von jeder künftigen) als *Grundlage* des bestehenden *Staats*" behandelt werden.[18] Staat und Recht blieben sonst genetisch, funktionell, strukturell wie existentiell der Gesellschaft übergeordnete Organe.

Das „Kapital" ist deshalb für den Juristen vor allem anderen ein staats- und rechtstheoretisches Lehrbuch ohnegleichen, es fundiert nicht bloß schlechthin die sonst noch anzutreffenden Äußerungen zu Staat und Recht bei Marx und Engels, sondern mit ihm macht Marx sinnfällig und beweiskräftig, wie objektive soziale Formen notwendig auch in Rechtsformen umschlagen müssen, die funktionell und existentiell natürlich ineinander übergehen. So ist beispielsweise die Darstellung der Herausbildung der Wertformen, von der einfachen, einzelnen und zufälligen bis zur allgemeinen Wert- und Geldform zugleich die logisch-historische Wiedergabe der objektiven Grundlagen der Ausprägung der entsprechenden politischen Formen. Ebenso verallgemeinern auch die Formen der Grundrente die stadiale Entwicklung des Feudalismus,[19] so daß es nicht zureichend ist, zum Beispiel das feudale Recht ohne Rücksicht auf diese objektiven ökonomischen Formen darzustellen, wie das verbreitet geschieht.[20]

[17] Strafrecht, Allgemeiner Teil, Lehrbuch, Berlin 1976, S. 88.

[18] Vgl. K. Marx, Kritik des Gothaer Programms, in: MEW, Bd. 19, S. 28.

[19] K. Marx, Das Kapital, Dritter Band, in: MEW, Bd. 25, S. 790ff.

[20] Vgl. hierzu: Marxistisch-leninistische allgemeine Theorie des Staates und des Rechts, Bd. 2, Berlin 1974, S. 171ff.; Marxistisch-leninistische Staats- und Rechtstheorie, Lehrbuch, 3., bearb. Aufl., Berlin 1980, S. 120/121; S. M. Tschernilowski, Allgemeine Staats- und Rechtsgeschichte, Berlin 1980, S. 163ff. Wenn sich in den beiden erstgenannten Arbeiten beispielsweise die verallgemeinernde und zugleich einebnende Feststellung findet, daß eine spezifische oder charakteristische Form des Feudalrechts das Faustrecht gewesen sei, so ist damit nicht bloß ein Marx-Zitat überinterpretiert (MEW, Bd. 13, S. 620), sondern es wird auch Marx' ökonomische Analyse des Feudalismus zu wenig beachtet, aus der er z. B. schlußfolgerte, daß „der Glanzpunkt des Mittelalters

Inwieweit zu wenig auf ökonomische Formen zugegangen wird, um von hier zum Recht zu gelangen, belegt auch die Tatsache, daß das Verhältnis von Ökonomie und Recht in unserer Literatur kaum direkt thematisiert ist, daß dieses oft genug sogar mit dem Verhältnis von Wirtschaftspolitik und Recht gleichgesetzt wird,[21] womit jedoch nur zwei gleichrangige ideologische Phänomene zueinander gebracht werden, was automatisch die Frage danach ausschließt, wie und für welche ökonomischen Verhältnisse die Rechtsform erforderlich ist.

Außerdem hat sich auch eine merkwürdige Zurückhaltung gegenüber der Rechtsgeschichte herausgebildet,[22] die wahrscheinlich auch daraus zu erklären ist, daß es deshalb weithin nicht als erforderlich angesehen wurde, die vorangegangenen Staats- und Rechtsformen mit den sie begleitenden Ideologien aufzuarbeiten, weil sie politisch als erledigt erschienen. Bekräftigt wurde das zum Beispiel durch eine verbreitete massive Überzeugung von einer nur diskontinuierlich zu fassenden Entwicklung des sozialistischen Staates und Rechts, womit alles Vorige abgeschnitten blieb.[23]

Damit verbindet sich automatisch zweierlei: *Einmal* wird der Zusammenhang zwischen dem Recht und den objektiv realen Verhältnissen dadurch zerrissen, daß mit der vermeinten ausschließlichen Diskontinuität des Rechts (schon logisch ein Unding, sich diese ohne gleichzeitige Kontinuität vorzustellen, weil die Dinge eben an sich selbst widersprechend sind) etwas abzuschneiden vermeint wird,

der Bestand souveräner Städte" gewesen sei. (MEW, Bd. 23, S. 743); Gurjewitsch (Das Weltbild des mittelalterlichen Menschen, Dresden 1978, S. 208) stellt fest: „Tatsächlich gab es kein widersprüchlicheres und verwirrteres Phänomen im Leben der Feudalgesellschaft" als das mittelalterliche Recht. Das ist doch offenbar das Ergebnis recht heterogener und vielschichtiger ökonomischer und diesen folgender politischer Strukturen.

21 So z. B. (statt weiterer Belege) bei: W. Strasberg, Ökonomie und Fragen der Verwirklichung des Zivilgesetzbuches, in: Staat und Recht, 10/1984, S. 810ff. (811).

22 Für die Rechtsgeschichte ist H. Klenner nicht nur schlechthin eingetreten, er hat sie auch beständig betrieben. Dafür zeugen seine Editionen zu Hegel, Hobbes, Locke, Winstanley; das belegen seine Arbeiten zu Grotius, Pufendorf, zur klassischen Philosophie und Literatur, zu Savigny, A. Baumgarten, Kelsen u. a. m. – Zur Situation in der Rechtsgeschichte siehe: Zur Dimension der Geschichte in der Staats- und Rechtswissenschaft. Eine Umfrage, in: Staat und Recht, 7/1984, S. 551ff.; bei der allerdings jener Gedanke zu fehlen scheint, der den Mittelpunkt des vorliegenden Diskussionsbeitrages bildet, daß eine heutige Rechtsbeschreibung ohne eine gesamthistorische Sicht auf die Genesis des Rechts im determinierenden Zusammenhang von Ökonomie und Recht nicht möglich ist.

23 Aus der betonten Position „keine Kontinuität" zwischen sozialistischen und bürgerlichen Rechten im Lehrbuch „Staatsrecht der DDR", Berlin 1977, S. 186, wurde in der 2. Aufl. dieses Buches 1984, daß es „keine einfache und lineare Kontinuität" gäbe (S. 183), als ob eine Trennung vom Diskontinuierlichen und damit vom Widerspruch an sich selbst hier möglich wäre.

was in der objektiven Realität grundlegend mit der Verteilung der Produktionsbedingungen einfach gegeben ist, also fortexistiert. Das übersieht *zugleich* auch, daß sich die neuen Produktivkräfte und Produktionsverhältnisse „nicht aus dem Nichts entwickeln noch aus der Luft, noch aus dem Schoß der sich selbst setzenden Idee, sondern nur innerhalb und gegensätzlich gegen vorhandne Entwicklung der Produktion und überlieferte, traditionelle Eigentumsverhältnisse".[24] Marx macht das hinsichtlich des Rechts mit dem von ihm hervorgehobenen Umstand geltend, daß das *„gleiche Recht"* der sozialistischen Gesellschaft das *"bürgerliche Recht"* ist, daß es „stets noch mit einer bürgerlichen Schranke behaftet" bleibt und erst mit dem Übergang zur höheren Phase „der enge bürgerliche Rechtshorizont ganz überschritten werden" kann[25]. Lenin folgt ihm hierin, daß „nicht nur das bürgerliche Recht eine gewisse Zeit fortbesteht, sondern sogar auch der bürgerliche Staat – ohne Bourgeoisie".[26] An anderer Stelle wird von ihm vom „halbbürgerlichen Recht" gesprochen.[27] Das macht auf den objektiv determinierten Inhalt, die objektive Formbestimmtheit des Rechts aufmerksam, die nicht allein von der subjektiven Seite, der neuen Klassenherrschaft, bestimmt zu werden vermag. Dieses Objektive spiegelt zugleich den Widerspruch zwischen Objektivität und Subjektivität, zwischen Politik und Ökonomie, zwischen Stoffwechsel, also dem produktiven Zusammenhang und seiner Formbestimmtheit wider.

Es ist vielleicht symptomatisch, daß die Marxschen Feststellungen zum bürgerlichen Rechtshorizont weniger von der objektiven Seite her verstanden werden, sondern – wenn auf sie Bezug genommen wird, was selten genug geschieht – darunter in Verkennung ihrer Bedeutung mehr der notwendige politisch-ideologische Bruch mit dem bürgerlichen Rechtsdenken gesehen wird; nicht selten sogar die Abschaffung von alten übernommenen Rechtsnormen.[28] Wenn aber die Sicht mehr auf die subjektive Seite der Rechtsetzung gerichtet ist – das ist dann der weitere erwähnte Umstand –, dann erscheint Recht auch weniger von den

[24] K. Marx, Grundrisse der Kritik der Politischen Ökonomie, in: MEW, Bd. 42, S. 203.

[25] K. Marx, Kritik des Gothaer Programms, a. a. O., S. 20/21.

[26] W. I. Lenin, Staat und Revolution, in: LW, Bd. 25, S. 485.

[27] W. I. Lenin, Marxismus und Staat (Vorarbeiten zu Staat und Revolution), Berlin 1972, S. 48.

[28] Vgl. K. Polak, Über die weitere Entwicklung der sozialistischen Rechtspflege in der Deutschen Demokratischen Republik, in: Staat und Recht, 4/1961, S. 607ff. Polak sah in der Überwindung des bürgerlichen Rechtshorizonts nur die politisch-ideologische Seite, er identifizierte „bürgerlich" mit bourgeois. (S. 627ff., 636) Dieses Verständnis war und ist verbreitet. Hiergegen: G. Haney, Die staats- und rechtstheoretische Bedeutung der Gothaer Programmkritik von Marx, in: Neue Justiz, 10/1975, S. 283ff. (286/287); H. Ranke (Die Herausbildung der leitenden Prinzipien des sozialistischen Zivilrechts, in: Neue Justiz, 18/1975, S. 532ff.) sah mit dem Erlaß des neuen ZGB den bürgerlichen Rechtshorizont für überschritten an (S. 534/535).

objektiven ökonomischen Verhältnissen bestimmt als mehr durch den Klassenwillen, dieser dominiert dann.

Es ist natürlich nicht zu bestreiten, daß bei der notwendigen Aufhebung der Einseitigkeit von Objektivität und Subjektivität durch die soziale Tätigkeit die gesamtstaatliche Willensbildung in Gestalt des Rechts eine unerläßlich vermittelnde Rolle spielt. Das kann hier nicht weiter ausgeführt werden, jedoch kann die rechtliche Willensbildung diese Vermittlung nur wahrnehmen, wenn sie den objektiv vorhandenen Bedingungen entspricht. Nur so kann auch letztlich der entscheidenden Frage für eine planmäßige soziale Tätigkeit beigekommen werden, welche sozialen Verhältnisse wie und in welcher Richtung zu entwickeln sind. Dafür ist es aber nicht bloß im Sinne der Bereicherung des Wissens wichtig, zu erfahren, wie in vergangenen Zeiten die objektiven Verhältnisse zum Recht drängten, wie das Recht ihnen entsprang. Es ist einfach unerläßlich für Heutiges, erforderlich, um der Regelungsnotwendigkeit auf die Spur zu kommen, um den Prozeß zu erforschen, wie aus Nichtrecht Recht wird, wie sich hier Bedürfnisse und Interessen ausbilden. Diese Frage vermag sich nur dem nicht aufzutun, der es einfach ablehnt, daß „alle Epochen der Produktion . . . gewisse Merkmale gemein, gemeinsame Bestimmungen“ haben, „die vom Denken als allgemeine fixiert werden“.[29]

Infolge einer außerordentlich entwickelten Rechtsordnung, die mit der „Gesellschaft der *aufgehobnen und aufgelösten Privilegien*“ als „die entwickelte *bürgerliche Gesellschaft*“ ins Leben trat, wo sich das allgemeinverbindliche Recht an die „Stelle des *Privilegiums*“ setzte,[30] wird natürlich eine Methode begünstigt, die mehr im Recht und den Rechtsvorstellungen fortdenkt. Die Rechtssysteme wurden durch diesen Übergang so umfassend ausgearbeitet und wirksam im Sinne einer formellen Geltung, daß jede Neuregelung zwangsläufig sich mit ihnen konfrontieren muß. Und es wäre überdies außerordentlich unökonomisch, womöglich einzelne Rechtsinstitute, deren Evidenz augenfällig ist, z. B. den Kauf, in Frage zu stellen und ab ovo beginnen zu wollen. Anders ist das in den Fällen, wo die sozialistische Gesellschaft *völlig neue* Rechtsinstitute schafft, aber auch bei ihnen findet immer eine Begegnung mit dem Bisherigen statt. – Das führt dann häufig genug zu einer nur allgemeinen Berufung auf die materiellen Grundlagen des Rechts und läßt weniger danach fragen, welche sozialen Verhältnisse und Verhaltensweisen notwendig das Recht fordern. Die rechtlich geregelten Verhältnisse sind in einer außerordentlichen Breite empirisch gegeben.

Diese Art von Extrapolation tritt fast naturgemäß immer dort und dann ein,

[29] K. Marx, Grundrisse der Kritik der politischen Ökonomie, in: MEW, Bd. 42, S. 20, 24.

[30] K. Marx/F. Engels, Die heilige Familie, in: MEW, Bd. 2, S. 123; siehe hierzu auch: MEW, Bd. 3, S. 190.

wo und wann entwickelte ideologische Systeme und Verhältnisse vorhanden sind, die dann derart zu einer Konsolidation des letztlich materiell determinierten Gedankenprodukts führen, daß sie zu einer Art selbständiger Macht werden. Es mag ein wenig übertrieben sein, aber es fällt einem hierbei unwillkürlich das zugespitzte Brechtwort von der „schwachen Begabung“ der Deutschen für den Materialismus ein. „Wo sie ihn haben, machen sie sofort eine Idee draus, ein Materialist ist dann einer, der glaubt, daß die Ideen von den materiellen Zuständen kommen und nicht umgekehrt, und weiter kommt die Materie nicht mehr vor.“ [31] Um so notwendiger ist es, die genetische Seite des Rechts historisch aufzuklären, denn rückblickend von den entwickelten auf die unentwickelten Formen wird feststellbar, wie und unter welchen Umständen sich Rechtsformen bildeten. Etwas, was sich heute nicht mehr mit der möglichen Deutlichkeit abspielt, kann meist nur an den Quellen der Entstehung erfahren werden, was das Heutige dann auch durchschaubarer werden läßt.

Daß sich mit dem Übergang vom Nichtstaat zum Staat eine besondere öffentliche Gewalt entwickelte und an die Stelle bis dahin vorherrschender Gliederung die Einteilung der Bevölkerung nach dem Gebiet trat, konnte Engels nur auf der Grundlage eines historischen Materials herausfinden, das die „Produktion und Reproduktion des unmittelbaren Lebens“ in seiner doppelten Art, „durch die Entwicklungsstufe einerseits der Arbeit, andererseits der Familie“ [32] belegte. Dabei wurde auch sichtbar, in und mit welchen Besonderheiten und Zufälligkeiten dies auftrat, als etwas, was zugleich jegliche mechanistische Auffassung hinsichtlich heutiger Staats- und Rechtsformen abweist.

Wenn gesagt wird, daß Recht aus Nichtrecht entsteht, dann darf hierbei auch nicht vergessen werden, daß die nichtrechtliche Substanz häufig genug bereits eine normative Gestaltung besitzt, so daß der Unterschied zwischen Recht und Nichtrecht sich dann einzig auf das Autoritätsproblem reduziert. Die vorstaatliche Gesellschaft besaß ihre Regeln, ihre Verfassung, sie bildeten sich mit der staatlichen Autorität in Recht um, was keineswegs immer an einen ausdrücklichen Akt gebunden war. Ob Hammurapis Gesetzessammlung, die Zendawesta, die Gesetze des Manu, der Pentateuch, die Sammlung Justinians, der Koran, die Sunnas, der Sachsenspiegel oder vieles andere, stets handelte es sich um Vorgänge, durch die bereits geltende, in Gebrauch befindliche Normative aufgeschrieben, festgehalten, verbreitet und imperativ autorisiert wurden.

Angesichts dieses historischen Materials versagt von vornherein eine Problemstellung, bei der gemeint wird, es müßte für die Rechtsbildung und Gesetzgebung

[31] B. Brecht, Flüchtlingsgespräche, Werke in 5 Bänden, Bd. 4, Berlin – Weimar 1979, S. 390. Zu Brecht siehe: H. Klenner, Vom Recht der Natur zur Natur des Rechts, a. a. O., S. 210ff.

[32] F. Engels, Der Ursprung der Familie, des Privateigentums und des Staats, a. a. O., S. 27/28.

vor allem erforscht werden, wie Aussagen in Normen transformiert werden. Sie übersieht die unausgesetzt stattfindende normative Aneignung der Wirklichkeit auf allen Ebenen, durch alle Subjekte, vom Individuum angefangen über kollektive Subjekte bis zum Staat als Gesamtsubjekt, durch das ein besonderer Verbindlichkeitsgrad gesetzt wird. Diese normative Aneignung steht neben den übrigen geistigen Aneignungsweisen relativ selbständig, was nicht etwa bloß für die Vergangenheit gilt. Dabei ist natürlich nicht jede Norm schon Recht, und es wird keineswegs die eigenständige Rolle des Staates etwa in Abrede gestellt. Es ist die auf die "beständige Reproduktion der Basis des bestehenden Zustandes, des ihm zugrunde liegenden Verhältnisses",[33] gerichtete Tätigkeit, die infolge der in der ökonomischen Reproduktion liegenden objektiven Formbestimmungen eine entsprechende Reproduktion des Normativen oder innovative normative Aneignung bewirkt, die davon bestimmt ist, ob sie in stagnanten oder sich verändernden sozialen Zuständen stattfindet. Das ist natürlich immer ein interessierter Prozeß, den das ökonomisch herrschende Interesse auch rechtlich ausprägt. Mit dem Recht wird dann das Interesse der Herrschenden allgemeinverbindlich normativ bestimmt.

Mit diesen Bemerkungen sollte zugleich angedeutet werden, daß infolge der nur durch die Tätigkeit sich vollziehenden gesellschaftlichen Reproduktion und der damit einhergehenden normativen Aneignung auch eine begriffliche Erfassung des Rechts nicht von dem Element der sozialen Tätigkeit absehen kann.[34] Und ein weiteres folgt hieraus: So richtig es ist, daß die mit staatlicher Autorität versehenen allgemeinverbindlichen Rechtsnormen in Anwendungsakten vielfältig und vielschichtig konkretisiert werden,[35] so darf diese deduktive Konkretion jedoch nicht das ausschließliche und beherrschende Konzept sein. Wenn es richtig ist, daß soziale Tätigkeit nicht ohne die jeweilige normative Aneig-

[33] K. Marx, Das Kapital. Dritter Band, in: MEW, Bd. 25, S. 801.

[34] Der Verfasser hatte vor Jahren die auch heute noch von ihm vertretene Position unterbreitet, Recht als Dreiheit von Norm, Interesse und Handeln (Tätigkeit) zu begreifen. Vgl. G. Haney, Sozialistisches Recht und Persönlichkeit, Berlin 1967, S. 7. Diese Auffassung fand in einer Diskussion 1981 wenig Befürworter. Siehe hierzu den Bericht von R. Svensson/R. Will, in: Staat und Recht, 1/1982, S. 78/79.
Der Verfasser stimmt mit H. Wagner, Recht als Widerspiegelung und als Handlungsinstrument, Köln 1976, überein (Siehe Rez. in: Staat und Recht, 2/1978, S. 271ff.).

[35] Vgl. R. Svensson, Konkretisierung von Rechtsnormen, Berlin 1982. – Die im Anschluß daran geführte Debatte hat weniger das soziologische Faktum konkreter normativer Aneignung im tätigen Prozeß ergriffen, jedoch auch geltend gemacht, daß die durch das „Handeln bewirkten sozialen Veränderungen und Einflußnahmen, . . . ihrerseits wiederum neue Regelungsnotwendigkeiten mitkonstituieren, bestehende modifizieren oder beides beeinflussen". Vgl. K. A. Mollnau/R. Svensson, Zur theoretischen Analyse des rechtlichen Regelungsprozesses im entwickelten Sozialismus, in: Staat und Recht, 3/1985, S. 231ff. (232). Siehe auch die dort angegebene Literatur.

nung denkbar und vollziehbar ist, dann werden Maßvorstellungen beständig reproduziert und verändert. Das heißt, die Wirkung und Wirksamkeit des Rechts wie auch die Durchsetzung der Gesetzlichkeit dürfen nicht bloß normativ vollziehend begriffen werden, sie sind es natürlich auch, aber eben nicht ausschließlich.

So heißt es für Strafrechtsnormen: „Sie rufen dazu auf und fordern, daß jedermann die ihm in der sozialistischen Gesellschaft gegebenen Möglichkeiten zu gesellschaftsgemäßem, menschenwürdigem Verhalten bewußt wahrnimmt und keiner zum Straftäter wird.“[36] Demnach erscheint es ganz so, als müßte jedem einzelnen erst durch das Strafgesetz gesagt werden, wie er sich zu verhalten habe, was er nicht tun dürfe, was er unterlassen müsse. Das ist eigentlich die hinter diesem Satz stehende Modellvorstellung. Für den einzelnen hätte das zum Ergebnis, als müßte er sich die rechtlichen Verhaltensanforderungen immer wieder aufs neue aneignen, als gäbe es hier *nur* die dezidierte, vom Allgemeinen abgeleitete Verhaltensbestimmung. So wird dann auch der einzelne mit Hilfe des Rechts „informiert“, in seinem Handeln „orientiert“, „motiviert“, „stimuliert“, wird rechtsnormenwidriges Handeln bei ihm „verhindert und unterdrückt“ oder „korrigiert“.[37] Einem Gedanken, daß beim einzelnen schon auf den verschiedensten Wegen erworbene Maßvorstellungen vorhanden sind, daß er selbst einem beständigen normativen Aneignungsprozeß, individuell wie kollektiv, ausgesetzt ist, wird dann kaum Zutritt gewährt.

So sehr der Verfasser mit der These von der arbeitsteiligen Produktion von Recht einverstanden ist,[38] so meint er aber, daß der Weg vom Nichtrecht zum Recht nicht bloße Transformation von „Wissen in Wollen, von Aussagen in Normen“[39] ist, daß die allgemeine soziale Tätigkeit mit der einhergehenden normativen Aneignung zwar noch nicht Recht ist, auf dieses aber beständig einwirkt, wobei die vielfältigen Übergänge und Vermittlungen nicht zuletzt auch infolge des neuen Verhältnisses von Staat und Gesellschaft im Sozialismus in Ansatz gebracht werden müssen. Wenn hierbei darauf verwiesen wird, daß Marx das Recht als eine besondere Weise geistiger Produktion begreift, so darf nicht übersehen werden, daß er damit keineswegs das Verhältnis von Wissen und Wollen oder eine allgemeine erkenntnistheoretische Problematik im Auge hatte, sondern den allgemeinen sozialen Erkenntnisprozeß als Tätigkeit, ganz im Sinne der Reproduktion der materiellen Lebensgrundlagen. Die Stelle lautet vollständig: „Religion, Familie, Staat, Recht, Moral, Wissenschaft, Kunst etc.

[36] Strafrecht, Allgemeiner Teil, a. a. O., S. 20.

[37] So Dettenborn zur Stellung der Persönlichkeit im Prozeß des Wirkens des sozialistischen Rechts, in: Objektive Gesetze, Recht, Handeln (Hrsg. K. A. Mollnau), Berlin 1979, S. 187/188.

[38] Vgl. H. Klenner, Vom Recht der Natur zur Natur des Rechts, a. a. O., S. 187ff.

[39] Ebenda. S. 202.

sind nur *besondre* Weisen der Produktion und fallen unter ihr allgemeines Gesetz."[40] Hier ist also auch von Phänomenen die Rede, die keineswegs auf Wissen, sondern auf Glauben gerichtet sind wie die Religion. Ganz ähnlich Lenin: „Genauso wie die Erkenntnis des Menschen die von ihm unabhängig existierende Natur, d. h. die sich entwickelnde Materie widerspiegelt, so spiegelt die *gesellschaftliche Erkenntnis* des Menschen (d. h. die verschiedenen philosophischen, religiösen, politischen usw. Anschauungen und Lehren) die *ökonomische Struktur* der Gesellschaft wider."[41]

Damit ist gesagt, daß diese Anschauungen und Lehren Realität widerspiegeln, daß es keineswegs genügt, etwa das mittelalterliche Denken oder die naturrechtlichen Konzepte der Aufklärung nur als falsch, fehlerhaft oder höchst irrig abzutun. Das ist schnell getan, weil es natürlich keine überzeitlich göttliche lex aeterna und kein präpositives natürliches Recht gibt, wie es weiterhin eben auch nicht ausreicht, nur nachzuweisen, daß auch diese Annahmen letztlich materiellen Ursprungs sind. Damit wäre beispielsweise das rationale Naturrecht noch nicht als notwendige Form gesellschaftlicher Erkenntnis im Sinne der Handlungsbefähigung, als Form der Praxisbewältigung, als notwendiges Hervorgerufensein durch elementare soziale praktische Bedürfnisse ergriffen. Deshalb reicht es nicht aus, es nur erkenntnistheoretisch-ideologisch abzutun, subjektiv als „heroische Illusion" und objektiv als „eine ideologische Verschleierung materieller Klasseninteressen"[42].

Warum wurde der überkommenen Gesellschaftsstruktur entgegengehalten, daß jeder Mensch frei und gleich geboren sei? Das war in einem jahrhundertelangen Prozeß durch die praktische Tätigkeit des Menschen nicht bloß schlechthin als Idee entstanden, sondern war real hervorgebrachte, vorhandene Substanz, die zu einer neuen gesamtsozialen Formierung drängte. Erst punktuell vorhanden, dann sich immer mehr ausbreitend war dieser Bildungsprozeß zugleich Auflösungsprozeß vorhandener Formen, Strukturen und Normen. Schon in der einfachen Zir-

[40] K. Marx, Ökonomisch-philosophische Manuskripte, in: MEW, Erg. Bd. Erster Teil, S. 537.

[41] W. I. Lenin, Drei Quellen und drei Bestandteile des Marxismus, in: LW, Bd. 19, S. 5. – Auch Engels macht z. B. betont geltend, daß „die Moral" einer der „Zweige der menschlichen Erkenntnis" ist (Anti-Dühring in: MEW, Bd. 20, S. 88); siehe zu diesem Problem auch: „Erkenntnis und Wahrheit", Berlin 1983, hier bes.: W. Eichhorn I, Gesellschaftliche Erkenntnis und Wahrheit, S. 74ff. – Wenn Mollnau, ebenda (S. 172), in der Relation Recht – Wahrheit die Gerechtigkeit als eine Qualitätseigenschaft von Rechtsnormen analysieren möchte, so muß dies mit einem nachdrücklichen Fragezeichen versehen werden.

[42] Marxistisch-leninistische Staats- und Rechtstheorie, Lehrbuch, 3., bearb. Aufl., Berlin 1980, S. 176. – Zum Naturrecht vgl. auch G. Haney, Das Naturrecht und die klassische Philosophie, in: Philosophie und Natur, Collegium philosophicum Jenense, Bd. 5, hg. von E. Lange, Weimar 1985.

kulation, und sie setzt bekanntlich nicht erst im 18. Jahrhundert ein, ist, so Marx, „die Aktion der Individuen aufeinander ... Setzen als Gleiche". „Als Subjekte des Austauschs ist ihre Beziehung daher die der *Gleichheit.*" Marx spricht hierbei nachdrücklich von der „*Natur der sozialen Funktion, in der sie einander* gegenüberstehn", in der sie als einer objektiven Formbestimmung gleich sind.[43] „Wenn also die ökonomische Form, der Austausch, nach allen Seiten hin die Gleichheit der Subjekte setzt, so der Inhalt, der Stoff, individueller sowohl wie sachlicher, der zum Austausch treibt, die *Freiheit.* Gleichheit und Freiheit sind also nicht nur respektiert im Austausch, der auf Tauschwerten beruht, sondern der Austausch von Tauschwerten ist die produktive, reale Basis aller *Gleichheit* und *Freiheit.* Als reine Ideen sind sie bloß idealisierte Ausdrücke desselben; als entwickelt in juristischen, politischen, sozialen Beziehungen sind sie nur diese Basis in einer andren Potenz."[44]

Es genügt nun offensichtlich nicht, nur diese „andre Potenz" aufzusuchen oder zu betonen, daß diese in gesellschaftlichen materiellen Verhältnissen wurzelt, das wäre unzureichend. Die Formbestimmtheit des Rechts muß also *grundlegend* in den Reproduktionsbeziehungen als ihrem allgemeinen Gesetz analysiert werden. Die Metapher Widerspiegelung bedeutet, etwas wird abgebildet und reflektiert, das unabhängig vom Bewußtsein existiert. Das Widergespiegelte ist nicht das Ergebnis einer freischwebenden Eingebung, in ihm wird ein Abbild von objektiv Vorhandenem hervorgebracht. Neben der empirischen Welt existiert nicht noch eine solche nur dem Verstand zugängliche. Das gilt auch für die normative Aneignung. Wenn Marx beweist, daß „Rechtsverhältnisse wie Staatsformen ... in den materiellen Lebensverhältnissen wurzeln", dann ist mit diesem „Wurzeln" nicht etwa nur ein abstrakt-allgemeiner Zusammenhang gemeint, sondern ein direkteres, von unumgänglichen Formen her gegebenes Bestimmtsein. Es ist an anderer Stelle bereits darauf aufmerksam gemacht worden, daß das Verhältnis von Historischem und Logischem in erster Linie als ein objektives Verhältnis zu begreifen ist.[45]

Natürlich ist sozialistische Rechtsetzung nicht als ein „passives Nachvoll-

[43] K. Marx, Grundrisse der Kritik der politischen Ökonomie, in: MEW, Bd. 42, S. 163/164, 167.

[44] Ebenda, S. 170; vgl. auch S. 169 und 172, wo Marx betont, daß bestimmte „juristische Verhältnisse" dieser „natürlichen Freiheit und Gleichheit keinen Eintrag tun"; vgl. ferner (ebenda) S. 575, wo von Freiheit, Gleichheit, Eigentum als den Gesetzen des Privateigentums – also von Gesetzen im objektiven Sinne – die Rede ist.

[45] Vgl. G. Haney, Historisches und Logisches in rechtlicher Relevanz und Vermittlung, in: Wissenschaftliche Zeitschrift der Friedrich-Schiller-Universität Jena, Gesellschaftswissenschaftliche Reihe, 6/1983, S. 617 (und die dort angegebene Literatur); siehe hierzu vor allem auch G. Richter, Gesetzmäßigkeit und Geschichtsprozeß, Logisches und Historisches, Berlin 1985.

ziehen einer *vor*gegebenen Sollensordnung“ mißzuverstehen.[46] Das war Rechtsetzung zu keiner Zeit. Auch dem rationalen Naturrecht kann nicht unterstellt werden, daß seine Vertreter lediglich etwas nachvollziehen wollten, was schon als präpositives Recht vorhanden war. Sie haben etwas als Notwendigkeit *verallgemeinert*, wofür in der objektiven Realität die Sollenserfordernisse bereits vorhanden waren, eben durch die Ausbreitung der Warenproduktion, ein Prozeß, der in den Städten des Mittelalters seinen deutlichen Ausgang nahm. Mehrere Jahrhunderte haben also an diesem Stoff gearbeitet, der nunmehr als objektive Formbestimmtheit vorlag. Das hier geltend gemachte Recht der Natur war logisch, und damit historisch-soziologisch „Natur des Rechts“. In welcher Form außer in der allgemeinen Berufung auf die Vernunft hätten die Naturrechtler jener Zeit etwas fordern können, was heute objektive Notwendigkeit heißt? Wird das Naturrecht ansonsten nicht ein wenig aus der Zeit entlassen, es allzu sehr mit heutigen Augen betrachtet, nur sein Erkenntniswert hinsichtlich der Aufdeckung der materiellen Herkunft des Rechts bemessen? Die Naturrechtler dachten, natürlich in Graduierungen und mit unterschiedlicher Konsequenz, mehr oder weniger bewußt, von den praktischen Anforderungen zum Recht, worin sich die „philosophische Partei“ formierte.[47]

Dabei muß gesehen werden, daß die Bildung einer neuen Gesellschaftsordnung, der Weg dorthin, qualitativ unterschieden ist von der Ausbildung der neuen Formation selbst, der „Prozeß des Werdens des Kapitals zum Kapital“ einerseits und seiner „Realisierung“ im kapitalistischen Produktionsprozeß andererseits,[48] die „*Geschichte seiner Bildung*“ im Unterschied zu seiner „*kontemporären* Geschichte“.[49] Deshalb bilden sich bürgerliche Rechtsformen nicht erst ausschließlich mit der Existenz des bürgerlichen Staates aus, was der weithin unproblematisch angenommenen Gleichzeitigkeit von bürgerlichem Staat und Recht einigen Zweifel beimengt. Zu dem der neuen gesellschaftlichen Totalität entsprechenden System konnte das bürgerliche Recht natürlich erst mit dem bürgerlichen Staat werden. Es ist dies das Problem des Ineinanderumschlagens von Inhalt als objektiver Formbestimmung in entsprechende Formen und umgekehrt, wie das Ge-

[46] H. Klenner, Vom Recht der Natur zur Natur des Rechts, a. a. O., S. 202.

[47] C. L. Reinhold, Briefe über die Kantische Philosophie, Leipzig 1924 (von R. Schmid zum Kant-Jubiläum 1924 neu herausgegeben nach ihrer Publikation 1790), S. 60. Reinhold sah neben vielen anderen eine historische und eine philosophische Partei als damals existierend an, die erste war beharrend, die zweite wollte die notwendige Veränderung. Siehe hierzu auch die Darstellung bei H. Klenner, Sätze und Gegensätze in der deutschen Rechtsphilosophie von 1803–1843, in: W. Förster (Hrsg.), Gesellschaftslehren der klassischen bürgerlichen deutschen Philosophie, Berlin 1983, S. 171ff.

[48] K. Marx, Theorien über den Mehrwert. Dritter Teil, in: MEW, Bd. 26. 3., S. 482.

[49] K. Marx, Grundrisse der Kritik der politischen Ökonomie, a. a. O., S. 372.

setzte zugleich zur Voraussetzung wird und alle für die neue Totalität nötigen Elemente sich ausbilden.[50]

Das ist beispielsweise an den objektiv bedingten Entwicklungsunterschieden des Zivilrechts einerseits und des Strafrechts andererseits abzulesen. Das erstere antizipierte die neue Gesellschaft und bestimmte schließlich auch durch die ihm zugrunde liegenden objektiven Formen die Forderungen, die sich dann als auf die allgemeine Rechtsperson gestellte politische, grundrechtliche, strafrechtliche und prozessuale Postulate geltend machten. Insofern existieren logisch-historische Abhängigkeiten in den Rechtsformen selbst, vermitteln sie sich auch, drückt sich das von den objektiven Formen, die sich immer als und durch Tätigkeiten realisieren, gegebene prozessierende Verhältnis in den Rechtsformen so aus, wie sich das Gesamtsubjekt Staat bildet. So ist „jede gewordene Form im Flusse der Bewegung".[51] Hierzu noch als Randbemerkung: Inwieweit wirkt hier nicht auch noch die bürgerliche Tradition nach, derzufolge die Privatrechtsgeschichte von der übrigen Staats- und Rechtsgeschichte als Trennung von „innerer" und „äußerer" Rechtsgeschichte abgehoben und separiert bleibt?

Von der Subjektseite ist auch abhängig, wie lange und in welcher Form zum Beispiel auch noch vorbürgerliche Elemente des Rechts erhalten bleiben, etwa im Verhältnis von Staat und Kirche, hinsichtlich der Gleichberechtigung der Geschlechter, bei der sogenannten Säkularisierung des Eherechts. (Die absoluten Scheidungsgründe verschwanden bei uns bekanntlich erst 1955.) Damit soll zugleich auch auf das keineswegs so homogene System des Rechts, auf die Verschiedenartigkeit seiner Elemente aufmerksam gemacht werden.

Es wäre allein schon einer eigenständigen Diskussion wert, wie beispielsweise die Veränderung in den Produktivkräften zwangsläufig neue Normen setzt, indem sie bisherige destruiert und verändert, was auch auf das Recht nicht ohne Auswirkungen bleibt. Als der Buchdruck erfunden wurde, war damit dem klösterlichen mittelalterlichen Bildungsprivileg das Ende bereitet. Ähnlich umwälzende normative Veränderungen treten natürlich beständig ein. Jede Ersetzung bisheriger technischer Mittel durch neue führt zur Einsparung lebendiger Arbeit, damit zur Veränderung von Arbeits- und Lebensformen und schließlich auch zu einem veränderten Verhältnis zur Natur. Hier liegen objektive Formbestimmungen vor, die, vom herrschenden Interesse geleitet, immer wieder erneut angeeignet werden müssen.

[50] Vgl. ebenda, S. 203.

[51] K. Marx, Das Kapital. Erster Band, a. a. O., S. 28.

Karl A. Mollnau (Berlin)

Komplementarität zwischen Rechtsetzung und Rechtsanwendung

Zu den Themen, die innerhalb der marxistischen Rechtstheorie seit einiger Zeit kontrovers debattiert werden, gehören theoretische und methodische Fragestellungen, die die Analyse des rechtlichen Regelungsprozesses gesellschaftlicher Verhältnisse im Sozialismus betreffen. Der Grund dafür ist ein praktischer: es ist die Notwendigkeit, den rechtlichen Regelungsprozeß angesichts höheren Verflechtungsgrades und größerer Dynamik der zu regelnden gesellschaftlichen Beziehungen optimieren zu müssen, weil nur so die erforderliche Wirksamkeitserhöhung des sozialistischen Rechts auf lange Sicht sicherzustellen ist.

Abgesehen von einigen terminologischen Scheingefechten, geht es in dieser Debatte um substantielle Dinge; teilweise haben sie sogar einen rechtskonzeptionellen Einschlag. So wird über Inhalt und Umfang des rechtlichen Regelungsprozesses diskutiert, aber auch über die Beziehungen zwischen Rechtsetzung, Rechtsanwendung und Wirksamkeit des Rechts. Die verschiedenen Typen von normativen Entscheidungen innerhalb des rechtlichen Regelungsprozesses werden näher zu bestimmen versucht, oder es wird nach den Wechselbeziehungen zwischen rechtlicher Regelung und nichtrechtlichen Normensystemen gefragt. All dies wird namentlich auf den rechtlichen Regelungsprozeß in der sozialistischen Gesellschaft bezogen diskutiert, nachdem sich diese auf ihren eigenen Grundlagen bewegt; also jenes Stadium ihrer Entwicklung im wesentlichen hinter sich brachte, da ihr noch alle Muttermale des Kapitalismus anhafteten, aus dessen Schoß sie kam.[1]

Die Beziehungen zwischen Rechtsbildung und Rechtswirkung, Rechtsetzung und Rechtsanwendung erwiesen sich dabei sehr bald als das Feld, auf dem die meisten ungelösten und strittigen Fragen zu finden sind. Dies zeigte massiv der Verlauf und das Ergebnis des IV. Berliner rechtstheoretischen Symposiums (1981), dessen Anliegen es war, korrelative und komplementäre Wechselbeziehungen zwischen Bildung, Wirkung und Wirksamkeit des Rechts zu thematisieren.[2]

[1] Zu dieser Problematik insgesamt: Anatoli Jegorow/Otto Reinhold (Hrsg.), Die sozialistische Gesellschaft der Gegenwart, Berlin 1984, besonders S. 51 ff.

[2] Vgl. K. A. Mollnau (Hrsg.), Einflüsse des Wirkens des Rechts und seiner gesellschaftlichen Wirksamkeit auf den sozialistischen Rechtsbildungsprozeß, Materialien des IV. Berliner rechtstheoretischen Symposiums, Berlin 1982.

Es war Hermann Klenner, der dabei mit seiner These von der letztlichen Identität von Rechtsbildung und Rechtswirkung einen konzeptionell anregenden Beitrag zur dialektisch-materialistischen Analyse des rechtlichen Regelungsprozesses einbrachte.[3] Inzwischen hat Klenner in seiner jüngsten rechtstheoretischen Monographie seine Überlegungen fortgeführt.[4]

Klenner begreift die in letzter Instanz vorhandene Identität zwischen Rechtsetzung und Rechtsanwendung weder als Synonymität noch als Tautologie, sondern – gestützt auf Bemerkungen Lenins zur Dialektik – als Wirkungsgleichheit von sich ineinander verwandelnden Gegensätzen. Dabei geht es ihm um ein Rechtsverständnis, das der vom Sozialismus intendierten Beherrschung der natürlichen und sozialen Beziehungen durch die assoziierten Produzenten des materiellen und gestigen Reichtums der Gesellschaft entspricht und dazu beiträgt, auf dem jeweils bewußt werdenden historischen Fundament objektiv-realer Gesellschaftsbeziehungen und aus deren Entwicklungserfordernissen Rechtsnormen und andere Rechtsentscheidungen herauszukonstruieren, um mit ihnen wiederum in die Gesellschaftsentwicklung einzugreifen. Bei all dem handelt es sich, wie er vermerkt, um eine unter Führung der Arbeiterklasse und ihrer Partei auf der Grundlage der vom Volk beschlossenen Verfassung sich vollziehende einheitliche, arbeitsteilige und schöpferische Rechtspraxis.[5]

Klenner führt seine dialektische Analyse des sozialistischen Rechts bis zu der Feststellung, diesem Recht sei, ungeachtet seines unbedingten Befolgungsanspruchs, die Weiterentwicklungsnotwendigkeit immanent.[6] Damit wird eine grundsätzliche rechtspolitische Erfahrung und Forderung des Seins und Werdens, der Geltung und Wirksamkeit des sozialistischen Rechts reflektiert: die Notwendigkeit nämlich, dieses Recht dem jeweiligen Entwicklungsstand der sozialistischen Gesellschaft entsprechend zu setzen, zu vervollkommnen und anzuwenden.

Klenners These von der letztlich dialektischen Identität zwischen Rechtsbildung und Rechtswirkung bzw. zwischen Rechtsetzung und Rechtsanwendung ist des Nachdenkens wert. Sie enthält Implikationen und gibt Impulse, um sowohl rechtstheoretische Basis- wie Detailprobleme weiter auszuarbeiten oder in neuem Licht zu sehen. Dazu gehört die Frage, wie sich im rechtlichen Regelungsprozeß die Einheit der sozialistischen Staatsmacht verkörpert, genauso wie jene nach der demokratischen Einbeziehung und Beteiligung der Bürger an der rechtlichen Regelung gesellschaftlicher Verhältnisse oder die nach Inhalt und Notwendigkeit der Konkretisierung sozialistischer Rechtsnormen.

3 H. Klenner, Rechtswirkung als Rechtsbildung – Streitende und strittige, jedenfalls vorläufige Thesen –, in: Ebenda, S. 161 ff.

4 H. Klenner, Vom Recht der Natur zur Natur des Rechts, Berlin 1984, S. 187 ff.

5 Vgl. ebenda, S. 201, 202.

6 Ebenda.

Nicht zuletzt bedarf natürlich das Verhältnis zwischen Rechtsetzung und Rechtsanwendung weiterer Diskussionen; zumal die Formel, auf die gegenwärtig die herrschende rechtstheoretische Lehrmeinung dieses Verhältnis zu bringen pflegt und derzufolge beide eine Einheit bilden, ihre Ambivalenz vollständig offenbart hat.

Eine rechtsgeschichtliche und rechtstheoretische Binsenweisheit ist es, daß Rechtsetzung und Rechtsanwendung zusammengehören, ja, ursprünglich war sogar die rechtliche Regelung gesellschaftlicher Verhältnisse überhaupt nicht in Rechtsetzung und Rechtsanwendung differenziert. Rechtliche Regelung war ursprünglich und während längerer Zeit immer nur und direkt die Regelung von Einzelfällen; sie war aus heutiger Sicht Rechtsbildung/Rechtsetzung, Rechtsverwirklichung/Rechtsanwendung und Wirksamkeit des Rechts in einem.

Die Differenzierung des rechtlichen Regelungsprozesses in solche relativ selbständigen Teilvorgänge wie Rechtsetzung und Rechtsanwendung war mit seiner Ablösung vom Einzelfall verbunden und wurde von einer Differenzierung der staatlichen Tätigkeit bis hin zu arbeitsteiligen Kompetenzaufteilungen zwischen staatlichen Organen begleitet. Historisch-genetisch gibt es also kein Prioritätsproblem zwischen Rechtsetzung und Rechtsanwendung.

Die Einheit von Rechtsetzung und Rechtsanwendung im Sinne ihrer Zusammengehörigkeit und ihres funktionellen Aufeinanderbezogenseins ist insoweit wohl für jedermann evident, als in der Regel Rechtsnormen mit der Absicht gesetzt werden, sie anzuwenden bzw. angewendet zu sehen. Aber diese Evidenz verengt, genau betrachtet, die Einheit von Rechtsetzung und Rechtsanwendung zumeist auf die Einheit von Recht und Rechtsanwendung/-verwirklichung; also auf die Einheit zwischen dem *Ergebnis* der Rechtsetzung und der Anwendung bzw. Verwirklichung dieses Ergebnisses. Genau dies ist denn auch die hauptsächlichste Variante, in der die These von der Einheit zwischen Rechtsetzung und Rechtsanwendung/-verwirklichung bisher verstanden wird.[7]

Kein Zweifel, mit dieser Interpretation werden wichtige rechtspolitische Erfordernisse und wesentliche Aspekte des rechtlichen Regelungsprozesses erfaßt, denn das Recht existiert und gilt nicht um seiner selbst willen. Ohne praktische Anwendung und Verwirklichung im Handeln der Gesellschaft und all ihrer Glieder bewirkt es weder im Leben der Gesellschaft noch des einzelnen etwas.

In dieser oder jener Weise ist die Einheit zwischen Recht und seiner praktischen Verwirklichung den Rechtsordnungen aller Rechtstypen eigen. Ausnahmslos und besonders gilt sie in sozialistischen Rechtsordnungen; hier wird das Recht bewußt und zielgerichtet als Instrument zur Gesellschaftsgestaltung geschaffen. Deshalb ist das Problem des Realitätsgehalts und der Übereinstimmung des Regelungsinhalts mit der Realität für dieses Recht auch von zentraler Bedeutung.

7 Vgl. Marxistisch-leninistische allgemeine Theorie des Staates und des Rechts, Bd. 4, Berlin 1976, S. 63.

Ganz zu schweigen davon, daß die praktizierte Einheit von Recht und seiner Verwirklichung zu den Voraussetzungen der Rechtssicherheit und Gerechtigkeit im sozialistischen Staat gehört.

Aber unbeschadet all dessen bleibt es eine problemverengende Sichtweise, die Wechselwirkungen zwischen Rechtsetzung und Rechtsanwendung auf die Beziehungen zwischen dem Rechtsetzungs*ergebnis* und seiner Anwendung zu reduzieren. Ausgespart bleiben nämlich dann die Wechselbeziehungen zwischen dem Rechtsetzungs- und Rechtsanwendungs*prozeß*. Gerade in diesem Bereich gibt es aber in der Realität der sozialistischen Rechtsordnung manches neue Phänomen, das der theoretischen Analyse harrt.

Rechtliche Regelung gesellschaftlicher Verhältnisse beginnt nicht erst mit der fertig vorliegenden und in Kraft gesetzten Rechtsnorm. In Wirklichkeit ist die rechtliche Regelung gesellschaftlicher Verhältnisse nicht nur nicht vom Werden der Rechtsnorm und ihrer rechtspolitischen Biographie abzukoppeln, sondern die Bildung von Rechtsnormen gehört selbst zur rechtlichen Regelung. Wer die rechtliche Regelung gesellschaftlicher Verhältnisse nur darin erblickt, wie man von der Rechtsnorm zu einer Individualentscheidung kommt, kann Rechtswissenschaft nicht von einem dialektisch und materialistisch fundierten sozialtheoretischen Ansatz her betreiben. Hinzu kommt, daß rechtliche Regelung gesellschaftlicher Verhältnisse nicht nur durch Rechtsnormen und Individualentscheidungen erfolgt. Jene Rechtsfiguren, die sich im Spannungsfeld zwischen Rechtsnorm und Individualentscheidung bewegen und die auf der Grundlage von Rechtsnormen geschaffen werden, aber deren Generalisiertheitsgrad oberhalb von Individualentscheidungen liegt, erweisen sich oft als die eigentlich regelnden Elemente.

Um den rechtlichen Regelungsprozeß gesellschaftlicher Verhältnisse unverkürzt und in all seinen Differenzierungen – horizontal und vertikal, zeitlich, räumlich und institutionell – voll ins Blickfeld zu bekommen, muß der Bogen seiner Analyse weit gespannt werden. Wir halten dafür, von der folgenden Prämisse auszugehen: Rechtliche Regelung gesellschaftlicher Verhältnisse beginnt dort, wo Recht aus Nichtrecht entsteht, und endet dort, wo Recht nichtrechtliche Wirkungsresultate hervorruft.

Der rechtliche Regelungsprozeß gesellschaftlicher Verhältnisse setzt mit der Erkenntnis ihrer rechtlichen Regelungsnotwendigkeit ein, führt über Rechtsforderungen zu Rechtsnormen und anderen Rechtsentscheidungen bis hin zu Individualakten und deren Umsetzung in Handlungen, ja, er reicht bis zu den durch dieses Handeln bewirkten sozialen Einflußnahmen und Veränderungen, die ihrerseits wiederum rechtliche Regelungsnotwendigkeiten mitkonstituieren, bestehende modifizieren oder beide anderweitig beinflussen können.

Ein derart ganzheitliches, sozialtheoretisch fundiertes Verständnis vom rechtlichen Regelungsgeschehen gesellschaftlicher Verhältnisse bietet günstige Voraussetzungen, um die Wechselbeziehungen zwischen Rechtsetzungs*prozeß* und

Rechtsanwendungs*prozeß* zu erfassen und gleichzeitig die These von der letztlich dialektischen Identität von Bildung und Wirkung des sozialistischen Rechts auf ihre Implikationen und die Tragfähigkeit hin weiter zu befragen. In diesem Kontext Rechtsetzung und Rechtsanwendung zu betrachten, bedeutet, sie weniger unter dem Gesichtspunkt hintereinander stehender Blöcke, sondern mehr unter dem Aspekt ihrer komplementären Verzahnungen zu analysieren. Von Komplementarität zwischen Rechtsetzung und Rechtsanwendung zu sprechen, heißt: die Rechtsanwendung *auch* als eine Komponente des Rechtsetzungsprozesses und die Rechtsetzung *auch* als eine Komponente der Rechtsanwendung aufzufassen. Damit ist nun freilich eine Problematik aufgerufen, über die in der vor- und nichtmarxistischen Rechtswissenschaft enorm viel gestritten und geschrieben worden ist. Die dabei produzierte Meinungsvielfalt bewegt sich zwischen Extremen.

Auf dem einen Pol wird die Rechtsanwendung als automatischer Nachvollzug der Tätigkeit eines allwissenden Gesetzgebers angesehen. Die Annahme, Gesetzgeber und Gesetz wußten und wissen bereits alles und würden jedes vorausgesehen haben, führte bisweilen sogar dazu, dem Rechtsanwender zu untersagen, die Dienste der Rechtswissenschaft in Anspruch zu nehmen. So heißt es in der Einleitung des preußischen Allgemeinen Landrechts (ALR; 1789): „Auf die Meinungen der Rechtslehrer, oder ältere Aussprüche der Richter, soll, bei künftigen Entscheidungen, keine Rücksicht genommen werden."

Auf dem anderen Pol wird die Rechtsetzung gegen die Rechtsanwendung praktisch ausgetauscht und insbesondere der Richter zum Gesetzgeber erhoben. Es wird die Entscheidung contra legem vom Rechtsanwender verlangt. In einer Kampfschrift der sogenannten Freirechtsbewegung heißt es, der Richter dürfe und solle vom Gesetz absehen, wenn es ihm keine zweifellose Entscheidung zu bieten scheint, und zwar nach dem Maßstab seiner „freien und gewissenhaften Überzeugung". In diesen Fällen solle er so entscheiden, wie seiner Überzeugung nach die Staatsgewalt entschieden haben würde, oder – kann er eine solche Überzeugung nicht herstellen – „nach freiem Recht" entscheiden.[8]

Welche im einzelnen auch zutreffenden erkenntnistheoretischen, ethischen, psychologischen, logischen und linguistischen Argumente in dem jahrhundertealten Streit über die Beziehung zwischen Rechtsetzung und Rechtsanwendung für die eine oder andere Position angeführt wurden, dieser Streit konnte in der vormarxistischen Rechtswissenschaft nicht durch noch so gute Argumente entschieden werden. Hinter den verschiedenen *theoretischen* Konzeptionen über das Verhältnis von Rechtsetzung und Rechtsanwendung standen und stehen nämlich in der antagonistischen Klassengesellschaft praktisch-reale Interessenkonstellationen. Die unterschiedlichen Auffassungen über das Verhältnis zwischen

[8] G. Flavius (Pseudonym von H. Kantorowicz), Der Kampf um die Rechtswissenschaft, Heidelberg 1906, S. 41.

Rechtsetzung und Rechtsanwendung sind deshalb nur richtig zu würdigen, wenn sie letztlich als Reflexion von Auseinandersetzungen zwischen verschiedenen sozialen Kräften, nicht zuletzt auch zwischen Fraktionen innerhalb der herrschenden Klasse, erkannt werden, wobei das Feld dieser Auseinandersetzungen auch die staatsorganisatorische Struktur und staatsrechtliche Gestaltung des rechtlichen Regelungsprozesses selbst ist.

Nicht nur das fertige Recht ist Ausdruck und Mittel von klassenbedingten sozialen Auseinandersetzungen, sondern auch seine Produktion und Reproduktion, seine Anwendung und Durchsetzung. Die heftige Kontroverse zwischen der Begriffs- und der Interessenjurisprudenz bzw. der Freirechtsbewegung zu Beginn des Jahrhunderts um das Verhältnis zwischen Rechtsetzung und Rechtsanwendung, zwischen Gesetz und Richter ist dafür gerade ein Schulbeispiel.[9] Hinter dem Ruf nach freier Rechtsfindung standen rechtspolitische Bedürfnisse, die aus den sozialstrukturellen Veränderungen des Übergangs vom Konkurrenz- zum Monopolkapitalismus resultierten und die u. a. zur tendenziellen Demontage der bürgerlichen Gesetzlichkeit führten. Hermann Kantorowicz erklärte programmatisch, mit der Freirechtsbewegung sei die Rechtswissenschaft in ihre voluntaristische Phase eingetreten; die juristischen Konstruktionen seien nichts als der Nachweis, daß nur die Anwendung bestimmter Rechtsbegriffe die *gewollten* Rechtsfolgen gewähre (Hervorhebung im Original!).[10]

Die Einsicht, daß die Relationen zwischen Rechtsetzung und Rechtsanwendung nicht nach scheinbar gegebenen und feststehenden Schemata oder nach theoretischen Konstruktionen zu gestalten sind, sondern nach Maßgaben der Klassen- und Sozialstruktur, gilt natürlich auch für die sozialistische Gesellschaft. Hier kommt allerdings hinzu, daß diese Gesellschaft nur bewußt und vernünftig zu organisieren ist. Dies setzt voraus, nicht nur die Wechselwirkungen zwischen dem sich permanent verändernden Gesellschaftszustand und dem Recht, sondern auch zwischen diesem Gesellschaftszustand und dem Produktions- und Reproduktionsprozeß von Recht zu untersuchen. Es kann deshalb nicht bezweifelt werden, daß es eine lohnenswerte rechtstheoretische Forschungsaufgabe ist, nach den Konsequenzen zu fragen, die sich für die Gestaltung und den weiteren Ausbau der komplementären Beziehungen zwischen Rechtsetzung und

9 Siehe hierzu die Dokumentation wichtiger Originalquellen: G. Ellscheid/W. Hassemer (Hrsg.), Interessenjurisprudenz, Darmstadt 1974; W. Krawietz (Hrsg.), Theorie und Technik der Begriffsjurisprudenz, Darmstadt 1976.

10 Vgl. G. Flavius (=H. Kantorowicz), Der Kampf um die Rechtswissenschaft, a. a. O., S. 20, 22. – Wenn auch maßlos übertrieben, so war es dennoch nicht ganz abwegig, wenn beispielsweise der österreichische Justizminister Klein zu Beginn des Jahrhunderts von den Freirechtlern sagte, sie würden nicht bloß eine wissenschaftliche, sondern auch eine politische Umwälzung, eine Art Staatsstreich bezwecken, indem sie die verfassungsmäßigen Gesetzgebungsfaktoren entthronen wollten. (F. Klein, Freie Rechtsfindung, in: Das Recht, 1906, S. 915 ff.)

Rechtsanwendung ergeben, nachdem sozialistische Eigentumsverhältnisse durchgesetzt wurden.

Die Komplementarität zwischen Rechtsetzung und Rechtsanwendung ist unter *diesen* Umständen Ausdruck dessen, daß im rechtlichen Regelungsprozeß als Ganzes sowie zwischen seinen Teilen für rivalisierende Gruppen, Schichten und Klassen kein Platz ist. Dies ist eine Folge der auf der Basis sozialistischen Eigentums existierenden Sozialstruktur, die frei von Klassenantagonismen ist. So wie die sozialistischen Produktionsverhältnisse die Konkurrenz und das antagonistische Gegeneinander durch kameradschaftliche Zusammenarbeit der Produzenten im Wettbewerb ersetzen, so ermöglichen sie im rechtlichen Regelungsprozeß, besonders zwischen Rechtsetzung und Rechtsanwendung, Kooperation und Dialog bei der Lösung oder Beeinflussung von Widersprüchen oder Konflikten.

Konstruktionen und Praktiken einer Rechtsanwendung als Ersatz- oder Konkurrenzgesetzgeber finden in der Sozial- und Klassenstruktur der sozialistischen Gesellschaft keinen Boden. Die letztlich dialektische Identität von Rechtsbildung und Rechtswirkung ist hier verankert in einer entsprechenden Identität zwischen Rechtsetzer und Rechtsnormadressaten, die selbst wiederum ein Aspekt des neuen Bürger-Staat-Verhältnisses im Sozialismus ist. Als dialektische Identität dürfen und können die Beziehungen zwischen Rechtsetzer und Rechtsnormadressaten natürlich nicht als widerspruchsfrei angesehen werden. Schon aus diesem Grunde wäre es auch abwegig, die Komplementarität zwischen Rechtsetzung und Rechtsanwendung als Nivellierung der Unterschiede zwischen Rechtsbildung und Rechtswirkung interpretieren oder gar praktizieren zu wollen. Auch sind in der sozialistischen Rechtsordnung bei aller Bandbreite konkreter verfassungsrechtlicher Gestaltung der Relation zwischen Rechtsetzung und Rechtsanwendung beide nicht beliebig gegeneinander austauschbar, noch kann die Relation zwischen beiden durch die Brille jener Konstruktionen gesehen werden, die Rechtsetzung und Rechtsanwendung als ein Tauschverhältnis hinstellen, das auf Leistung und Gegenleistung aufgebaut ist.[11]

Die Stoßrichtung der theoretischen Analyse der Komplementarität zwischen Rechtsetzung und Rechtsanwendung wie ihrer weiteren praktischen Gestaltung in der entwickelten sozialistischen Gesellschaft ist eine doppelte: einmal plädiert sie für eine Rechtsetzung, die bewußt davon ausgeht, daß vom Rechtsnormadressaten bei der Umsetzung der Rechtsnormen eigenverantwortliche und schöpferische Tätigkeit zu fordern ist. Damit richtet sie sich aber gegen alle mit dem bürokratischen Zentralismus verwandten Rechtsetzungskonzeptionen, denen zufolge bereits in der Rechtsetzung die Handlungen der Rechtsnormadressaten mit dem jeweils für konkrete Situationen gültigen Zuschnitt vorgedacht, vorent-

[11] T. Eckhoff, The relationship between judicial and political branches of government, in: L. M. Friedmann/M. Rehbinder (Hrsg.), Zur Soziologie des Gerichtsverfahrens, Jahrbuch für Rechtssoziologie und Rechtstheorie, Bd. IV, Opladen 1976, S. 15 ff.

schieden und vollständig vorgeschrieben werden könnten bzw. müßten. Zum anderen wendet sie sich gegen eine Abkopplung von Rechtsanwendungsentscheidungen, vor allem solche normativer Natur, von der Rechtsetzung und den Rechtsnormen als Verkörperung zentraler staatlicher Leitung.

Im Lichte der Komplementaritätsanalyse von Rechtsetzung und Rechtsanwendung erscheinen Vorstellungen von rechtlicher Selbstorganisation oder von einer Zweiteilung des sozialistischen Rechts in einen zentralen und in einen dezentralen Normenbereich mehr als problematisch. Solche Vorstellungen laufen auf Konzeptionen hinaus, wonach die Bürger, Betriebe, Genossenschaften etc. weniger im Raum des sozialistischen Rechts, auf dessen Grundlage, als vielmehr außerhalb dieses Raumes wirklich schöpferisch tätig werden könnten. Damit wird aber – gewollt oder nicht – die Grenze zu Forderungen nach rechtsfreien Räumen flüssig gemacht und die Rechtsetzung in die Richtung gelenkt, rechtlich regelungsbedürftige Verhältnisse möglichst *nicht* zu regeln. Eine ganz andere Frage ist, auf welche Weise, d. h. in welchem Umfang und wie weitgehend detailliert die rechtsetzerische Regelung erfolgt. Allein dies ist der Unterschied zwischen rechtsfreiem Raum und freiem Raum im Recht, eine Problematik, die ein wichtiger Aspekt der Anwendung des demokratischen Zentralismus auf den rechtlichen Regelungsprozeß ist.

Die Rechtsanwendung ist nicht deshalb eine Komponente der Rechtsetzung innerhalb des rechtlichen Regelungsprozesses des sozialistischen Staates, weil sie Mängel oder Makel des Rechtsetzers kompensieren müßte, sondern weil sie dessen gesellschaftliches Anliegen weiter regelt und schöpferisch fortführt. Umgekehrt ist die Rechtsetzung eine Komponente der Rechtsanwendung, nicht nur deshalb, weil sie dem Rechtsnormadressaten allgemein verbindliche Vorgaben gibt, sondern weil sie damit auch Rahmenbedingungen allgemeinverbindlich setzt, in denen der Rechtsnormadressat eigenverantwortlich-schöpferisch zu entscheiden und zu handeln hat.

Die rechtsetzerische Tätigkeit des Staates, näherhin die Gesetzgebung und speziell die Verfassung, ist qualitätsprägend für den gesamten rechtlichen Regelungsprozeß. Das ist ein ebenso notwendiger wie unverzichtbarer Ausdruck der politischen Führungstätigkeit der Arbeiterklasse und ihrer Partei und der dominanten Stellung der obersten Volksvertretung im politischen System des Sozialismus. Alles in allem: Die Komplementarität von Rechtsetzung und Rechtsanwendung als Aspekt der dialektischen Identität zwischen Bildung, Wirkung und Wirksamkeit des Rechts ist in der sozialistischen Gesellschaft eine spezifische Verkörperung des demokratischen Zentralismus im rechtlichen Regelungsprozeß.

Wenn auch ein gewisser Spielraum jeweils gegeben ist, was die konkrete Akzentsetzung in den komplementären Beziehungen beider betrifft, so ist doch die Komplementarität zwischen Rechtsetzung und Rechtsanwendung ebensowenig aus der sozialistischen Rechtspraxis eliminierbar wie der demokratische Zentralismus aus der sozialistischen Gesellschaft. Als objektiv bedingte Realerscheinung ist die Komplementarität von Rechtsetzung und Rechtsanwendung als Teil einer komplexen Theorie der rechtlichen Regelung gesellschaftlicher Verhältnisse zu reproduzieren. Dazu bedarf es auch neuer theoretischer und methodischer Zugänge bei der Analyse der rechtlichen Regelung gesellschaftlicher Verhältnisse als eines ganzheitlichen und arbeitsteiligen Produktions- und Reproduktionsprozesses von Recht, der gesellschaftlich verursacht ist, aber gesellschaftlich auch selbst etwas verursacht. Einiges sollte hier angedeutet werden.

In welchen Dimensionen wir weiter überlegen müssen und mit welchem Ziel wir um die adäquate rechtstheoretische Abbildung der realsozialistischen Rechtsordnung streiten müssen, dazu soll zum Schluß dem Jubilar das Wort gegeben werden: „Wohlgemerkt: es handelt sich nicht etwa darum, die Verbindlichkeit des sozialistischen Rechts zu bestreiten oder aufzulockern, es handelt sich eher im Gegenteil darum, dieses Recht als in einer Dauerrelation zum Lebensprozeß der Gesellschaft auf dem Fortschrittsweg zum Kommunismus stehend zu begreifen. Seine Rationalität und die seiner Verwirklichungshandlungen ergeben sich nicht bloß aus dem Verfahren ihrer deduktiven Ableitung aus der jeweils höheren Normenordnung, sondern vor allem aus ihrer materialen Rationalität, ihrer Übereinstimmung mit den objektiven Erfordernissen, daraus, daß juristische Gesetzlichkeit historischer Gesetzmäßigkeit entspricht.“ [12]

[12] H. Klenner, Vom Recht der Natur zur Natur des Rechts, a. a. O., S. 203.

Gerhard Pflicke (Berlin)

Rechtsanwendung im Wirtschaftsrecht

In seinen rechtstheoretischen Streitschriften *Marxismus und Menschenrechte*[1] und *Vom Recht der Natur zur Natur des Rechts*[2] faßt Hermann Klenner *Recht als Produktion und Prozeß*. Das schließt Konsequenzen in bezug auf die Funktion und das Wechselverhältnis von Rechtsetzung und Rechtsanwendung im Sozialismus ein. Dabei bildet Ausgangspunkt und Motiv die von ihm im erstgenannten Werk getroffene Feststellung, daß Erkenntnisfortschritt von der Rechtspraxis gerade bei der *Theorie der Rechtsanwendung* erwartet werde.[3] Sich selbst in die Pflicht nehmend, bilden Überlegungen und Hypothesen hierzu ein zentrales Anliegen seiner zuletzt genannten Schrift.[4]

Im folgenden sollen aus der Sicht des Wirtschaftsrechts einige Erfahrungen, Erkenntnisse und Probleme zur Rechtsanwendung[5] in die Diskussion eingebracht werden, die weiteren verallgemeinernden Überlegungen zur Theorie der Rechtsanwendung förderlich sein können, ohne daß es in diesem kurzen Beitrag schon möglich ist und erwartet werden kann, auch zu jener Hypothese von einer letztlichen Identität von Rechtsetzung und Rechtsanwendung (im Sinne einer Wirkungsgleichheit von sich ineinander verwandelnden Gegensätzen) Stellung zu nehmen, die Hermann Klenner aufgestellt hat, um – wie er selbst bekennt – zu weiterem Erkenntnisfortschritt auch durch riskante Vorschläge zu provozieren.[6] Es sind die vorausgehenden Überlegungen in den genannten Arbeiten Klenners, in denen der Wirtschaftsrechtler wesentliche Probleme verallgemeinert erfaßt findet, mit denen er in seiner eigenen Arbeit konfrontiert ist. Das ist gewiß nicht zufällig so, sondern der Tatsache geschuldet, daß dieser junge Rechtszweig mit den sozialistischen Wirtschaftsbeziehungen als Gegenstand rechtlicher Regelung

[1] H. Klenner, Marxismus und Menschenrechte, Studien zur Rechtsphilosophie, Berlin 1982, S. 118 ff.
[2] H. Klenner, Vom Recht der Natur zur Natur des Rechts, Berlin 1984, S. 187 ff.
[3] H. Klenner, Marxismus und Menschenrechte, a. a. O., S. 122.
[4] H. Klenner, Vom Recht der Natur zur Natur des Rechts, a. a. O., S. 201 f.
[5] Der Begriff der Rechtsanwendung wird vieldeutig verwandt. Wie bei H. Klenner wird er hier nicht eng begrenzt auf Rechtsanwendung durch Rechtsentscheidungen treffende staatliche Organe, sondern umfassend als Rechtsanwendung durch alle beteiligten Glieder der sozialistischen Gesellschaft verstanden.
[6] Vgl. H. Klenner, Vom Recht der Natur zur Natur des Rechts, a. a. O., S. 203.

auf historisch neuem Wirkungsfeld des Rechts besteht und folglich die die sozialistische Rechtsqualität betreffenden Probleme hier vehement hervortreten. Soweit Wissenschaftler des Instituts für Wirtschaftsrecht der Hochschule für Ökonomie „Bruno Leuschner" zur Diskussion über die hier aufgerufenen Probleme beitragen konnten,[7] hat Hermann Klenner dafür wesentliche Grundlagen mit gelegt in den Jahren, in denen er unserem Kollektiv angehörte, und danach im streitbaren Gedankenaustausch. Dem Autor dieses Beitrages ist es ein Bedürfnis, dies in diesem Hermann Klenner gewidmeten Buch hervorzuheben.

Für das Wirtschaftsrecht sind die von Klenner allgemein getroffenen Feststellungen von größter Bedeutung, daß es sich bei der Erzeugung, Vervollkommnung und Anwendung des Rechts um eine unter Führung der Arbeiterklasse und ihrer Partei auf der Grundlage der vom Volk beschlossenen Verfassung sich vollziehende einheitliche arbeitsteilige und schöpferische Rechtspraxis handelt, wobei sich die Einheitlichkeit des Vorgangs auf die objektive, soziale, materielle Grundlage von Recht und Gesetz wie auf die sich daraus ableitenden verfassungsnormierten Zielstellungen, politischen und theoretischen Folgerungen erstreckt.[8] Dem entsprechen die miteinander korrespondierenden Feststellungen zur Qualität der sozialistischen Rechtsnormen und über die Notwendigkeit ihrer schöpferischen Anwendung.

Das *Wirtschaftsrecht* regelt die Wirtschaftsbeziehungen zwischen wirtschaftsleitenden Staatsorganen und Wirtschaftseinheiten mit- und untereinander. Das seinen Gegenstand bildende Gefüge gesellschaftlicher Beziehungen ist objektiv bedingt durch Niveau und Entwicklung der Produktivkräfte und Produktionsverhältnisse im Sozialismus, die auf der Grundlage gesellschaftlichen Eigentums und politischer Macht der Arbeiterklasse mögliche und notwendige gesamtgesellschaftlich planmäßige Produktion und das Bestehen ökonomisch und rechtlich selbständiger Wirtschaftseinheiten (Kombinate und Betriebe). Das Wirtschaftsrecht ist folglich charakterisiert durch seine Aufgabe, die zentrale staatliche Wirtschaftsleitung und die eigenverantwortliche Wirtschaftstätigkeit der Wirtschaftseinheiten in ihrer unlöslichen Verbindung zu regeln. Das bestimmt entscheidend Funktion und Wechselwirkung von Rechtsetzung und Rechtsanwendung im Bereich des Wirtschaftsrechts. Die wirtschaftsrechtliche Verhaltensregulierung wirkt stets – im einzelnen in differenzierter Weise – im Ensemble mit

[7] Vgl. u. a.: Wirtschafts- und Außenwirtschaftsrecht für Ökonomen, Berlin 1977; G. Pflicke/R. Streich, Wirksamkeit des Wirtschaftsrechts, Berlin 1979, S. 64 ff.; W. Panzer, Theoretische Aspekte des Wirtschaftsrechtsverhältnisses, in: Staat und Recht 7/1979, S. 649; Materialien des IV. Berliner rechtstheoretischen Symposiums, hg. von K. A. Mollnau, Berlin 1982, Beiträge von M. Kemper (S. 157), G. Pflicke (S. 217) und R. Streich (S. 255); H. Badestein/G. Pflicke/R. Streich, Wirtschaftsrechtsverhältnisse – Funktion, Gestaltung, Entwicklung in der volkswirtschaftlichen Planung und Kooperation –, Berlin 1985.

[8] Vgl. H. Klenner, Vom Recht der Natur zur Natur des Rechts, a. a. O., S. 201.

anderen Faktoren der Beeinflussung des Handelns der Wirtschaftsrechtssubjekte durch Orientierung, Optimierung, Organisation und Stimulierung, z. B. vermittels politisch-moralischer Verhaltensanforderungen, Information, Anleitung an Ort und Stelle, Motiven aus materiellen Interessen der Wirtschaftseinheiten u. a. Die wirtschaftsrechtliche Regelung muß das Bestehen solcher Faktoren und ihre eigene Einbettung in das Ensemble staatlicher und nichtstaatlicher Leitungsmittel in Rechnung stellen; andererseits bedürfen diese Faktoren vielfach der rechtlichen Vermittlung. Es geht bei der Rechtsetzung wie der Rechtsverwirklichung darum, wie das Wirtschaftsrecht entsprechend seiner Spezifik und seinen Vorzügen (aber auch unter Beachtung der aus der Spezifik resultierenden Voraussetzungen und Grenzen) mit seinen Mitteln wirksamer dazu beitragen kann, hocheffektive Wirtschaftstätigkeit zu gestalten und zu gewährleisten. Dabei geht es in der Wirtschaftspraxis stets um *den ganzen Mechanismus* (das System) *der wirtschaftsrechtlichen Regelung*, in dem die Wirtschaftsrechtsnormen zwar das zentrale Element sind, der aber auch jene Elemente umfaßt, in denen das Recht „lebt", insbesondere die Rechtsformen (Rechtsentscheidungen) des Wirtschaftsrechts und die Wirtschaftsrechtsverhältnisse.

Für die Gestaltung und Realisierung der Wirtschaftsbeziehungen ist das geforderte konkrete Handeln in der Regel in den Wirtschaftsrechtsnormen nicht so modellier- und allgemeinverbindlich vorgebbar, daß es nur der Abarbeitung darin enthaltener entscheidungsdefinierter Handlungsprogramme bedürfte.[9] Selbstverständlich gibt es auch im Wirtschaftsrecht derartige Regelungen von nicht geringer Bedeutung, wie z. B. die Regelung der Berechnung und Abführung der Produktionsfondsabgabe in konkret und abschließend vorgegebener Art und Weise. Für das Wirtschaftsrecht ist eine solche Art der Regelung aber nicht charakteristisch, in ihm dominieren vielmehr Rechtsnormen, die Raum geben für schöpferisches Handeln, für eine eigene Verhaltensstrategie auf der Grundlage der einheitlichen Aufgaben der Volkswirtschaftspläne und anderer zentraler staatlicher Entscheidungen. Solche Wirtschaftsrechtsnormen bilden einen durch eigenverantwortliches Handeln auszufüllenden Rahmen, erfordern Rechtsanwendung als schöpferische Tätigkeit. Sie bedingen die Fortsetzung der Regelung des Verhaltens mittels anderer Elemente des Wirtschaftsrechtsmechanismus. Eine solche Fortführung der Rechte- und Pflichtengestaltung ist prinzipiell keine „Lückenfüllung", weil etwa die Wirtschaftsrechtsnormen diese Beziehungen unzureichend ausregeln. Vielmehr liegt eine der wirtschaftsrechtlichen Regelung wesenseigene Gestaltung der Wechselwirkung von Wirtschaftsrechtsnormen einerseits und Wirtschaftsrechtsformen und Wirtschaftsrechtsverhältnissen andererseits vor. Es ist ein normaler, notwendiger Vorgang, daß die wirtschaftsrechtliche Verhaltensregelung auf diese Weise erfolgt.

Das mindert nicht die Bedeutung der Wirtschaftsrechtsnormen und damit der

9 Vgl. näher: H. Badestein (u. a.), Wirtschaftsrechtsverhältnisse . . ., a. a. O., S. 50 ff.

Anforderungen an die Rechtsetzung, im Gegenteil: Die Wirtschaftsbeziehungen erlangen rechtlichen Charakter dadurch, daß der auf die Regelung dieser gesellschaftlichen Verhältnisse gerichtete Wille des Staates allgemeinverbindlich in Rechtsnormen ausgedrückt wird. Die Wirtschaftsrechtsnormen bilden jedoch als zentrales Element im Mechanismus der wirtschaftsrechtlichen Regelung nicht nur die unabdingbare Grundlage und den Rahmen für die anderen Elemente, sondern sind auch das Mittel der Gestaltung der anderen Elemente und der Zusammenführung aller Elemente der rechtlichen Regelung zu hoher gesellschaftlicher Wirksamkeit. In den wirtschaftsrechtlichen Rechtsvorschriften ist folglich der ganze Mechanismus der wirtschaftsrechtlichen Regelung zu projektieren. Damit sind hohe Anforderungen an die Rechtsetzung wie an die schöpferische Rechtsanwendung gestellt. Nur auf einige kann hier kurz eingegangen werden.

Eine erste grundsätzliche Frage betrifft *das „Wie" der Verbindung von zentraler staatlicher Wirtschaftsleitung und Eigenverantwortung der Wirtschaftseinheiten.* Häufig trifft man hier auf vereinfachte Vorstellungen in Richtung auf eine Abgrenzung durch Festlegung sich wechselseitig ausschließender Entscheidungsbereiche. Der Stand der Vergesellschaftung der Produktion und Aneignung im Sozialismus, der objektiv hohe Grad der Verflechtung innerhalb der Volkswirtschaft und zwischen dieser und anderen gesellschaftlichen Bereichen, ihre Beherrschung bei der insbesondere durch den wissenschaftlich-technischen Fortschritt und die Entwicklung auf den Außenmärkten bedingten hohen Dynamik der ökonomischen Prozesse lassen die Optimierung der Entscheidungen durch voneinander getrennte Entscheidungsbereiche nicht erwarten. Es geht dabei um den Entscheidungsspielraum für die Wirtschaftseinheiten, aber auch um Voraussetzungen, die für dessen Ausfüllung von den Organen der staatlichen Wirtschaftsleitung getroffen werden müssen und auch erwartet werden. Die Aufgabe, zentrale staatliche Leitung und Eigenverantwortung der Wirtschaftseinheiten wirksamer miteinander zu verbinden, muß in einem komplizierten Beziehungsgefüge und mittels eines ganzen Ensembles von Leitungsmitteln gelöst werden.

Wirtschaftsrechtlich zu regeln sind deshalb nicht nur mit der Wirtschaftstätigkeit unmittelbar verbundene Leistungsprozesse, sondern in beträchtlichem Maße *Entscheidungsprozesse.* Mittels Begründung, Gestaltung und Realisierung der auf die Vorbereitung und das Treffen von Entscheidungen gerichteten Wirtschaftsrechtsverhältnisse ist das dazu erforderliche *Aufeinanderein- und Zusammenwirken* der jeweils beteiligten wirtschaftsleitenden Staatsorgane und Wirtschaftseinheiten zu organisieren, zu gestalten und zu gewährleisten. Das gilt insbesondere für die Planentscheidungen, aber auch für Entscheidungen zur Gestaltung von Produktions- und Effektivitätsbedingungen der Betriebe und Kombinate, zur Vorbereitung von Investitionen u. a. Dabei finden Anwendung und vervollkommnen sich spezifische Rechtsformen sowohl für staatliche Einzelentscheidungen und die Mitwirkung an ihrer Vorbereitung als auch für die Organisierung des Zusammenwirkens bei der notwendigen Koordinierung von Entscheidungen oder bei der Organisierung und Durchführung von Leistungen in den Kooperationsbeziehungen.

Hervorgehoben werden muß jedoch, daß dieses Aufeinanderein- und Zusammenwirken der jeweils beteiligten Wirtschaftsrechtssubjekte, ausgehend von der einheitlichen Aufgabenstellung und dem Volkswirtschaftsplan, darauf gerichtet ist, erforderliche optimale Entscheidungen über Produktions- und Effektivitätsziele, den rationellen Einsatz von Produktionsbedingungen und finanziellen Mitteln zu treffen und zu realisieren. Die Beteiligten haben dabei verschiedene Verantwortungen wahrzunehmen, bedürfen dafür jedoch stets *wechselseitiger*, im einzelnen aber spezieller subjektiver *Rechte und Pflichten.* Die Gestaltung solcher Rechte- und Pflichtenstrukturen so, daß die rechtliche Regelung wirksam greift, ist eine komplizierte Aufgabe. Welcher Abschnitt der Leitung bzw. Durchführung der planmäßigen Wirtschaftstätigkeit damit jeweils auch erfaßt wird, es geht stets um ein von den einheitlichen Gesamtzielstellungen bestimmtes Handeln in diesem Abschnitt des arbeitsteiligen volkswirtschaftlichen Reproduktionsprozesses, mit dem entsprechend den konkreten Bedingungen und Erfordernissen und unter voller Ausschöpfung der konkreten Möglichkeiten der Beteiligten im höchstmöglichen Maße zum notwendigen Leistungs- und Effektivitätszuwachs beizutragen ist. Die Ziele, einsetzbaren Ressourcen und die Anforderungsmaßstäbe sind entsprechend den im einzelnen objektiv unterschiedlichen Bedingungen und Erfordernissen differenziert verbindlich festzulegen.

Das sozialistische Recht vermag zur Bewältigung dieser Aufgabe wesentlich beizutragen, weil es – wie Klenner allgemein herausgearbeitet hat[10] – *Elastizität und Stabilität zu vereinigen gestattet*, der vom Gesetz gelieferte Maßstab verstellbar ist. Eine entsprechend gestaltete Wechselwirkung von Wirtschaftsrechtsnormen und ihrer schöpferischen Anwendung bei Begründung, Gestaltung und Realisierung von Wirtschaftsrechtsverhältnissen und deren Verknüpfung ist geeignet, gesellschaftliche Optimalität im Handeln der Beteiligten zu organisieren und zu gewährleisten. Damit ist zugleich eine andere allgemeine Feststellung Klenners für das Gebiet des Wirtschaftsrechts anschaulich belegt, daß nämlich die Rationalität des sozialistischen Rechts und die seiner Verwirklichungshandlungen sich nicht bloß aus dem Verfahren ihrer deduktiven Ableitung aus der jeweiligen höheren Normenordnung ergeben, sondern vor allem aus ihrer materiellen Rationalität, ihrer Übereinstimmung mit den objektiven Erfordernissen, daraus, daß juristische Gesetzlichkeit historischer Gesetzmäßigkeit entspricht.[11]

In den Fällen, wo Objekt der Regelung die Optimierung zu treffender Entscheidungen mittels geregeltem Aufeinanderein- und Zusammenwirken der

[10] Vgl. H. Klenner, Marxismus und Menschenrechte, a. a. O., S. 122; ders., Vom Recht der Natur zur Natur des Rechts, a. a. O., S. 206.
[11] Vgl. H. Klenner, Vom Recht der Natur zur Natur des Rechts, a. a. O., S. 203.

Beteiligten ist, z. B. Entscheidungen über Produktionsziele, Bilanzanteile, Normative für Materialverbrauch, Themen wissenschaftlich-technischer Aufgaben, Investitionsvorhaben, Finanzierung innerhalb des Kombinats u. a., versagt die Vorstellung bloßer Konkretisierung in dem Sinne, daß in den Rechtsnormen mit hohem Abstraktionsgrad generalisiert beschriebenes verbindliches Verhalten nunmehr konkreter fixiert wird. Schöpferische Rechtsanwendung erfordert hier, die an diesen gesellschaftlichen Bereich aus gesamtvolkswirtschaftlicher Sicht gestellten Anforderungen und die in ihm selbst hervortretenden gesellschaftlichen Erfordernisse und Interessen zu erkennen, zu bewerten und verbindliche Entscheidungen über den individuellen Leistungsbeitrag des betroffenen Wirtschaftsrechtssubjekts bzw. über die ihm für seine Wirtschaftstätigkeit zu schaffenden Voraussetzungen und die gleichzeitige Koordinierung damit korrespondierender Entscheidungen zu treffen. *Die konkrete Optimierungsentscheidung erwächst aus diesem Aufeinanderein- und Zusammenwirken* und nicht aus deduktiver Ableitung aus einem in den Wirtschaftsrechtsnormen abstrakt vorgegebenen Haldungsprogramm.

Das stellt spezifische und hohe Anforderungen an die Rechtsetzung wie an die Rechtsanwendung. Erwähnt seien nur drei Aspekte: Eine im Wirtschaftsrecht mittels Rechtsetzung zu lösende Aufgabe ist die Regelung dieses Aufeianderein- und Zusammenwirkens wesentlich auch mittels neuer bzw. weiterentwickelter spezifischer rechtlicher Formen, wie verbindliche Vorgaben für die Ausarbeitung von Entscheidungsentwürfen, Vorschläge und Anträge, Mitwirkungs- und Koordinierungsaktivitäten, Verteidigung von Entscheidungsentwürfen, Befugnisse zu abschließender Entscheidung, Recht auf Entscheidungsverlangen u. a. Unter Wirkung solcher auf einzelne Prozesse bezogener und miteinander funktional verknüpfter wirtschaftsrechtlicher Normenkomplexe und der Wirkung der aus dem Gesamtsystem der Leitung, Planung und wirtschaftlichen Rechnungsführung resultierenden Handlungsmotive bilden die Beteiligten ihren Willen, handeln sie in schöpferischer Anwendung solcher Wirtschaftsrechtsnormen. Das setzt voraus, die rechtlicher Regelung bedürfenden Wirtschaftsbeziehungen eindeutiger noch als bisher als Wirtschaftsrechtsverhältnisse herauszuarbeiten und juristisch auszuformen, insbesondere in bezug auf die typischen Rechte und Pflichten der daran Beteiligten und die Art und Weise ihrer konkreten Festlegung. Darauf kann hier nicht näher eingegangen werden.[12]

Die Probleme wurden bisher insofern vereinfacht dargestellt, als von der Regelung jeweils eines bestimmten Prozesses ausgegangen wurde. Tatsächlich ist der geregelte Reproduktionsprozeß außerordentlich komplex, vielgestaltig und permanent, vollzieht sich in vielen verbundenen Teilprozessen, ist zugleich dynamischer Veränderung unterworfen. Eine bestimmte Wirtschaftsbeziehung zu einem definierten Zeitraum ist gleichzeitig vielen dieser Teilprozesse zugehörig.

[12] Vgl. näher: H. Badestein (u. a.), Wirtschaftsrechtsverhältnisse ..., a. a. O., S. 54 f.

Auf ein und dieselbe Wirtschaftstätigkeit wird unter verschiedenen Aspekten in vielen Wirtschaftsrechtsverhältnissen leitungsmäßig jeweils komplex oder mehr oder minder punktuell *eingewirkt.* Der Gesamtprozeß kann leitungsmäßig und mithin auch mittels wirtschaftsrechtlicher Regelung folglich praktikabel nur beeinflußt werden über eine Vielzahl auf Teilprozesse und jeweils bestimmte Akteure begrenzter Wirtschaftsrechtsverhältnisse. Dem inneren Zusammenhang der tatsächlichen Wirtschaftstätigkeit und der Verflochtenheit wird entsprochen, indem unter verschiedenen Aspekten mehrfach auf den gleichen Gesamtprozeß durch unterschiedliche Rechtsverhältnisse eingewirkt wird. Daher sind alle diese Wirtschaftsrechtsverhältnisse über Voraussetzungen und Wirkungen vielfältig miteinander verflochten und wirken in dieser Verflechtung – im einzelnen direkt oder wechselseitig vermittelt – auf Handlungsmotivation und -vollzug. Das hat wiederum zur Konsequenz, daß jederzeit der Gleichklang der Wirkung der verschiedenen Regelungskomplexe in einheitlicher Richtung entsprechend dem Grundanliegen des Systems der Leitung, Planung und wirtschaftlichen Rechnungsführung gewährleistet werden muß. Die ständige Synchronität und paßfähige Weiterentwicklung dieser einzelnen Regelungskomplexe, die eine große Zahl von Wirtschaftsrechtsnormen repräsentieren, sind eine komplizierte und immer wieder zu lösende Aufgabe und eine unerläßliche Voraussetzung für die notwendige und erwartete schöpferische Rechtsanwendung.

Bei der Regelung ein und derselben Wirtschaftstätigkeit von verschiedenen Ansatzpunkten her erfordert ein weiterer wichtiger Umstand besondere Aufmerksamkeit. Bei der Begründung, Gestaltung und Realisierung der einzelnen Wirtschaftsrechtsverhältnisse verwirklichen die daran Beteiligten jeweils nicht nur den auf den entsprechenden wirtschaftlichen Prozeß ausdrücklich bezogenen Komplex von Wirtschaftsrechtsnormen, sondern stets auch jene Normenkomplexe, die die Wirtschaftstätigkeit im ganzen beeinflussen sollen. Das gilt schon für die *Rechtsstellung* der Beteiligten.[13] Das gilt weiter für die *planungsrechtliche Regelung*, die nahezu die Regelung aller anderen Prozesse nachhaltig beeinflußt, andererseits diese aber auch zur Voraussetzung nimmt. In besonderer Weise gilt das aber für die Flächen- und Tiefenwirkung der *Regelung der wirtschaftlichen Rechnungsführung.* Sie zielt auf die Motivierung und Realisierung ökonomisch effektiven Handelns der Wirtschaftseinheiten insgesamt, wobei die rechtliche Regelung der Relation von verbindlich gestellten Aufgaben für die Wirtschaftstätigkeit – tatsächlich erreichter ökonomischer Leistung – davon abhängiger positiver oder negativer ökonomischer Wirkungen auf die Bildung und Verwendung eigener Reproduktions- und Stimulierungsfonds – mögliche kollektive materielle Interessierung – besondere Bedeutung hat. Dieser mittels Recht gestaltete Zusammenhang ist ständig und tatsächlich vorhanden.

[13] Zutreffend spricht R. Schüsseler deshalb davon, daß sich die Wirtschaftsrechtsverhältnisse keineswegs nur als Rechtsnormen in Aktion, sondern gleichermaßen als Rechtsstellung in Aktion erweisen. In: Wirtschaftsrecht, Lehrbuch, Berlin 1985, S. 88.

Er wird in den anderen Komplexen wirtschaftsrechtlicher Regelung als gegeben vorausgesetzt, lineare Zusammenhänge lassen sich aber in aller Regel nicht herstellen. Übrigens mündet auch die Wirkungsstrecke der spezifischen juristischen Gewährleistung mittels materieller Verantwortlichkeit für Pflichtverletzungen im Wirtschaftsrecht in diese Relation und deren generelle Wirkung ein.

Aus alledem resultieren hohe Anforderungen an die Gestaltung des Inhalts und der Struktur der *Wirtschaftsgesetzgebung*. Sie betreffen unter anderem die Optimierung und gegenwärtig möglichst eine Verringerung des Normenbestandes, die wirksamere Gewährleistung der Synchronität und paßfähigen Weiterentwicklung der einzelnen Regelungskomplexe und die schrittweise Veränderung der Verteilung des Normenbestandes auf Rechtsvorschriften, so daß die Adressaten bei ihrer Anwendung durch eine überschaubare Struktur unterstützt werden.[14]

Ebenso wichtig ist es aber, die hohen und wachsenden *Anforderungen aus der* neuen Qualität *schöpferischer Rechtsanwendung* im Sozialismus für die wirtschaftsleitenden Staatsorgane wie für die Kombinate und Betriebe hervorzuheben. Wenn die Fortführung der rechtlichen Regelung in hohem Maße in ihrer Verantwortung liegt, so erfordert das die Bereitschaft und Fähigkeit, geleitet und orientiert durch die Wirtschaftsrechtsnormen und in Wechselwirkung mit verbindlichen Einzelentscheidungen in vorgelagerten Wirtschafts-, insbesondere Planungsrechtsverhältnissen, das gesellschaftlich notwendige Verhalten konkret herauszuarbeiten und in wechselseitige Rechte und Pflichten umzusetzen. Das gilt für die eigenverantwortliche Erarbeitung einer Ordnung im Kombinat oder Betrieb ebenso wie für die sachkundige und risikofreudige gemeinsame Herausarbeitung künftigen Verhaltens der Partner als Inhalt von Wirtschaftsverträgen.

Die Regelung der innerkombinatlichen Wirtschaftsbeziehungen (zwischen Kombinat und seinen im Rahmen der Einordnung ökonomisch selbständigen und rechtsfähigen Betrieben und letzterer untereinander) ist eine interessante und an Bedeutung weiter zunehmende Seite schöpferischer Rechtsanwendung. Die Fortführung der Regelung erfolgt auf der Grundlage der Wirtschaftsrechtsnormen entsprechend den spezifischen Reproduktionsbedingungen des Kombinats mit dem Ziel, Forschung und Entwicklung, Rationalisierung, Produktion und Absatz so zu verbinden, daß ein hoher Beitrag zum Leistungs- und Effektivitätszuwachs erreicht wird. Das erfordert einen „spezifischen Ensembleeffekt" bei der Umsetzung der dem Kombinat als Ganzem gestellten Aufgaben und der auf verschiedene ökonomische Prozesse bezogenen volkswirtschaftlichen Regelungen (unter anderem von Planung, Wissenschaft und Technik, Investitionen, Finanzierung, Kooperation) und schließt – umgekehrt – eine „bloße Aufschlüsselung" übergebener Aufgaben bzw. „isolierte Durchstellung" einzelner Regelungen aus. Die einheitliche Leitung des Kombinats wie die spezifische ökonomische Ver-

[14] Vgl. u. a. U.-J. Heuer, in: Wirtschaftsrecht, Lehrbuch, a. a. O., S. 59 ff.; H. Badestein (u. a.), Wirtschaftsrechtsverhältnisse ..., a. a. O., S. 49 ff.

bindung von Kombinat und Kombinatsbetrieben ermöglicht und erfordert es, die vielfältigen Entscheidungen entsprechend den vorgenannten Zielen zu ordnen, inhaltlich aufeinander zu beziehen, die Übereinstimmung konkret herzustellen und aufrechtzuerhalten bzw. wiederherzustellen. Dabei wird die Verhaltensregelung wesentlich mittels normativer Regelungen in Kombinatsordnungen (§ 29 Abs. 5 Kombinats-VO; § 21 Vertragsgesetz) fortgesetzt.

Das ist nicht Rechtsetzung, sondern eine neue, auch in der rechtstheoretischen Verallgemeinerung weiter aufzuarbeitende Form schöpferischer Rechtsanwendung; diese Frage ist aber noch Gegenstand des Meinungsstreits.[15] Aber auch soweit übereinstimmend diese Position vertreten wird, differieren die Auffassungen darüber erheblich, ob ein enger oder weiterer, in welchem Maße zwingend oder dispositiv zu regelnder (und zu begrenzender) Entscheidungsspielraum für die Fortführung der Regelung für das Kombinat bestehen soll.[16]

Auch als Inhalt insbesondere von Koordinierungsverträgen für den Bereich der Koordinierungs- und Kooperationsrechtsverhältnisse nimmt der Anteil normativer, für mehrere Beteiligte und/oder Wiederholungsvorgänge bestimmter Regelungen durch die Vertragspartner zu.[17] Es gibt hier nicht begründete Zurückhaltung. Höhere Verantwortung der Wirtschaftseinheiten bedeutet auch mehr Engagement und mehr Mut zum Risiko bei der Bewältigung dieser Aufgabe. Das gilt auch für Konsequenzen aus der hohen Dynamik der wirtschaftlichen Entwicklung. Schöpferische Rechtsanwendung schließt heute deshalb auch z. B. ein, für die genannten Rechte- und Pflichtenstrukturen Elemente herauszuarbeiten, die die „Technologie“ oder „Prozedur“ des weiteren Aufeinanderein- und Zusammenwirkens in Reaktion auf sich entwickelnde Bedingungen und Erfordernisse vorausschauend gestalten. Das kann notwendige Informationen, Beratungen, Fortschreibungen der Rechte und Pflichten oder Folgeentscheidungen und deren Sicherung durch spezielle Sanktionen u. a. betreffen. Es geht auch hier nicht „um Lückenfüllung“, sondern die Rechtsnormen orientieren hier ausdrücklich auf eigenverantwortliche Regelung entsprechend den konkreten Bedingungen und Erfordernissen, wie z. B. die Bestimmungen über die Koordinierungsverträge im Vertragsgesetz (§§ 34–36).

Schöpferische Rechtsanwendung erfordert in diesem Sinne auch, die juristischen Fragestellungen früher in die Entscheidungsvorbereitung einzubringen. In immer stärkerem Maße entspricht ein Nacheinander der Erarbeitung ökonomischer, technischer und technologischer Entscheidungen bzw. Maßnahmen und der „juristischen Übersetzung“ in entsprechende Rechte und Pflichten zum Bei-

15 Vgl. Materialien des IV. Berliner Rechtstheoretischen Symposiums, a. a. O.; Wirtschaftsrecht, Lehrbuch, a. a. O., S. 102.

16 Vgl. Wirtschaftsrecht, Lehrbuch, a. a. O., S. 354 und H. Badestein (u. a.), Wirtschaftsrechtsverhältnisse ..., a. a. O., S. 146 und 184 und die dort jeweils zitierte Literatur.

17 Vgl. H. Badestein (u. a.), Wirtschaftsrechtsverhältnisse ..., a. a. O., S. 164 ff.

spiel einer Kombinats- oder betrieblichen Ordnung oder eines Koordinierungs- bzw. Leistungsvertrages nicht mehr den Erfordernissen. Folglich müssen Ökonomen, Ingenieure und Juristen in vielen Fällen von vornherein oder jedenfalls früher als bisher und prozeßbegleitend ständig zusammenarbeiten. Dafür muß der Jurist seine Dialogfähigkeit mit Leitern, mit Ökonomen und Ingenieuren erhöhen; umgekehrt verlangt das deren Bereitschaft zu schöpferischer Rechtsanwendung. Die Juristen dürfen nicht warten, bis ihre Mitwirkung abgefordert wird, sondern müssen auch ihrerseits aktiv werden. Häufig wird der Jurist dabei kein bequemer Partner sein können, muß er bei Widersprüchen Standvermögen beweisen und auf ihre Lösung hindrängen. Das gehört zum Berufsbild des Wirtschaftsjuristen.

In den erwähnten und in anderen Bereichen der Anwendung des Wirtschaftsrechts ergeben sich zunehmend Fragen nach der Nutzung der elektronischen Rechentechnik, und damit rückt das allgemeine Problem *Recht und automatisierte Informationsvorbereitung* in das Blickfeld. Es hat – für das Wirtschaftsrecht vor allem – eine neue Dimension und seine wissenschaftliche Bearbeitung eine ungleich höhere Dringlichkeit als bislang erhalten durch das Entstehen neuer Informations- und Kommunikationstechnologien auf der Grundlage der sich weiterentwickelnden Mikroelektronik und deren zu erwartenden Anwendung – schrittweise, aber sicher rasch zunehmend – auch für die Planung, Vorbereitung und Durchführung der Produktion, einschließlich Koordinierung und Kooperation.

Hermann Klenner hat frühzeitig die Herausforderung der Rechtswissenschaft durch die EDV-Entwicklung erkannt und durch seine Arbeiten zur strukturtheoretischen Analyse des Rechts wesentliche Voraussetzungen zur Erarbeitung der Probleme der Algorithmierbarkeit von Rechtsetzung und Rechtsanwendung mit geschaffen.[18] Mit seiner späteren Feststellung: „Insofern Rechtsanwendung schöpferisch ist, ist sie nicht automatisierbar, nicht algorithmierbar; jedenfalls nicht, wenn mehr als ein Verfahrensalgorithmus angestrebt wird",[19] hat er, Widerspruch herausfordernd und weitere Untersuchungen befruchtend, auf die wissenschaftlichen Arbeiten von M. Kemper/E. Koitz gewirkt, die zu dem Ergebnis gelangen, daß Klenner zuzustimmen ist, wenn er die Möglichkeit vollständiger Automatisierung der Rechtsanwendung verneint, Teilprozesse der Rechtsanwendung aber durchaus der Automatisierung zugänglich seien.[20] Sie arbeiten

[18] Vgl. H. Klenner, Zur logischen Struktur sozialistischer Rechtsnormen. Thesen, in: Wissenschaftliche Zeitschrift der Friedrich Schiller-Universität Jena, Gesellschafts- und sprachwissenschaftliche Reihe, 3/1966, S. 451 ff.

[19] Vgl. H. Klenner, Analyse der Wechselwirkungen zwischen Rechtsanwendung und Gesetzgebung, in: Materialien des IV. Berliner Rechtstheoretischen Symposiums, a. a. O., S. 78.

[20] Vgl. M. Kemper/R. Koitz, Strukturtheoretische Analysen des Rechts und elektronische Datenverarbeitung, in: K. A. Mollnau (Hrsg.), Probleme einer Strukturtheorie des Rechts, Berlin 1985, S. 142.

heraus, daß es gerade der die neuen Informations- und Kommunikationstechnologien charakterisierende *Dialog* ist, mit dessen Hilfe der Widerspruch zwischen der Unmöglichkeit genereller Algorithmierung der Rechtsverwirklichung einerseits und ihrer partiellen Möglichkeit andererseits vorzüglich gelöst werden kann. Die Möglichkeiten der Kommunikation zwischen Mensch und Maschine haben sich mit der Verfügbarkeit von Terminals (insbesondere Bildschirmgeräten) zur Ein- und Ausgabe von Informationen durch den Nutzer der Datenverarbeitung während, in und aus dem Prozeß automatisierter Datenverarbeitung erweitert. Die Autoren machen deutlich, daß und wie sich die generellen Vorzüge interaktiver Nutzung (Echtzeitverarbeitung, Erhöhung der Prozeßnähe, Schnelligkeit des Zugriffs zu den gespeicherten Informationen durch den Nutzer, textgestützte Form variabler Informationsanforderung und -bereitstellung u. ä.) bei der Rechtsanwendung vereinen mit der Möglichkeit *ständiger Verbindung schöpferischer* – vom Menschen zu realisierender – *Tätigkeit mit schematischer* – der Maschine übertragener – *Tätigkeit.* Im Dialog wird die maschinell zu erledigende Informationsverarbeitung vollständig algorithmiert, die (in der Regel dazwischen erfolgende) menschliche Tätigkeit einschließlich der schöpferischen Entscheidungen werden lediglich mit diesen schematischen Prozessen *algorithmisch verbunden.*[21]

Die Ergebnisse dieser theoretischen Arbeiten[22] an den Nahtstellen von Ökonomie, Recht und Informatik sind gewonnen im Bereich des internationalen Wirtschaftsrechts und demonstriert am Beispiel der Rationalisierung der Rechtsanwendung von Regelungskomplexen der Allgemeinen Lieferbedingungen des RGW.[23] Diese neue Wege bahnende Arbeit hat eine weit darüber hinausreichende Bedeutung generell, besonders auch für das Wirtschaftsrecht. Die erreichten Lösungsansätze und -schritte machen zugleich die Größenordnung der Aufgaben bewußt, die noch zu bewältigen sind. Der dafür zur Verfügung stehende Zeitraum ist kürzer, als es vielfach scheinen mag, wenn von der Zielstellung ausgegangen wird, daß parallel, besser noch mit Vorlauf zur Entwicklung des rechentechnischen Potentials – der hardware – die entsprechenden Programme – die software – auch bezüglich der hier erörterten EDV-Bausteine vorliegen müssen, deren wesentliche Eigenschaft die Widerspiegelung der juristischen Strukturen – der Rechtsnormen wie der auf ihrer Grundlage bestehenden Rechtsverhältnisse – ist.

Das ist eine Herausforderung der Wirtschaftsjuristen in der Wissenschaft

21 Ebenda, S. 143.

22 Vgl. außer der (in Anm. 17) genannten Arbeit: R. Koitz, Rationalisierung der Rechtsanwendung im Außenhandel durch automatisierte Informationsverarbeitung, Diss. B, Hochschule für Ökonomie „Bruno Leuschner“, Berlin 1985.

23 Allgemeine Bedingungen für die Warenlieferungen zwischen den Organisationen der Mitgliedsländer des RGW (ALB/RGW 1965/75 i. d. F. 1979) vom 12. 10. 1979, GBl. II Nr. 6 S. 81.

ebenso wie in der Praxis, vor allem in den Kombinaten. Die schon erwähnte notwendige Erhöhung der Dialogfähigkeit betrifft mithin auch die Informatik. Es versteht sich, daß dieser Prozeß differenziert, nach Schwerpunkten, schrittweise ablaufen wird, in der Grundtendenz geht er alle an. Das Wirtschaftsrecht wirkt – wie eingangs festgestellt – im Ensemble der staatlichen Leitungsmittel, unterschiedlich mit anderen Faktoren verknüpft. Wenn die Leitung und Planung der ökonomischen Prozesse zunehmend und mit dem Ziel ihrer Vervollkommnung und höheren Wirksamkeit durch rechnergestützte Tätigkeit erfolgt, so muß die rechtliche Regelung dies ermöglichen und fördern, und diese Tätigkeit muß so gestaltet werden, daß den im sozialistischen Recht Ausdruck findenden gesellschaftlichen Anforderungen an das Handeln entsprochen wird. Die Konsequenzen beziehen sich also auf die Wirtschaftsgesetzgebung – auf die Struktur wie den Inhalt – und auf die Rechtsverwirklichung durch die wirtschaftsleitenden Staatsorgane wie die Wirtschaftseinheiten.

Damit schließt sich der Kreis zu der eingangs erwähnten Feststellung Hermann Klenners, daß die Praxis Erkenntnisfortschritte vor allem auf dem Gebiete der Theorie der Rechtsanwendung im Sozialismus erwartet.

Bibliographie der Schriften von Hermann Klenner

– Februar 1952 bis April 1986 –
zusammengestellt und bearbeitet
von *Ernst Weihrauch*

Die Schriften sind *innerhalb* der Rubriken chronologisch geordnet und fortlaufend numeriert, wobei der Zeitpunkt der Veröffentlichung auch bei der Anordnung der Beiträge in Zeitschriften u. a. Periodika berücksichtigt wurde (Jahr, Heft-Nr.).
Bei Zeitschriften u. a. Periodika, die in Berlin herausgegeben werden, wurde auf die Angabe des Verlagsortes verzichtet.

Übersicht

A. *Monographien*
(Bücher, Broschüren – einschließlich Editionen, Vor- und Nachworte)

B. *Aufsätze u. a. Beiträge in Einzelveröffentlichungen*
(Sammelwerken, Lehr- und Jahrbüchern, Broschüren – einschließlich Schriftenreihen, Konferenz- und Lehrmaterialien)

C. *Aufsätze u. a. Beiträge in Zeitschriften/Periodika*
(Ausschließlich Rezensionen und Presse-Beiträge)

D. *Rezensionen*

E. *Beiträge in Tages- und Wochenzeitungen*

A. *Monographien*

1 Formen und Bedeutung der Gesetzlichkeit als einer Methode in der Führung des Klassenkampfes (Diss.) – Berlin 1953. – 71 S. – (Gr. Schr. reihe d. Dt. Inst. f. Rechtswiss.; III).

2 Der Marxismus-Leninismus über das Wesen des Rechts. – Berlin 1954. – 98 S. – (Gr. Schr.reihe d. Dt. Inst. f. Rechtswiss.; VI) – 2., überarb. Aufl. – Berlin 1955. – 104 S.

3 *[Mit] A. Steiniger:*
Die Überwindung der Lassalleschen Staatsideologie. Eine Voraussetzung für

die demokratische Lösung der deutschen Frage in den 60er Jahren des 19. Jahrhunderts. – Berlin 1955. – 110 S. – (Schr.reihe Staats- und Rechtstheorie d. Dt. Inst. f. Rechtswiss.; 3).
4 Studien über die Grundrechte. Mit Dokumentenanhang. – Berlin 1964. – 278 S.
5 Die politischen Bürgerrechte in der DDR. Hrsg.: DDR-Komitee für Menschenrechte. – Berlin 1967. – 63 S.
– auch englisch und französisch: Ebenda, 61 S.
6 *[Mithrsg. u. Einleitung]:*
A. Baumgarten, Rechtsphilosophie auf dem Wege. – Berlin 1972. – auch: Glashütten im Taunus 1972; Lizenzausgabe.
7 Rechtsleere. Verurteilung der Reinen Rechtslehre. – Berlin 1972. – 109 S.
– auch: Frankfurt a. M. 1972; Lizenzausgabe.
8 *[Mit] G. Klenner:*
Menschenrechte unter den Bedingungen des wisenschaftlich-technischen Fortschritts. – Berlin 1976. – 79. S.
– auch englisch in: Ebenda.
9 Rechtsphilosophie in der Krise. – Berlin 1976. – 181 S. – (Schriften zur Philosophie und ihrer Geschichte; 3).
10 Menschenrechte – Illusion und Wirklichkeit. – Berlin 1976. – 8 S.
11 *[Hrsg. u. mit einem Anhang versehen]:*
Th. Hobbes, Leviathan oder Materie, Form und Gewalt eines kirchlichen und staatlichen Gemeinwesens, Teil 1 u. 2. – Leipzig 1978. – 393 S.
12 Freiheit, Gleichheit und so weiter. Dreizehn Streiflichter über die Menschenrechte. – Berlin 1978. – 144 S. – (Schr.reihe Recht in unserer Zeit; 10).
13 John Locke und der Formierungsprozeß der politisch-juristischen Standardtheorie des Bürgertums. – Berlin 1979. – 36 S. – (Sitzg. ber. d. Akad. d. Wiss. d. DDR; 1979, 10G).
14 *[Hrsg. u. mit einem Anhang versehen]:*
J. Locke, Bürgerliche Gesellschaft und Staatsgewalt. Sozialphilosophische Schriften. – Leipzig 1980. – 356 S.
15 *[Hrsg. u. mit einem Anhang versehen]:*
G. W. F. Hegel, Grundlinien der Philosophie des Rechts. – Berlin 1981. – 645 S. – (Philosophiehistorische Texte).
16 Marxismus und Menschenrechte. Studien zur Rechtsphilosophie. – Anhang: Menschenrechtskataloge aus Vergangenheit und Gegenwart. – Berlin 1982. – 528 S. – (Schriften zur Philosophie und ihrer Geschichte; 31).
17 *[Hrsg. u. mit einem Anhang versehen]:*
Gerrard Winstanley, Gleichheit im Reiche der Freiheit. – Leipzig 1983. – 339 S.
– 2., korr. Aufl. – Leipzig 1986.
18 Revolutionsprogramm als Reformationstheorie: Der Revolutionsbegriff utopischer Kommunisten in England Mitte des 17. Jahrhunderts. – Berlin 1983. – 37 S. – (Sitzg. ber. d. Akad. d. Wiss. d. DDR; 1983, 6 G).

19 Vom Recht der Natur zur Natur des Rechts. – Berlin 1984. – 234 S. – (Staats- und rechtstheoretische Studien; 14).
20 *[Hrsg. und mit einem Anhang versehen]:*
Wilhelm von Humboldt, Individuum und Staatsgewalt. Sozialphilosophische Ideen. – Leipzig 1985. – 281 S.
21 *[Mit] M. Buhr und J. D'Hondt:*
Aktuelle Vernunft. Drei Studien zur Philosophie Hegels. – Berlin 1985. – 141 S.
22 *[Mit] R. Müller:*
Gesellschaftsvertragstheorien von der Antike bis zur Gegenwart. Vorträge. – Berlin 1985. – 80 S. – (Sitzg. ber. d. Akad. d. Wiss. d. DDR; 1985, 2 G).
23 *[Hrsg. u. mit einem Anhang versehen]:*
I. Kant, Rechtslehre. Schriften zur Rechtsphilosophie. – Berlin 1987. – ca. 700 S. (Philosophiehistorische Texte).

B. *Aufsätze u. a. Beiträge in Einzelveröffentlichungen*

1 Das Recht zur Rehabilitierung. – In: Fragen des Beweisrechts im Strafprozeß. – Berlin 1957. – S. 70–74.
2 Das Recht auf Arbeit bei Johann Gottlieb Fichte. – In: Festschrift für Erwin Jacobi. – Berlin 1957. – S. 149–163.
3 Zur ideologischen Natur des Rechts. – In: Staat und Recht im Lichte des Großen Oktober. – Berlin 1957. – S. 82–101.
4 *[Mit] G. Pflicke:*
Einführung in das staats- und rechtswissenschaftliche Studium. – In: Lehrmaterialien der Hochschule für Ökonomie (Hrsg.). – Berlin 1962 (im folgenden: Lehrmat. Hochsch. Ök.).
5 Die Volksvertretungen als Massenorganisationen und höchste Machtorgane. – In: Lehrmat. Hochsch. Ök. – Berlin 1962.
6 Das Wesen des sozialistischen Rechts und die sozialistische Gesetzlichkeit. – In: Lehrmat. Hochsch. Ök. – Berlin 1962.
7 Das sozialistische Recht. – In: Lehrmat. Hochsch. Ök. – Berlin 1962.
8 Zum Wesen und System der sozialistischen Grundrechte. – In: Lehrmat. Hochsch. Ök. – Berlin 1962.
9 *[Mit] G. Pflicke:*
Einführung in das Staats- und rechtswissenschaftliche Studium. – In: Lehrmat. Hochsch. Ök. – Berlin 1963.
10 Das sozialistische Recht und die Grundrechte der Staatsbürger. – In: Lehrmat. Hochsch. Ök. – Berlin 1963.
11 The Peoples elected Governing Institutions of the GDR. – In: Lehrmat. Hochsch. Ök. II. University Summer Vacation Course. – Berlin 1965. – S. 137–157.

12 *[Mit] G. Pflicke:*
Einführung in das juristische Studium. – In: Lehrmat. Hochsch. Ök. – Berlin 1965.
13 Ökonomik und sozialistisches Recht. – In: Lehrmat. Hochsch. Ök. – Berlin 1965.
14 Rechtstheorie. – In: Lehrmat. Hochsch. Ök. – Berlin 1966.
15 Zu unbewältigten Grundrechtsproblemen. In: Demokratie und Grundrechte. Berlin 1967. – S. 117–122.
16 Arthur Baumgarten. – In: Forschungen und Fortschritte. – Berlin 1967. – S. 187–188.
17 Grundrechte. – In: Politisches Wörterbuch. – Berlin 1967. – S. 262 bis 263.
18 Sein und Sollen im Erfahrungsbereich des Rechts. – In: World Congress on Philosophy of Law. – Milano 1967. – S. 27–29.
19 Rechtstheorie. – In: Lehrmat. Hochsch. Ök. – Berlin 1967.
20 Zur Einschätzung bürgerlicher Rechtsstaatstheorien. – In: Illusion und Wirklichkeit des Rechtsstaates. – Berlin 1968. – S. 219–221.
21 Zur Stellung der Rechtstheorie im Wissenschaftsgefüge der sozialistischen Gesellschaft. – In: Aktuelle Probleme der marxistisch-leninistischen Rechtstheorie. – Budapest 1968. – S. 133–137.
22 Menschenrechte hier und heute. – In: Selbstbestimmung und Menschenrechte. – Berlin 1968. – S. 7–13.
23 Grundrechte. – In: Philosophisches Wörterbuch. – Hrsg. G. Klaus/M. Buhr. – Leipzig 1969, S. 460–465.
24 Recht. – In: Ebenda. – S. 914–916.
25 Souveränität. – In: Ebenda. – S. 993–995.
26 Lenins Auseinandersetzung mit der bürgerlichen Demokratiekonzeption in der heutigen Zeit. – In: Philosophie-Kongreß der DDR. Teil V. – Berlin 1970, S. 61–66.
27 Sein und Sollen in der Rechtswissenschaft. – In: Sein und Sollen im Erfahrungsbereich des Rechts. Vorträge des Weltkongresses für Rechts- und Sozialphilosophie (Mailand – Gardone Riviera, 9. IX.–13. IX. 1967), hg. i. Auftr. der IVR von P. Schneider: Arch. Rechts u. Sozialphilos. – Wiesbaden 1970, Beiheft, Neue Folge, 6. – S. 145–153.
28 Über die Rechtfertigungsnotwendigkeit generalisierter juristischer Entscheidungen (Thesen). – In: Le raisonnement juridique. – Hrsg. H. Hubien. – Bruxelles 1971. – S. 501–504.
29 Hegel: Rechtswissenschaft – Mathematik ohne Vernunft? – In: Hegel-Jahrbuch. – Meisenheim 1972. – S. 164–169.
30 Die marxistische Menschenrechtskonzeption. – In: Dimensionen des Rechts (memory of René Marcic). – Hrsg. M. Fischer (u. a.). – Bd. 2. – Berlin (West) 1974. – S. 793–804.

31 Gewaltenteilung. – In: Philosophisches Wörterbuch. – Hrsg. G. Klaus/M. Buhr. – Leipzig 1974. – S. 501–503.
32 Menschenrechte. – In: Ebenda. – S. 779–784.
33 Souveränität. – In: Ebenda. – S. 1111–1112.
34 Kapitalistisches Gesellschaftssystem und Rechtsfunktion – materialistisch betrachtet. – In: Anuario de filosofia del derecho, Bd. XVII. – Madrid 1974. – S. 385–388.
35 Zur Juristensprache. – In: A. Neubert/R. Ružička: Verständlichkeit, Verstehbarkeit, Übersetzbarkeit. Sprachwissenschaft u. Wissenschaftssprache. – Berlin 1975. – S. 48–50 (Sitzg. ber. d. Akad. d. Wiss. d. DDR; 1973, 18 G).
36 Vorwort zu: Spezialbibliographie über die in der DDR zu Problemen der Menschenrechte erschienene Literatur. – Potsdam 1975. – S. 3–11.
37 Zur ideologiekritischen Methode der marxistischen Rechtstheorie. – In: Grundfragen der Methodologie der marxistisch-leninistischen Rechtswissenschaft. – Leipzig 1975. – S. 1–6.
38 Feuerbach und der Ansatz der Rechtstheorie von Karl Marx. – In: Beiträge zur Marx-Engels-Forschung. – Berlin 1975. – S. 55–71,
39 „Rechtsphilosophie – auf Feuerbachs Grundlage?“ – In: H. Lübbe/H.-M. Saß (Hrsg.): Atheismus in der Diskussion. – München 1975. – S. 72–88, 97–98, 101–102, 106–107.
40 Juristische Gesetzlichkeit und gesellschaftliche Gesetzmäßigkeit. – In: Objektive Gesetzmäßigkeit und bewußtes Handeln. – Berlin 1975. – S. 238 bis 242 (Materialien des IX. Philosophie-Kongresses der DDR).
41 Läßt Hegel die Dialektik in seiner Rechtsphilosophie stille stehn? In: Dialektik – Staat – Recht. Beiträge marx.-len. Staats- u. Rechtstheoretiker auf dem X. Internationalen Hegelkongreß, Moskau 1974. – Berlin 1976. – S. 29–41 (Staats- u. rechtstheoretische Studien; 1).
– Kurzfassung in: Hegel-Jahrbuch 1975. – Köln 1976. – S. 58–64.
42 Aneignung des römischen Rechts? – In: J. Irmscher: Probleme der Aneignung des antiken Erbes. – Berlin 1976. – S. 15–19 (Sitzg. ber. d. Akad. d. Wiss. d. DDR; 1976, 6 G).
43 Zur Rechtslehre der reinen Vernunft. – In: M. Buhr/T. I. Oiserman (Hrsg.): Revolution der Denkart oder Denkart der Revolution. – Berlin 1976. – S. 162–177.
44 Der tote Fichte vor der preußischen Zensur. – In: Universalhistorische Aspekte und Dimensionen des Jakobinismus. – Berlin 1976. – S. 160–194.
45 Plädoyer für eine materialistische Rechtstheorie. – In: Rechtswissenschaft und Arbeiterbewegung. – Köln 1976. – S. 27–44.
46 Namibia und die Menschenrechte. – In: Schriften und Informationen des DDR-Komitees für Menschenrechte. – Berlin 2/1976. – S. 27–47.
– auch englisch in: Bulletin of the GDR Committee for Human Rights (im folgenden: Bulletin) Berlin 2/1976. – S. 24–44.

47 Dialektische Probleme in der Rechtsphilosophie Hegels. – In: Die Rechtsphilosophie Hegels und die Gegenwart. – Moskau 1977. – S. 19–29 (russ.).
48 Anmerkungen zu „Savigny". In: J. Kuczynski: Gelehrtenbiographien. – Berlin 1977. – S. 158–173.
49 Menschenrechte im Klassenkampf. – In: Sozialismus – Menschlichkeit, Freiheit und Demokratie. – Berlin 1977. – S. 201–224.
50 Menschenrechte – Heuchelei und Wahrheit. – In: Ebenda. – S. 224–243.
51 Menschenrecht – kein Interventionsfeld gegen Frieden und Sozialismus. In: IPW-Forschungshefte, Berlin 3/1977. – S. 158–162.
– auch in: 60 Jahre Große Sozialistische Oktoberrevolution – 60 Jahre Kampf um den Frieden und die Rechte der Menschheit. – Berlin 1978. – S. 150–153 (Abhandl. d. Akad. d. Wiss. d. DDR; W 7).
52 Recht. – In: Wörterbuch der marxistisch-leninistischen Soziologie. – Berlin 1977. – S. 535–537.
53 Rechtssoziologie. – In: Ebenda. – S. 538–540.
54 Methodologische Bemerkungen zu den gegenwärtigen Grundrichtungen der bürgerlichen Rechtsideologie. – In: Imperialistische Staats- und Rechtsentwicklung. Zur Analyse und Kritik ihrer Praxis und Ideologie. – Berlin 1977. – S. 19–31 (Abhandl. d. Akad. d. Wiss. d. DDR; W 3).
55 Historisches zu: Gesetzesaussagen in der Rechtswissenschaft. – In: Rechtswissenschaft und objektive Gesetze der Gesellschaft. – Leipzig 1977. – S. 88–97.
56 Leviathan und Behemoth oder Vernunft und Aufruhr. – In: [Hrsg.]: Th. Hobbes: Leviathan. – Leipzig 1978. – S. 339–368.
57 Herder und das historische Denken in der Rechtswissenschaft. – In: Johann Gottfried Herder. Zum 175. Geburtstag. – Berlin 1978. – S. 35–52 (Sitzg. ber. d. Akad. d. Wiss. d. DDR; 8 G).
58 Mommsen, der Jurist. – In: J. Kuczynski: Studien zu einer Geschichte der Gesellschaftswissenschaft, Bd. 9. – Berlin 1978. – S. 182–242.
59 Greatness and Misery of Philosophy of Law. – In: Sur la philosophie du droit. – Beograd 1978. – S. 63–75.
60 Menschenbild und Menschenrecht. – In: Philosophie und Humanismus. – Weimar 1978. – S. 206–213.
61 Menschenrechte, materialistisch hinterfragt. – In: Schriften und Informationen des DDR-Komitees für Menschenrechte. – Berlin 4/1978. – S. 3–28.
– auch englisch in: Bulletin, Berlin 4/1978. – S. 3–25.
62 Grund- und Persönlichkeitsrechte in der DDR. – In: Berichte zum X. Internationalen Kongreß für Rechtsvergleichung. – Budapest 1978. – S. 239 bis 241 (Konferenzmaterial).
63 Zur Begriffsbestimmung der Effektivität des Rechts. – In: Die gesellschaftliche Wirksamkeit des sozialistischen Rechts – Probleme ihrer Begriffsbestimmung und Messung. – Berlin 1978. – S. 74–83 (Konferenzmaterial).

64 Zur Wirksamkeitserhöhung des Rechts bei der Bekämpfung des Rassismus. – In: Ebenda. – S. 170–176.
65 Recht gegen Rassismus. – In: Asien, Afrika, Lateinamerika, Bd. 6. – Berlin 1978. – S. 983–985.
66 Jefferson and Ho Chi Minh – Shingo Shibatas conception of human rights. – In: Bulletin, Berlin 1/1978. – S. 53–57.
– auch in: The 1978 Yearbook for Marxist Studies, Vol 2. – Tokyo 1978. – S. 141–146 (jap.).
– auch in: Social Praxis, Vol 6. – The Hague 1979. – S. 94–98.
67 Verschiedenheit, Gegensätzlichkeit und Vereinbarkeit von Rechtsphilosophien. – In: Zur marxistischen Rechtskonzeption. – Hg. von K. A. Mollnau. – Berlin 1979. – S. 59–69 (Konferenzmaterial).
68 Menschenrechte, friedliche Koexistenz und das Völkerrecht der Gegenwart. – In: Schriften und Informationen des DDR-Komitees für Menschenrechte. – Berlin 2/1979. – S. 17–39. – auch englisch in: Bulletin, Berlin 2/1979. – S. 16–37.
69 The Lawyer's Responsibility for the Protection of Human Rights. – In: J. C. Juergensmeyer (Hrsg.): Parliamentary and Extra Administrative Forms of Protection of Citizens Rights. – Florida 1979. – S. 75–81.
70 Können die Prinzipien des Sozialismus aus den Menschenrechtskatalogen des 18. Jahrhunderts abgeleitet werden? – In: The 1979 Yearbook for Marxist Studies. – Tokyo 1979. – S. 187–191 (jap.).
71 Sozialistisches Recht als Maß sozialistischer Politik. – In: Das Recht als Widerspiegelung. – Leipzig 1979. – S. 132–141 (Schriftenreihe Methodologie der marxistisch-leninistischen Rechtswissenschaft; 7).
72 Savigny und das historische Denken in der Rechtswissenschaft. – In: Savigny y la ciencia juridica del siglo XIX – Granada 1979. – S. 133–170 (Annales de la cathedra Francisco Suarez, 18/19, 1978/1979).
73 Menschenrechte, friedliche Koexistenz und das Völkerrecht der Gegenwart. – In: Menschenrechte im Klassenkampf, Bd. 1. – Potsdam 1980. – S. 152 bis 180 (Aktuelle Beiträge der Staats- u. Rechtswissenschaft; 207).
74 Mister Locke beginnt zu publizieren oder: Das Ende der Revolution. – In: [Hrsg.]: J. Locke: Bürgerliche Gesellschaft und Staatsgewalt. Sozialphilosophische Schriften. – Leipzig 1980. – S. 295–340.
75 Werturteilsstreit, einmal anders. – In: Jürgen Kuczynski – ein universeller marxistisch-leninistischer Gesellschaftswissenschaftler. – Berlin 1980. – S. 42–51 (Sitzg.ber. d. Akad. d. Wiss. d. DDR; 9 G)
– auch in: Spektrum, 11 (1980) 3, S. 14–17.
76 Rechtsphilosophische und strukturtheoretische Probleme juristischer Texte. – In: K. A. Mollnau (Hrsg.): Komponenten der Rechtsbildung und ihr Einfluß auf die gesellschaftliche Wirksamkeit des sozialistischen Rechts. – Berlin 1980. – S. 153–164 (Mat. d. III. Berliner rechtsth. Symposiums).

77 Rechtsnormstruktur. – In: Probleme der Rechtsnormtheorie. – Leipzig 1980. – S. 103–111 (Schriftenreihe Methodologie der marxistisch-leninistischen Rechtswissenschaft; 8).
78 Die politisch-juristischen Auffassungen der bürgerlichen Aufklärung. – In: Marxistisch-leninistische Staats- und Rechtstheorie. Lehrbuch. 3., bearb. Aufl. – Berlin 1980. – S. 175–178.
79 Gegenwärtige bürgerliche Rechtslehren. – In: Ebenda. – S. 190–197.
80 Menschenrechte – Bürgerrechte – Klassenrechte. – In: Ebenda. – S. 408–421.
81 Hegels Rechtsphilosophie in der Zeit. – In: [Hrsg.] G. W. F. Hegel, Grundlinien der Philosophie des Rechts. – Berlin 1981. – S. 565–609.
82 Rechtswissenschaft. – In: Handbuch Wirtschaftsgeschichte. – Berlin 1/1981. – S. 192–196.
83 Religionskritik und Rechtskritik. – In: Philosophie und Religion. – Weimar 1981. – S. 224–231.
84 Hegels Rechtsphilosophie – Zeitgeist oder Volksgeist? – In: M. Buhr/T. I. Oiserman (Hrsg.): Vom Mute des Erkennens. – Berlin 1981. – S. 260–275. – auch in: D. Henrich/R. P. Horstmann (Hrsg.): Hegels Philosophie des Rechts. – Stuttgart 1982. – S. 206–222.
85 Zum heutigen Recht auf ein Leben in Frieden. – In: Schriften und Informationen des DDR-Komitees für Menschenrechte. – Berlin 2/1981. – S.26–41. – auch englisch in: Bulletin, Berlin 2/1981. – S. 24–38.
86 Zwischenstaatliche Menschenrechtskonzeptionen und wissenschaftlich-technischer Fortschritt. – In: K. A. Mollnau (Hrsg.): Recht als Maßstab. Rechtstheorie unter den Bedingungen der wissenschaftlich-technischen Revolution. – Berlin 1981. – S. 140–147 (Konferenzmaterial).
– auch in: Masayasu Hasegawa (Hrsg.): Contemporary Problems of Public Law, vol 1: Some Problems of Contemporary Human Rights. – Tokyo – Najoya 1982. – S. 99–111 (jap.).
87 Naturrecht und Völkerrecht als Maßstab internationaler Beziehungen. – In: K. A. Mollnau (Hrsg.): Recht als Maßstab . . ., – S. 18–26.
– auch in: Memoria del X Congreso Mundial Ordinario de Filosofia del Derecho y Filosofia del Social. – Mexiko 1982. – Vol. VI. – S. 133–140.
88 Zum Materialismus bei Hegel. – In: M. Buhr: Der Mut der Wahrheit. – Berlin 1982. – S. 34–37 (Sitzg.ber. d. Akad. d. Wiss. d. DDR; 8 G).
89 Interpretationstendenzen von Hegels „Rechtsphilosophie“. – In: Das philosophische Werk Hegels. – Berlin 1982. – S. 45–63 (Konferenzmaterial der Urania.).
90 „. . . und das Gerede verstummt vor den ernsten Wiederholungen der Geschichte“. Macht und Ohnmacht von Rechtsphilosophie und Völkerrecht im Angesicht des Krieges. – In: H. H. Holz/H. J. Sandkühler (Hrsg.): Dialektik 4: Für den Frieden – Aufgaben der Philosophie und der Wissenschaften. – Köln 1982. – S. 39–51.

91 Völkerrecht als zwischenstaatliches Verfassungsrecht, am Beispiel der Menschenrechte. – In: R. Gutiérrez Girardot/H. Ridder/M. L. Sarin (Hrsg.): New directions in international law. Essays in honour of Wolfgang Abendroth. Festschrift zu seinem 75. Geburtstag. – Frankfurt a. M. – New York 1982. – S. 479–498.

92 The Right to Self-Determination and the effects of ocupation on Human Rights. – In: Seminar on Violations of Human Rights in the Palestinian and other Arab Territories ocupied by Israel. – UN Doc St/HR/Ser A/14. – New York 1982. – S. 13–16.

93 Grundsatzprobleme im Vorfeld einer Rechtsbildungstheorie. – In: K. A. Mollnau (Hrsg.): Probleme einer Rechtsbildungstheorie. – Berlin 1982. – S. 20–30 (Staats- u. rechtstheoretische Studien; 13).

94 Rechtswirkung als Rechtsbildung. – In: K. A. Mollnau (Hrsg.): Einflüsse des Wirkens des Rechts und seiner gesellschaftlichen Wirksamkeit auf den soz. Rechtsbildungsprozeß. – Berlin 1982. – S. 161–175 (Mat. des IV. Berliner Rechtsth. Sympos.).

95 Analyse der Wechselwirkungen zwischen Rechtsanwendung und Gesetzgebung. – In: Ebenda. – S. 77–84.

96 „Ich spreche im Namen aller Armen" oder: Die gute alte Sache der Kommunisten. – In: [Hrsg.]: G. Winstanley: Gleichheit im Reiche der Freiheit. – Leipzig 1983. – S. 301–340.

97 Marx und Engels über die Rechte des Menschen und des Bürgers – Eine Anthologie. – In: Schriften und Informationen des DDR-Komitees für Menschenrechte. – Berlin 1/1983. – S. 5–25.
– auch englisch in: Bulletin, Berlin 1/1983. – S. 5–28.

98 Probleme in Permanenz: Menschenrechte. – In: Schriften und Informationen des DDR-Komitees für Menschenrechte. – Berlin 1/1983. – S. 26–39.
– auch englisch in: Bulletin, Berlin 1/1983. – S. 28–41.

99 Macht und Ohnmacht von Rechtsphilosophie und Völkerrecht im Angesicht des Krieges. – In: W. Eichhorn/H. Schulze (Hrsg.): Philosophie im Friedenskampf. – Berlin 1983. – S. 52–54.

100 Recht wider Recht bei Martin Luther. – In: Martin Luther, Kolloquium anläßlich der 500. Wiederkehr seines Geburtstages (10. Nov. 1843). – Berlin 1983. – S. 34–41 (Sitzg.ber. d. Akad. d. Wiss. d. DDR; 11 G).
– auch in: Staat u. Recht, 32 (1983) 11, S. 867–873.

101 Vom ius ad bellum zum ius ad pacem (Nutzen und Nachteil des Naturrechts). – In: Das Naturrechtsdenken heute und morgen. Marcic-Gedächtnisschrift. Hrsg. D. Mayer – Maly/P. M. Simons. – Berlin (West) 1983. – S. 57–66.

102 Sätze und Gegensätze in der deutschen Rechtsphilosophie von 1803–1843. – In: W. Förster (Hrsg.): Gesellschaftslehren der klassischen bürgerlichen deutschen Philosophie. – Berlin 1983. – S. 171–185 (Schriften zur Philosophie und ihrer Geschichte; 36).

103 Soziale Voraussetzungen der Rechtsphilosophie. In: K. A. Mollnau (Hrsg.): Rechtswissenschaft als Gesellschaftswissenschaft. Beiträge zum XI. Weltkongreß der IVR. – Berlin 1983. – S. 88–102 (Konferenzmaterial).
– Resümé In: Philosophical Foundations of the Legal and Social Sciences (Abstracts of Congress Papers). – Helsinki 1983. – S. 153–154.

104 Verschiedenheit, Gegensätzlichkeit und Vereinbarkeit von Rechtsphilosophien. – In: P. Trappe (Hrsg.): Conceptions Contemporaines du droit – Wiesbaden 1983. – S. 465–473 (Supplementa des Archivs für Rechts- und Sozialphilosophie, vol. 1, S. 4).

105 Philosophisches und historisches Denken in der Rechtswissenschaft als Alternative. – In: E. Lange (Hrsg.): Philosophie und Geschichte. – Weimar 1983. – S. 206–212 (Collegium philosophicum Jenense; 4).

106 Bemerkung zu Musik, Sprache und Gesellschaftsstruktur. – In: Georg Knepler, Sprache und Musik unter dem Aspekt der Ästetik. – Berlin 1983. – S. 46–47 (Sitzg.ber. d. Akad. d. Wiss. d. DDR; 1 G).

107 Anläßlich der mephistophelischen Frage nach dem mit uns gebornen Recht. – In: W. Dietze: Goethes Tod. Goethes Leben. – Berlin 1983. – S. 45–68 (Sitzg.ber. d. Akad. d. Wiss. d. DDR; 1982, 17 G).

108 Widerspruch und Rechtsbruch bei Brecht. – In: Brecht '83. Brecht und Marxismus. – Berlin 1983. – S. 290–297, 385–386.

109 Bedenken gegen eine voreilig normierte Wortwendung. – In: J. Kuczynski: Die Rolle der Volksmassen in der Geschichte. – Berlin 1984. – S. 29–30 (Sitzg. ber. d. Akad. d. Wiss. d. DDR; 1983, 9 G).

110 Freiheit und Menschenrecht. – In: Schriften und Informationen des DDR-Komitees für Menschenrechte. – Berlin 1/1984. – S. 13–22.
– auch englisch in: Bulletin, Berlin 1/1984. – S. 13–22.

111 Zur 40. Tagung der UN-Menschenrechtskommission. Verlauf, Ergebnisse, Probleme. – In: Schriften und Informationen des DDR-Komitees für Menschenrechte. – Berlin 2/1984. – S. 7–22.
– auch englisch in: Bulletin, Berlin 2/1984. – S. 7–21.

112 Souveränität als Macht durch Vernunft im England des siebzehnten Jahrhunderts. – In: Beiträge zur Souveränität. – Jena 1984. – S. 7–17.

113 Strukturen als Gegenstand einer marxistischen Rechtstheorie. – In: K. A. Mollnau (Hrsg.): Struktur und Systemgestaltung des sozialistischen Rechts und ihr Einfluß auf dessen Effektivität. – Berlin 1984. – S. 187–195 (Mat. des V. Berliner Rechtsth. Symposiums).

114 The Apprintment of Friedrich Julius Stahl (A chapter from the History of the Philosophy of Law). – In: Z. Peteri (Hrsg.): Legal Theory. Comperative Law (Studies in Honour of Professor Imre Szabó). – Budapest 1984. – S. 113–133.

115 Systemstrukturen als Gegenstand von Rechtstheorie und Rechtsphiloso-

phie. – In: K. A. Mollnau (Hrsg.): Probleme einer Strukturtheorie des Rechts. – Berlin 1985. – S. 21–42 (Staats- u. rechtstheoretische Studien; 15).
116 Antifaschismus ohne Antikommunismus! – In: Schriften und Informationen des DDR-Komitees für Menschenrechte. – Berlin 1/1985. – S. 33–40. – auch englisch in: Bulletin, Berlin 1/1985. – S. 32–38.
117 Zum antifaschistischen Gehalt der internationalen Rechts- und Friedensordnung in der Gegenwart. (Anlage: Anti-Nazismus-Resolutionen der Vereinten Nationen). – In: K. A. Mollnau (Hrsg.): Von der Geschichtlichkeit des Rechts. Beiträge zum XII. Weltkongreß der IVR. – Berlin 1985. – S. 41–61 (Konferenzmaterial).
118 Frieden durch Vertrag? – In: B. Graefrath/K. A. Mollnau (Hrsg.): Die Friedensfrage im Recht. Beiträge eines Kolloquiums. – Berlin 1985. – S. 112–122 (Konferenzmaterial).
119 Zur Menschenrechtsphilosophie des Marxismus-Leninismus. – In: Sozialismus und Frieden. Humanismus in den Kämpfen unserer Zeit. – Berlin 1985. – S. 78–84 (VI. Philosophiekongreß der DDR).
120 Die Geschichtlichkeit von Recht und die Rechtlichkeit von Geschichte. – In: Law, Man and History. – Athen 1985. – S. 123–125.
121 „Lex Naturae dat nobis Ius". – In: Philosophie und Natur. Beiträge zur Naturphilosophie der deutschen Klassik. – Hrsg. v. E. Lange. – Weimar 1985. – S. 235–243.
122 Die sanfte Gewalt der Vernunft. Humboldt zwischen Revolution und Reform. – In: [Hrsg.] W. v. Humboldt: Individuum und Staatsgewalt. – Leipzig 1985. – S. 237–245.
123 Freiheit für die Erben Sandinos! – In: Schriften und Informationen des DDR-Komitees für Menschenrechte. – Berlin 2/1985. – S. 107–108. – auch englisch in: Bulletin, Berlin 2/1985. – S. 100–102.
124 Antikes Recht in moderner Gesellschaft – Rezeption und Historizität von Recht als Widerspruch? – In: Beiträge des Rechts zur Gestaltung des Sozialismus. – Jena 1985. – S. 84–96.
125 Let Reason Be the Judge. – In: Aufklärung – Gesellschaft – Kritik. – Hrsg. v. M. Buhr/W. Förster. – Berlin 1985. – S. 48–64 (Schriften zur Philosophie und ihrer Geschichte; 38).
126 Stahls Berufung. – In: H. Bock/W. Heise (Hrsg.): Umzeit des Biedermeiers. – Leipzig 1985. – S. 206–217.
127 Hinterlassenschaft des Vormärz. – In: Ebenda. – S. 359–369.
128 Zum Selbstbestimmungsrecht des Volkes von Afghanistan. Erklärung zum Tagesordnungspunkt 12 der 41. Tagung der UN-Menschenrechtskommission. – In: Schriften und Informationen des DDR-Komitees für Menschenrechte. – Berlin 3/1985. – S. 199–203.
129 Zur Tagung der UN-Kommission für Menschenrechte. Bericht. – In: Ebenda. – S. 193–199.

130 Widerspruch und Rechtsbruch bei Brecht. – In: W. Hecht (Hrsg.): Brechts Kaukasischer Kreidekreis. – Frankfurt a. M. 1985. – S. 167–175.
131 Das Janusgesicht der Rechtsphilosophie des John Locke. – In: John Locke. Wissenschaftliches Kollquium 1984. – Halle 1985. – S. 37–47 (Wiss. Beiträge der Martin-Luther-Universität, Reihe A; 75).
– auch in: Demokratie u. Recht, Köln 2/1986, S. 172–177.
132 Kants Rekonstruktion von Rechtstheorie. – In: Rechtswissenschaft und Recht. – Leipzig 1985. – S. 93–103.
133 Frieden durch Vertrag? – In: Philosophie und Frieden. – Weimar 1985. – S. 231–239 (Collegium philosophicum Jenense; 6).
134 Der rechtsphilosophische Denk-Einsatz von Karl Marx. – In: K.-H. Röder (Hrsg.): Politische Theorie und sozialer Fortschritt. – Berlin 1986. – S. 74–86.
135 Soziale Voraussetzungen der Rechtsphilosophie. – In: Rechtstheorie. – Berlin (West) 1986. – S. 53–67 (Beiheft 9: Soziologische Jurisprudenz und realistische Theorien des Rechts.)

C. *Aufsätze u. a. Beiträge in Zeitschriften/Periodika*

1 Über unser staatswissenschaftliches Kulturerbe. – In: Neue Justiz, 6 (1952) 2, S. 58–62.
2 Über das Verhältnis von juristischen zu historischen Gesetzen. Zu Stalins Arbeit „Ökonomische Probleme des Sozialismus in der UdSSR". – In: Neue Justiz, 7 (1953) 1, S. 4–9.
3 Karl Marx und Friedrich Engels gegen Lassalles Verfassungstheorie und Realitätspolitik. – In: Staat u. Recht, 2 (1953) 1, S. 223–249.
4 Über die Rechtsentwicklung in der Volksrepublik China. Bericht über einen Vortrag von Ko-Pai-nien bei der Vereinigung Demokratischer Juristen (der DDR). – In: Staat u. Recht, 2 (1953) 2, S. 287–291.
5 Dr. phil. Dr. jur. h. c. Lion Feuchtwanger. – In: Staat u. Recht, 3 (1954) 4, S. 438–442.
6 Gesetz und Richter. Bemerkungen zu einer Rede Eberhard Schmidts in Karlsruhe im Jahre 1952. – In: Staat u. Recht, 3 (1954) 8, S. 800–809.
– auch in: Wiss. Z. Humboldt-Univ., Berlin 3 (1953/54) 5, S. 407–411.
7 Abdankung der Justiz. Zu dem Urteil des Bundesgerichtshofes (der BRD) vom 1. Februar 1954. – In: Neue Justiz, 8 (1954) 17, S. 502–503.
8 Die normierte Lüge. – In: Neue Justiz, 9 (1955) 1, S. 24–25.
9 Das Rechtsgefühl als Asyl des Naturrechts. – In: Staat u. Recht, 4 (1955) 2, S. 306–310.
10 Gegen die Technisierung von Recht und Rechtstheorie. Ein Beitrag zum wissenschaftlichen Meinungsstreit. – In: Neue Justiz, 9 (1955) 15/16, S. 483–485.

11 Die politischen Anschauungen von Montesquieu (1689–1755). – In: Staat u. Recht, 4 (1955) 5, S. 731–762.
12 *[Mit] K.-H. Schöneburg:* Vom ewigen zum beweglichen Naturrecht. – In: Staat u. Recht, 5 (1956) 4, S. 485–497.
– Nachdruck in: Erstes Beiheft zu: Staat u. Recht, 5 (1956), S. 3–15.
13 Zur Stellung Heinrich Heines in der Geschichte der Staats- und Rechtstheorie. – In: Staat u. Recht, 5 (1956) 6, S. 696–710.
14 Hegel und der Klassencharakter des Staates. – In: Dt. Z. Philos., 4 (1956) 5/6, S. 642–649.
15 Der junge Marx als politischer Denker. Zum Erscheinen des Bandes 1 der Werke von Karl Marx und Friedrich Engels. – In: Einheit, 12 (1957) 5, S. 542–550.
16 Lenins Staatstheorie und der rote Oktober. – In: Die Volkspolizei, 10 (1957) 16, S. 2–9.
17 Volk und Staat und Herr Carlo Schmidt. – In: Staat u. Recht, 10 (1961) 3, S. 454–493.
18 *[Mit* anderen*]:* Thesen über das deutsche staats- und rechtswissenschaftliche Erbe. – In: Staat u. Recht, 11 (1962) 5, S. 830–837.
19 *[Mit anderen]:* Zur Effektivität der zivilrechtlichen Verantwortlichkeit für die Erfüllung von Konstruktionsverträgen. – In: Staat u. Recht, 12 (1963) 6, S. 937–950.
20 *[Mit anderen]:* Materielle Verantwortlichkeit für die Erfüllung der Entwicklungsverträge und das Gesamtsystem der materiellen Interessiertheit. – In: Staat u. Recht, 12 (1963) 7/8, S. 1115–1139.
21 *[Mit anderen]:* Zur Gesetzgebungsmethodik der Kooperationsbeziehungen im Bereich Forschung und Entwicklung. – In: Staat u. Recht, 13 (1964) 2, S. 358–370.
22 *[Mit] St. Supranowitz:* Der Vertrag zur Entwicklung neuer Erzeugnisse und deren Überleitung in die Produktion. – In: Vertragssystem, 8 (1964) 5, S. 166–170.
23 Fünfzehn Jahre Menschenrechtspraxis in Deutschland. – In: Dt. Außenpolitik, 9 (1964), 12, S. 1155–1162.
– auch englisch in: German Foreign Policy (1964), S. 413–420.
24 Der Weg zum Richter ist kein Weg zum Recht. Bemerkungen zu einem Wiedergutmachungsprozeß. – In: Neue Justiz, 19 (1965) 1, S. 22–24.
25 Zwanzig Jahre Menschenrechtspraxis. – In: Information, hg. vom Komitee zum Schutze der Menschenrechte (Juni/1965) 1, S. 2–28.
26 Gesetzgebung und Demokratie. – In: Marxist. Bl., Frankfurt a. M., 3 (1965) 2, S. 22–25.

27 *[Mit] G. Haney:*
Rechtsphilosophie in Köln. Bericht. – In: Staat u. Recht, 15 (1966) 7, S. 1227–1230.
28 Zur logischen Struktur sozialistischer Rechtsnormen. – In: Wiss. Z. F.-Schiller-Univ. Jena, Gesellschafts- u. Sprachwiss. Reihe, Jena, 15 (1966) 3, S. 451–453.
29 Hegels Rechtsphilosophie heute. – In: Einheit, 22 (1967) 1, S. 115–119.
30 „Der Grund der Grundrechte bei Hegel" (Bericht über den VI. Internationalen Hegel-Kongreß, Prag 1966). – In: Schweizer Monatshefte, Zürich, 47 (1967) 3, S. 252–264.
31 Sozialistischer Gesellschaftsentwurf und demokratische Staatsverfassung. Vortrag. – In: Speculum, Saarbrücken, 13 (1967) 2, Sonderdruck, S. I–IV.
32 Rechtsphilosoph und Humanist. Arthur Baumgarten zu rühmen. – In: Neue Justiz, 21 (1967) 2, S. 37–40.
33 Der privilegierte Abgeordnete. Bemerkungen zu einer verfassungsrechtlichen Studie von W. R. Beyer. – In: Neue Justiz, 21 (1967) 9, S. 287–288.
34 Lenins „Empiriokritizismus" und die Grundfrage der Rechtstheorie. – In: Staat u. Recht, 16 (1967) 10, S. 1615–1629.
– auch ungarisch in: Állam – És jogelméleti Szerzök Müveiböl, Budapest 1968, S. 95–107.
35 *[Mit] M. Benjamin:*
Recht und gesellschaftliche Realität. (IVR-Kongreßbericht). – In: Einheit, 22 (1967) 12, 1562–1564.
36 Zum Aufbau einer Arbeitsstelle für Rechtswissenschaft. – In: Spektrum, o. Jg. (1967) 9, S. 357–358.
37 Verfassung: Macht und Erkenntnis. – In: Spektrum, o. Jg. (1968) 4, S. 103–105.
38 Die Menschenrechte des Bürgers. – In: Information, hg. vom Komitee zum Schutze der Menschenrechte (Sept./1969) 4, S. 26–32.
39 Sein und Sollen in der Rechtswissenschaft. – In: Arch. Rechts- u. Sozialphilos. Wiesbaden 56 (1970) Beiheft 6, S. 145–153.
40 Die DDR ehrt große Deutsche. G. W. F. Hegel. – In: DDR-Revue. – Dresden, 15 (1970) 7, S. 54–55.
– auch englisch, französisch, schwedisch, dänisch, finnisch u. italienisch in: Ebenda.
41 Juristische Argumentation in Brüssel. Ein (IVR-) Kongreßbericht. – In: Neue Justiz, 26 (1972) 1, S. 15–18.
42 Zur Problematik des Rechtspositivismus. Über ein Buch von Themistokles Tsatsos. – In: Arch. Rechts- und Sozialphilos., Wiesbaden, 58 (1972) 3, S. 429–432.
43 Systemimmanenz – gegen den Mißbrauch der Kybernetik in der Gesellschaft. – In: Spektrum, 3 (1972) 6, S. 16–17.

44 *[Mit] E. Rabofsky:*
Die „Reine Rechtslehre". Das Wirken von H. Kelsen in marxistischer Sicht. – In: Weg und Ziel, Wien 30 (1972) 8, S. 329–332.
45 *[Mit] I. Bauer:*
Verstand ohne Vernunft. Zur Rationalitätskonzeption des sozialphilosophischen Positivismus. – In: Spektrum, 4 (1973) 4, S. 28–30.
46 Gegensätzliches zu den Funktionen des Rechts. Bericht über den Madrider Kongreß für Rechts- und Sozialphilosophie. – In: Neue Justiz, 27 (1973) 24, S. 728–732.
47 Streitobjekt Recht. Interview. – In: Spektrum, 5 (1974) 2, S. 25–27.
48 Klassenjustiz, weil Klassenherrschaft. Bemerkungen zu einer Arbeit von Rolf Geffken. – In: Neue Justiz, 28 (1974) 7, S. 207–209.
49 Recht ohne Revolution? Zur Rechtslehre der reinen Vernunft des Immanuel Kant. – In: Neue Justiz, 28 (1974) 8, S. 224–229.
50 Zur Gegenwartskrise bürgerlicher Rechtsphilosophie. – In: Neue Justiz, 28 (1974) 19, S. 589–595.
51 Menschenrechte und wissenschaftlich-technische Entwicklung. – In: Rechtswissenschaft, Budapest (1975) 1, S. 20–25 (ungarisch).
52 Rechtsphilosophie ohne Ausweg. – In: Staat u. Recht, 24 (1975) 1, S. 70–78.
53 Überlegungen eines Rechtstheoretikers zur ideologiekritischen Methode des Marxismus-Leninismus. – In: Staat u. Recht, 24 (1975) 10, S. 1405–1414.
54 Die Macht der Ohnmacht. Zur systemstrukturellen Rechtstheorie. – In: Demokratie u. Recht, Köln, 4 (1976) 1, S. 14–23.
55 Namibia: La Conference de Dakar. – In: Revue de droit contemporain, Bruxelles (1976) 1, S. 102–104.
– auch englisch in: Review of Contemporary Law, ebenda.
56 De l'effectivité du droit dans la lutte contre le racisme. – In: Revue de droit contemporain, Bruxelles (1976) 2, S. 49–55.
– auch englisch in: Review of Contemporary Law; ebenda.
57 Namibia und die Menschenrechte. – In: Neue Justiz, 30 (1976) 10, S. 286–289.
58 Die widerrechtliche Okkupation Namibias durch Südafrika. In: Neue Perspektiven, Helsinki (1977) 1, S. 41–43.
– auch englisch, französisch und spanisch in: Ebenda.
59 Menschenrechte im Klassenkampf. – In: Einheit, 32 (1977) 2, S. 156–165.
– Nachdr. in: Schriften und Informationen des DDR-Komitees für Menschenrechte, Berlin 2/1977, S. 6–23.
– auch englisch in: Bulletin, Berlin 2/1977, S. 6–21.
– Nachdr. in: Weg und Ziel, Wien, 35 (1977) 6, S. 248–251.
– Nachdr. in: Konsequent, Berlin (West) 7 (1977) 28, S. 73–86 (leicht gekürzt).
60 Gleichheitsprobleme aus marxistischer Sicht. – In: Mitteilungen der Öster-

reichischen Vereinigung Demokratischer Juristen, Wien, Juni 1977, S. 12–14.
61 The Marxist Conception of Human Rights. – In: Retfaerd, Aarhus (1977) 6, S. 8–20.
62 Prof. Dr. Dr. h. c. Wilhelm R. Beyer zum 75. Geburtstag. – In: Neue Justiz, 31 (1977) 8, S. 246.
63 „Wenn nicht die Mathematik". – Zum revolutionären Charakter der Rechtsphilosophie des Baruch Spinoza. – In: Staat u. Recht, 26 (1977) 9, S. 965–974.
64 Menschenrechte – Heuchelei und Wahrheit. – In: Einheit, 32 (1977) 9, S. 1036–1044.
– Nachdr. in: Schriften und Informationen des DDR-Komitees für Menschenrechte, Berlin 1/1978, S. 3–17.
– auch englisch in: Bulletin, Berlin 1/1978, S. 3–16.
65 Philosophies of Law – Their Diversity, Contradictions and compatibility. – In: Law and Legislation (1978) 2, S. 5–13.
66 Human Rights: A Battle Cry for Social Changes or a Challenge to Philosophy of Law. – In: Arch. Rechts- und Sozialphilos. – Wiesbaden, 64 (1978) 4, S. 465–477.
67 Les droits de l'homme. – In: Connaissance de la RDA, Paris (1978) 6, S. 97–110.
68 Menschenrechte – Klassenrechte. – In: Neue Justiz, 32 (1978) 7, S. 284–288.
69 Brechts Kant-Fälschung. – In: Dt. Z. Philos., 26 (1978), 8, S. 1051–1052.
70 Menschenrechte und Völkerrecht. – In: Einheit, 33 (1978) 11, S. 1105–1113.
71 Fragen eines Rechtswissenschaftlers an die Liebhaber der Moral unter den Juristen. – In: Wiss. Z. F.-Schiller-Univ. Jena, Gesellschafts- u. Sprachwiss. Reihe, Jena, 28 (1979) 1, S. 23–27.
72 Gerechtigkeit – eine rechtsphilosophische Kategorie? – In: Dt. Z. Philos., 27 (1979) 7, S. 792–802.
– auch ungarisch in: Magyar Filozofiai Szemels, Budapest (1979) 6, S. 798–808.
73 Menschenrechte – Geschichte und Gegenwart. – In: Spectrum, 10 (1979) 8, S. 12–16.
74 Menschenrechte in der Aufklärung im Kapitalismus und im Sozialismus. – In: Horitsu-Jihu, Tokyo, 51 (1979) 10, S. 80–85 (jap.).
75 Menschenrechte im Kapitalismus. – In: Ebenda, 51 (1979) 11, S. 80–89 (jap.).
76 Pri homaj raitoj. – In: Der Esperantist, 15 (1979) 94, S. 1–3.
77 Comparative Law and Human Rights. – In: Hogakushirin, Tokyo, 77 (1980) 3, S. 94–124.
78 Menschenrechte – Geschichte und Gegenwart. – In: Weg und Ziel, Wien, 38 (1980) 3, S. 112–113.
79 Rechtsphilosophische und strukturtheoretische Probleme juristischer Texte, am Beispiel der Menschenrechte. – In: Staat u. Recht, 29 (1980) 5, S. 425–433.

80 Der Menschen Recht auf Frieden. – In: Neue Justiz, 35 (1981) 4, S. 149–156.
81 *[Mit] E. Rabofsky:*
Zur Rechtssoziologie Max Webers. – In: Fortschr. Wissenschaft, Wien. o. Jg. (1981) 3/4, S. 7–14.
82 Kelsens Kant. – In: Revue internationale de philosophie, Bruxelles, 35 (1981) 138, S. 539–546.
83 Zur Bedeutung der Hegelschen Geschichtsphilosophie für die Rechtswissenschaft. – In: Theorie und Praxis. Wissenschaftl. Beitr. d. Parteihochsch. „Karl Marx" beim ZK d. SED, 30 (1981) 4, S. 56–60.
84 Menschenrechtserklärungen in der frühen Arbeiterbewegung. Für Eduard Rabofsky, zum Siebzigsten. – In: Staat u. Recht, 30 (1981) 6, S. 526–542.
85 Masken der Macht: Freiheit und Democracy. – In: Spectrum, 12 (1981) 7, S. II–III.
86 Preußische Eule oder gallischer Hahn? Hegels Rechtsphilosophie zwischen Revolution und Reform. – In: Staat u. Recht, 30 (1981) 11, S. 996–1007.
– auch in: Preußische Reformen – Wirkungen und Grenzen. Aus Anlaß des 150. Todestages des Freiherrn vom und zum Stein (Kolloqu. vom Juni 1981) In: Sitzg. ber. d. Akad. d. Wiss. d. DDR; 1982, 1 G S. 125–137.
87 Hegel und der Grundlagenstreit in der Rechtswissenschaft. – In: Greifswalder Philos. Hefte, Greifswald (1982) 1.1 (I), S. 28–51.
88 Rechtswirkung als Rechtsbildung. – In: Staat u. Recht, 31 (1982) 4, S. 345–355.
89 Hegels „Rechtsphilosophie" und ihre bürgerliche Gegenwartskritik. – In: Dt. Z. Philos., 30 (1982) 4, S. 470–479.
90 Jus ad bellum? Jus ad pacem! – In: Spectrum, 13 (1982) 6, S. VI–VII.
91 Damit ein Inferno verhindert wird. – In: Informationen, hg. vom Friedensrat der DDR, 8/1982, S. 1.
92 Die Frage von Krieg und Frieden in der weltanschaulichen Auseinandersetzung. (Rundtischgespräch) – In: Dt. Z. Philos., 30 (1982) 9, S. 1133–1143.
93 Jahrgang 1632: Spinoza, Pufendorf, Locke. Dem Rat der Stadt Flöha und seinem Pufendorf-Komitee gewidmet. – In: Staat u. Recht, 31 (1982) 10, S. 909–920.
94 Zu einem angeblichen Schreibfehler in der sogenannten „Kritik des Hegelschen Staatsrechts" von Karl Marx. – In: Dt. Z. Philos., 30 (1982) 10, S. 1273–1275.
95 Frieden und Menschenrechte. – In: Dt. Z. Philos., 30 (1982) 12, S. 1468–1480.
96 Marx gegen/für Menschenrechte. – In: Nederlands Tijdschrift voor Rechtsfilosofie en Rechtstheorie, Zwolle, 12 (1983) 2, S. 107–112.
97 Staat und Revolution bei Gerrard Winstanley. – In: Staat u. Recht, 32 (1983) 5, S. 361–370.
98 Grotius' Rechtsphilosophie im Streit der Meinungen von damals und von heute. – In: Staat u. Recht, 32 (1983) 6, S. 419–429.

99 Hugo Grotius und die Geburt des Bürgerlich-Rationalen Naturrechts. – In: Wiss. Z. d. Wilhelm-Pieck-Univ. Rostock, 32 (1983) 10, S. 5–10.
– erweiterte Fassung auch: *[Mit] E. Rabofsky:* In: Fortschr. Wissenschaft, Wien (1985) 13, S. 57–67.

100 Freiheit und Menschenrecht. – In: Einheit, 38 (1983) 11, S. 1055–1061.

101 Der Jurist Marx auf dem Wege zum Marxismus. – In: Neue Justiz, 37 (1983) 12, S. 476–480.

102 Der rechtsphilosophische Denk-Einsatz von Karl Marx. – In: Demokratie u. Recht, Köln, 12 (1984) 1, S. 47–56.

103 Arthur Baumgarten und die deutsche Rechtsphilosophie in der ersten Hälfte dieses Jahrhunderts. Zum 100. Geburtstag des Rechtswissenschaftlers. – In: Staat u. Recht, 33 (1984) 3, S. 202–210.

104 Baumgartens Erkenntnisweg zum Marxismus. – In: Spectrum, 15 (1984) 3, S. 26–27.

105 Zur mephistophelischen Frage nach dem mit uns gebornen Recht. – In: Impulse, Berlin u. Weimar (1984) 7, S. 171–201.

106 Jacob Grimm, trotz alledem Jurist. – In: Spectrum, 15 (1984) 12, S. 12–13.

107 Zur Menschenrechtsphilosophie des Marxismus-Leninismus. – (= Plenarvortrag, gehalten auf dem VI. Philosophiekongreß der DDR, Berlin, Okt. 1984) In: Staat u. Recht, 33 (1984) 12, S. 947–952.

108 Drei Irrtümer, Wilhelm von Humboldts frühe Staatsphilosophie betreffend. Zum 150. Todestag des Gelehrten. – In: Staat u. Recht, 34 (1985) 4, S. 281–288.
– Kurzfassung in: Spectrum, 16 (1985) 3, S. 24–25.

109 Sätze und Gegensätze in der deutschen Rechtsphilosophie von 1803–1843. – In: Oikeus, Helsinki 4/1985, S. 242–256 (finnisch).

110 Rechtsmethodologie? Keine falschen Erwartungen! – In: Zur Methodologie staats- und rechtswissenschaftlicher Forschung (Umfrage). – In: Staat u. Recht, 35 (1986) 1, S. 56–58.

D. *Rezensionen*

1 Zu: M. P. Karewa: Recht und Moral in der sozialistischen Gesellschaft. – Berlin 1954. – Ein bedeutsames Buch von ... – In: Staat u. Recht, 3 (1954) 5, S. 664–672.

2 Zu: W. Wagner: Die preußischen Reformer und die zeitgenössische Philosophie. – Köln 1956. – In: Arch. Rechts- u. Sozialphilos., Wiesbaden, 43 (1957) 4, S. 600–602.

3 Zu: W. Wippold: Die Pariser Kommune. Ihre Bedeutung für die Entwicklung der Lehre von der Diktatur des Proletariats. – Berlin 1961. – In: Staat u. Recht, 11 (1962) 4, S. 676–678.

4 *[Mit] B. Zimmermann:*
Zu: G. Klaus: Kybernetik in philosophischer Sicht. – Berlin 1962. – In: Staat u. Recht, 11 (1962) 7/8, S. 1392–1395.

5 Zu: W. R. Beyer: Hegel-Bilder. – Kritik der Hegel-Deutungen. – Berlin 1964. – In: Staat u. Recht, 13 (1964) 12, S. 2154–2156.

6 Zu: O. K. Flechtheim: Von Hegel zu Kelsen. – Berlin (West) 1963. – In: Staat u. Recht, 13 (1964) 12, S. 2157–2158.

7 Zu: J. Barion: Hegel und die marxistische Staatslehre. – Bonn 1963. – In: Staat u. Recht, 14 (1965) 4, S. 624–628.

8 Zu: F. M. Schmölz: Das Naturrecht in der politischen Theorie. – Wien 1963. – In: Staat u. Recht, 14 (1965) 6, S. 975–978.

9 Zu: M. Buhr: Revolution und Philosophie. – Die ursprüngliche Philosophie Johann Gottlieb Fichtes und die französische Revolution. – Berlin 1965. – In: Dt. Lit.-Ztg., 88 (1967) 10, Sp. 877–879.

10 Zu: I. Szabo (u. a.): Eine marxistische Menschenrechts-Konzeption. – Budapest 1966 (englisch). – In: Staat u. Recht, 16 (1967) 9, S. 1502–1505.

11 Zu: M. Buhr/G. Irrlitz: Der Anspruch der Vernunft. Die klassische bürgerliche deutsche Philosophie als theoretische Quelle des Marxismus, Teil I. – Berlin 1968. – In: Dt. Lit.-Ztg., 91 (1970) 10/11, Sp. 871–873.

12 Zu: I. Fetscher: Hegel – Größe und Grenzen. – Stuttgart 1971. – In: Philos. Inf.-Dienst (1972) E/8, S. 37.

13 Zu: M. Riedel: Studien zu Hegels Rechtsphilosophie. – Frankfurt a. M. 1969; ders.: Bürgerliche Gesellschaft und Staat. Grundproblem und Struktur der Hegelschen Rechtsphilosophie. – Neuwied – Berlin (West) 1970. – In: Dt. Lit.-Ztg., 92 (1971) 12, Sp. 1006–1008.

14 Zu: G. Jahr/W. Maihofer (Hrsg.): Rechtstheorie. – Beiträge zur Grundlagendiskussion. – Frankfurt a. M. 1971. – In: Dt. Lit.-Ztg., 94 (1973) 3, Sp. 254–258.

15 Zu: A. Kaufmann: Rechtstheorie. – Ansätze zu einem kritischen Rechtsverständnis. – Karlsruhe 1971. – In: Dt. Lit.-Ztg., 94 (1973) 4/5, Sp. 386–390.

16 Zu: H. Denzer: Moralphilosophie und Naturrecht bei Samuel Pufendorf. – München 1972. – In: Dt. Lit.-Ztg., 94 (1973) 6, Sp. 499–501.

17 Zu: N. Reich: Marxistische Rechtstheorie. – Historische und aktuelle Tendenzen. – Tübingen 1973. – In: Arch. Rechts- u. Sozialphilos., Wiesbaden, 60 (1974) 3, S. 445–446.

18 Zu: F. Böckle/E. W. Böckenförde: Naturrecht in der Kritik. – Mainz 1973. – In: Dt. Lit.-Ztg., 95 (1974) 8/9, Sp. 630–632.

19 Zu: G. W. F. Hegel: Vorlesungen über Rechtsphilosophie 1818–1931. – Ed. K.-H. Ilting. – Bd. I–IV. – Stuttgart – Bad Cannstadt 1973/1974. – In: Dt. Lit.-Ztg., 96 (1975) 5, Sp. 367–374.

20 Zu: H. L. A. Hart: Der Begriff des Rechts. – Frankfurt a. M. 1973. – In: Dt. Lit.-Ztg., 96 (1975) 7, Sp. 609–613.

21 Zu: A. A. Ehrenzweig: Psychoanalytische Rechtswissenschaft. – Berlin (West) 1973. – In: Dt. Lit.-Ztg., 96 (1975) 8/9, Sp. 756–760.
22 Zu: J. Habermas: Legitimationsprobleme im Spätkapitalismus. – Frankfurt a. M. 1973. – In: Dt. Z. Philos., 23 (1975) 6, S. 861–863.
23 Zu: W. R. Beyer: Systemtheorie im Griff des Marxismus. – Gedanken über intersystemare Relationen. – Meisenheim am Glan 1976. – In: Dt. Lit.-Ztg., 98 (1977) 1, Sp. 13–14.
24 Zu: Hegel-Bilanz, hg. v. R. Heede/J. Ritter. – Frankfurt a. M. 1973; – Hegel in der Sicht der neueren Forschung, hg. v. I. Fetscher. – Darmstadt 1973; – Materialien zu Hegels Rechtsphilosophie, hg. v. M. Riedel. – Frankfurt a. M. 1975. – (Sammelrezension). – In: Dt. Lit.-Ztg., 98 (1977) 2/3, Sp. 103–106.
25 Zu: N. Luhmann: Macht. – Stuttgart 1973. – In: Staat u. Recht, 26 (1977) 3, S. 329–331.
26 Zu: G. Ellscheid/W. Hassemer (Hrsg.): Interessenjurisprudenz. – Darmstadt 1974. – In: Dt. Lit.-Ztg., 98 (1977) 5/6, Sp. 385–387.
27 Zu: D. Suhr: Bewußtseinsverfassung und Gesellschaftsverfassung. – Über Hegel und Marx zu einer dialektischen Verfassungstheorie. – Berlin (West) 1975. – In: Dt. Z. Philos., 25 (1977) 7, S. 873–875.
28 Zu: M. Rehbinder (Hrsg.): Recht im sozialen Rechtsstaat. – Opladen 1973. – In: Dt. Lit.-Ztg., 98 (1977) 8/9, Sp. 618–621.
29 Zu: J. Hagen: Soziologie für Juristen. – Stuttgart – Berlin (West) – Köln – Mainz 1977. – In: Dt. Z. Philos., 26 (1978) 2, S. 284–285.
30 Zu: W. R. Beyer: Denken und Bedenken. Hegel-Aufsätze. – Berlin 1977. – In: Dt. Lit.-Ztg., 99 (1978) 9, Sp. 585–587.
31 Zu: W. Krawietz (Hrsg.): Theorie und Technik der Begriffsjurisprudenz. – Darmstadt 1976. – In: Dt. Lit.-Ztg., 99 (1978) 10/11, Sp. 766–768.
32 *[Mit] B. Zimmermann:*
Zu: W. Fikentscher: Methoden des Rechts in vergleichender Darstellung. Bd. I–V. – Tübingen 1975–1977. – In: Dt. Lit.-Ztg., 100 (1979) 4/5, S. 268–272.
33 Zu: H. Coing: Grundzüge der Rechtsphilosophie. – Berlin (West) – New York 1976. – In: Dt. Lit.-Ztg., 100 (1979) 7/8, Sp. 480–482.
34 Zu: O. Höffe (Hrsg.): Über John Rawls' Theorie der Gerechtigkeit. – Frankfurt a. M. 1977. – In: Dt. Lit.-Ztg., 100 (1979) 10, Sp. 676–679.
35 Zu: H. Ottmann: Individuum und Gemeinschaft bei Hegel. – Berlin (West) – New York 1977. – In: Dt. Lit.-Ztg., 101 (1980) 2, Sp. 103–105.
36 Zu: J. Kuczynski: Menschenrechte und Klassenrechte. – Berlin 1978. – In: Dt. Z. Philos., 28 (1980) 3, S. 394–396.
37 Zu: G. Luf: Freiheit und Gleichheit. Die Aktualität im politischen Denken Kants. – Wien – New York 1978. – In: Dt. Lit.-Ztg., 101 (1980) 5, Sp. 353–356.

38 Zu: K. Larenz: Methodenlehre der Rechtswissenschaft. – Berlin (West) – Heidelberg – New York 1979. – In: Dt. Lit.-Ztg., 101 (1980) 6, Sp. 502–505.

39 Zu: D. Christoff/H. Saner: Gerechtigkeit in der komplexen Gesellschaft. – Basel – Stuttgart 1979. – In: Dt. Lit.-Ztg., 101 (1980) 11, Sp. 982–984.

40 Zu: Ch. Perelman: Juristische Logik als Argumentationslehre. – Freiburg – München 1979. – In: Dt. Lit.-Ztg., 102 (1981) 1, Sp. 74–77.

41 Zu: W. Busch: Die Entstehung der kritischen Rechtsphilosophie Kants 1762–1780. – Berlin (West) – New York 1979. – In: Dt. Lit.-Ztg., 102 (1981) 2, Sp. 163–164.

42 Zu: U. Nembach (Hrsg.): Begründungen des Rechts. – Göttingen 1979. – In: Dt. Lit.-Ztg., 102 (1981) 3, Sp. 267–270.

43 Zu: J. A. Joyce: Human Rights: International Documents. I–III. – Alphen 1978. – In: Dt. Lit.-Ztg., 102 (1981) 4, Sp. 362–364.

44 Zu: E. Poppe (Hrsg.): Grundrechte des Bürgers. – Berlin 1980. – In: Neue Justiz, 35 (1981) 6, S. 287–288.
– auch in: Schriften u. Informationen des DDR-Komitees für Menschenrechte, 7 (1981) 2, S. 75–80.
– auch englisch in: Bulletin, Berlin 2/1981, S. 73–77.

45 Zu: E. W. Tielsch (Hrsg.): John Milton und der Ursprung des neuzeitlichen Liberalismus. – Hildesheim 1980. – In: Dt. Lit.-Ztg., 103 (1982) 5, Sp. 420–422.

46 Zu: A. Henkin (Hrsg.): Human Dignity. The Internationalization of Human Rights. – New York 1979. – In: Dt. Lit.-Ztg., 103 (1982) 9, Sp. 786–789.
– auch in: Schriften u. Informationen des DDR-Komitees für Menschenrechte, 8 (1982) 3, S. 66–69.
– auch englisch in: Bulletin, Berlin 3/1982, S. 64–67.

47 Zu: H. Kelsen: Allgemeine Theorie der Normen. – Wien 1979. – In: Dt. Lit.-Ztg., 103 (1982) 11, Sp. 987–991.

48 Zu: E. Gans: Naturrecht und Universalrechtsgeschichte. – Stuttgart 1981. – In: Arch. Rechts- u. Sozialphilos., Wiesbaden, 68 (1982) 1, S. 118–120.

49 Zu: O. Höffe (Hrsg.): Thomas Hobbes. Anthropologie und Staatsphilosophie. – Freiburg (Schweiz) 1981. – In: Ebenda, S. 115–118.

50 Zu: G. Birtsch (Hrsg.): Grund- und Freiheitsrechte im Wandel von Gesellschaft und Geschichte. – Göttingen 1981. – In: Dt. Lit.-Ztg., 104 (1983) 1, Sp. 61–64.

51 Zu: G. A. Cohen: Karl Marx's Theory of History. A Defence. – Oxford 1978. – In: Arch. Geschichte der Philos., Berlin (West) – New York, 65 (1983) 1, S. 103–105.

52 Zu: N. Luhmann: Ausdifferenzierung des Rechts. Beiträge zur Rechtssoziologie und Rechtstheorie. – Frankfurt a. M. 1981. – In: Dt. Lit.-Ztg., 104 (1983) 3, Sp. 264–266.

53 Zu: G. Shaffer: Women in the Two Germanies. – New York – Oxford – Toronto 1981. – In: Dt. Lit.-Ztg., 104 (1983) 4, Sp. 356–358.

54 Zu: H. Fenske/D. Mertens/W. Reinhard/K. Rosen: Geschichte der politischen Ideen. – Königstein/Ts. 1981. – In: Dt. Lit.-Ztg., 104 (1983) 5, Sp. 453–454.

55 Zu: R. Brandt (Hrsg.): Rechtsphilosophie der Aufklärung. – Berlin (West) – New York 1982. – In: Arch. Rechts- u. Sozialphilos., Wiesbaden, 69 (1983) 4, S. 563–564.

56 Zu: O. Ballweg/Th.-M. Seibert (Hrsg.): Rhetorische Rechtstheorie. – Freiburg – München 1982. – In: Dt. Lit.-Ztg., 104 (1983) 11, Sp. 993–996.

57 Zu: H. Münkler: Machiavelli. Die Begründung des politischen Denkens der Neuzeit aus der Krise der Republik Florenz. – Frankfurt a. M. 1982. – In: Arch. Rechts- und Sozialphilos., Wiesbaden, 70 (1984) 1, S. 146–148.

58 Zu: H. Hammen: Die Bedeutung Friedrich Carl v. Savigny's für die allgemeinen dogmatischen Grundlagen des Deutschen Bürgerlichen Gesetzbuches. – Berlin (West) 1983. – In: Z. f. Neuere Rechtsgeschichte (Wien), 6 (1984) 3/4, S. 206–209.

59 Zu: a) I. Brownlie (Hrsg.): Basic Documents on Human Rights. – Oxford 1981. – b) J. Schwartländer (Hrsg.): Menschenrechte und Demokratie. – Kehl a. Rh. – Straßburg 1981. – In: Dt. Lit.-Ztg., 105 (1984) 4, Sp. 293–295.

60 Zu: a) Z. Batscha: Studien zur politischen Theorie des deutschen Frühliberalismus. – Frankfurt a. M. 1981. – b) Z. Batscha/J. Garber (Hrsg.): Von der ständischen zur bürgerlichen Gesellschaft. Politisch-soziale Theorien im Deutschland der zweiten Hälfte des 18. Jahrhunderts. – Frankfurt a. M. 1981. – c) G. Dietze: Kant und der Rechtsstaat. – Tübingen 1982. – In: Dt. Lit.-Ztg., 105 (1984) 7/8, Sp. 551–554.

61 Zu: U. Klug: Juristische Logik. – Berlin (West) – Heidelberg – New York 1982. – In: Dt. Lit.-Ztg., 105 (1984) 11, Sp. 909–912.

62 Zu: E. Poppe Hrsg.): Politische und persönliche Grundrechte in den Kämpfen unserer Zeit. – Berlin 1984. – In: Neue Justiz, 39 (1985) 3, S. 123–124.

63 Zu: W. L. Morison: John Austin. (Jurists: Profiles in Legal Theorie). – London 1982. – In: Arch. Rechts- und Sozialphilos., Wiesbaden, 71 (1985) 2, S. 287–290.

64 Zu: G. Spendel: Josef Kohler. Bild eines Universaljuristen. – Heidelberg 1983. – In: Arch. Rechts- u. Sozialphilos., Wiesbaden, 71 (1985) 2, S. 290–292.

65 Zu: H. Wagner: Normenbegründungen. – Köln 1982. – In: Demokratie u. Recht, Köln, 13 (1985) 2, S. 355–356.

66 Zu: a) G. W. F. Hegel: Die Philosophie des Rechts. Mitschriften Wannemann: 1817/1818, Heidelberg; Homeyer: 1818/1819, Berlin. – Hrsg. von K.-H. Ilting, Stuttgart 1983. – b) G. W. F. Hegel: Philosophie des Rechts. Vorles.-Nachschrift von 1818/1820. – Hg. von D. Henrich, Frankfurt a. M. 1983. – In: Dt. Z. Philos., 33 (1985) 3, S. 284–286.

67 Zu: K.-H. Muscheler: Relativismus und Freiheit. Ein Versuch über Hermann Kantorowicz. – Heidelberg 1984. – In: Arch. Rechts- u. Sozialphilos., Wiesbaden, 71 (1985) 3, S. 427–430.

68 Zu: H. Rottleuthner (Hrsg.): Recht, Rechtsphilosophie und Nationalsozialismus. – Wiesbaden 1983 (Arch. Rechts- u. Sozialphilos., Beifeft 18). – In: Dt. Lit.-Ztg., 106 (1985), 5/6, Sp. 436–439.
69 Zu: K. H. Röder (Hrsg.): Das politische System der BRD. – Berlin 1985. – In: Neues Deutschland. B-Ausg. – 40 (1985–08–03/04) = 180.
70 Zu: St. Breuer: Sozialgeschichte des Naturrechts. – Opladen 1983. – In: Dt. Lit.-Ztg., 106 (1985) 7/8, Sp. 588–591.
71 Zu: A. Peczenik: Grundlagen der juristischen Argumentation. – Wien – New York 1983. – In: Dt. Lit.-Ztg., 106 (1985) 10/11, Sp. 882–885.
72 Zu: M. G. Losano (Hrsg.): Der Briefwechsel zwischen Jhering und Gerber. – Studien zu Jhering und Gerber. – 2 Bde. – Ebelsbach 1984. – In: Dt. Lit.-Ztg., 106 (1985) 12, Sp. 1018–1021.
73 Zu: Hermeneutik und Strukturtheorie des Rechts. – Hrsg. v. M. W. Fischer/E. Mock/H. Schreiner. – Wiesbaden 1984 (Arch. Rechts- und Sozialphilos. Beiheft 20). – In: Dt. Lit.-Ztg., 107 (1986) 1, Sp. 84–86.
74 Zu: J. Rückert: Idealismus, Jurisprudenz und Politik bei F. C. v. Savigny. – Ebelsbach 1984. – In: Arch. Rechts- und Sozialphilos., Wiesbaden, 72 (1986) 1, S. 140–141.
75 Zu: A. Pitlo: Der Floh im Recht und andere Curiosa aus alter Rechtsliteratur. – Baden-Baden 1982. – In: Ebenda, S. 151–152.
76 Zu: H. Badestein/G. Pflicke/R. Streich: Wirtschaftsrechtsverhältnisse – Funktion, Gestaltung und Entwicklung in der volkswirtschaftlichen Planung und Kooperation. – Berlin 1985. – In: Staat u. Recht, 35 (1986) 3, S. 245–247.
77 Zu: E. Rabofsky/G. Oberkofler: Verborgene Wurzeln der NS-Justiz. – Wien–München–Zürich 1985. In: Dt. Lit.-Ztg. 107 (1986) 4, Sp. 313–316.

E. *Beiträge in Tages- und Wochenzeitungen*

1 Sozialistische Justiz und Moral. – In: Neues Deutschland. A-Ausg. – 12 (1957–01/02) = 128/129 (Beilage).
2 Wählen und Regieren. – In: Berliner Zeitung. – 13 (Berliner Ausgabe) (1957–06–26) = 145.
3 Staat und Wirtschaftslenkung. – In: Freiheit. – Halle 12 (1957–06–26) = 145.
4 *[Mit] A. Braune:*
Staatsdisziplin und Gesetzlichkeit. Die Gesetze sind Instrumente für den Aufbau des Sozialismus. – In: Neues Deutschland. B-Ausg. – 13 (1958–01–08) = 7.
5 Letschin – gestern, heute und morgen. Gemeindevertretung und Rat von Letschin kämpfen um Entwicklung und Festigung ihrer LPG. – In: Neuer Tag. – Frankfurt 8 (1959–12–22) = 301.
6 *[Mit] D. Festerling:*
Nicht registrieren, sondern organisieren. In: Sozialistische Demokratie. – 4 (1960–01–22) = 1.

7 Fichte, die nationale Frage und wir. Zur 200. Wiederkehr des Geburtstages von Johann Gottlieb Fichte.– In: Sozialistische Demokratie.– 6 (1962–05–18) = 20.
8 Großbourgeoisie – unfähig zur Führung der Nation. – In: Sozialistische Demokratie. – 6 (1962–05–25) = 21.
9 Zu gegenwärtigen westdeutschen Grundrechtstheorien. In: Sozialistische Demokratie. – 10 (1966–11–25) = 47 (Beilage).
10 Frei von dreifacher Bürde. Eine Betrachtung über die Menschenrechte in unserer sozialistischen Verfassung. – In: Neues Deutschland. B-Ausg. – 23 (1968–03–30) = 90.
11 Ein produktives Verhältnis zu Hegel finden. – In: Die Tat. – Frankfurt a. M. 21 (1970–07–25) = 30.
12 Im Zeichen eines lebenden Hegel. – In: Die Tat. – Frankfurt a. M. 21 (1970–10–03) = 40.
13 Umgestülpt, doch wohlbenutzt. – In: Sonntag, 24 (1970–09–20) = 38.
14 Eine Konzeption wie für McCarthy gemacht. Auseinandersetzung mit einigen philosophischen Aspekten imperialistischer Herrschaftsperfektionierung. – In: Sonntag. – 26 (1972–05–14) = 20.
15 Menschenrechte, wozu? Zum 25. Jahrestag der UN-Menschenrechtsdeklaration. – In: Für Dich. – o. Jg. (1973–12–2. H.) = 50.
16 Im besten Sinne ein Pamphlet. (= Zu H. Wessel: Marginalien zur MEGA ... – Berlin 1977). – In: Neues Deutschland. A-Ausg. – 32 (1977–11–05/06) = 262.
17 Die Menschenrechte aus aktueller Sicht. Interview. – In: Der Morgen. – 34 (1978–09–13) = 217
18 Damit ein Inferno verhindert wird. Völkerrecht auf Frieden – Staatenpflicht zum Frieden. – In: Berliner Zeitung. – 38 (1982–02–04) = 29.

Autorenverzeichnis

Prof. Dr. Werner Bahner
Zentralinstitut für Sprachwissenschaft der Akademie
der Wissenschaften der DDR, Berlin

Prof. Dr. Manfred Buhr
Zentralinstitut für Philosophie
der Akademie der Wissenschaften der DDR, Berlin

Prof. Dr. Walter Dietze, Weimar

Prof. Dr. Bernhard Graefrath
Institut für Theorie des Staates und des Rechts
der Akademie der Wissenschaften der DDR, Berlin

Dr. Werner Grahn
Sektion Rechtswissenschaft der Karl-Marx-Universität Leipzig

Prof. Dr. Johann J. Hagen
Institut für Rechtssoziologie der Universität Salzburg

Prof. Dr. Gerhard Haney
Sektion Staats- und Rechtswissenschaft der Friedrich-Schiller-Universität Jena

Prof. Dr. Uwe-Jens Heuer
Institut für Theorie des Staates und des Rechts
der Akademie der Wissenschaften der DDR, Berlin

Prof. Dr. John Lekschas
Sektion Rechtswissenschaft der Humboldt-Universität zu Berlin

Prof. Dr. Leonid S. Mamut
Institut für Staat und Recht
der Akademie der Wissenschaften der UdSSR, Moskau

Prof. Dr. Roland Meister
Sektion Staats- und Rechtswissenschaft der Friedrich-Schiller-Universität Jena

Prof. Dr. Karl A. Mollnau
Institut für Theorie des Staates und des Rechts
der Akademie der Wissenschaften der DDR, Berlin

Prof. Dr. Norman Paech
Hochschule für Wirtschaft und Politik, Hamburg

Prof. Dr. Gerhard Pflicke
Institut für Wirtschaftsrecht der Hochschule für Ökonomie
Bruno-Leuschner, Berlin

Prof. Dr. Eduard Rabofsky, Wien

Prof. Dr. Helmut Ridder
Fachbereich Rechtswissenschaft der Justus-Liebig-Universität Gießen

Prof. Dr. Peter Römer
Institut für Politikwissenschaft, Fachbereich Gesellschaftswissenschaften und Philosophie
der Philipps-Universität Marburg

Prof. Dr. Hans Jörg Sandkühler
Zentrum Philosophische Grundlagen der Wissenschaften,
Universität Bremen

Prof. Dr. Heinrich Scheel
Akademie der Wissenschaften der DDR, Berlin

Prof. Dr. Karl-Heinz Schöneburg
Institut für Theorie des Staates und des Rechts
der Akademie der Wissenschaften der DDR, Berlin

Prof. Dr. Shingo Shibata
Faculty of Integrated Arts and Sciences, Universität Hiroshima

Prof. Dr. Vladimir A. Tumanov
Institut für Staat und Recht der Akademie der Wissenschaften der UdSSR, Moskau

Prof. Dr. Heinz Wagner
Institut für Staatslehre, Staats- und Verwaltungsrecht,
Fachbereich Rechtswissenschaft der Freien Universität Berlin (West)

Dipl.-Jur. Ernst Weihrauch
Institut für Theorie des Staates und des Rechts
der Akademie der Wissenschaften der DDR, Berlin

Kolibri 360 GmbH
Ferdinand-Jühlke-Straße 7
99095 Erfurt, Deutschland
produktsicherheit@kolibri360.de